Zacharia's Werner's Sämmtliche Werke. - Primary Source Edition

Friedrich Ludwig Zacharias Werner

Zacharias Werner's

Sämmtliche Werke.

Aus seinem handschriftlichen Nachlasse

herausgegeben

von seinen Freunden.

Erster Band.

Einzige rechtmäßige Original-Gesammtausgabe in 13 Bänden.

Grimma,

Verlags-Comptoir.

Zacharias Werner's

Poetische Werke.

Erster Band.

Gedichte bis zum Jahre 1810.

Grimma,
Verlags-Comptoir.

Inhalt.

Einleitung.

I. Gedichte bis zum Jahre 1790.

II. Gedichte von 1794—1799.

Seite

III. Gedichte von 1800—1809.

Seite

Seite

Einleitung.

Es ist fast nicht möglich, wenn man von Werner's Schriften spricht, nicht auch von ihm selbst zu sprechen, und seine Werke von seiner Person zu trennen, da bei ihm, wie bei keinem anderen Dichter, beide einander wechselseitig erklären und ergänzen. Die Motive seines Wirkens im Leben und in der Poesie entflossen so ganz derselben einen Quelle, und strebten so ungetrennt nach dem gleichen Ziele, daß beide sich in ihrem Laufe nicht mehr sondern lassen, und wenn bei Anderen die Poesie ein Reflex der Außenwelt ist, wie sie der Dichter aus dem Innern nach seiner eigenthümlichen Weltanschauung zurück spiegelt, so ist dieselbe bei Werner, als einem durchaus subjektiven Dichter, immer ein Ausfluß seines eigentlichsten Wesens, und in so fern zwar kein Abglanz des Lebens im Allgemeinen, und in seiner wechselvollen vielseitigen Gestaltung, aber eben deshalb ein um so gedrängterer Lichtstrahl nach der einen Richtung, die er beleuchtet. Es ist einer anderen, der Feder eines langjährigen Freundes des Verstorbenen, der wohl vor vielen dazu berufen und geeignet ist, vorbehalten, uns mit einer ausführlichen, erschöpfenden Biographie Werner's zu bereichern, und ich kann daher hier allen weiteren Beziehungen überhoben seyn, und mich durchaus auf seine literarische Wirksamkeit beschränken; nur zwei Dinge kann ich nicht unberührt lassen, eben weil sie unmittelbar zum Verständniß derselben und zur Festsetzung des Standpunktes nöthig sind, aus dem sie zu betrachten ist, obwohl ich bei beiden Behauptungen nicht ohne Gegner bleiben werde. Ich kann nämlich auf der einen Seite Werner'n, wie sehr er selbst auch immer bei seinen Lebzeiten dagegen protestirt habe, nicht von einem starken Hange zum Mystizismus freisprechen; und muß andererseits denen auf das Entschiedenste entgegen treten, die seinem Wirken in Leben und Schrift selbstische, auf äußere Vortheile gerichtete Absichten untergeschoben, und in der Fülle ihrer christlichen Liebe den armen Abgeschiedenen für einen vollkommenen Heuchler erklärt haben, dessen verstecktes Streben etwa nach einer Bischoffsmütze gerichtet sey! Ich war früher, und bin, seitdem ich mit dem Ordnen des Nachlasses unseres Dichters beschäftigt war, noch mehr davon überzeugt, daß Werner nie ein Wort anders als im vollsten Einklange mit seiner Empfindung niedergeschrieben oder auf der Kanzel gesprochen, und hierin vollkommen de bonne foi (eine Bezeichnung, die unser deutsches „treuherzig" auch in der Diplomatie nur schlecht wiedergeben würde) gewesen sey. In der That habe ich die Verunglimpfung, die der Verstorbene in dieser Beziehung erfahren, nie ohne Schmerz hören können! — Armer, von dir und Anderen Gehetzter! was waren denn die glänzenden Güter, die du dir erstrebt, um deren willen du 15 Jahr und länger den Heuchler von dir selbst und von der Welt gemacht hast? Eine Zelle, um zu beten, zu fasten, und dich mit Dornen zu geißeln? eine Stätte, um zu predigen, und fern von deiner Heimath ein verwaistes Grab in fremder Erde, an dem Niemand von denen stand, die du einst die Deinen nanntest? Wahrhaftig! um zu den Gütern dieser Welt zu gelangen, hast du einen weiten Umweg genommen! die Kinder dieser Erde, die nichts wissen, wissen hierzu einen näheren, und du, der du so viel wußtest, hättest ihn nicht finden können, und hättest ihn doch gesucht? — er wäre dir so nahe gelegen, und du hättest ihn nicht gesehen? — Wie sonderbar! Man verzeihe mir diese Abweichung! —

Wer mit uns überzeugt ist, daß bei unserem Dichter das religiöse Gefühl der wahrste aufrichtigste tiefempfundenste Ausfluß seiner Seele gewesen, nach welcher Richtung hin eine allzu reizbare Phantasie diesen Strom auch geleitet habe; aber sich auch darin mit uns vereinigt, daß Werner jene christliche Charitas, wie er sie nannte (ebenso als früher die Liebe seiner getrennten, sich suchenden und wieder vereinigenden Wesenhälften) nur durch ein umflortes Medium erblickt habe, der wird begreifen, wie eine so große reichbegabte Natur auch in der Kunst jene harmonische Klarheit und Durchsichtigkeit entbehren mußte, die ihren Hervorbringungen erst das Meistersiegel auf die Stirn drückt, da er sie auch im Leben immer nur nach einer Richtung hin suchend, noch nicht gefunden hatte; jene dritte Periode seiner religiösen Entwickelung, wo er zu dieser Harmonie gekommen wäre, hat Werner nicht erlebt; er ist im Gährungsprozeß abgeschieden, und erst jenseits dieser Erde am Borne der ewigen klaren ungetrübten Liebe hat er sie gefunden. Nur so konnte es geschehen, daß ein Dichter, der an Begeisterung und Phantasie, an tiefem Gefühle, und an Gewalt des Ausdruckes wenige seines Gleichen gehabt hat, kein Musterschriftsteller seiner Nation geworden ist. Betrachtet man aber die Elemente, die in ihm waren, so erklärt nur das hier Angeführte, wie es so habe kommen können. Uebrigens hätte man sehr Unrecht, wenn man diese Behauptungen nur seit jener Periode für wahr gelten lassen wollte, als Werner zur katholischen Religion überging. Vielmehr fallen größtentheils eben in diese Zeit seine kräftigsten und gediegensten Hervorbringungen, wie z. B. die herrliche Klage auf den Tod der Königin Louise u. a. Was aber den allgemeinen Charakter seiner Dichtungen anlangt, kann ich wenigstens zwischen den früheren und späteren durchaus keinen erheblichen Unterschied finden. Die Grundelemente sind in allen dieselben geblieben, und nur die Form scheint in den spätesten noch mehr vernachlässigt, als in jenen, die einer früheren Zeit angehören. Die unklare mystische Beimischung ist mit wenig Ausnahmen von den „Thalssöhnen" angefangen bis zur „Mutter der Makkabäer" immer mehr oder weniger der sauere Laab gewesen, der die reine Milch seiner Poesie gerinnen machte, und seine lyrischen Gedichte sind eben so wenig davon frei. Was aber Werner zu leisten vermochte, welche Kräfte in ihm wohnten, kann man in seinen vorzüglichern Werken, und ja selbst in vielen einzelnen Theilen der weniger gelungenen nicht verkennen. Bei keinem Dichter trifft unsere Bewunderung und unsere Mißbilligung so oft zusammen; immer wechseln Tadel und Erstaunen, und der titanische Ausspruch: vom Erhabnen zum Lächerlichen sey nur ein Schritt, findet fast in jedem seiner Werke seine Anwendung. Wenn wir aber auch hier in das strenge Urtheil einer unbefangenen Kritik einstimmen, so bleibt doch noch so viel wahrhaft Großes, Kräftiges und Originelles übrig, daß die genauere Bekanntschaft mit diesem Dichter fruchtbringender, als die mit manchem korrekteren für das Studium der Kunst seyn wird; und wenn in der letzten Zeit dieser gewaltige Geist von gemeinem Unverstande, und was noch ärger ist, von gehässiger Parteisucht nur zu oft in den Staub gezogen worden, so wird eben ein tieferes Eindringen in den Geist seiner Werke im Allgemeinen sowohl, als eine unbefangene Beleuchtung seiner einzelnen Werke, am besten dazu geeignet seyn, uns mit der höchsten Achtung für dieses große Talent zu erfüllen, das wohl nicht leicht von einem andern überflügelt worden wäre.

I.

Gedichte

bis zum Jahre 1790.

An den

Herrn Prediger Mohr

in Thorn.

Nicht im Stile der feilen Zuneigung, der für jedes Lob Belohnung hofft, nicht im kriechenden Tone des Clienten, der dem hocherhabenen Gönner schmeichelt; nein, im biedern deutschen Tone der Dankbarkeit, weih' ich Ihnen, edler deutscher Mann, diese Erstlings-Produkte meiner kaum keimenden Muse. Wem heiligte ich sie angemessener, als Ihnen, mein mir ewig unschätzbarer Lehrer, dem ich die Entwickelung meiner Empfindungen, den Grund meiner Bildung, und (wenn jemals das Glück mir wieder lächeln sollte,) auch dieses Lächeln verdanke. Ja, vortrefflicher Mann, diese Zeilen sind nur ein Schatten der Achtung, die ich Ihnen öffentlich darlegen zu können mich glücklich preise. Oeffentlich ströme mein Dank Ihnen für

Alles was Sie für Kopf und Herz an mir thaten, für Alles was Ihre bescheidene Tugend zu nennen verbeut; heimlich aber fließe Ihnen die stille Freudenzähre für eine Rettung, wofür ich Sie nicht öffentlich lohnen kann, wofür aber, wenn wir beide einst Staub sind, noch Ihnen Wonne ins Herz lächeln wird

Ihr

Sie ewigliebender Zögling

F. L. Z. Werner.

Vorrede

in Form eines Prologs.

Wie oft wird nicht der Werth des Schlechten wie des
Schönen
Nach Vorurtheil, nicht nach Verdienst bestimmt;
Der Satz war lange schon im Alterthum berühmt
Und täglich sieht man noch ihn durch Erfahrung krönen.
Wer sah' nicht edle Armuth höhnen,
Indeß man Achtung oft dem reichen Laster zollt;
Wer sah nicht einem Voltaire fröhnen,
Indeß Verfolgungssucht auf Rousseau Blitze rollt!
Oft sinkt das Vorurtheil auf ganze Völker nieder,
Wo es mit einem Hauch der Weisheit Licht verweht;
Es deckt der Wahrheit Glanz mit nächtlichem Gefieder,
Indeß die Dummheit sich in seinem Schatten bläht.
Ein ganzes Völkerheer singt oft dem Irrwahn Lieder,
Indeß die Weisheit — schlafen geht. —
So bald der Irrwahn sich mit Leidenschaft verbindet,
Läuft schnell das Vorurtheil mit Kopf und Herz davon.
Dort stirbt der erste Mensch bedeckt mit Schmach und
Hohn,
Indeß die Dummheit hier den Priestern Kronen windet.
So wiegt man nach Verdiensten — Lohn! —

Das ist der Mensch! — das erste Thier auf Erden
Und weislich doch zum Thier und nicht zum Gott gemacht,
Ist er auf Weisheit stets, und stets auf Glück bedacht,
Und wählt statt Weisheit, Wahn, statt Wohlfahrt, sich
Beschwerden,
Und sinkt als Thier — in Grabesnacht.
Der Thor im Ordensband, der Dey im Königsthrone
Beherrschen ohne Kopf oft eine halbe Welt,
Sie krönt der Schmeichler Heer mit feiler Lorbeerkrone,
Indeß der Pöbel sie den Göttern beigesellt.
Doch weiser denkt die spät're Nachwelt immer,
Verwischt den Firniß, bis, beraubt vom eitlen Flimmer,
Der falsche Glanz in — Nichts zerfällt,
Indeß sie dankbarlich verdeckten Tugendschimmer
Zum Sonnenglanz erhellt. —
Dort strahlet Leßings Ruhm in immer neuer Jugend,
Indeß von G———n kaum man noch den Namen kennt;
Da ist uns Rousseau Bild der Wahrheit und der Tugend
Da man der Gegner Heer nur mit Verachtung nennt;
Hier herrscht der einzige im Tempel wahrer Größe,
Und macht mit einem Blick sich Völker unterthan,
Die Bosheit fährt zurück, der Neid fühlt seine Blöße,
Und staunend betet ihn die weise Nachwelt an.
Doch anders schließt die Welt. — In Hütten wie auf
Thronen
Weicht stets Verdienst dem feilen Ordensband,
Man sieht die Bosheit nicht im goldnen Meßgewand
Und läßt Verfolgungssucht dem armen Zweifler lohnen.
Stets wird vor Schimmer das Verdienst verkannt. —
So geht's uns Dichtern auch! Ein Milton wird vergessen,
Indeß man Tasso's Kunst bis zu den Sternen hebt;
Oft hört man Klopstock's Geist mit Gottsched's Feder
messen,
Wenn jener gleich entflammt durch alle Himmel strebt;

Bis einst die Nachwelt spät Verdienst mit Lohn verbindet,
Bis Maro's Lorbeer sinkt, indeß Homeros lebt;
Bis einst wenn Meister Duns gleich izt noch Phrasen webt,
Die Enkelwelt den Kranz um Wielands Schläfe windet.—
Doch unsre heutige? — Der fromme Christ empfindet
Und mehr noch der Poet daß sie im Argen schwebt. —
Kaum tritt ein Dichter auf, so stimmen schon die Schaaren
Der Kritiker die alte Litanei,
Zerfleischen froh sein Werk mit wildem Mordgeschrei
Und schleppen ihn gewaltsam bei den Haaren,
Zum Richterstuhl herbei
Dort hört man dann die abgerißnen Stücke
Des neuen Werks, mit Mordbegier'gem Ohr,
Man setzt Anathema so gut' als schlechtem vor,
Und schickt den Neuerling mit Schmach bedeckt zurücke.
Der mit der Ehre auch sein Fünkchen Muth verlor. —
Der Fälle sind zwar viel, daß mancher dort für allen
Gefiel der überall verdienstlich durchgefallen,
Doch das hat seinen Grund in lieber Menschlichkeit.
Man lobt wenn er, wie dort dem Sultan die Vasallen,
Dem großen Haufen Weihrauch streut.
Doch weg sey stets von mir dies Mittel zu gefallen,
Dem Moloch Krittler Gunst geweiht,
Der feiles Lob dem niedern Dünkel beut;
Ich bin zu stolz Insekten nachzulallen! —
Hier ist mein Werk — dort ist mein Publikum, —
Nehmt ihr es gütig auf, so klatschet in die Hände!
Wo nicht — so beug ich mich, nehm meinen Stab und
wende
Von Hippokrene'ns Ufern um.

An die Muse.

Mädchen spiel mir keine Streiche,
Sey nicht spröd — ich rath es dir.
Sonst du weißt — wenn im Gesträuche,
Wenn im Bad' ich dich beschleiche, —
Es gilt kein Entflieh'n bei mir!

Soll ich ewig es ertragen,
Daß du mich wie Charon fliehst,
Und von deinem Wolkenwagen
Auf des armen Dichters Plagen
Näschenrümpfend niedersiehst? —

Jüngst bei jenem Hochzeitcarmen
Hab ich mich da nicht geplagt,
Zwanzig Federn ohn' Erbarmen,
Sind den Abend von mir Armen
Halb zerrissen halb zernagt.

Trostlos zählt ich die Sekunden,
Niemand half mir armen Wicht! —
Denn von Phöbus Arm umwunden
Floh'n dir wie Minuten Stunden,
Und mein Fleh'n vernahmst du nicht.

Neulich noch bei Leberreimen
Prüft ich meine Poesie;
Eben wollt ein Jambus keimen,
Doch man fing an aufzuräumen,
Weg war Hecht und Phantasie.

Alle Gäste mußten lachen,
Mir nur war's nicht lächerlich,
Fruchtlos rief ich. — Seine Sachen
Wußte Amor wohl zu machen,
Der im Bade dich beschlich.

Einst als ich im Mondenschimmer,
Froh mit meinem Mädchen ging,
Und im blendend schönen Flimmer
Sie vertraulich kosend immer
Fest an meinen Armen hing;

Wollt' ich ihr von Liebe singen,
Doch vergebens setzt ich an.
Reime kann ich nicht erzwingen,
Ganz umsonst war all mein Ringen,
Lächelnd sah mich Lina an.

Ja wär' Hermes nicht gewesen,
Der dich in die Arme nahm. —
O man kennt euch keusche Wesen,
Die so gern Pucelle lesen,
Und den Grecourt lobesam.

Gestern war die Wiegenfeier
Meines alten Schutzpatrons.
Bei der Mahlzeit ward man freier,
Alles horchte auf die Leier
Deines armen Musensohn's.

„Nur ein Impromptu, nichts weiter
„Machen sie geschwind nur fort"
Epigramm wär wohl gescheuter,
Fiel der alte Bärenhäuter,
Meister Duns ihm in das Wort.

Ich stand da wie vor Medusen,
Bebt', verstummt' und ward verlacht; —
Und die göttlichste der Musen
Fühlt indeß an Mavors Busen
Eine süße Schäfernacht.

Führt der Tod nun gar die Tante
Bis zu Charon's Kahn hinein.
Ich als nächster Anverwandte,
Der zum Dichten sich bekannte,
Soll ihr eine Ode weih'n.

Gott was war das ein Gestöhne,
An dem alten Leichenstein! —
Während dieser Trauerscene
Schlief Mamsell in der Baleine
Vater Zeus im Schooße ein. —

Doch die Sünde sey vergeben,
Sey gescheut und beß're dich,
Komm beseelend mich umschweben,
Sonst — ich schwör's bei meinem Leben —
Mädchen sonst — ich räche mich!

Schenke mit dem Schlangenstabe
Mir der Dichtkraft Unterpfand.
Und ich opfre dir zur Gabe
Das Geliebt'ste was ich habe, —
Dies mein Kind — in Marmorband.

An die Göttin Far — niente.

Holdes Kind des Himmels, Far — niente,
Die so manches Erdenglück mir gab,
Senke dich vom Himmelsfirmamente
In des müden Wallers Brust hinab.

Dir erbaut die ganze Welt Altäre,
Jeder lodert deines Namens Ruhm;
Dankbar fröhnt dir unsers Erdballs Sphäre,
Und die Menschheit ist dein Eigenthum.

Deiner Gottheit Tempel sind Palläste,
Und dein Priester — mancher Fürstensohn,
Dein Lob singt der Vogel in dem Neste,
Und der Sultan — auf dem Königsthron. —

Zwar dich nennt des Deutschen roher Eifer
Schnöde Faulheit, trägen Müßiggang,
Und der Frömmling schilt voll heil'gem Geifer
Dich des Teufels schwarze Ruhebank.

Doch wenn dein des Schwarzen Ruhbank wäre,
Würden wohl so sorgenleer wie nun,
Seine Feinde — Diener der Altäre,
Schaarenvoll auf seinem Sopha ruhn?

Nein der Welsche, der dich besser kannte
Und so oft in deine Grotte schlich,
Hieß befeuert von Petrarch und Dante,
Delicioso Far — niente dich.

Selbst den Franzmann und den kühnen Britten
Sah' man oft in deinen Armen glühn,

Sah' man Kaiser nicht mit Sklavenschritten,
Mönchen gleich an deinem Wagen ziehn?

Ja dir dienen alle Lebensstände,
Bauer, Offizier und Hofcaplan,
Jedem winkt dein holder Blick am Ende,
Ruhe für des Tages Arbeit an.

Der vergißt in deinen Dämmerungen
Hof und Äcker, Kinder, Weib und Feld;
Jenen sanft von deinem Arm umschlungen
Reizt nicht mehr der Ehre Strahlenzelt.

Dieser weich in Polster eingeschmieget,
Denkt nicht der Deisten frecher Schaar,
Und vergißt in Schlummer eingewieget
Predigt, Canzel, Meß und Hochaltar.

Und was wären Winters unsre Krone,
Uns're armen Dichter ohne dich,
Wenn nicht noch im Bette deinem Throne,
Mitleidsvoll die Muse sie beschlich.

Mancher zwar vergißt an deinem Busen,
In der Ruhe seligstem Genuß
Nektar, Phöbus, Hippokrene, Musen,
Und den alten trägen Pegasus.

Mancher zwar verlebt in deinem Schooße,
Sorgenleer die kleine Spanne Zeit,
Und erhält zum seligsten der Loose,
Die gewünschte Ruh — der Ewigkeit.

Manche Dame fährt von Masqueraden
Um im Sopha hingestreckt zu ruhn,

Mancher Junker eilt auf Promenaden,
Um dort sehr geschäftig — nichts zu thun.

Mancher König taumelt in das Zimmer
Seines Staatsraths vom genoßnen Schmaus,
Und schläft dort so wie beim Frauenzimmer
Den zuviel genoßnen Nektar aus.

Manche Nonne singt dir Litaneien,
Mancher Mönch dir Jubelhymnen vor,
Allmachtathmend führst du ihre Reihen,
Und regierst ihr thatenloses Chor.

Doch nicht immer weilst du unter Zellen,
Oder kriechst um eines Sultans Thron,
Nur entfesselt von der Thorheit Schellen,
Und du bist des Weisen schönster Lohn.

Nein nicht immer thronst du im Gepränge,
In Senaten, in der Assemblee,
Floh Horaz zu Tibur nicht die Menge,
Weilte Rousseau nicht am Bieler See?

Ja nur dir ertöne meine Leier,
Die den Geist mit neuer Spannkraft füllt,
Nicht dem Popanz, der bei mancher Feier
Manches Dümmlings Schneckenseele füllt.

Dich nur soll mein kühner Rhythmus preisen,
Der schon Epicur den Lorbeer wand,
Der zuerst das höchste Glück des Weisen
Mit der Wollust Mensch zu seyn — verband.

Komm des Lebens Mühen mir versüßen;
Weihen mich zu deinem Priester ein,
Und ich will dich wie mein Mädchen küssen,
Und dir meiner Muse Erstling weihn.

J. J. Rousseau.*)

Einen Homeros der Welt! so tönte die Stimme der Allmacht.
Einen Jacques Rousseau der Welt fiel das entscheidende Loos!
Und er wallte die Bahn für Wahrheit und Tugend ein Opfer,
Duldung, Natur und Gefühl weinten entfesselt ihm nach! —

Der Schlüssel.

Erzählung in zwei Gesängen. **)

Erster Gesang.

Ihr Weiber bitt ich euch, o laßt euch nicht bethören,
Ein warnend Beispiel soll euch dieses Mährchen lehren. —
Einst wohnt (weiß nicht in welchem Jahr)
Ein Ritter in dem Frankenlande,
Dem keiner in dem Ritterstande
An Reichthum zu vergleichen war.
Er hatte Bildergallerieen,
Lustschlösser, Gärten ohne Zahl,

---

*) Anspielung auf das Herdersche Epigramm Homeros.

**) Nach einer Conte des la Fontaine. Schon Herr Gotter bearbeitete vor mir diesen Stoff. Jedoch glaube ich, deshalb von Niemanden eines Plagiats geziehen werden zu können, der es einsieht, wie bei einem solchen Stoff Alles auf Verschiedenheit der Behandlung ankommt, da der Stoff selbst nur das magre Gerippe ist.

Von allen Villa's überall
War nichts den seinen vorzuziehen
Laquaien, Schweizer und Trabanten,
Heiducken, Affen, Sykophanten,
Die machten seinen Hofstaat aus;
Und alle Tage, die auf Erden
Uns Erdenpilgern Gott läßt werden,
Beschloß bei ihm ein neuer Schmaus.
Redouten, Bälle, Masqueraden,
Theeassembleen, Promenaden,
War ihm so gut als täglich Brodt;
Und kurz in diesem Pilgerleben
Thät Frau Natur ihm alles geben,
Mein Ritter kannte keine Noth.
Doch wie nun jeder selbst im Glücke,
Selbst bei dem glänzendsten Geschicke,
Die Bosheit und den Spleen von Frau Fortunen fühlt;
So war's auch hier. — Denkt's euch, ihr süßen Herrn,
Ihr, die ihr, stets mit Wind erfüllt, so gern
In unserm deutschen Vaterlande,
Mit Eau de Marechal und mit Eau de Lavende
Den candisirten Franzmann spielt,
Denkt's euch, — war sein Geschick nicht hart?
Er hatte einen blauen Bart
Und wurde drum im ganzen Land
Der Herr von Blaubart zubenannt.
Die Damen floh'n ihn wie die Pest,
Und gab er gleich so manches Fest
So war doch keine, die den Mann
(Des Bartes wegen) lieb gewann.
Doch noch ein Casus kam dazu,
Der sehr verdächtig war,
Und den ich euch in diesem Nu
Erzählen werde. — Jedes Jahr

Nahm Blaubart sich ein andres Weib,
Und wie er sprach, zum bloßen Zeitvertreib.
Sechs Weiber waren schon zu dieser Frist
Von ihm geherzt, von ihm geküßt,
Doch was noch mehr er sich mag haben unterstanden.
Und auch nicht eine war noch mehr vorhanden;
Sie schwanden hin, man sah nicht wo sie blieben. —
Sechs Weiber schon, — das heißt platonisch lieben!
Und dennoch flohn sie ihn? hör ich des Neides Kind.
Den bleichen Krittler dort mit bittrem Lächeln fragen.
So will ich diesem Herrn denn das zur Nachricht sagen:
Er hatte sie von dort wo Mädchen wohlfeil sind,
Aus — — und aus Gallien verschrieben.
Doch nun zur Sache. — So wie oft durch manche That,
Was Donna Glück verfehlt, sich selbst in Heil verwendet,
Und auch das schlimmste oft in gute Früchte endet,
So war's auch hier. Ein Landgut bei der Stadt
Gehörte einer reichen Dame.
Die Gräfin Stralbaum (dieses war ihr Name)
Genoß dort oft die Freuden der Natur.
Zwei schöne Töchter waren ihre Freude,
Mit ihnen Hand in Hand durchwallte sie die Flur,
Den Park, das Feld, die blüthenreiche Heide.
Zwei Töchter, schön wie Frühlingsrosen,
Wenn holde Weste ihnen fächelnd kosen,
Vom schönsten Liebesgotte die Copie,
Charlotte und die holde Amalie.
Herr Blaubart hat die jüngste kaum geseh'n,
So fand er sie schon zum Entzücken schön;
Er liebte sie, er wagt's um ihre Huld zu flehn:
Kurz Fräulein Malchen fand vor seinen Augen Gnade.
Allein je mehr er bat, je schneller floh sie ihn;
Je mehr sie floh, je mehr ward Blaubart kühn. —

Du armer Ritter, Jammer schade!
Hätt'st du nicht einen blauen Bart,
Die Schönen wären nicht so hart. —
Doch Blaubart ließ, um Malchen zu gewinnen,
Nicht wenige Dukaten rinnen.
All' seine Schätze kramt er aus,
Bald lud zu einem neuen Schmaus
Er Malchen mit der Mutter ein,
Um so im tête à tête ihr Herzchen zu besiegen.
Bald mußten, um sie zu vergnügen,
Auch eine Menge Herrn und Damen,
Die Theil an ihrer Freude nahmen,
Mit bei dem großen Piknik seyn,
Wobei er dafür hielt, daß der Champagnerwein
Auch nicht vergessen werden müßte,
Wenn halb verstohlen er sein liebes Malchen küßte.
Kurz Fräulein fand zuletzt den Bart nicht mehr so blau.
Sie rühmte sein Gefühl und seine biedern Sitten,
Der Ritter ließ nicht ab, mit Seufzen, Flehn und Bitten —
Weg war der Kranz —! und sie —. ward Blaubarts Frau. —
Das schöne Fräulein Braut ward wie es sich gebühret
Von Frau Mama zum Teppich hingeführet,
Und bei der Kopulation
Schrie sich des Fräuleins Unterweiser
Von Pflichten, die sie beide schon
Am besten wissen mochten, heiser. —
Die Nacht war endlich da. Bei Lunens sanftem Schein
Empfand das Pärchen ganz die Wollust zwei zu seyn,
Und noster Blaubart that — was jeder Bürger sollte,
Obgleich der böse blaue Bart
Sehr oft zum Hindernisse ward,
Wenn sie ihn herzhaft küssen wollte.

2

Doch nach vier Monat Frist ward Ritter Blaubarts
kälter,
Und auch Frau Malchen fand den edlen Ritter älter,
Als er's am Hochzeitabend war;
Genug sie lebten unzufrieden,
Und jener edle goldne Frieden
Verließ sehr schnell das junge Paar.
Als einst an einem Frühlingsmorgen
Frau Malchen noch in Negligé,
Bei Chocolad und Kräuter-Thee
Sich mit den neuen Ehstandssorgen,
In einem Sopha hingelagert, quälte,
Und auch im Herzen wacker schmälte,
Daß Signor Blaubart sie nicht feurig lieben konnte
(Dem nach ermüdenden Fatiguen,
In anderweit gen Liebeskriegen
Die süße Pflicht zu schwer zu seyn begonnte)
Gerieth sie so in Angst, daß sie den Cubach nahm,
Und in der Noth Gebete lesen wollte,
So wie es jede fromme Hausfrau sollte,
Als schnell ihr Herr Gemahl zu ihr ins Zimmer kam.
„Verzeihn, Madam, daß ich Sie störe."
Wahrhaftig nicht, mein bester Mann,
Blos um der lieben langen Weile
Las ich im Cubach eine Zeile,
Blos um mich zu zerstreun, ergriff ich dieses Buch,
Und wär, mon cher, nicht Ihr Besuch
Mir eine so ganz fremde Sache —
„Gewiß Sie machen daß ich lache.
Gebete waren, meiner Ehre,
Sonst, par ma foi, nicht Ihr penchant,
Doch — um Sie länger nicht vergebens aufzuhalten,
Mein angespannter Reisewagen
Steht schon vor meiner Thür und alles ist bereit,

Kurz ich verlasse Sie, doch nur auf kurze Zeit.
Sie werden sich allein die Zeit vertreiben müssen,
Und Ihre Liebe wird vermuthlich nicht erkalten,
Sie ist schon kühl wie Eis." Mein bester, fiel sie ein.
„O still, ich bitte Sie, wir wissen was wir wissen,
Sie könnten unterdeß recht sehr zufrieden seyn.
Ich will nicht, daß Sie sich der kleinsten Lust entziehen.
Will Ihre Mutter auch sich bis hieher bemühen,
Und Ihre Schwester, Ihre Tanten,
Und Ihre andern Anverwandten,
So sey's! — Sie mögen sich auf alle Art zerstreun.
Adjo! Seyn Sie vergnügt! Bald sehen wir uns wieder,
Mein Compliment an Mutter und an Brüder,
In Monatsfrist aufs spät'ste bin ich hier."
Ein Kuß, ein Händedruck und husch hinaus zur Thür,
Dieß war der Abschied und — hin flog der edle Ritter.
Nun war die Trennung zwar für Malchen nicht sehr bitter,
Doch auch die größte Kleinigkeit vom Manne
Bleibt doch ein Mann! — so spricht Gevatterin Susanne.
Und weil nun, wie ihr alle wißt,
Das kleinste besser noch, als gar nichts ist,
So hätt sie ihn noch immer halten mögen. —
Doch etwas größers noch lag ihr vielmehr im Sinn,
Der Ritter nehmlich gab mit seinem Abschieds-Segen
Ihr einen goldnen Schlüssel hin,
Und zwar auf einer grün smaragdnen Schüssel.
„Hier," sprach er, „Malchen, dieser Schlüssel
Führt Sie in jen' Gemach hinein.
Doch sollten Sie sich je entschließen,
So wird's gewiß Ihr Unglück seyn.
Ich komm zu Haus und werde alles sehen,
Nur wagen Sie's nicht, mich zu hintergehen,

Und wagen Sie's, so mögen Sie es wissen,
Ihr Leben soll für diese Kühnheit büßen."
So sprach der Mann — und hin war Malchens Ruh
auf immer,
Der goldne Schlüssel und das Zimmer
War wachend wie im Schlaf ihr einziger Gedank.
Ja wenn sie schläfrig sich im seidnen Bettchen wand,
So war das Zimmer und der Schlüssel,
Und inclusive auch die grün smaragdne Schüssel,
Stets ihrer Träume Gegenstand. —
Nun wißt ihr alle schon, wie Frau Curiositas
Bei Evens Töchtern stets viel Unheil angerichtet.
Sie nur war schuld, wie Moses uns berichtet,
Daß Eva von dem Apfel aß
Und so mit ihrem Unschuldstand
Das ganz Paradies verschwand.
Sie nur ist schuld, daß noch manch Töchterchen der
Freude
Mit ihrem jungfräulichen Kleide
Zugleich der Unschuld Kranz verlor.
Husch fliegt er fort; schnell springt der Riegel vor,
Das Keuschheitslämpchen lischt — und wer war schuld
an allen,
Daß Mutter Eva und ihr Töchterchen gefallen?
Nichts anders als — Frau Curiosité.
So gings auch hier. Nicht Ball, nicht Assemblee
Wollt unsrem Malchen mehr behagen.
Oft hörte man sie stöhnend klagen,
Und selbst beim Eubach schlief sie öfters gähnend ein,
Und träumte — nicht vom Herzensschrein,
Noch von der Himmelsbraut — nur vom verbotnen
Zimmer
So war s beständig. Als sie einst im Mondenschimmer,
Im Sopha hingestreckt, die langen Stunden zählte,

Und eben von der ennuyantsten Assemblee
Zurückgekehrt, auf Boston, Whist und Thee,
Und die lebendigen Pikbuben wacker schmählte;
Fiel ihr das alte Lied von neuem wieder ein:
„Was mag wohl in dem Zimmer sein? —
Wie könnt ich mir nicht diese Lust verzeihn,
Das Zimmer aufzuschließen wagen? —
Wie wär es, wenn? — zwar das Verbot ist hart —
Doch warum will der alte Eisenbart
Mich auch vier Wochen lang mit solcher Neugier plagen! —
Zwar wenn er es erführ — wer könnt's ihm aber sagen? —
Zwar ist es Pflicht die Leidenschaft besiegen,
Doch süßer noch den Gecken zu betrügen,
Der ohne Noth mich hier gefesselt hält,
Indeß die Neugier stets mich ohne Ende quält. —
Wie wär's ging ich allein,
Doch ohne Licht? — es ist ja Mondenschein —
In den verbot'nen Ort hinein?
Was würde das für Freude seyn! —
Und etwas Böses muß denn doch dahinter stecken,
Vielleicht ein Mädchen gar — Nein dieses nicht entdecken,
Wird mehr als Sünde seyn." — Sie springt vom Sopha auf,
Und nimmt sich kaum die Zeit den Busen zu bedecken.
Sie wirft den Schlafrock um, und eilt in vollem Lauf
Zum dunklen Zimmer hin. — Schon ist sie an der Schwelle,
Sie dreht den Riegel um, die Thüre öffnet sich —
Doch — welch ein Gegenstand zeigt ihrem Auge sich!
Gewiß nicht schrecklicher malt Raphael die Hölle. —
Ein Stuhl stand in dem schwarz gemalten Zimmer
Und auf ihm saß ein Frauenzimmer,
Mit einem Körper, einer Brust —

Sie hätte selbst den strengsten Theologen
Zu Amors frohem Spiel bewogen,
Und ihn versenkt in süße Himmelslust.
Den Schoos, den Nacken und die jugendliche Hüfte
Umfloß ein wallendes, durchschimmerndes Gewand,
Das sich, ein Spiel verrätherischer Lüfte,
Halb neidisch um den schönsten Busen wand.
Doch blutig und zerfleischt war dieser Busen,
Die schöne Dame selbst war — ohne Kopf.
Zerrissen fürchterlich lag er getrennt vom Schopf,
Noch schrecklicher als jener von Medusen,
Im Winkel, todtenbleich und ganz mit Blut bedeckt.
Ein andrer Weiberrumpf lag dorten hingestreckt,
Gerippe fletschten an den blutbespritzten Wänden. —
Für Schreck stand Malchen jetzt wie eine Säule da.
Sie wankte, schauderte bei allem, was sie sah,
Und ach! — ihr fiel der Schlüssel aus den Händen. —

Zweiter Gesang.

O Muse, schildre mir das hoffnungslose Leben,
Das jetzt in Malchens Brust entstand,
Als sie bereit den Schlüssel aufzuheben,
Ihn ganz mit Blut bedecket fand.
Sie hebt ihn auf, und sucht ihn rein zu machen,
Allein umsonst, er ist und bleibt voll Blut
Schon wankt sie hin, schon sinkt ihr aller Muth,
Schon wähnt sie sich dem Tode in dem Rachen,
Als schnell das Ding die schlimmste Wendung nahm,
Da plötzlich ihr Gemahl zu ihr ins Zimmer kam. —
Erschien Luthero einst im weiten Priesterkoller,
Beelzebub mit Hörnern in dem Haar,

So war ihm sein Besuch gewiß nicht grausenvoller
Als unserm Malchen jetzt der gute Ritter war.
„Was," rief der Gentleman mit hämisch süßem Munde
Und bittrem Lächeln jetzt dem armen Weibchen zu:
„Madam, ich ahnete Sie wären längst zur Ruh,
Und wie so derangirt, jetzt in der zwölften Stunde
Im Sopha todtenbleich, im Auge diese Gluth,
Beim Himmel, reden Sie; hier ist nicht alles gut!"
Sie zittert, wagt es kaum das kleinste Wort zu lallen,
Und läßt, von Angst betäubt, den Unglücksschlüssel fallen.
„Ha!" ruft der Schaumigrem mit namenloser Wuth,
„Ha, schändlich falsches Weib, der Schlüssel hier voll
Blut?
Und Du — bekenn' — Du warst — mach' Dein Vergehn
nicht schlimmer
Durch Läugnen!" „Gott! ich war — Erbarmung — war
im Zimmer —"
„So sey es," rief er dann, „so fahr' auch Du dahin,
So mag Dich dann mein Schwerdt hinab zur Hölle
führen!"
„Gott," rief sie, „kann Dich nicht mein Todesjammer
rühren,
So höre wenigstens, daß ich bald Mutter bin."
„Tant mieux, so sterbe denn der Bastard neben Dir —
Kein Wort mehr — hingekniet!" — „O rührten meine
Thränen
Nur jemals Dich, so laß mit Gott mich zu versöhnen,
Laß aus Barmherzigkeit nur noch zwei Stunden mir."
„Es sey!" rief der Tyrann, „ich will Dir Zeit vergönnen,
Doch merke Dir's, nur Eine Stunde lang,
Du wirst bis dahin Dich mit Beten und Gesang
Nach Herzenslust zum Tode schicken können."
Noch einen Blick, worin sich Wuth und Rachsucht
stritten,

Schoß er auf das von Angst und Schmerz zerfleischte
Weib,
Und ging zur Thür hinaus mit stolzen Siegerschritten,
Als sey ihm ihre Angst nur Spaß und Zeitvertreib. —
„Adieu, mon ange, bald sehen wir uns wieder,
Mein Compliment an Mutter und an Brüder,
Wir sehen spätstens uns in Monatsfrist."
Das war, wie ihr noch alle wißt,
Des Ritter Blaubarts Abschiedskompliment,
Eh er — o! daß er nie zurückgekommen wäre!
Die letzte Fahrt begann.
„Das ist doch drolligt, meiner Ehre!" —
Ruft dort ein Kraftgenie im abgeschabten Frack,
Ein hag'rer Kritiker, uns zu mit Brekoack
(Ein Modewort der Herr'n) „um's Bischen Zeit zu
plaudern,
Was hilft das Warten und das Zaudern,
Und bis zum Ekel uns den Abschied wiederholen,
Uns mit dem Schnickschnack hintergehn,
Jetzt da wir voll Erwartung stehn,
Und nur auf Malchen, auf des Dinges Ausgang sehn,
Der Henker mag den Dichter holen!"
Geduld! ihr werdet bald der Sache Schluß erfahren,
Zwei Augenblicke sind ja keine Ewigkeit,
Und habt ihr nur noch zwei Minuten Zeit,
So dächt' ich, könntet ihr wohl eure Neugier sparen.
Daß ich euch noch einmal den Abschied lesen ließ,
War sicher meine Pflicht und keine Autorsünde;
Ich bin ja Vater zu dem Kinde,
Und weiß am sichersten, was diesem nützlich ist.
Dieß Wort an euch, ihr Herren Kritikaster,
Bezähmet endlich doch das größte eurer Laster,
Ein Ding zu kritten eh' ihr noch den Endzweck wißt. —
Frau Malchens Mutter war vor vielen Wochen schon

Zu ihrem Ehgemahl in's Himmelreich gefahren,
Und hinterließ der schönsten Treue Lohn,
Zwei Söhne, die nicht alt an Jahren,
Und dennoch schon an Muth und Tapferkeit erfahren,
Recht wackre Rittersleute waren,
Und die auch sonst — doch näher noch ad rem.
Es waren eben die, an die der Schaumigrem
Bei seinem Abschiedskuß so gnädiglich gedachte,
Und ihnen so viel Complimente machte.
Und darum mußt' ich, um euch recht zu präpariren,
Den Abschied noch einmal ad aures demonstriren. —
Sie lebten stets auf Blaubarts Schlosse unzertrennt,
Wohin sie eben jetzt nach mancherlei Gefahren
Von einem Ritterzug im Marsch begriffen waren. —
Die andre Tochter, die ihr schon von länger kennt,
Charlotte war jetzt auch, um Landluft zu genießen,
In Blaubarts Gute, wo, von Malchen ungetrennt,
Minuten gleich, die Tage ihr verfließen. —
Just als der wilde Mann aus Malchens Zimmer trat
Und diese auf den Knien noch weinte, schrie und bat,
Kam Fräulein Lottchen durch die Seitenthür herein,
Und wollte so im Mondenschein
Noch zwei Minuten lang mit unsrem Malchen plaudern. —
Man kennt ja wohl die liebe lange Weile,
Die von Cytheren an bis zu Minervens Eule,
Besonders in bestirnter Nacht,
Manch junges Mädchen schlaflos macht.
Wenn man im Bettchen dann die langen Stunden zählt
Und einem stets so ein gewisses Etwas fehlt. —
Man stöhnt, man seufzt, man wünscht, man wagt es nicht zu nennen,
Der Busen klopft, die Augen brennen,

Die Decke wird voll Unruh umgewühlt,
Und stets beklagt man sich der Hitze, die man fühlt.
Wenn dann ein Gegenstand das schönste der Gespenster
Sich in die dunkle Kammer schleicht,
Und so durch das halb aufgemachte Fenster
Der Wünsche Ziel ersteigt —
Sie sieht ihn — doch vor Neugier rührt sie kaum
Der blauen seidnen Decke Saum.
Sie wagt es kaum, das kleinste Glied zu regen,
Ja, selbst der Athem darf nur leise sich bewegen,
Und schalkhaft drücken sich zur angenehmsten Ruh'
Die großen blauen Augen zu.
Er schleicht zum Bette hin — die ganze Schöpfung
schweigt,
Nur halb erhellt der Mond die wonnevollen Sinne,
Und leise seufzt die lusterfüllte Schöne,
Bis er Cytherens Sitz ersteigt,
Und schalkhaft sich auf ihren Busen neigt —
In beider Augen glänzt der Wollust süße Thräne
Und näher rückt der Feind — und leiser seufzt die
Schöne — —
Doch wohin reißet mich die kühne Phantasie?
Sie treibet mich in wonnevollen Bildern
Euch Liebetrunkenheit und Minneglück zu schildern,
Und unterdessen seufzt die arme Amalie,
Denn ach — dem grausamsten der Männer überlassen,
Von aller Welt geflohn, von aller Welt verlassen,
Verließ auch selbst der Dichter sie —
Gemalt mit Todesfurcht, in dumpfen Schmerz versunken,
Lag uns're Leidende, zum Todtenbild entstellt,
Ein Leichenhaus schien ihr die ganze Welt,
Und schon erlosch der Hoffnung letzter Funken —
Am Boden hingestreckt mit losgeriß'nen Haaren,
Die sie verzweiflungsvoll um ihre Arme wand,

Mit Augen, wo sich Tod und Höllenqualen paaren,
Dieß war die Stellung, wo Charlotte Malchen fand.
Euch Lottens Schrecken jetzt recht lebhaft zu beschreiben,
Ist Menschenkraft zu schwach, drum laß ich's weislich
bleiben,
Genug, daß sie — ein Weib — (was ich unglaublich
fand),
Bis zehn Minuten sprachlos stand.
Doch schwerlich war auch wohl die letzte der Secunden
In's dunkle Schattenreich des Nichtmehrseyns geschwun-
den,
Als auch Charlotte schon das lange Schweigen brach:
„Um's Himmelswillen, Kind, was ist dir, Schwester?" —
„Ach!"
Seufzt jetzt Amalie, „wiewohl noch etwas schwach —
Kaum kommt sie zu sich selbst, so geht auch das Er-
zählen
Wohl etwas hoch hinauf, vom Hochzeitabend an,
Und doch — was soll ich euch mit den Gesprächen
quälen,
Genug der völlige Sermon
Enthielt die strengste Recapitulation
Von alle dem, was wir ad nauseam schon wissen.
Und daß sie sich dabei der Kürze nicht beflissen,
Erhellt daraus, daß sie mit rednerischem Munde,
Uneingedenk, daß dieß die letzte Lebensstunde,
Drei viertel Stunden lang in Einem Athem sprach —
Als plötzlich aus dem hintersten Gemach,
Ein Donner ihrem Ohr, des Ritters Stimm' erschallte,
Und dreimal furchtbar in den Mauern wiederhallte.
Sie sinkt an Lottens Brust, des Zimmers Thüre kracht,
Sie sieht, voll Todesangst, den Wüthrich in sie
dringen,
Schon sieht sie über sich den blanken Mordstahl schwingen,

Und taumelt hin in bange Todesnacht. —
So flattert in den Klau'n des Geiers Philomele,
Sie sinkt, und mörderisch würgt er die Zauberkehle,
Doch lauschend wartet sein des Jägers Mordgeschoß. —
So unser Wütherich. Umsonst fließt Lottens Thräne,
Schon zückt er! — Doch wie schnell verwandelt sich die
Scene,
Von wildem Mordgeschrei ertönt das ganze Schloß,
Die Thore springen auf, und Malchens Brüder dringen
Mit ihren Reisigen in das Gemach hinein
Und — doch die Muse kann nur Wonnescenen singen,
Und Mißklang würden hier des Kriegers Töne seyn —
Genug, ihr merkt es wohl, mein Lied geht nun zu Ende,
Wie jede Fabel, wenn die Catastrophe schließt,
Und da des Helden Tod die Farce stets beschließt,
So war's auch hier — Herr Blaubart wird gefangen,
Gebläut und decretirt, gebrandmarkt und gehangen,
Und endlich als Ragout den Hunden aufgetischt.
Frau Malchen, die bisher im Trüben gut gefischt,
Läßt sich auf Lebenslang in's Nonnenkloster schließen,
Um dort als Himmelsbraut beim Pater Guardian
Durch himmlischen Genuß die Neu'gier abzubüßen. —
Was doch ein Schlüssel nicht für Unheil stiften kann! —
Und die Moral? — „Mein Freund," sprach Lorenz
Sterne,
„Wer nicht die Nuß erbricht, dem taugen nicht die
Kerne." —

An ....

Als ich dich in Rosenschöne
Vor dem Altar knieend fand,

Und der Andacht fromme Thräne
Sich aus deinem Auge wand,
Sah ich taumelnd von Entzücken
Engel dich mit Strahlen schmücken,
Und dir knieend Weihrauch streun.
Laut erscholl Gesang der Sphären,
Schaaren voll von Jubelchören
Weihten mich zum Engel ein.

Als ich drauf im Tanze freier
Mich um deinen Busen schlang,
Und elektrisch Wonnefeuer
Mir durch alle Adern drang;
Horcht' ich bald im leichten Schweben
Deines Busens leisem Beben,
Bald durchflog' ich schnell die Reih'n.
Brust an Brust von dir umschlungen,
Schmeckt' ich, vom Gefühl durchdrungen,
Ganz die Wollust Mensch zu seyn.

Ha! da liebt ich dich vor allen,
Die mein trunk'nes Auge sah,
Sah nur deines Busens Wallen,
Deinen Blick, Amalia. —
Ach! umsonst für mich geboren,
Bist du ewig mir verloren,
Dennoch bin ich ewig dein.
Könnt' ich sterbend dich umarmen,
Sollt' mich schnell in deinen Armen
Cypris dir zum Schutzgeist weihn.

Ermahnung zum Lieben.

Was auch mancher lebensmüde Weise
Gegen Amor's Zauberbogen sagt,
Oder auf der düstern Lebensreise
Mancher finst're Hypochonder klagt',

Wie auch manche neiderfüllte Nonne
Die Novizen zu verwahren sucht,
Und dem Schöpfer solcher Himmelswonne,
Wie dem Seelenmörder Satan flucht.

Dennoch bleibt er Vater jeder Freude;
Kaum betritt man Amor's Heiligthum,
Scheint uns alles schon im Rosenkleide
Und die Schöpfung wird Elysium.

Weggescheuchet fliehen alle Sorgen,
Wie die Schatten vor Auroren fliehn,
Wonneathmend sieht uns jeder Morgen,
Freudetrunken jeder Abend glühn.

Süßer duftet uns der Blumen Frische,
Heller blinkt des Mondes Silberschein,
Sanfter plätschert dann durch Rosenbüsche
Uns der Bach in süßen Schlummer ein.

Höher schwirrt die Lerche Jubellieder,
Und verscheucht die schön verträumte Ruh,
Neu Entzücken füllt die Seele wieder,
Neuer Wonne führt uns Hesper zu.

Arm in Arm mit Liebchen fest umschlungen,
Wallen wir des Lebens Dornenbahn,

Sonne lächelt uns aus Dämmerungen,
Kühlungstrost aus Leidenswolken an.

Schnell entflieht der Schlaf an ihrem Busen,
Schlummer lullt an ihrem Schoos uns ein.
Amorn sieht man im Gefolg der Musen
Uns schon hier zu Erdengöttern weihn.

Doch dem Manne, der nicht Liebe kennet,
Wandelt Schwermuth Welt in Hölle um,
Ach, vom schönsten Erdenglück getrennet,
Ist nur Schmerz sein stetes Eigenthum.

Leichenblässe malet düstren Kummer
Stets auf seinem Dulderangesicht,
Den Verlaß'nen flieht der Abendschlummer,
Den Erwachten labt der Morgen nicht.

Zitternd fühlt er Todesvorgefühle,
Geister winken ihm im Mondenschein,
Abends führt ihm in des Baches Kühle
Kalter Schauer über Mark und Bein.

Weckt ihn traurig Freundin Philomele
Aus der schreckenvoll durchwachten Nacht,
O so foltert Leiden seine Seele,
Das ihm Grab zum Paradiese macht.

Einsam wallt er auf des Lebens Wegen,
Ach, er kennt der Liebe Freuden nicht! —
Drohend fahren Blitze ihm entgegen,
Und kein Fächeln, das die Wolken bricht!

Statt des Schlummers in der Huldin Armen,
Winkt der Tod, der ihm die Sense beut —

Schrecklich rächt sich Amor an dem Armen,
Denn er flieht der Liebe Seligkeit. —

Brüder, seht! welch trauriges Exempel,
Flieht des Gottes Rosenfesseln nicht,
Opfert Blüthen in Cytherens Tempel,
Sonst — ihr kennt den kleinen Bösewicht!!! —

An Madame B.

bei ihrer Abreise von Königsberg.

Auch du verläßt uns Sängerin, die milde
Uns stets mit deinem Silberton entzückt,
Du, die Vollkommenheit zu ihrem Bilde
Mit jedem Reiz geschmückt.

Du eilest fort, eilst fern von diesen Grenzen,
Wo man so oft dir Lorbeerkronen wand,
Wo dich Thalia oft mit Rosenkränzen,
Mit Veilchen Cypris band. —

Wo oft im Lenz die Flora Seligkeiten,
Wo später dir Pomona Wonne schuf,
Wo Grazien dich zu ihrer Fürstin weihten,
Gehorsam deinem Ruf.

Da eilst du fort — gedenkst nicht mehr der Scenen,
Wo einst dein Spiel Entzückung uns entzwang, —
Wenn Thesus Weib, betäubt und ohne Thränen,
In grause Fluthen sprang. —

Wenn ihn zu seh'n, entzückt und wonnetrunken,
Du taumeltest — den Becher nahmst — ihn trankst,
Und dann beseelt von neuen Lebensfunken —
An seinen Busen sankst. —

Wenn einst Arsene zum Genuß des Lebens
Die Spannkraft weckt, die in dem Marmor schlief; —
Wenn als Zemir' dein Klageton vergebens
Ach! Azor, Azor, rief. —

Da sah'n wir dich, und sah'n in deinen Blicken
Cytherens Reiz und Melpomenens Spiel. —
Da sah'n wir dich — und bebten vor Entzücken,
Und flammten vor Gefühl. —

Da ward dir dann der Kenner Beifallsehre,
Du trugst der Kunst und Cypris Preis davon —
Doch der Empfindung heiß vergoßne Zähre —
Das war Helenens Lohn! —

Parodie

auf das Lied: „die ich mir zum Mädchen wähle."

Die ich mir zum Mädchen wähle,
Muß nicht harter Männerseele,
Muß nicht stolz und herrisch seyn,
Muß nicht steten Modesorgen
Ihren schönen Frühlingsmorgen,
Und den Tag Romanen weih'n.

Muß nicht immer seufzend klagen,
Daß in unsern Trübsalstagen

Uns kein Schäfersang begrüßt:
Muß nicht Lotten affectiren
Wenn sie ohne vieles Zieren
Einst ein deutscher Jüngling küßt.

Muß nicht auf dem Lande gähnen,
Und sich nach Conzerten sehnen,
Wenn der Lerchen Wirbel tönt;
Nicht empfindsam hinspazieren,
Und mit Mond sympathisiren,
Wenn ein Armer hülflos stöhnt.

Muß nicht stets auf Masqueraden
Und auf Modepromenaden,
Um gesehn zu werden gehn;
Oder gar zum Garten schleichen,
Um in kühlenden Gesträuchen
Schäferstündchen zu begehn.

Muß nicht unter Tugendblicken,
Edler Männer Herz bestricken
Und sich selbst der Wollust weihn;
Oder gar wohl zum Erbarmen,
Lock' und Voltaire unter'n Armen,
Eine Philosophin seyn.

Muß nicht reizlos und nicht spröde,
Nicht zu lockend, nicht zu blöde,
Nur in meinem Arm sich freun;
Und die göttlichste der Musen,
Liebe soll an ihrem Busen
Erde mir zum Himmel weihn.

Krieg und Liebe.

Fragment aus der alten deutschen Mythologie.

Wodan, Regierer der Welt, Beherrscher der Götter Walhalla's
Strahlte in Wolken gehüllt, umringt von Teutoniens Göttern.
Also beherrschet der Leu die schwächern Bewohner des Waldes,
Und sein funkelnder Blick verkündigt Verderben und Leben.
Freia, die Himmlische, war zur Seite des Göttergebieters,
Schön wie der werdende Tag vom glänzenden Strahlengewande
Halb nur verschleiert, der Welt die froh'ste der Zeiten verkündend,
Voll majestätischer Pracht am blauen Gewölbe emporsteigt.
Hertha, die Irdische, war zur Linken des Weltenbeherrschers,
Und ihr erhab'nes Gesicht verbreitete Ehrfurcht und Liebe.
Thoro, Versender des Pfeils, der funkelnden Schwerdter Regierer,
Thronte, Zerstörung im Blick, im Kreise der Götter Walhalla's.
Also am furchtbaren Thron des Löwen, voll Unmuth der Tiger,
Weil ihm des Haines Monarch die Mordlust zu stillen verbietet,
Ha! wie springt er empor, vergönnt's ihm der Thiere Beherrscher,

Um zu zerfleischen das Lamm, den sichern Bewohner des Landes.
Hermann, Befreier des Volkes und viele der Afterwelt-helden,
Saßen im Feiergewand dem Menschenvertilger zur Seite;
Und Thusnelde, das Weib des Fessel zerbrechenden Starken,
Lag vertraulich im Schoos der Freudenerzeugerin Freia.
Also blinket der Mond, vom Schimmer der Sonne erleuchtet,
Er, den Liebenden hold, der weinenden Gattin Erfreuer.
Thränend klagte ihr Schmerz an ihres Geliebtesten Arme,
Denn ich hatte zu früh den Menschen erwürgenden Thoro
Mit dem mordenden Schwerdt der zärtlichsten Liebe entrissen.
Trostlos jammert sie ihn, den ewig beweinten Geliebten,
Und die Zähre des Grams befeuchtet des Liebenden Asche.
Doch sie erblickt ihn, den Mond, bei dessen harmonischem Schimmer,
In der seligsten Nacht, nach heiliger Liebe Gelobung,
Sie Walhalla's Gefühl im Arme des Gatten empfunden.
Ahnend blickt sie empor, sinkt todt am Hügel des Trauten,
Und ihr entfesselter Geist umarmet den wartenden Gatten. —
So saßen Wodan und Thor, so Freia, gelehnt an Thusnelden
Hermann und Hertha und mehr der strahlenden Völkerregierer.
Jetzt sprach Wodan: Es scholl die Veste des hohen Walhalla's

Und beim allmächtigen Laut erbebten Myriaden von
Welten. —
Wodan, Allvater, spricht: O Freia, du Göttergezeugte,
Hilf die Gedanken zerstreuen, die heute meine Stirne
umwölken,
Und mit melodischem Klang erfreue den sorgenden Vater.
Freia, von Ehrfurcht erfüllt, ergriff jetzt die göttliche
Telyn,
Tönte in's Saitengeräusch mit schmetterndem Tone die
Kriege
Und den erschrecklichen Kampf der Götter Olymps und
Walhalla's.

Ha! es kämpften voll Wuth Heere der Göttlichen,
Zeus, Poseidon und Thor, Wodan der Schreckliche,
Mars, Apoll und Bellona,
Zu erringen des Sieges Preis.

Von der Waffen Geräusch tönte die Himmelsburg,
Denn die göttliche Schaar kämpfte voll Streiterwuth,
Olympus und Walhalla
Wollten haschen den Lorbeerzweig.

Schrecklich furchtbar erscholl Thoro des Starken
Zorn,
Mit dem mordenden Schwerdt schlug er Olympus Macht.
Als er stritt mit Kronion,
Sang der Götter Walhalla's Chor.

„Schmach, Verderben und Tod Kronides stolzem
Heer,
Heil Walhalla und Sieg über Gott Thoro's Schwerdt.“
Schrecklich tönte der Nachhall!
Heil Walhalla und Thoro's Schwerdt! —

Thoro kämpfte mit Zeus, Wodan mit Letho's Sohn,
Hermann, Frigga und Mars, Thoro und Artemis.
Sieh! da schleudert Kronion
Hin, bezwungen vom Schrecklichen.

Wodan, des All's Monarch, Sender des Feuerstrahls,
Stürzte Kronions Sohn in der Vernichtung Schlund.
Alle Herrscher Olympus
Wälzten hinab in des Meeres Fluth.

Also stürzet der Strom schäumend vom Fels hinab,
Fluth gelagert auf Fluth in der Verwüstung Thal.
Ach! nicht schont er das Veilchen
Und entwurzelt der Ceder Stamm.

Tön', o Telyn, das Lied, das jetzt Walhalla sang;
Als die Krone des Siegs nun ihre Scheitel schmückt,
Und der göttliche Thoro
Weltvernichtend in's Schlachtfeld sah.

Heil und Segen und Heil dem dreimal Schrecklichen,
Heil und Segen und Heil dem Göttermordenden,
Der Walhalla errettet,
Uns mit Eichlaub die Scheitel kränzt.

Freia, die Göttliche, schwieg, es lächelte Thoro der Edle,
Aller Unmuth verschwand von seiner gewölbeten Stirne,
Und die Göttlichen all' empfanden der Tapferkeit Regung,
Sangen melodisches Lob zum Ruhme des Pfeilenversenders.
Jetzt ergriff Freia voll Huld die zarter besaitete Harfe,
Sanfter erscholl der Gesang, der Liebe Geschick zu besingen.

Ha! wie harmonisch entklang die silbern besaitete Harfe,
Zärtlicher Liebenden Glück und Quaken der Minne besingend.
So rieselt murmelnd der Bach durch grünende Blumengestade,
Wenn mit plätscherndem Lauf er über die Kiesel hinabsinkt.
Und die Göttliche sang von Ringulphs und Irmgards Umarmung:

Ringulph, edel und treu, liebte sein Mädchen schon,
Als er Knabe noch war; wenn an des Rheines Fluß
Er im frohen Gewimmel
Halbverstohlen nach Irmgard sah.

Irmgards lächelnder Blick winkte ihm Beifall zu,
Wenn beim fröhlichen Fest in der Gespielen Reihn
Er den Reigen Thuiskons
Zwischen nackenden Schwerdtern sprang.

Ha! wie tönt ihm dann laut schallender Beifallsruf,
Ha! wie schwoll dann die Brust jegliches Mädchens ihm;
Doch das Lächeln der Holden
War ihm mehr als des Volks Geschrei.

Wenn ermüdet vom Kampf des Siegers Kranz ihn kränzt,
Sank voll sel'gem Gefühl sie an des Kriegers Brust.
Sel'ger Minne Umarmung
Ward dann dem Helden des Sieges Lohn.

Einst als Ringulph, der Held, Sieger für's Vaterland,
Aus des Streites Gewühl in ihre Arme sank,
Weint die Goldengelockte
Ihm die Zähre des Wiederseh'ns. —

Also bebt voll Gefühl an ihres Gatten Brust
Philomele, denn sein harrte der Geier schon;
Kühn entfloh er dem Räuber,
Flattert froher dem Weibchen zu. —

Als sie Mund nun an Mund, Busen an Busen geschmiegt
Und der Wonne Gefühl durch ihre Adern drang,
Als nun Himmel und Erde
Ihren thränenden Blicken schwand; —

Ha! da schwoll mir die Brust, süßer Empfindung voll,
Da entseelte mein Wink der Liebe treustes Paar.
Kaum vom Körper entfesselt
Floh'n die Treuen Walhalla zu.

Und noch mancher Gesang enttönte der himmlischen Freia,
Voll von Minnegefühl und ewiger Wiedervereinigung.
Melodienreich klang das holde Getöne der Harfe,
Sanfter entbebte der Hall in's zärtliche Saitengelispel,
Leiser verstummte der Laut. — Die mächtigen Götter Walhalla's
Saßen, von Liebe beseelt, vermochten nicht Hymnen zu jauchzen.
Thoro umschlang voll Gefühl die himmlische Säng'rin der Liebe,
Und mit entfalteter Stirn nickt Allvater Wodan ihr Beifall.

An eine Schauspielerin,
als sie die Rolle der Maria im Einsiedler spielte.

Maria mit dem schmerzerfüllten Klagetone,
Weib mit dem hingesenkten thränenleeren Blick,
Die Krone ächter Kunst ward deinem Spiel zum Lohne,
Denn jedes Thräne floß bei deinem Mißgeschick.

O nimm ihn weg den Blick, denn eine Nacht voll Schrecken,
Und Mitgefühl umwölkt uns die beklemmte Brust.
Warum, o Sängerin, des Schmerzens Zähre wecken,
Genügte dir nicht längst des Kenners Wonnelust?

Wenn uns als Röschen einst, umschwebt von leichten Scherzen,
Wenn uns als Cherubim ein Engel Freude sang,
War dein nicht jedes Herz? warum denn jetzt uns Schmerzen,
Warum der Ton, der tief uns in die Seele drang?
„Der Ritter ist entfloh'n — das Röschen ist gebrochen *),
Entblättert sinkt es hin in der Vernichtung Grab."
Ha! blutig sey dein Leid am Bösewicht gerochen,
Der in dem ersten Kuß statt Liebe Gift dir gab.

Doch wohin reißet mich auf seinen Adlerschwingen
Des holden Genius Begeisterungsgefühl,
Ich wollt' ein Röschen, das der Räuber brach, besingen,
Doch die Empfindung hemmt der Harfe Saitenspiel.

---

*) Stelle aus der Romanze, die sie als Maria singt.

Dein Röschen brach der Nord, Weib mit dem Thränenblicke! —
Maria, tröste dich, er bricht die Rose nicht!
Das was er dir einst brach, kehrt freilich nie zurücke,
Doch Heil dem Nord, der statt der Rose — Tulpen bricht.

Hier liegen Fußangeln.

Eine antike Hieroglyphe mit modernem Schlüssel.

Religion, die Heilverkünderin,
Hatt' einst zwei Kinder, die sich gleich an Jahren,
Auch ziemlich gleich an Körperschönheit waren,
Nur daß der Geist der Tochter heller schien.
Sie nannt' man Tugend, Glaube hieß der Sohn,
Ein gutes Kind, so fromm als sanft und bieder,
Er kränkelt oft, sang öfters Andachtslieder
Und schlich sich oft zur Einsamkeit davon.
Nach kurzer Frist nahm Tugend den Verstand.
Zwei Töchter waren Frucht der schönsten Triebe,
Philosophie und holde Menschenliebe
Verschönerten allein das wonnevolle Band,
Bis Menschenliebe sich mit Forschergeist verband,
Und so der Engel Toleranz entstand. —
Doch Dame Vorurtheil, der Hölle finstres Kind,
Erschien, gefiel und ach! verband sich mit dem Glauben
Und war geschickt ihm — leider zu geschwind —
So Hand als Herz durch einen Blick zu rauben.
Da ward der Kinder viel an's Licht der Welt gebracht,
Und Enkel, die, nach kurzen Jahren,
Noch mehr an Zahl als ihre Väter waren,

Und alle schief und häßlich wie die Nacht:
Der Aberglaube und die Frömmelei,
Verfolgungssucht und Proselytentriebe,
Der Ketzer Haß, die schnöde Sektenliebe,
Die heil'ge Dummheit und die Heuchelei,
Zuletzt Intoleranz mit ihren Mordgenossen,
Das sind die Zweige, die aus diesem Stamme sprossen.
Und obendrein so stark wie Sand am Meer,
Der Enkel zahlenloses Heer:
Der Sekten Legion, die großen Brüderschaaren,
Die ganze Dienerschaft der Jesuiterei,
Die alle Kinderchen von Einem Vater waren,
Sanct Fakirn, Mönchen und dem ganzen Bonzenstande,
Sie stammten allesammt aus diesem Ehebande.
Sie füllten ihre Zeit mit Trinken und Gesang
Und wurden bald so kühn, daß sie es unterfingen
Den ganzen Erdenkreis in ihr Gebiet zu bringen.
Verfolgung ging voran, die ihre Fackel schwang,
Die Dummheit führt' als Chef die namenlosen Reihen,
Der Aberglaube sang als Priester Litaneien,
Bis endlich gar die Schaar bis zum Verstande drang,
Und ihn — zu weichen zwang.
Man führt' ihn vor Gericht, wo Rachsucht präsidirte,
Die Dummheit Protocolle führte
Und endlich Priesterhaß den schwarzen Stecken brach.
Wie jauchzt Intoleranz und ihre Jubelchöre,
Als Jesuiterei im Namen reiner Lehre
Ihm edictaliter das Aechtungsurtheil sprach —
Halb traurig schwang er sich zu einer andern Sphäre,
Und Weib und Kinder folgten nach. —
Bethränt sah die Natur auf diesen Sieg hernieder
Und jauchzend sang die Schaar der ** Glaubenslieder. —

Grabschriften.

Hier liegt Herr Ritter Stein von Blang,
An Körper zwar erschrecklich lang,
An Geist erbärmlich klein;
Sein Kopf nach alter Ahnen Brauch
War stets ein ausgepreßter Schlauch,
Doch hatt' er guten Wein.
Als er aus dieser Trübsal hier
Geritten kam zur Himmelsthür,
Da klopft er. „Nur herein!“
He! rief der Erb- und Lehnsherr,
He! ist hier sechs und vierziger
Und alter Cahorswein?
„Ach leider,“ rief Sankt Peter, „nein.“
So pack in Teufels Namen ein,
Du alter Klausner du.
Sankt Peter macht' ein Kreuz, und Stein
Fuhr nach der Hölle zu. —
Ach Brüder, scheut der Höllen Pein,
Trinkt hier des Magens wegen Wein,
Nur haltet dorten Ruh.

Hier liegt Herr Claaß, einfältiglich
Trug er in seinem Leben sich,
Er meint, wer dort sich will erfreun,
Muß hier ein Einfaltspinsel seyn.
Er starb und ward begraben,
Gott mög ihn selig haben.

Hier liegt ein großer Exorcist,
Ein Held im Teufelspüren.
Wenn Gott nicht bald ihn auferweckt,

Wird er das Grab, worin er steckt,
Noch gar exorcisiren.

Hier liegt ein wahres Kirchenfaß,
Der Socinianer Plage,
Als er einst fünfzig Austern aß,
Und eben B — dts Dogmatik las,
Starb er gerührt vom Schlage.

Sieh, Leser, diesen Grabstein an,
Und lerne Duldung ehren,
Hier liegt ein frommer Ehemann,
Er traf sein Weib beim Nachbar an
Ohn' sie im Schlaf zu stören.

Hier unter diesem Leichenstein
Liegt Siegwart mit den Seinen.
Gefühl war ihnen Kopf und Hand,
Drum konnten sie mit dem Verstand
Nie recht sympathisiren.
Herr, laß sie nicht ins Himmelreich;
Sonst möchte wohl Sankt Peter gleich
Im Frack siegwartisiren.

Hier liegt ein ächter Kritiker,
Im Leben wie im Sterben,
Er kämpfte für die reine Lehr,
Sich Segen zu erwerben.
Als einst ein feister Neuerling
Den Satz zu stürzen unterfing
Vom ewigen Verderben,
Da schalt er ihn für nicht gescheidt,
Und dieser macht zur Dankbarkeit
Ihm einen jungen Erben.

Hier unter diesem Leichenstein
Wiegt Schlummer einen Dichter ein,
Den Vater vieler Lieder;
Ihm folget seiner Werke Lohn,
Denn jeder Leser sank davon
In süßen Schlummer nieder.

Ein Schüler von Justinian
Harrt hier auf Gottes Gnade.
Er brachte weiland zwanzig Mann
Zum Galgen und zum Rade.
Er half als ächtes Kind des Herrn
Beständig beiden Theilen gern
Processen und verlieren,
Und mußte doch als wahrer Christ,
Weil Tugend immer elend ist,
Zuletzt den Galgen zieren.

Impromptu

an Demoiselle Werthen zu ihrem Geburtstage.

Als Cypris einst zu ihrem Meisterstücke
Die vierte der Huldinnen schuf,
Da tönte silbern ihrer Stimme Ruf,
Und es entstand die Huldin — Friederike.
Doch Pallas, neiderfüllt auf Anadiomenen,
Wollt auch die Schöpferin des Ideales seyn.
Drum mußt' mit jedem Reiz dich jede Tugend krönen,
Und dich vereint zum Engel weihn.

Drum rührt sie dich mit ihrem Stabe,
Drum war schon früh Thaliens Erstlingsgabe
Und eine Götterstimme dein.
Drum webte sie dein Loos aus Seligkeit,
Drum schuf sie dich zum Lieblingskind der Musen,
Drum grub sie frühe schon in deinen schönen Busen
Mit Rosenschrift — Vollkommenheit. —
Bis einst die Grazien dir Ehrenkränze winden,
Bis einst Melpomene dir Strahlenkronen flicht,
Will ich dich heute nur mit diesem Kranze binden,
Von blühendem Vergißmeinnicht.

Lob des Winters.

Der Winter ist ein guter Tropf,
Läßt manches uns genießen,
Mehr als der Herbst der Sauertopf
Mit seinen Regengüssen!

Er macht sich immer was zu thun,
Und schützet Mutter Erde,
Läßt sie in seinen Armen ruhn,
Damit sie fruchtbar werde.

Er pudert Felder, Thal und Höhn,
Und kandisirt die Wellen,
Läßt oft uns wie auf Spiegeln gehn,
Auch wohl den Kopf zerschellen.

Doch thut er vieles uns zu gut,
Und macht mit seinem Blasen
Uns hellen Kopf und reines Blut,
Auch oft wohl rothe Nasen.

Er macht uns munter, roth und frisch,
Und kocht uns neue Säfte,
Bringt uns Kartoffeln auf den Tisch,
Und in den Körper Kräfte.

Auch ist er euch ein Wundermann
Die Damen zu frisiren,
Er kann sie, bläs't er sie nur an,
En herisson krepiren.

Zwar ist er auch ein Schadenfroh,
Läßt, seine Lust zu stillen,
Mit Schnee das Hütchen des Chapeau,
Den Hut der Dame füllen.

Doch greift er einmal recht sich an,
So weiß er sich zu führen,
Und führt auf schöner Schlittenbahn
Die Damenwelt spazieren.

Wie dann das Eis am Hufe klirrt,
Wie dann die Schollen prasseln,
Wie dann des Führers Peitsche schwirrt,
Bei lauter Schellenrasseln.

Bald ist man da, man tanzt sich satt,
Berauscht von Liebchens Blicke,
Und kehrt mit ihr dann freudensatt
Im Mondenschein zurücke.

Zwar gibts in Städten Assembleen,
Ressourc' und Masquerade,
Da hat man herrlich anzusehn
So Thee als Chocolade.

Doch ist mir's alles zu geziert,
Kann dort nicht fröhlich singen,
Und Liebchen nicht so ungenirt
Im deutschen Schleifer schwingen.

Auch läßt mich Etikette nicht
Aus vollem Halse lachen,
Und zwingt mich manchem dummen Wicht
Ein Compliment zu machen.

Zwar sind auch Schauspiel und Concert,
So recht das Herz zu laben,
Uns allen mehr als Schmäuse werth,
Die keinen Strohkopf haben.

Doch lob ich mir die weiße Flur,
Und Liebchen Schlittenfahrten,
Wo schmuckentkleidet die Natur,
Und Unschuld meiner warten.

Da steh ich dann und freue mich
Im großen Silbersaale,
Und Liebchen steht und sonnet sich
Am warmen Mittagsstrahle.

Und naht sich feiernd dann die Nacht,
Seh ich in blauer Ferne
Den Mond in still erhabner Pracht,
Und Myriaden Sterne;

Dann sing ich ihm, der dieß gemacht,
Der Andacht Jubellieder,
Und sinke in der schönen Nacht
An Liebchens Busen nieder. —

Ja, Winter, bist ein braver Mann,
Bist fromm und gut und bieder,
Komm bald zurück, bring Schlittenbahn
Und Schnee und Kräfte wieder. —

Nur laß mir aus Bescheidenheit
Die Nase nicht erfrieren —
So will ich dir zur Dankbarkeit
Dieß Liedchen dediziren.

Lied im Geschmack des Wandsbecker Boten.

Gegenstück zum Lied im Reiffen.

Wie doch die lieben Bäumlein schön
In voller Reife stehn,
Gott gibt in Thälern und auf Höhn
Doch viel uns anzusehn. —

Er gibt uns Blümchen schön und zart,
Und Früchte mancherlei,
Und das von so besondrer Art,
Und doch so schön dabei. —

Wenn ich dann manchesmal am Bach
So in Gedanken steh',
Und denke hin und denke nach,
Wie alles doch gescheh'.

Und wer das alles so regiert,
Und alles so gemacht,
Wer doch die Bäume schön geziert
Mit wundervoller Pracht.

Wer doch die Blümlein roth und grün,
Die Früchte wunderschön,
Die uns zum Wohl und Segen blühn,
Aus Mutter Erd' läßt gehn.

Dann denk ich 's muß doch wirklich seyn
Ein lieber lieber Mann,
Der alles das uns zu erfreun
Aus lauter Gut gethan.

Und dann ruf ich lieb Weib und Kind,
Und athme frohen Sinn,
Und herze sie und lauf geschwind
Zum kranken Nachbar hin.

Und bring ihm Früchte schön und zart,
Und Milch und Brodt und Stroh,
Und sprech: Da lieg doch nicht so hart,
Und lab dich und sey froh.

Und lauf und faß lieb Weibchen an
Und drück's an meine Brust,
Und dank dem lieben guten Mann
Für solche Herzenslust.

'S ist doch so edel wohl zu thun,
Und Brüder zu erfreun,
Und Kranken helfen besser ruhn
Und brav und bieder seyn.

Wie dann uns Blümchen holder blühn.
Uns Liebchen süßer lacht,
Wie 's jedes Bäumchen, jedes Grün
Noch zehnmal schöner macht.

Ja, Brüder, ja seyd fromm und gut,
Und wenn euch Früchte blühn,
So denkt, daß Gott euch auch so thut,
Und bringts dem Kranken hin.

Bei der Leiche

meines mir ewig unvergeßlichen Vaters
Jakob Friedrich Werners,
öffentlichen Lehrers der Beredsamkeit und Geschichte zu
Königsberg.

Heißvergoßne, milde Wehmuthsthräne,
Fließe sanft von meiner Wang herab;
Fließe bei der bängsten Trauerscene,
Fließe bei des besten Vaters Grab.

Wie er da lag mit der kalten Wange,
Als der Odem Gottes von ihm wich,
Wie mir da so Seelenpressend bange,
Todesschauer durch die Adern schlich. —

Ruhend lag er — hohen Seelenfrieden
Malt' der Himmel schon in seinem Blick,
Der Verwesung blieb sein Leib hienieden,
Unverwesbar flog sein Geist zurück. —

Wie er da lag — seine Hand geschlossen,
Und auf ewig auch sein Auge nun,
Dieser Mund, dem Zaubertön' entflossen,
Diese Hände thätig wohlzuthun.

Abgewischt ist jedes Kummers Thräne,
Lächeln thront im Dulderangesicht,
Fruchtlos tönen unsers Jammers Töne,
Denn er schlummert — denn er hört uns nicht. —

Dämmert nach des Dulderlebens Kummer
Noch des Wiederwerdens Morgenlicht?
Oder lohnet ew'ger Grabesschlummer
So den Edlen wie den Bösewicht? —

War der Traum vom künftigen Erstehen
Gottes Wahrheit oder Phantasie?
Soll ich einst mich lebend wiedersehen,
Oder labt mich Daseinswonne nie? —

Heilt der Tod des Dulders Schmerzenswunde
Und schafft Qualen zum Elysium?
Oder wandelt mir die letzte Stunde
Erdenleben in Vernichtung um? —

Wie auf Wogen Wogen sich erheben,
Thürmen Zweifel jetzt auf Zweifel sich,
Hoffnung winket — Zweifel widerstreben,
Ich vergehe — Vater — rette mich! —

Wie er lächelt — nein für Ewigkeiten,
Nicht für Monden schuf die Gottheit dich. —
Engel seh ich Kränze ihm bereiten,
Duldertugend lohnt nur dorten sich. —

Nein, o Tod, kein fletschendes Gerippe
Sollst du mir in jener Stunde seyn,
Lebensbote mit der Würgerhippe,
Lächelnd will ich dir mein Leben weihn.

Wenn dein Blick mit der Vollendung Gabe
Einst mir Endung meiner Leiden beut,
O so fächelt von des Vaters Grabe
Mir die Palme der Unsterblichkeit.

II.

Gedichte

von 1794—1799.

Die einzige Realität.

Sommer 1794.

Viel zusammengehäuft — scheint aber keine rechte Haltung zu haben, — obgleich wohl nicht unter aller Kritik.

Dem Wandellosen im Gewühl der Zeiten,
Dem einzigen unsterblichen Gefühl,
Unausgesungen selbst durch Wieland's Saiten,
O, Liebe, — Dir will ich ein Lied bereiten,
Schon zuckt die Flamme durch mein Harfenspiel.

Dir, reiner Urstoff jeder Erdenfreude,
Dir, Schöpferin von Weltenharmonie'n,
Dir, Leitstern auf des Lebens Thränenweide,
Der Gottheit Bild in der Vernichtung Kleide,
Dir müssen Schöpfer und Geschaff'ner glüh'n.

Schön ist der Strom der holden Pierinnen,
Und groß der Quell, aus dem Erkenntniß quillt; —
Doch, nützt es Dir, sein Ufer zu gewinnen? —
Wir dürsten mehr, je mehr uns Bäche rinnen.
Wo fließt die Lethe, die das Lechzen stillt?

Der Dichter singt ein Lied für Ewigkeiten,
Der Schönheit Urbild war sein süßer Traum,
Doch das Gelispel seiner Silbersaiten,
Des Beifalls Töne, die sein Lied begleiten,
Verhallen bald im unbegränzten Raum.

Der Denker ist an Raum und Zeit gebunden,
Reißt sein System wie Kartenhäuser um;
Schaut er hinaus — so ist die Spur verschwunden,
Kein Todter hat den Rückweg noch gefunden,
Beim großen Jenseits wird die Weisheit stumm.

Der Dichter malt des Unerschaff'nen Größe —
So summt die Wespe Mozart's Flötenton,
Der Rhetor lächelt ob des Sängers Blöße,
Im Wahn, daß er allein das Licht genösse,
Und Beider Dünkel spricht der Weisheit Hohn.

Ein Solon wiegt auf hocherhab'ner Stelle,
Im Kleinen — Gott, nach Thaten, Wirkung ab;
Doch, ward ihm je des Herzens Dunkel helle,
Betrat er je die unbetret'ne Schwelle,
Wo die Idee der Handlung Leben gab? —

Auf dürrem Flugsand — Fürstengröße, — zimmert
Der Staatsmann den Koloß von Völkerglück,
Doch schneller als der Lampe Docht verflimmert,
Ist der Verblendung Zauberwerk zertrümmert,
Ein Stoß — so sinkt es in sein Nichts zurück.

Erhaben schaut von blutenden Trophäen
Der Held auf Sklaven seiner Macht hinab:
Ein Hannibal durchfleugt die Pyrenäen,
Ihn preis't die Schaar befiederter Pygmäen;
Doch auch des Purpurs Röthe bleicht das Grab! —

Weit größer schaut, an freier Völker Spitze,
Ihr Retter in der Freiheit Morgenroth;
Doch kam ein Volk zu ihrem Strahlensitze,
Ras't Tyrannei nicht auch in rother Mütze?
Und kauft man denn das Leben nur durch Tod? —

Süß ist es, schwelgen in der Freuden Mitte,
Und Kränze winden, wo nur Rosen blüh'n;
Doch — reift Genuß um uns're Erdenhütte? —
Schon lauscht die Schlange vor des Wallers Tritte,
Was ihn zum Gott erhöhte — tödtet ihn! —

Der Städter flieht nach immer neuer Habe,
Durch wilde Meere — die Zufriedenheit;
Der Landmann hofft der Aehren goldne Gabe,
Sie knickt ein Wind — so wird die Flur zum Grabe,
Und es erlischt der Wangen Heiterkeit.

Der Höfling kriecht um eines Thrones Stufen,
Der Wüstling jagt im Taumel — nach Genuß;
Sie hören nicht der Menschheit warnend Rufen,
Entehrt zum Wurm, zu dem sie selbst sich schufen,
Zertritt sie höhnend ihres Götzen Fuß. —

Ein Harpax darbt auf goldbestickten Matten,
Wie dort in Marmorbeinen — Dschantey
Schach Baham gähnt im Pomeranzenschatten
Und seufzt mit Sulamith's gekröntem Gatten:
Daß Alles unter'm Monde eitel sey!

Entzückend ist's, in der Geweihten Kreisen
Durch Grabesnacht in Himmelsklarheit schaun; —
Doch zahllos — ach! — die Schaar der Afterweisen
Wird je die Welt noch laut die Wahrheit preisen,
Und welcher Hiram wird den Tempel bau'n? —

Wo soll ich denn der Wonne Kränze binden, —
Ist es in deinen Armen, Freundschaft, nicht?
Wenn Labyrinthe meinen Pfad durchwinden,
Wo soll ich denn des Dunkels Ausweg finden,
Wenn deine Sonne nicht die Wolken bricht?

Auch sie verhüllt der Leidenschaften Dünste,
Der Eigenliebe dicker Nebelduft,
Der Erdenweisheit trügerisch Gespinnste,
Die schnöde Sucht nach irdischem Gewinnste
Du bleibst allein in einer Todtengruft.

Und himmlisch schön erblickst du — was vergangen,
Doch eine Kluft ist zwischen hier und dort. —
Die Hoffnung zeigt die Frucht — doch wir erlangen
Sie nie! — im nie ersättigten Verlangen
Reißt uns der Tod — noch eh' wir lebten — fort!

Vernichtung keimt bei jeder Erdenfreude,
Es lauscht der Tod bei jeder Seligkeit;
Die junge Braut erblaßt im Rosenkleide,
Sogar der Nachruhm sinkt dem blassen Neide,
Der Menschheit Losung ist — Vergänglichkeit! —

Nur Glaube strahlt in immer neuem Glanze
Der Allmacht wonnevoller Königssohn,
Schwebt er daher im hohen Sphärentanze,
Umschlingt die Welt mit seinem Palmenkranze,
Und rückt als Schemmel sie zum Himmelsthron.

Von seinem dorngekrönten Haupte bluten
Blutrosen auf den ganzen Erdenkreis;
Der Glaub' umwogt das Land mit Meeresfluthen,
Zu Cataracten schmilzt in seinen Gluthen
Des Schreckenhornes trotzig starrend Eis.

Sie schmiegt den Jüngling an der Einen Lippe
Und preßt sein Selbst in ihre Formen ein;
Durch Beide zuckt die Gluth der Aganippe,
Verschlungen trotzen sie des Todes Hippe,
Im Silberblick zerfließt ihr schönes Seyn!

Der Glaube rührt des Künstlers Silbersaiten,
Entflammt des Dichters Harmonieenspiel;
Der Kahn Vernunft versänke auf dem weiten
Gränzlosen Meer von Wahn und Wirklichkeiten,
Führt' Glaub' ihn nicht zum vorgesteckten Ziel.

Durch ihn gestärkt, erlöst jetzt feuertrunken
Des Menschen Geist die ihm vertraute Welt;
Er rettet sie — schon blitzt der Götterfunken,
Bald zündet er — dann ist die Nacht versunken,
Und Glaube hat der Liebe Bild erhellt.

O, Glaube! laß in meines Mittags Schwüle
Mich ein Mal noch dein linder Hauch umweh'n! —
Schon bin ich nah' an der Vollendung Ziele,
Schon duftet mir des Lethe Schattenkühle,
Bei deinem Säuseln will ich untergeh'n! —

Schlachtgesang der Polen unter Koszkiusko.

Sommer 1794.

Blos lokal — zur bekannten Polonaisen=Musik eingerichtet.

Hat viel unverdiente Celebrität erhalten, kann nicht bestehen vor der Kritik. A. d. V.

Brüder, auf zum Sieg, zum Kampf für's Vaterland:
Laßt uns in geschloßnen Reihen

Ohne Murren ihm das Leben weihen,
Höhnt des Sklavenspottes,
Schießt wie Blitze Gottes,
Dringet kühn auf der Verräther Schaar'n! —
Held Koszinsko, fleug Sobiesky's Volk voran!
Lastend drückten unsre Ketten,
Ha! da kamst Du — eiltest, uns zu retten,
Uns're Säbel schwirrten,
Wie einst Ketten klirrten
Und die Hydra der Verräther sank! —
Hemmet Eure Thränen,
Eurer Liebe Sehnen,
Ihr, so theuer unsern Herzen:
Weiber, Mütter, hemmet Eure Schmerzen!
Nicht in Euren Armen
Sklaven zu erwarmen,
Freier Söhne Polens werth seyd Ihr.
Wartet unsrer Kleinen,
Mögen sie noch weinen;
Sind wir einst in's Grab gesunken,
Dann durchglüht auch sie der Götterfunken:
Wenn wir siegreich fallen,
Wandelt sich ihr Lallen
In der Rache lauten Donnerton! —
Denn der Freiheit Pflanze,
Die wir blühen sah'n,
Wächst zum schönen Baume
Einstens himmelan,
Und wie Wolken vor der Windsbraut, fliehen
Philosophen- und Despotenwahn.
Drum, Sobiesky's Söhne,
Muthig, doch bedacht!
Noch deckt Eure Fluren
Dunkle Grabesnacht;

Nur ein Schwertstreich, und es flieh'n die Schatten,
Und die Sonne glänzt in voller Pracht.
Doch bedacht und weise,
Denn in Eurem Kreise
Flötet Zaubertöne
Lockend die Sirene,
Nimmt mit holdem Lächeln
Eure Herzen ein,
Um der Freiheit Tempel
Frevelnd zu entweih'n.
Anarchie! entfleuch von unsern Blicken,
Dein Sirenenlocken täuscht uns nicht!
Wenn mit Siegeskränzen
Unsre Waffen glänzen,
Polens edle Schönen
Uns mit Lorbeer krönen,
Dann gebückt am Stabe
Uns're Väter nah'n,
Wanken froh zum Grabe,
Weil sie frei uns sah'n:
Dann durchfleugt der Ruhm durch alle Zonen,
Und errungen ist die Flammenbahn.
D'rum, Sobiesky's Söhne, auf zum Kampf hinan.
Frevler Schaaren, weicht zurücke
Vor der Tugend großem Feuerblicke,
Weicht, Verrätherrotten,
Die wir höhnend spotten;
Uns're Losung ist: — Gesetz und Gott! —
Bald ist es errungen, bald die That gethan,
Hochgefühl stillt Todesschmerzen,
Menschenwerth befeuert unsre Herzen:
Unser Blut mag fließen,
Keimt aus seinen Flüssen
Nur für Polen ein Elysium.

Unsrer Hoffnung Sterne
Blinken in der Ferne;
Auf Koszciusko's Siegesstätte
Dämmert schon der Freiheit Morgenröthe,
Die des Säuglings Lallen,
Die der Braut Entzücken,
Die der freien Männer Jubel preis't!
Flammenstern, erscheine
Ueber Polens Haine,
Engel jauchzen Deiner Stunde,
Und vereint zum neun Mal heil'gen Bunde
Wallt in Himmelsklarheit
Glaube, Recht und Wahrheit
In des Weltbefreiers Heiligthum!

Morgenlied.

Einfach aber ein Ganzes — eines meiner Lieblinge — ein Vogel, den ich gern früher in die Welt fliegen ließe, wenn mir — nicht selbst die Flügel beschnitten wären. Er unterwirft sich jeder billigen Kritik

Die schöne Morgenröthe
Durchdämmert schon die Nacht,
Des Hirten Opferflöte
Ist schon zum Spiel erwacht;
Es glänzten tausend Sterne,
Sie schwinden langsam hin,
Es steigt in heller Ferne
Des Tages Königin.

So steigt der Wahrheit Sonne,
Des Geistes Zauberspiel,
Des Schöpfers Werk und Wonne
Erwacht im Hochgefühl

Sah't ihr der Sterne Schimmer
Im dunkelvollen Wahn;
Es lischt ihr letzter Flimmer,
Da wir die Sonne sah'n! —

Dir, der das Dunkel wendet,
Dir sey Lob, Preis und Macht! —
Das Tagwerk war geendet,
Längst war es Mitternacht.
In uns'rer Väter Grüfte
Brannt' unser Lämpchen nur;
Bald sprengt dein Ruf die Klüfte
Und Licht durchfleußt die Flur.

Gelös't sind bald die Zungen,
Geöffnet bald die Bahn;
Bald ist der Sieg errungen,
Die Palme weht voran.
Gesprengt sind bald die Hallen,
Bald flammt der Flammenstern,
Und freie Völker schallen
Hallelujah dem Herrn!

Wir haben es begonnen —
Jahrhundert, merke d'rauf!
Noch eh' dein Sand verronnen,
So endet unser Lauf;
Noch ein Mal zuckt die Hyder,
Sinkt dann in Grabesnacht,
Und, Herr! Dein Reich kehrt wieder,
Das du so schön gemacht.

Laß uns in Einfalt wallen,
Herr, die betret'ne Bahn,

Laß uns're Kraft nie fallen,
Zeuch selber uns voran.
Der Stempel unsrer Werke
Sey deine Gottnatur,
Und Weisheit, Schönheit, Stärke
Die Leiter deiner Spur.

Des Lebens Ziel sey Liebe,
Der ew'gen Liebe Unterpfand
Zermalmt die wilden Triebe,
Verworfen jeder Tand!
Kein Recht als die Gesetze
Des Evangeliums
Statt frömmelndem Geschwätze
Nur alten Heidenthums.

Kein Herrscher als dein Wille
Durch der Gesalbten Mund,
Des Glaubens Segensfülle
Im ganzen Erdenrund,
Wo alle Wesen Brüder
Durch ihn für Wahrheit glüh'n
Und eines Kranzes Glieder
Den Weltenbund umzieh'n.

Durch ihn gestärkt mit Stärke
Des Geistes Riesenkraft,
Kopien deiner Werke
Und Harmonie erschafft,
Und ewig fest verbunden
Verstand und Hochgefühl,
Den Welten laut bekunden,
Nur Glaube führt zum Ziel! —

Wir beten voll Vertrauen
Zu deiner Allmachtshand:

Herr Jesu, laß uns schauen
In dieß gelobte Land,
Dann nimm uns auf den Flügeln
Der Auferstehung hin,
Und laß auf unsern Hügeln
Dein Paradies entblüh'n!

Fragment.

(Unvollständig.)

Doch sieh! die Nebelsschleier theilen sich,
Den Horizont deckt blutig rothe Helle,
Der Vorwelt Bild versinkt und fürchterlich
Erscheint die Gegenwart an ihrer Stelle.

Ein Obelisk*) entsteht von August's Hand,
Sein Gipfel scheint — ein Stern — empor zu flimmern;
Doch trügerisch erbaut auf dürrem Sand,
Stürzt er und deckt das Land mit seinen Trümmern

An diesen Trümmern angefesselt liegt
Polonia, in Ketten eingeschmieget —
Durch fremdes Gold und durch Verrath besiegt —
Und starr in dumpfen Schlummer eingewieget.

Doch seht! — der Freiheit Engel naht sich schon,
Er fliegt — ein Gott! — vom Missisippistrande**);

*) Die von Stanislaus August errichtete und in ihrer Wiege zerstörte Constitution vom 3. Mai .....

**) Anspielung, daß Koszciusko vorher in amerikanischen Diensten stand.

Er lacht des Todes — stürzt des Miethlings Thron,
Und bricht des Vaterlandes Sklavenbande.

Er weckt den Polen — führt das Rachschwert, schont
Des Würgers nicht — zerstreut der Sklaven Heere —
Und siegt — und durch die große That belohnt,
Verschmäht er stolz des Purpurs eitle Ehre *).

Doch noch ist nicht der Rettung Stunde da,
Schon lauscht die Schlange vor des Helden Tritte,
Mit ihrem Schützer sinkt Polonia,
Koszíusko fällt in seiner Wunder Mitte **)

Groß wird, Poninsky, einst die Rache seyn;
Schau, deine Helfer traf schon das Verderben,
Der Menschheit Fluch drückt ihr und dein Gebein,
Auch du wirst bald in Schmach verlassen sterben!

Wo seyd ihr Männer, deren starke Hand
Für Pölen mit Verräthern einst gestritten?
Du, Malachowsky ***), flohst in fernes Land,
Und sahst es nicht, was deine Brüder litten.

---

*) Man soll wirklich die Absicht gehabt haben, ihm die Königswürde anzubieten.

**) Er ward im Herbst 1794 (gerade als der Rest der Plockur Cammer und der Verfasser mit ihr vor den Fortschritten der Polen sich nach Wyszogrodt geflüchtet hatten) von dem russischen General (Fersen, wo ich nicht irre) gefangen; wie man glaubt, durch Verrätherei eines Sohnes des mit Schmach bedeckten Fürsten Poninsky. Meine damalige poetische Prophezeihung traf: der Schurke Poninsky (denn mit diesem Prädikate belegt ihn Jeder, der ihn kennt) starb wirklich in Warschau, ein paar Jahre nach der preußischen Occupation, von Branntwein und Hunger verzehrt, im eigentlichsten Verstande auf dem Stroh.

***) Der Kronmarschall Malachowsky, einer der redlichsten Patrioten, der sich zu Anfange der Revolution von Warschau entfernte.

Sieh! eines Weibes schwache Hände weih'n
Zum Heldentod den Rest von Polens Schaaren *),
Doch Uebermacht zertrümmert den Verein,
Und ungehindert metzeln die Barbaren! —

Ha! Flammen blitzen in der Weichsel Fluth,
Es brüllt der Tod aus tausend offnen Schlünden,
An Prag's **) Gemäuer klebt des Säuglings Blut,
Und nichts, was lebt, kann irgend Rettung finden.

Noch lebt Jaszinsky ***); doch der Würger Heer
Umringt auch ihn mit fürchterlicher Menge;
Vergebens streckt er Leichen vor sich her,
Die Seinen flieh'n im weichenden Gedränge.

Ergib dich, schreit ein Henker †) ihm, und faßt
Mit bitt'rem Spott schon nach des Helden Pferde;
Ich bin Jascinsky, ruft er und erblaßt,
Und sinkt entseelt, doch unbesiegt zur Erde.

Und wüthend dringt der wilden Horden Schwarm
In Warschau ein und höhnt des Bürgers Thräne,
Der Patriot versinkt in dumpfen Harm,
Und Polens Schutzgeist flieht die Gräuelscene.

---

*) Die Castellanin von Cassotzka, ein geistreiches, junges, junonisches Weib (ich habe sie selbst gekannt), die, nebst andern ihrer Mitschwestern, bei der letzten südpreußischen Insurrection den Anführern die Säbel zur Vertheidigung ihres Vaterlandes überreicht haben soll.

**) Diese Cannibalenscene wird noch nach Jahrhunderten keiner Worte bedürfen.

***) Ein tapferer polnischer General. Die darauf folgende Erzählung seines bei der Einnahme Praga's erfolgten Todes ist buchstäblich wahr.

†) sc. ein russischer Offizier.

Doch welcher neue Jammer wecket mich? —
Wer ist der Arme in verschloß'nen Mauern,
Er — dessen Klagetöne fürchterlich
Um Polens Fall, nicht um sein Elend trauern!? —

O, ew'ger Gott! mein endlicher Verstand
Sinkt in den Staub vor deiner Weisheit nieder;
Koszíusko stirbt! *) — Doch deine Allmachtshand,
O Vater, tödtet und erweckt auch wieder! —

Schon bleicht des Aethers blutgefärbter Saum,
Ein Rosenlicht umstrahlt das Kampfgefilde,
Die Gegenwart verschmilzt im öden Raum
Und weicht der Zukunft himmlisch schönem Bilde! —

Ich seh' ein Feld mit Gräbern angefüllt,
Auf jedem Grabe eine Bürgerkrone:
Koszíusko's Name und der Freiheit Bild
Auf einem umgestürzten Fürstenthrone.

Und wie der Davidsharfe Ton erklingt,
Wenn Gottes Hauch durch ihre Saiten säuselt,
Doch stark — daß er bis in die Gräber dringt
Und rauschend — wie wenn Sturm die Blätter kräuselt;

So tönt von ferne der Orakelspruch:
„Ersteht, Erschaff'ne, aus des Grabes Schwelle,
Denn also spricht des Schicksals großes Buch:
Aus Nacht und Blut entspringt des Lichtes Quelle." —

Die Gräber sinken — und der Krieger Schaar,
Die an der Weichsel Strom für Freiheit fielen,

*) Man glaubte damals, Koszíusko würde ewig in Pauls I. Gefangenschaft bleiben.

Und die gewürgt an Praga's Blutaltar,
Um einer Hydra Mordlust abzukühlen;

Die wallen langsam aus der Todtengruft,
Und — wie im Frühroth eine Nebelwolke,
Zerschmilzt der rosenfarb'ne Aetherduft
Und Held Kosziusko steht vor seinem Volke! —

Er steht, entfesselt von des Körpers Band,
Voll Jugendkraft, gleich einem Göttersohne,
Von Gold und Azur strahlet sein Gewand,
Und sieben Sterne schmücken seine Krone.

Jetzt öffnet sich des Himmels gold'nes Thor,
Und sanft gewiegt auf luftigem Gefieder,
Entschwebt der Vorwelt graues Heldenchor,
Und sinket bei der Freiheitsäule nieder.

Und neben sie — ein Weib in Männertracht,
Kosziusko ruft ihr lächelnd von dem Throne:
„Dein Saatkorn hat, Cassotzka, Frucht gebracht!"
Und krönet sie mit einer Bürgerkrone.

Dann spricht er zu der auferstandnen Schaar:
„Preis sey dem Meister, der den Weltball wendet!
Was eurem Geiste noch ein Wunder war,
Steht jetzt in neunfach schöner Pracht vollendet!"

Er winkt — und siehe, wo vom Weichselstrom
Die Wogen hoch an Plozko's Ufer schlagen,
Erhebt sich schnell ein blauer Marmordom,
Den sieben hohe Jaspissäulen tragen.

Kein Altar zeigt in diesem Tempel sich,
Der auf dem hohen Felsgestade thronet,

Doch blaue Gluthen künden schauerlich
Die Gottheit, die in seinem Innern wohnet.

„Seht!“ — ruft der Held — „wo vormals Knechtschaft war,
Herrscht Freiheit wieder in Sobiesky's Lande,
Seht eurer Enkel wunderſel'ge Schaar,
Des Meisters Wort brach ihre Sklavenbande!“

Er winkt — ha! welch ein Bild voll Majestät!
An Dörfern seh' ich Städte sich erheben,
Der Gegend Pracht hat Menschenfleiß erhöht,
Das ganze Stromgestade scheint zu leben.

Ein Silberglanz von tausend Segeln deckt
Die Weichsel — stolz die schöne Last zu tragen,
Bis an die Wolken hoch empor gestreckt
Seh' ich den Freiheitsbaum herüberragen.

An beiden Ufern strömt ein bunt Gewühl,
Ein freies Volk aus allen Nationen,
Die unter frohem Fleiß und Saitenspiel,
Der Menschheit Stolz, in diesem Eden wohnen.

Und starke Männer mit Heroenkraft,
Und Weiber — schön wie Töchter von Cytheren —
Und Greise, voll von jungem Lebenssaft,
Gesellen sich zu Polens Heldenchören.

— Von tausend Harfen tönt der Wonneklang,
Bald silbern wie einst Mozarts Zauberlieder,
Bald rauschend wie der Sphären Hochgesang,
Und tönt von dem belebten Felsen wieder;

Und was da lebet, singt im Jubelton
„Triumph! — die Nacht des Wahnes ist geendet!
Triumph! — es ist der große Bau vollendet!
Triumph! — es ist das Heil uns kommen schon!“ —

Wo bin ich? — Welch ein Traum! — Entfleuch noch
nicht,
Mein Genius! — das war sein leises Beben! —
Er flieht! — Zerronnen ist das Traumgesicht
Und ich allein in diesem Schreckenleben! —

O Plozko's Ufer! — Dieses Plätzchen nur
Natur! — und eine Schwesterseele,
Und, holde Freiheit! deiner Zukunft Spur,
Daß Hoffnung diesen wunden Busen stähle! —

Daß einst mein Grab im freien Polen blüht,
Daß Bürgerinnen meinen Hügel kränzen,
Und daß mein Schatten dann die Zähren sieht,
Die an Franziska's brauner Wimper glänzen!

An ein Volk.

Sommer 1795.

Als die Kanonen vor Warschau bei dessen Belagerung
zu hören waren.

Gut gemeint — bedarf noch sehr der Feile, und bittet um gnädige Kritik.

Volk, das zum großen Kampf ersehen,
Gestählt durch Muth und Männerkraft,

Durch Weichlingskünste unerschlafft,
Du stehst auf klippenvollen Höhen! —
Doch wandle muthig deine Bahn,
Der Wahrheit Seraph wird dich leiten,
Er führte dich durch Dunkelheiten
Den steilen Pfad hinan! —

Verachte dieses Lebens Bande!
Der Sklave küßt die Fessel nur; —
Mit Blut bezeichnet ist die Spur,
Nur diese führt zum beß'ren Lande.
Gib deiner Söhne Leben hin,
Laß deiner Männer Schaaren fallen,
Laß unerhört den Säugling lallen,
Vergebens Liebe glüh'n.

Das Weib laß um den Gatten wimmern,
Die Mutter um den Erstling fleh'n,
Laß deine Hütten untergeh'n
Und deiner Vesten Stolz zertrümmern,
Laß deiner Töchter Roth vergluh'n,
Der Knaben-Blut am Boden blinken,
Nur — laß den hohen Zweck nicht sinken:
Und Gott wird mit dir zieh'n! —

An deiner Ströme Silberfluthen
Blüht eine Paradiesesflur,
Wo einst — im Schooße der Natur
Der Vorwelt kühne Helden ruhten,
Der Engel Weib, noch ungeschwächt,
Am starken Männerbusen glühte
Und ihrem keuschen Schooß entblühte
Ein herrliches Geschlecht.

Der Wahrheit und der Menschheit Rechte
War diesem Volke eingeprägt,
Es stand — ein Fels — und unbewegt
Verscheuchte der Despoten Knechte.
Rauh war der Fels, doch groß und kühn,
Und unter seinem Schutz gedeihte
Der Freiheit heil'ger Baum und streute
Des Segens Blüthen hin.

Kennst du dich noch in diesen Zügen?
Du Felsen — den ein West bewegt! —
Du Riese — den ein Knabe schlägt,
Um ihn in Fäden einzuschmiegen! —
Erwache, Volk, nur halb noch frei,
Zerstreu' des Despotismus Rotten,
Laß der Tyrannen Knechte spotten,
Der Rächer steht dir bei! —

Laß die Archonten deiner Stämme
Ein fest verbündeter Verein
Und deiner Freiheit Brustwehr seyn,
Die sich der Macht entgegen dämme,
Und Jeden, der für Fürstenlohn
Die Zwietracht sä't in ihren Hallen,
Laß durch die Hand des Henkers fallen,
Bedeckt mit Schmach und Hohn!

Die Edlen unter deinen Söhnen
Laß, ihrer Ahnherrn Sitte treu,
Durch Wahl und Neigung wild und frei
Der Fürsten goldne Fessel höhnen.
Bewahr' den rohen Diamant,
Laß, um der Afterbildung Freuden,
Des Hochsinn's Perle nicht vergeuden
Für eitlen Flittertand.

Auch deiner Töchter Brust erhebe
Für Freiheit, wie für Sympathie.
Gott schuf in Engelsformen sie,
Daß diese Flamme sie belebe;
Aus ihrem blauen Auge trinkt
Der Freiheitkämpfer neue Stärke,
Bis er — am Abend seiner Werke
An ihren Busen sinkt! —

So zeuch dann hin — zum Kampf, zum Siege,
Der Wahrheit Seraph zieht mit dir,
Damit das heilige Panier
Der Menschheit — nicht im Kampf erliege.
Der Weltenrichter wägt und winkt,
Ich seh' sein Antlitz zu dir neigen,
Ich seh' des Wahnes Schale steigen,
Der Freiheit Waagschal' sinkt. —

Ich seh' ein neues heil'ges Land —
Ich seh' den großen Bau geendet,
Des Meisters Meisterstück vollendet,
Geknüpft der Kräfte festes Band! —
Ich sehe Weisheit, Schönheit, Macht
In ewig unzertrenntem Bunde,
Schon tönet mir die Feierstunde
Der höchsten Mitternacht. —

Dir — zwar im Meer ein Tropfen nur —
O Volk! wird auch die Stunde schallen,
Und — sollt'st du auch noch ein Mal fallen,
Verlöschen deines Namens Spur —
Der Auferwecker lebt und wacht,
Und eh' im großen Strom der Zeiten
Ein Lustrum wird vorüber gleiten,
Ist Alles gleich gemacht! —

Auf Petzold's Tod.

Jahr 1795.

Nach der Melodie eines polnischen Volksliedes.

Libazion auf das Grab eines Zunftgenossen, — nicht nach Kunstregeln zu richten.

Auch Du entfloh'st zu seliger'n Gefilden
Aus diesem eisbedeckten Jammerthal,
Auch Du, mein Freund und treuer Waffenbruder,
Der manchen Kummer mir vom Herzen stahl.

Starb nicht Patroklus auch, wie Millionen?
Keimt nicht Vernichtung auf der Freude Feld? —
Fahr wohl, mein Freund und alter Waffenbruder!
Zwar starbst Du jung, doch schöner als ein Held!

Denn Deinen Hügel drückt des Armen Kummer,
Der durch sein Blut erkämpfte Lorbeer, nicht;
Sanft schlummerst Du — bis einst vielleicht den Schlummer, —
Vielleicht auch nicht, — ein Morgen unterbricht. —

Zwar flohst Du niemals eine frohe Stunde,
Doch übtest Du auch gratis Deine Pflicht.
Mein Spießgesell'! — wie mancher aus dem Bunde
Der Großen thut's für Millionen nicht. —

Zwar sahst Du oft beim vollen Punschpokale
Die Wirklichkeit durch Feenglanz geschmückt;
Doch niemals ward beim traulich frohen Mahle
Dein Feind durch Dich mit Schlangenlist berückt. —

Zwar trankst Du oft den Taumelkelch der Freuden,
Und schwelgtest an des Weibes Schwanenbrust;
Doch voll Gefühl für Deiner Brüder Leiden,
War Dir der Bosheit Kitzel keine Lust.

Leicht sey Dein Hügel wie die Myrtenkrone,
Die Dein Cumpan zur Todtenurne legt,
Und — daß der Heuchler Deiner Stätte schone,
Sey dieser Spruch daneben eingeprägt.

„Wer, reines Herzens, froh an Deinem Busen,
„Natur! der Erdenwonnen Fülle trinkt,
„Der lebte lang und gut, ob ihm die Parze
„Im braunen oder Silberhaare winkt.“ —

Dieß sey Dein Maal, und manche frohe Stunde
Laßt uns dem Guten, Hingeschied'nen weih'n:
Beim Mädchenkuß, beim weingefüllten Becher,
Den ersten ihm ein Todtenopfer seyn!

An Deutschlands Dichter.

Jahr 1796.

Ein Wort, glaube ich, zu seiner Zeit, es scheut keine billige Kritik. — Auch diesen Vogel erlöste ich gern aus seinem Bauer.

Laßt ein Mal das ewige Geleier,
Dichter! laßt die Küsse und den Wein.
Bei der Menschheit allgemeiner Feier,
Brüder! sollten wir nur Knaben seyn? —

Bei dem großen Harmonieenspiele,
Das vom Rhodan bis zur Weichsel schallt,
Klimpert Ihr nur tändelnde Gefühle,
Singt des blinden Buben Allgewalt? —

Und indeß dort Tausend blutend sinken
In dem Kampf für Wahrheit und Natur —
Seht Ihr nur den Wein im Glase blinken,
Oder Molly's rothe Lippen nur? —

Ha, der Schmach! daß zu des Ewigschönen
Anschau'n Euch ein guter Gott geweiht,
Euch die Leier formte zu den Tönen
Unentheiligter Vollkommenheit!

Euren Kiel in Sonnenstrahl getauchet,
Um — was gut und groß — zu konterfei'n,
Euch der Menschheit Urform eingehauchet,
Daß Ihr solltet deren Hüter seyn!

Ha, der Schmach! und dieses Kleinod tauschet
Ihr um schnöden irdischen Gewinn,
Selbst im Taumel, Trunkene! berauschet
Ihr die Welt, zur Obhut Euch verlieh'n!

Lullt sie ein durch tändelhafte Lieder,
Wie ein Weib, wenn wilde Kinder schrei'n —
Preß't Achillens männlich schöne Glieder
In den Wulst von Weiberröcken ein.

Lockt uns hin zur bunten Freudenscene,
Wenn die Freiheit mit dem Tode ringt,
Damit nicht ihr lautes Angstgestöhne
In betäubter Völker Ohren dringt! —

Hat ein Dämon Euern Geist gezügelt?
Strahlt die Sonne der Vervollkommnung,
Gottes Geist, der sich im Weltall spiegelt,
Nicht in Eure Seelendämmerung?

Seht, der Tropfen schwillet an zum Meere,
In Verwesung keimt das Leben schon,
Aus dem Chaos steigen Weltenheere
Und zum Engel reift der Embryon.

Was sich regt auf unser'm Erdenballe,
Was dort wimmelt auf der Sternenbahn:
Der Natur erzeugte Kinder alle
Dringen zu der Gottheit Sitz hinan.

Alle Wesen keimen, blüh'n, vergehen,
Sterben und ersteh'n in Herrlichkeit;
Ueberall, wo Gottes Lüfte wehen,
Tönt die Losung: zur Vollkommenheit!

Und nur Ihr verschmäht im stolzen Wahne
Uns'res Daseyns, uns'res Ringens Ziel,
Widersteht der Vorsicht großem Plane,
Und bekämpft das menschlichste Gefühl! —

Singt der Menschheit, wenn sie aus der Wiege
Aufgerafft — als Mann nach Thaten strebt
Daß es sanfter sich auf Rosen liege,
Als wenn Hochsinn uns die Brust erhebt.

Sanfter? — als ob aus des Nichtseyns Räumen
Uns ein Gott zum Tandeln bloß erschuf,
Als sey nur die Wollust schön zu träumen,
Nicht die Kunst — es werth zu seyn — Beruf!

Sanfter? — Ha! wenn dieß der Endzweck wäre,
Dieß Bestimmung menschlicher Natur,
O, so gönnt mir Scipio's Chimäre
Und vergöttert Eure Vestris nur! —

Aber, gibt es eine beß're Sphäre,
O! sie ist kein bloßes Luftgespinnst, —
So vertauscht sie zu der Menschheit Ehre
Um der Erdenwonne Scheingewinnst.

Wenn ein Funke hoher Menschenwürde
Noch in Eurem kalten Busen glimmt,
So zerreißt des Wahnes Kettenbürde,
Die den Geist in Sklavenfesseln zwingt! —

Bei der heil'gen Ahnung, die dem Staube
Heilend oft ein blutend Herz entreißt,
Wenn an Menschheit der zerstörte Glaube
Unmuthsvoll in seine Ketten beißt;

Bei dem Ausfluß aus des Lichtes Quelle,
Der erzeugend durch die Wesen fließt,
Und — wie Lethens silberreine Welle,
Sich in der geweihten Brust ergießt;

Bei'm Gefühle, das kein Ausdruck malet,
Bei dem hohen Laut — Begeisterung! —
Dichter! werdet Menschen! — und bezahlet
Der Natur verjährte Forderung!

Eilt! — ich fleh' Euch — eilet umzukehren
Von dem Irrlicht Eurer Scheinvernunft,
Eilt, dem Volk, was groß und gut, zu lehren,
Und entlarvt der Miethlingshirten Zunft.

Singet freie, mächtige Gesänge
Nicht für feilen Fabrikantensold,
Für den Kitzel der berauschten Menge,
Oder für Schach Baham's Lumpengold.

Werdet das, wozu Natur Euch weihte,
Führer auf des Lebens Ocean
Kämpfer in der Wahrheit heil'gem Streite,
Flammen, leuchtend zu der Sternenbahn.

Seyd der Menschheit Schutzwehr und Befreier,
Führt sie in des Hochsinns Tempel ein,
Zeigt ein Mal die Wahrheit ohne Schleier,
Fort die Lampen bei der Sonne Schein!

Aber erst entsündigt uns vom Tande,
Reinigt uns im Borne der Natur;
Zu der Wahrheit neun Mal heil'gem Lande
Kommt man durch das Bad der Unschuld nur! —

Erst beginnt mit Thatkraft uns zu stählen,
In Eleusis zieht kein Weichling ein;
Daß wir lieber Tod und Größe wählen
Als — zum Wurm entwürdigt — selig seyn!

Und dann führt uns durch die grausen Hallen,
Wo der Weg durch Blut und Dunkel geht,
Haltet uns, daß wir nicht zitternd fallen,
Wenn die Windsbraut über Gräbern weht.

Rührt die Saiten, unsern Geist zu wecken,
Daß wir muthig in dem Streite glüh'n,
Muthig durch des Todes finst're Schrecken
Nach der Freiheit ew'gem Tempel zieh'n.

Und sind dann die Schatten überwunden,
Und erhellt des Wahnes Grabesnacht,
Hat die Menschheit dann das Licht gefunden
Und durch Euch den großen Lauf vollbracht;

Dann verkündet's durch des Bundes Lieder,
Singt's vom Aufgang bis zum Niedergang
Daß der Mensch des Engels Urform wieder
Durch Entsagung und Beharr'n errang!

Dann empfangt die schönen Lorbeerkronen,
Die die Freiheit ihren Rettern beut,
Und genießt den Dank von Millionen
In dem Tempel der Unsterblichkeit!

Maria.

Auf den Tag Mariä Himmelfahrt. 1797.

Mein Liebling — diese Jungfrau hofft von jedem Manne artige Behandlung. — sie hat große Lust, die Welt zu sehen, ist aber noch etwas verschämt.

(Die Eingangsscene spielt in dem schönen Kloster, zur heiligen Linde im Ermelande.)

Der Glockenklang tönt festlich durch die Luft,
Im Staube liegt das Volk und betet an,
Den Hochaltar umsäuselt Opferduft,
Der Jungfrau'n Chöre rauschen himmelan.

Der heil'gen Linde Silberblätter glüh'n,
Vom Kerzenschimmer zauberisch bemalt,

Das Wunderbild, um welches Rosen blüh'n,
Scheint von der Gottheit Abglanz überstrahlt.

Um wessen Bildniß fließt des Höchsten Glanz,
Zu wessen Preis steigt Opferrauch empor,
Für welche Huldin grünt der Blüthenkranz,
Wem singt der Jungfrau'n und der Mütter Chor? —

Maria! — bebt die Brust der jungen Braut,
Maria! — schallt im Hain der Wiederklang,
Maria! — tönt wie ferner Flötenlaut
Der Seraphim anbetender Gesang!

Gebenedeiet seyst Du, Dulderin!
Du reines Weib in dieser Welt voll Trug,
Du Jungfrau, die mit demuthsvollem Sinn
Im unentweihten Schooß den Heiland trug!

Der Afterwelt geprief'ne Phantasei'n
Verhüllen scheu vor Deinem Bilde sich;
Was sind Cytherens wollustvolle Reih'n,
Was ist Minervens Weisheit gegen Dich?

Das Edelste in uns'rer Raupenzeit —
Die, ach! — so arm an jedem Schönheitssinn! —
Ein Weib, im schönsten Reiz der Fräulichkeit,
Ist gegen Dich nur eine Sünderin!

Kein irdisch Wesen darf Dir Reinen nah'n,
Und keine Tugend kann vor Dir besteh'n;
Und dennoch blickst Du uns so traulich an,
Und dennoch lächelst Du so menschlich schön! —

So scheint der Mond vom hohen Strahlenthron
Auf Erdenlichter still und groß hinab;

Er hört der Liebe sanften Klageton
Und trocknet mild der Tugend Zähren ab. —

Süß ist der Reiz der unschuldvollen Braut,
Wenn ahnend schon die junge Brust sich wiegt, —
Hold ist die Gattin, wenn sie innig traut,
Sich sanft verschlungen um den Liebsten schmiegt! —

Schön ist das Lächeln einer Charitin,
Wenn Mutterfreude ihr im Aug' erscheint,
Und himmlisch groß die heil'ge Dulderin,
Wenn sie dem Staub die letzte Thräne weint. —

Doch namenlos in Deiner Einfalt Zier
Stehst Du, Gebenedeite Gottes, da,
Vereinst voll Demuth jeden Reiz in Dir,
Den sonst vereinzelt nur der Seher sah.

Dir, holder Menschheit schönstes Ideal!
Dir, Bild und Spiegel reinster Weiblichkeit
Dir Heiligsten in diesem Grabesthal!
Dir, Sawa's Blüthe der Bescheidenheit!

Dir, Gottesweib! Dir, Todessiegerin!
Dir, Heilandsmutter! sey der Preis gebracht!
Dir! — welcher Lichtstrahl, Himmelskönigin!
Reicht mir zu Deinem Bild der Farben Pracht? —

Wer malt mir Dich? — Die jungfräuliche Scham,
Die im gesenkten blauen Auge wohnt,
Den stillen Frieden, der von oben kam,
Und auf der Jungfrau reinen Stirne thront;

Der Phantasieen zauberisches Spiel,
Das um das Blau der schönen Schläfe schwebt.

Der Ahnung sanft errötendes Gefühl,
Das schüchtern auf der Lilienwange bebt; —

Die Gottesgröße, die im kühnen Bug
Der edlen, fein geformten Nase liegt,
Vermenschlicht durch den mütterlichen Zug,
Der um die halbgeschloßne Lippe fliegt.

Und diese Lippe! — Nein, des Staubes Sohn
Vermißt sich nichts und betet schweigend an; —
Hier hat die ew'ge Liebe ihren Thron
Ihr darf sich kaum des Cherubs Flamme nah'n.

Wer malt mir das Erwachen dieser Brust,
Als nun der Gottesliebe mächt'ger Drang
Den Stein beseelt' und nie empfund'ne Lust
Noch mit dem letzten Hauch der Jungfrau rang? —

Wer malt das Weib des Herren — wer den Brand
Des feuchten Aug's, das zuckend überfloß,
Als Gottes Geist des Heiles Unterpfand
In des Erschaffnen reinste Formen goß? —

Wer — denn Jehovahs Klarheit blendet schon
Den frevelhaften Blick der Menschlichkeit, —
Wer malt die Erdenscene, wie, den Sohn
Im Schooße, sich die schöne Mutter freut? —

O heil'ger Menschheit mütterliches Band! —
Wie schön sie sitzt — das Kinn zur Brust gebückt,
Der halb entblößte Arm, die weiche Hand,
Womit sie sanft den Säugling an sich drückt.

Das Lächeln dann — der magnetische Blick,
In dem der Freude reinster Stoff sich zeugt,

Der, ach! so liebend — dennoch sich zurück
Anbetend vor dem Götterkinde neigt! —

Mischt, Raphaels! den schönsten Farbenton,
Zu malen, wie Natur mit Größe rang:
Der Mutter Schmerzenswonne, als ihr Sohn,
Der Herr der Welt, der Welten Heil errang.

Malt wie ihr Auge groß hinüber schaut
Und durch des Grabes Nacht auf Golgatha
Der Menschheit Retter hoffnungsvoll vertraut,
Bis er den Erstgebornen sterben sah! —

Wie dann dieß Aug' der mächtigern Natur
Erliegt, die reinste Zähre ihm entrinnt,
Ein Schwert der Mutter durch die Seele fuhr,
Und Größe doch den schönsten Sieg gewinnt. —

Und wie sie dann — des Todes Siegerin,
Emporschwebt und der Welten Urtheil spricht,
Und dann ihr Blick — o, werft den Pinsel hin,
Ihr Raphaels! — die Scene malt Ihr nicht! —

Maria! menschlich schöne Huldin Du!
Wenn auch Dein Auge mir nicht täuschend spricht,
So führe mir die Schwesterseele zu,
Die, rein wie Du, den Myrthenkranz mir flicht! —

Rede

gehalten 1798 zum goldnen Leuchter.

Eine Bitte, das Licht nicht unter den Scheffel zu setzen — ein paar Kohlen aus der Vorzeit, um erstarrte Glieder aufzuthauen.

Auf geheimnißvollen, dunklen Wegen
Wallt die Vorsicht langsam ihre Bahn;

Langsam — von der Erde Schooß umfahn,
Reift die Saat dem Frühlingstag entgegen:
Nur nach einer langen Mitternacht
Glänzt die Sonne einst in voller Pracht! —

Brüder! was wir hier auf Erden säen,
Reifet langsam und in Dunkelheit,
Aber Saaten für die Ewigkeit
Wird der Sturm der Zeiten nicht verwehen;
Erdenlichter glänzen und vergeh'n,
Aber Weisheit, Schönheit, Kraft besteh'n! —

Einstens war, in längst verfloßnen Zeiten,
Themis von der Erdenwelt entfloh'n:
Afterweisheit sprach der Wahrheit Hohn,
Sie entfloh — zum Kreise der Geweihten,
Und der Menschheit schönstes Kleinod ward
In Eleusis Dunkel aufbewahrt. — —

Lange lag's verborgen, da entwand
Sich den Reihen schwach geschaffner Geister
Unsers heil'gen Bundes erster Meister,
Und des Wahnes finstre Nacht entschwand;
Himmel jauchzten, als am großen Ziel
Er — ein Opfer für die Menschheit — fiel! —

Und der Wahrheit Sonne strahlte nun
Neu verjüngt auf Grabgefilde wieder,
Größer war der Kreis der Bundesbrüder;
Doch des Meisters Hammer konnte ruh'n;
Denn, vollendet, zu der Bosheit Hohn,
Schien der kühn gedachte Tempel schon. —

Aber noch war nicht das Werk vollbracht;
Ueber dem erlös'ten Erdenvolke

Sammelte sich eine Donnerwolke,
Ausgerüstet mit des Bannstrahls Macht,
Und, erzeugt von Geistes Tyrannei,
Herrschten Aberglaub' und Heuchelei.

Da verband in einer großen Stunde
Sich mit uns der Ritter kühne Schaar,
Und des heil'gen Kreuzes Zeichen war
Losung zu dem feierlichsten Bunde,
Und der Ritter und sein Lanzenknecht
Kämpften brüderlich für Licht und Recht.

Zwar der Sturm entblättert' eine Blume
Denn den Templer traf das Henkerschwerdt;
Doch, von Erdenbosheit unversehrt,
Blieb der Flammenstern im Heiligthume,
Und des höchsten Meisters Allmacht ward
Unsern Brüdern herrlich offenbart.

Denn von Morgen bis zum Abend zogen
Unsers Bundes Rosenketten sich,
Und der Brüder Anzahl mehrte sich,
Zahllos — wie des Meer's gethürmte Wogen,
Und um Alle schlang ein großes Band
Des erhab'nen Meisters Allmachtshand.

Auch den goldnen Leuchrer, theure Brüder!
Rief er huldreich aus dem Nichts hervor; —
Darum singt, im ungetheilten Chor,
Ihm des Bundes schönste Jubellieder,
Und, als Opfer Eures Dankes, weiht
Ihm die Blüthen weiser Thätigkeit! —

Setzt den Leuchter auf des Altars Schwellen
Zündet d'rauf der Wahrheit Kerze an:

Ohne Kerze, meine Brüder, kann
Euch der Leuchter nicht den Pfad erhellen;
Nur die Kerze heiliger Vernunft
Leuchtet in der rechten Maurerzunft.

Wenn wir dann das große Ziel erringen
Und der morsche Vorhang ganz zerreißt,
Brüder! Spannkraft, Muth und Thatengeist
Kann dieß Ziel um Vieles näher bringen! —
O! dann glänzet Allen Sonnenlicht,
Und wir brauchen einen Leuchter nicht! —

Gedicht

gelesen am Johannistage 1798 zum goldnen Leuchter.

Schöne Aussichten in ein besseres Land, wohin man schon jetzt mit gesunden Beinen wandern könnte — wenn man nicht zu faul wäre, — Luft mit Versprechungen gefüllt — wovon, — nach Hamlet, — Kapaunen nicht fett werden. — Die Lampen sind angezündet, das Publikum sperrt schon das Maul auf — aber Hanns North kriecht immer nicht in die Bouteille und die Hauptakteurs verschlafen die Scene! —

„Trae, Gloven, Recht, on dat rechte Recht"

steht an einem uralten Hause in Königsberg:

„Da hebben seck alle schlapen geleggt,
„Drum komm, Du leever Herre.
„Du weck se alle veere!" —

Begeht die hohe Feier, meine Brüder!
Mit Herzen, wo des Bundes Flamme glüht;
Der große Meister unsers Tempels sieht
Mit Huld auf uns — sein Meisterwerk, hernieder,
Und auf das schöne Opfer, das ihm heut
Die reinste Andacht guter Menschen weiht! —

Zwar liegen wir noch an des Tempels Schwelle,
Bis seine Hand den großen Vorhang hebt;
Allein die Gluth, die uns im Busen bebt,
Ist Ausfluß schon aus seines Urlichts Quelle,
Aus unsrer Brust entreißt uns kein Gewühl
Des Erdentand's der Menschheit Hochgefühl.

O, dieß Gefühl! — In dieser großen Stunde
Verkünd' ich es: — dieß Eine nur ist noth! —
Seyd Menschen! — ist das heiligste Gebot
Des Meisters, und der Grund von unserm Bunde;
Ein Anblick, der die Gottheit selbst erfreut,
Ist reine, unentweihte Menschlichkeit! —

Euch gab er es, dieß Kleinod zu verschließen,
Daß nicht der Sturmwind dieser Zeitlichkeit,
Daß nicht das Meer der Erdeneitelkeit, —
Daß aufgethürmte Wogen uns umfließen, —
Der Erd' es raube! — Das Palladium
Der Menschheit steht in unserm Heiligthum. —

Und wollt Ihr dieses Kleinod Euch bewahren,
So folget stets der Einfalt und Natur!
Auf diesen Pfaden, meine Brüder, nur
Gelangt Ihr zum Genuß des ewig Wahren. —
Was Erdenthorheit Euch für Wonne beut,
Ist Tand — und Unschuld nur ist Seligkeit. —

Schuf Zufall Euch zu Großen dieser Erde,
Beschert' er Euch ein minder schimmernd Glück —
Das ändert nichts! — Vor unsers Meisters Blick
Ist Alles gleich, — drum sollt auch Ihr es werden;
Im Weltsystem tönt lauter Harmonien,
Drum sollt Ihr, Rosen eines Kranzes, blüh'n! —

Hat seine Huld Euch Geisteskraft verliehen,
Und gab sie Euch nur schlichten Menschensinn,
Es ist uns gleich; schaut dort nach oben hin,
Wo Sonnen neben kleinen Sternen ziehen
In Eintracht wandeln Alle ihre Bahn
Nach unsers Meisters vorbestimmtem Plan. —

Doch ist der Eine durch das ewig Schöne
Beseelt — der And're glüht für Erdentand —
Das ändert viel! — O, Brüder! Hand in Hand
Beschwört's bei dieser feierlichen Scene,
Beschwört's! — nur das, was ewig gut und schön,
Und wahr und groß — zum Ziel Euch zu erseh'n! —

Und so in Einfalt einen Pfad zu wallen,
Den eine unsichtbare Hand uns führt,
Von Körnern, die ein West zusammen führt,
Läßt diese Hand umsonst nicht Eines fallen;
Des nahen Frühlings Ahnung sagt mir heut':
Wir säen Körner für die Ewigkeit! —

Und sind sie einst zum schönen Hain entsprossen,
Dann reißen wir den Maurertempel ein!
Das Firmament wird unser Tempel seyn,
Und alle Menschen uns're Zunftgenossen! —
Dann saugen wir — im Schooße der Natur, —
Aus Deinen Brüsten, Mutter Isis, nur! —

Phantasie.

1798.

Erzeugt durch die lebhafte und schmerzhafte Idee, daß, durch Zerstörung alles bisher heilig Gehaltenen, der Menschheit der Enthusiasmus geraubt wird, der, aus so unlautern Quellen er auch entspringen mag.

doch so unendlich viel Großes erzeugt, und immer in die Seelen der Gemüther Friede und Trost gegossen hat. Die Scene ist in einer durch Freiheitsschwindel — (der vom hohen Freiheitssinn sehr verschieden —) zerstörten altgothischen Kirche: die Bilder der Vergangenheit wandeln im Mondenschimmer die Seele des Dichters vorüber, und lösen sich in einem unendlichen Maße von Schmerz auf, mit dem ihn die Gegenwart befällt; aus der Nacht dieses Jammers sucht er durch das, wenn gleich nur schwache, Stäbchen der Phantasie den Weg auszufühlen.

Von des Domes eingestürzten Mauern
Glänzt des Mondes leichenblasser Strahl,
Statt dem hohen, festlichen Choral
Hört man jetzt den Uhu einsam trauern.
Der Gesang von Gott und Ewigkeit
Ist verweht! — der Betenden Gebeine
Decken halb zerbroch'ne Leichensteine,
Und ihr Daseyn birgt Vergessenheit!

Wo jetzt wildverwachs'ne Disteln sprossen,
Thronte einst der prächt'ge Hochaltar,
Von der Priester gottgeweihter Schaar,
Und von Weihrauchsdüften rings umflossen;
Von dem morschen Pfeiler hin entwand
Sich der Kuppel schön gemalter Bogen,
Auf des Empyreum's Strahlenwogen
Schwebten Heil'ge dort im Luftgewand.

Ach, wie manche edle Flamme sprühte
Hier, wie manche Seele flog empor,
Wenn der Jungfrau'n schön verschleiert Chor
Vor den Stufen jener Nische knie'te,
Wo, den Heiland auf dem keuschen Schooß,
Mütterlich gebeuget um den Knaben,
Die Gebenedeite ihre Gaben
In der frommen Töchter Busen goß.

Zu Mariens Füßen hier entblühte
Holde Unschuld, sanfte Schüchternheit,
Jeder Liebreiz reiner Weiblichkeit,
Der im Herzen jedes Mädchens glühte;
Aus des Mädchens Händen nahm der Mann
Froh der Liebe schöne Myrtenkronen,
Und sie lehrt' ihn Mitleid und Verschonen,
Und zum Menschen ward der Wilde dann.

Seine Fahne opferte der Krieger
In Maria's schönem Heiligthum
Nur für ihren und der Damen Ruhm,
Nur für Unschuld, Ehr' und Tugendsiege;
Also schuf Mariens Wunderblick
Schnell den Segen kommenden Geschlechtes,
Und der Sitte und der Zucht Verächter
Floh verachtet und beschämt zurück.

Schön geformt, mit Stricken fest umwunden
Stand am Pfeiler dort Sebastian,
Größer als Laokoon der Mann,
Sah der Jüngling lächelnd seine Wunden;
Dieser Kopf ist ein Chrysostomus,
Feuer ging aus des Bekenners Munde,
Dorten stand der Erstling vor dem Bunde
Mit der Märterkrone, Stephanus.

Ueber Alle streckt vom Kreuz die Arme
Jesus, Gottes erstgeborner Sohn:
Er verließ des Vaters Strahlenthron,
Daß er uns'rer Nothdurft sich erbarme.
In des Todes dunklem Staubgewand
Stieg der Menschheit Schutzgeist zu uns nieder,
Daß durch ihn die Kette seiner Brüder
Ihre schöne Urform wiederfand.

Und mit reiner Einfalt — ohne Grauen,
Nahte Jeder jetzt der Gottheit sich,
Die der Menschheit nun als Schwester glich,
Jeder fühlte kindliches Vertrauen;
Denn die Allmacht, ach — so menschlich schön,
Hatte sich zu uns herabgelassen,
Jeder durfte glaubend sie umfassen,
Und im Flammenmeere nicht vergeh'n.

Jeder, der für Recht und Wahrheit brannte,
Sah gestärkt empor nach Golgatha;
Wenn er dort den Heiland bluten sah,
O, dann schlug sein Busen, dann ermannte
Sich die Brust mit hohem Göttermuth,
Und, das Irdische als Staub verachtend,
Flog sein Geist, nach Menschenrettung schmachtend,
Und für Menschheit floß sein edles Blut.

Jeder Seele, die vom Erdenstaube
Müde, sehnte nach der Heimath sich,
Winkte dort vom hohen Golgatha
Sanft ein holder Genius — der Glaube.
Traf sie hier die Schwesterseele nicht,
O, sie darf den Blick empor nur heben:
Heil'ge Seelen, ihre Schwestern, schweben
Um sie, wenn ihr Thränenauge bricht. —

Wer wird einst mein sterbend Auge decken,
Welches Schild wird meine Brustwehr seyn,
Wenn der letzten Stunde bange Pein
Und des Todes Dunkel mich erschrecken?
Wenn am Grabe dann mit bitt'rem Spott
Der Vernichtung Schauer mich umgeben,
Und am Ziel von meinem bangen Streben
Höhnend rufen: sieh, es ist kein Gott!? —

Ist es das — das Ende Deiner Gaben,
Das Dein Licht, Tyrannin Aufklärung?
Quellen rieseln um uns her genug,
Aber können sie wer schmachtet laben?
Kannst du, grübelnde Vernunft, erspäh'n,
Was mit Hochgefühl den Geist uns hebet?
Kann die Wärme, die die Brust belebet,
Wohl in Deinem kalten Schooß entsteh'n?

Scheinvernunft, nimm Deine Schätze wieder,
Deine Lockung, Deine Schmeichelei,
Kehre wieder, holde Schwärmerei,
Senke Dich auf meine Schläfe nieder,
Daß das feingewebte Traumbild nicht
Mir des Lebens Stürme wankend machen,
Und kein kaltes, schreckliches Erwachen
Den so süßen Schlummer unterbricht.

Daß, wenn übersatt vom Erdenmahle,
Ohne Freund, mein Geist darniedersinkt,
Freundlich mir der holde Glaube winkt
Mit der Hoffnung goldner Nektarschale,
Daß Maria einst mit sanfter Hand,
Wenn mein Geist dem Staube sich entwindet,
Dem erbarmend ihre Palme bindet,
Der im Staube kein Erbarmen fand.

Wahrheit.

1798.

Als ein guter Freund das Vorige für Empfindelei erklärte — (was es aber, meines Erachtens, nicht ist,) — so machte ich folgenden Pendant; etwas invita Minerva, obgleich die Ansicht, von einer gewissen Seite, nicht unwahr ist. Aus einem Munde geht oft Loben und Fluchen.

Keinen Glauben — keine Nebel hüllen
Um der Wahrheit ew'gen Strahlenthron! —
Keine Windeln, um den Göttersohn
Gleich dem Säugling sklavisch einzuhüllen.
Keine Spiele, keine Tändelei,
Denn es nahen große, ernste Scenen,
Den es gilt der Menschheit blut'ge Thränen,
D'rum Vernunft und keine Phantasei! —

Nicht in hohen, prachterfüllten Bildern,
Nicht in schönem Harmonieenspiel
Will ich Eures Daseyns großes Ziel
Und die Größe Eurer Schmach Euch schildern;
Aber vor des Himmels Angesicht
Ruf' ich, daß die Gräber wiederhallen:
Wenn nicht jene Truggestalten fallen,
So erwacht die Menschheit immer nicht.

Sey es schön, im Arm der Charitinnen
Sich in Tempe's Lustgefilden freu'n,
Der Empfindung Erstlingsblüthen streu'n
An dem Quell der holden Pierinnen,
Sey's erhaben, in Eleusis Grau'n
Pfade wallen, wo sich Schlangen winden,
Oder bis zum ewigen Erblinden
Mit dem Fakir nach der Sonne schau'n.

Sey es süß, in heil'gen Schwärmereien
Stets den Freudenhimmel offen seh'n,
Glaubensvoll an Jesus Kreuze steh'n,
Und am sel'gen Nichtsthun sich erfreuen,
Tröstend in der Afterbrüder Reih'n
Einen Tempel bau'n, den Niemand siehet,
Eine Flamme fühlen, die nicht glühet,
Einem Zweck, den Niemand kennt, sich weih'n.

Sey es klug, sein Hab' und Gut verbrennen
Und den Stein der Weisen zu erneu'n,
Ferner Zeiten Schicksal prophezeih'n,
Und die Hütten seines Dorf's nicht kennen;
Sey's bequem, durch Meßners Wunderkraft,
Kopflos denken, ohne Augen sehen,
Und im neunten Himmel sich ergehen
Durch geheimer Künste Wissenschaft.

Aber alle diese Gaukelspiele
Ziemen nur dem Knaben, nicht dem Mann.
Wenn das Kind auf Blumen hüpfen kann,
Geht der Mann mit festem Tritt zum Ziele.
Unter allen Dingen dieser Zeit
Ist nur Eines noth, und dieses Eine
Wächst nicht in Armidens Feenhaine,
Nur am Klippenpfad der Wirklichkeit.

Wollt Ihr diese schöne Pflanze pflücken,
Dürft Ihr sorglos nicht am Wege steh'n,
Nicht nach weit entfernten Welten seh'n,
Euch am Pfade könnt Ihr sie erblicken!
Nur der Träumer, den sein inn'res Licht
Und des Aberglaubens Irrwisch blendet,
Nur der Lüstling, der sein Mark verschwendet,
Nur der Egoismus sieht sie nicht.

Sprecht, warum entflieht Ihr stets dem Schooße
Uns'rer holden Sängerin Natur?
Ach, so einfach ist die rechte Spur,
Und Ihr suchet immer nur — das Große,
Lauft nach dem, was Euch von ferne winkt,
Strauchelt dennoch immer von dem Ziele,
Bis im bittern, tödtenden Gefühle
Eurer Ohnmacht — Ihr zum Graben sinkt.

Sklaven seyd Ihr selbst im Freiheitshute,
Selbst die Freiheit wird Euch Tyrannei,
Macht zuerst Ihr Euch nicht selber frei,
Stählt Ihr Euch nicht selbst mit Heldenmuthe.
Eh' Ihr, Thoren, eine Welt regiert,
Wie ein Phaethon den Sonnenwagen;
Lernt erst selber, wie Ihr ohne Zagen
Eures Lebens kleines Wäglein führt.

Kehret wieder von den steilen Höhen
Zu dem stillen Pfade der Natur,
Baut im Thale Eure Hüttchen nur,
Wollt Ihr vor dem Sturm es sicher sehen;
Sucht die Gottheit nicht am Sternenplan,
In Euch grub sie des Gesetzes Züge,
Deutlicher als jedes Werk der Lüge,
Edda, Bibel, Talmud, Alkoran.

Wollt Ihr seines Daseyns Offenbarung,
Seht den Epheu um den Weinstock blüh'n,
Seht in Liebe Staud' an Staude glüh'n:
Gibt das Eurer Flamme keine Nahrung?
Wollt Ihr Hoffnung der Unsterblichkeit,
Seht den Schmetterling die Hülle streifen;
Wollt Ihr Thatkraft, seht das Saatkorn reifen,
Seht des Frühlings schöne Blüthenzeit.

Doch warum Unsterblichkeit und Glaube,
Müßt Ihr immer nur Belohnung seh'n? —
Wie auch schmucklos die Geliebte schön,
Bleibt die Tugend reizend auch im Staube;
Zwar die Freuden, die die Liebe beut,
An der Brust der Treuen sich erwerben,
Ist wohl schön — doch selbst für sie zu sterben
Ist dem Liebenden noch Seligkeit.

Darum übet — nicht für feilen Lohne, —
Sondern weil sie schön ist, — Eure Pflicht,
Für das Recht scheut Euer Leben nicht.
Und durch Unrecht kaufet keine Krone;
Hütet Eure Herzen und bedenkt,
Daß wir Alle Zunft- und Grab'sgenossen,
Damit niemals Eure Brust verschlossen
Von der Menschheit Leid sich abwärts lenkt.

Doch vor Allem sorget, daß die Seele
Thätig und der Geist Euch wachsam sey,
Daß nicht Afterwahn und Schwärmerei
Euch die Kraft zu edlem Wirken stehle,
Daß der Sinne, der Affecten Zunft
Niemals Eurem bessern Selbst gebietet;
Selbst vor Eurem warmen Herzen hütet
Eure kalte, ruhige Vernunft.

Habt Ihr so zur Thatkraft Euch gestählet,
Dann erwäget, wo Euch besser sey:
In dem Thale sorgenleer und frei,
Oder auf den Bergen. — Prüft und wählet;
Und seyd Ihr dem stillen Veilchen gleich,
O, dann bleibet in der frohen Hütte,
Bleibet in der Euren schönen Mitte,
Lieb' und Freiheit wohnen doch mit Euch.

Doch wenn Ihr der Menschheit blut'ge Wunde
Fühlet — und ein göttlicher Beruf
Euern Geist zu ihrem Retter schuf,
O, dann zieht als Führer vor dem Bunde!
Redet, blutet, siegt für Hochgefühl!
Kehrt dann froh zu Eurer Hütte wieder,
Denn die Hütte und das Grab, Ihr Brüder,
Sind des Starken wie des Schwachen Ziel.

Das scheidende Jahrhundert.

Mit ernsten Blicken steht an des Jahrhunderts Rande
Der Menschenfreund versenkt in sinnendem Gefühl, —
Vor seinen Augen strahlt ein ungeheu'res Ziel,
Beinah' erreicht! Er sieht zahllose Sklavenbande,
Die durch Jahrtausende das Erdenvolk gedrückt,
Vom Genius der Zeit mit mächt'ger Hand zerknickt.

So schaut' einst Plinius der Lava Feuerfluthen
Entzückt vom Trauerspiel der Dichterin Natur: —
Er sieht im Flammenmeer der nahen Gottheit Spur,
Fühlt ihrer Liebe Weh'n, selbst durch die Schreckens-
gluthen;
Anbetend staunet er die große Scene an,
Vergessend, daß die Fluth ihn selbst ereilen kann.

Anbetend sink' auch ich vor Deiner Größe nieder,
Unendlicher Verstand, den nichts ermessen kann! —
Mit Wonne tauch' ich mich in jenen Ocean
Von Kraft und Gegenkraft, von That und Wirkung
nieder,

Der aus des scheidenden Jahrhunderts Arme fleußt,
Und Sonnenwärme durch den Frost der Erde geußt.

Wer reicht die Leier mir, wer lehret mich die Töne,
Zu singen, was noch nie ein Lied der Vorzeit sang,
Zu preisen, was der Mensch durch Muth und Kraft errang,
Der Riesengenius in seiner furchtbar'n Schöne!? —
Zu seinem Kampf und Sieg tön' Sturm- und Wogenklang!
In diesem Weltpäan verries'le mein Gesang! —

An Deiner Hand erschien, gewaltiges Jahrhundert,
Was je die Menschheit groß, was gräßlich sie genannt. —
Du scheidest ernsten Schritts, die Wagschal' in der Hand,
Von einer halben Welt verabscheut und bewundert;
Mit Blut bezeichnet war Dein schreckenvoller Lauf,
Doch sprießt aus diesem Blut vielleicht ein Eden auf.

Um Deine Wiege schon floß manche blut'ge Zähre,
In Nord und Süden scholl des Krieges wilder Ton *):
Zwei Löwen kämpften dort um einen Herrscherthron **);
Hier stahl ein Weichling sich des feilen Purpurs Ehren ***)!
Der Despotismus gab sein Zepter in die Hand
Der Politik, die schlau um Ketten — Blumen wand.

Von Keinem je erreicht, vom Glück empor getragen,
Erhebt ein Halbgott †) stolz zu Deinem Führer sich.
Verschlagen, aber groß, gut, aber fürchterlich,
Ist ihm die Menschheit nur ein Kind im Gängelwagen.

*) Der nordische und spanische Successionskrieg.
**) Carl XII. von Schweden, Peter der Große von Rußland.
***) Philipp V. von Spanien.
†) Friedrich der Große.

Sein Geist erräth, sein Stolz verwirft der Vorsicht Plan,
Doch unwillkürlich bricht er selber ihr die Bahn.

Kühn, wie Prometheus, raubt dem Himmel seine Blitze
Ein Mensch*), entwindet dreist das Schwert der Tyrannei,
Ein Sklavenwelttheil **) wird durch seinen Zauber frei.
Der Despotismus selbst ***) wird blind der Freiheit Stütze,
Die Herrschsucht †) billigt klug, was sie nicht ändern kann,
Und sehnend blickt die Welt das neue Wunder an.

Ein Mensch ††), von dem Natur, als sie im keuschen Schooße
Sich ihn erzeugt, und ihm ihr Urbild eingeprägt,
Die nie gebrauchte Form auf immer, ach, zerschlägt —
Ein ächter reiner Mensch entrollet d'rauf das große,
Zertret'ne Buch des Rechts dem stillen Forscherblick
Und sinkt dann schuldlos in der Mutter Arm zurück! —

Ein Riesenzweifelgeist †††) führt aus den Irrgewinden
Des Skepticismus uns die Bahn des Lichts hinan;
Ein Größerer *) als er begränzt des Wissens Bahn,
Und läßt uns in uns selbst das Universum finden,
Preßt den verweg'nen Geist in seine Formen ein,
Und lehrt ihn Mittel nicht, nein, daher Zweck zu seyn.

Auf dieses Weisen Ruf erwachen die Geweihten,
Ein Prytaneum wird im Norden offenbar,

---

*) Franklin; eripuit coelo fulmen gladiumque tyrannis.

**) Amerika.

***) Frankreich.

†) Großbrittannien.

††) J. J. Rousseau.

†††) Hume.

*) Kant

Es naht die Musenkunst dem heiligen Altar,
Und rührt mit weisem Maaß Apollons goldne Saiten,
Des Unermeßlichen verschönter Wiederschein,
Führt sie in's Heiligthum des innern Sinns uns ein.

Doch Kunst und Weisheit blieb in Zünften nicht verschlossen,
Sie mischten traulich sich in's rege Leben ein,
Der Mensch veredelte sein dürftig Erdenseyn,
Der Bronn Humanität ward durch die Welt ergossen;
Nicht bloß die Wissenschaft, auch das Gewerbe ward
Durch Klarheit, Maaß und Sinn dem Schönen zugepaart.

So schien die Nacht des Wahns dem Morgenroth zu weichen,
Als schnell ein Meteor*) am Horizont entsteigt,
Ein heil'ger Wahnsinn rührt die Völker auf — es zeigt
Der Geist von Hellas sich in wundervollen Zeichen;
Durch Recht und Unrecht bricht er kühnlich sich die Bahn
Und führt — ein Flammenstern — der Völker Reihen an!

Von seinem Glanz erschreckt, fährt von dem goldnen Sitze
Die Tyrannei und wirft den Nachtgewohnten Blick
Umher und bebt, gescheucht vom Sonnenstrahl zurück;
Ihr Donner tönt nicht mehr, und kalt sind ihre Blitze,
Zerborsten sinken schon die Pfeiler ihrer Macht,
Und schrecklich hallt es nach: Die Menschheit ist erwacht!

Verzweifelnd rufet sie jetzt ihre Bundsgenossen:
Die falsche Politik, die Rangsucht, Gleißnerei,

* Die französische Revolution.

Den Egoismus und das Vorurtheil herbei
Sie reihen sich um sie wie eherne Kolossen. — —
Ihr gegenüber steht die ganze Menschheit da,
Und nun beginnt ein Kampf, wie nie die Welt ihn sah;

Und was Jahrtausende in Särgen eingewieget,
Erwacht aus seiner Gruft zum Thatenhochgefühl.
Es reibt sich Kraft an Kraft, ein ungeheures Spiel
Beginnt, die Schranken bricht der freie Geist und flieget
Empor und badet sich im Aether der Vernunft,
Und fordert unbedingt die Rechte seiner Zunft.

Dürft' ich, Jahrhundert, doch mit diesen edlen Zügen
Dein Bild vollenden und der Klagen Schauderton
Nicht hören, ach! die bald zwei volle Lustra schon
Aus Trümmern, Feu'r und Blut hinauf zum Himmel fliegen —
Nicht jene Tausende vergeb'ner Opfer seh'n,
Die um der Freiheit Bild wie blut'ge Schatten stehn!

Die Hekatomben, die am Rhodan und am Rheine,
Vom Po zum Nilstrom sich der Menschenwürger, Krieg,
Erwürgte, könnt' ich sie vergessen und den Sieg,
Wo, bei der Gletscher blutigrothem Fackelscheine,
Ein edles Volk*), das treu an Recht und Unschuld hing,
Aus falscher Bruderhand statt Freiheit Tod empfing!

Furchtbare Nemesis, die über Sternen thronet,
Und Menschenthaten wägt, und jede Unthat rächt,
Wirf diese Blutschuld nicht auf's kommende Geschlecht,
Wenn gleich Dein Rächerarm die Schuld'gen nicht verschonet;

*) Die Schweizer.

Es steh' Dein Strafgericht auf ihrem Grabesstein:
Dem kühnen Enkel wird's ein warnend Denkmal seyn.

Du aber, Säculum des Herrlichen und Bösen,
Das schaffend eine Welt hier aus dem Nichts erhebt
Und dort ein Paradies zerstörend untergräbt,
Kein Endlicher vermag's Dein Räthsel aufzulösen.
Du stehst am Ziele, doch der Menschheit Morgenroth
Birgt noch ein Nebeldunst von Thränen, Blut und Tod!

Du scheidest ernst und groß, Du sterbendes Jahrhundert! —
So nimm denn unsern Dank und uns're Thränen hin!
Erschrecklich war der Preis, doch herrlich der Gewinn,
Wenn auch die Nachwelt erst im Segen Dich bewundert.
Wir, die Dein Wunderwerk mit Wonn' und Schauder sah'n,
Mit Beben seh'n wir noch die dunkle Zukunft nah'n.

Ob diese Zukunft uns belebet oder tödtet,
Umhüllt das Fatum selbst dem hellsten Späherblick;
Allein der Gott in uns thront über dem Geschick! —
D'rum, ob die Dämm'rung einst zum vollen Tag sich röthet,
Ob neue Grabesnacht den Horizont umhüllt —
Wenn Licht und Wärme nur die Seelen uns erfüllt! —

Zum Geburtstage
des Herrn Major von Bandemer.

In einer Mittagsversammlung gelesen.

Hochwürd'ger Meister! sehr ehrwürd'ge Brüder!
Sehr achtungs- und sehr liebenswerthe Schwestern!
Verzeihung, wenn in diesen Kranz der Freude
Ich eine Nachtviole der Empfindung,
Die auf dem Felde meiner Phantasie
Im kalten Frost der Alltagswelt entblühte,
Mit treuem brüderlichen Herzen winde.
Ihr kennt die Gattung dieser Blüthen, oft
Zertritt des Wand'rers Fuß am Wege sie;
Doch wenn der Hirtin zarte Hand sie pflückt,
So leben sie an ihrem schönen Busen
Ein kurzes, doch beneidenswerthes Leben,
Und leben fort in der Erinnerung.
Nehmt, zarte Schwestern, diese kleine Rede
Für jenes Blümchen, lieblich schmiege sie
Sich Eurer innersten Empfindung an:
Tönt dann von meinen Lauten einer nur
In Eurem Herzen wieder, welcher Lohn
Kann Eurem Sänger wohl erwünschter seyn?
Zwar fühl' ich ganz die Größe meines Wagstücks,
Ich fühl's, für bloßen Ernst ist dieser Zirkel
Zu schön, für bloßen Scherz zu theuer mir;
Der steife Lehrton und die Tändelei
Sind Klippen, wo ich durch mich winden, oder
Gefahr zu scheitern laufen muß.
Und was die wirklich große Kunst betrifft,
Von Nichts zu plaudern, die dem süßen Gecken
Wohl oft den Weg zu schönen Herzen bahnte,
So find' ich sie, in dieser Rücksicht zwar,
Beneidenswerth, doch mangelt mir Talent

Sie nachzuahmen, und ich müßte fürchten,
Daß Augen, die so scharf als schön sind, leicht
Durch einen Blick mich schamroth machen möchten.

D'rum will ich, wie Natur in's Spiel des Lebens
Bei schwarzen Karten rothe untermischt,
Mit gutgemeintem Ernst den Scherz verbinden;
Denn beide sind, wenn nur ein Geist der Liebe
Sie kettet — wirklich keine Mesalliance. —

Ich will, vergönnt es, sehr ehrwürd'ge Brüder —
Ich will den theuern Schwestern hier ein Bild,
So gut ich's kann, von unserm Thun und Wesen
Entwerfen und dazu die Farben mir
Von uns'rer Vorwelt leihen; — ach, sie hat
Der Farben noch so viele, nur es fehlt
Ein Raphael, der sie zu brauchen wüßte! —

Denkt also, edle Schwestern, daß Ihr eben
In Eurem Wieland König Artus Hof,
Und seine Ritter und die edlen Frauen
Des alten, biedern, gothischen Jahrhunderts
Gemalt gesehen hättet — denkt sie Euch
Gelagert um die schöne Tafelrunde,
Die Ritter an der Seite hehrer Frauen,
Beseelt vom Geiste der Galanterie,
Die jetzo nur ein schales Unding ist:
Denkt Beide sie, in Zucht und Ehren sich
Der holden Minne — die nur Sympathie
Verwandter Geister ist — bei'm wechselnden Gespräch
Und nicht zu oft gefüllten Becher freuen;
Doch die Trompete tönt! — Jetzt gilt es Kampf
Und Sieg für Recht und unterdrückte Tugend:
Die Ritter schwingen sich auf's Roß — in Jedes Busen

Glüht für die Menschheit hoher Thatendrang,
Die Frauen zieh'n zum Rocken — und der Friede
Der hohen Unschuld leitet ihren Schritt,
Und wo sie zieh'n, blüht Sittlichkeit und Tugend.

Ach diese goldnen Zeiten sind dahin,
Sie sind für uns're hochstudirte Welt
Ein Mährlein worden; — aber nicht für uns. —

Wir, theure Schwestern — daß ich's nur heraus
Euch sage, was mir lange zu gestehen
Schon noth that, — wir sind jene Tafelrunde,
Versteht sich, nur in bildlicher Gestalt:
Wir ehren Frauenwerth und Weibertugend,
Und Jeder, der mit frevelhaftem Spott
Dieß Kleinod lästert, sey er noch so weise
Und noch so groß, er ist ein Maurer nicht! —
Auch freu'n wir uns des traulich frohen Mahles
Mit Euch, dem schönen Nachbild jener Frau'n;
Doch fordert es die Menschheit, dann verstummt
Die Lust, dann gilt es Opfer, Kampf und Sieg! —

Wir kämpften — Brüder, laßt mit frommem Dank
Für uns're Väter es gesteh'n — wir kämpften
Jahrhunderte, — durch uns veredelt, sah
Die Menschheit zwar die Folgen, doch die Kämpfer
Verbargen sich bescheiden ihrem Blick;
Nur hier in diesem Zirkel, wo das Band
Verwandter Seelen unser Mahl umschlingt,
Nur hier und nirgends weiter, wo es sonst
Nur Prahlerei und Hoffarth scheinen könnte,
Laßt uns mit dankbar frohem Blick zum Schöpfer
Gesteh'n — wir kämpften lang' und nicht umsonst.
Für Glauben und für Minne stritten dort

Der Vorwelt Helden — unser Schwert erklang
Für Menschenwürde und Humanität.

Von Anbeginn war Gutes in der Welt,
Von Anbeginn gab's Edle, die es fühlten;
Allein der Bund von Millionen Herzen,
Die fest verschlungen für die Menschheit schlagen,
Für Jeden, wessen Glaubens, Volks und Standes
Verwandt er sey — für Jeden und für Alle;
Der Bund, wo reine brüderliche Eintracht
Den Zepter mit dem Hirtenstab vereint,
Wo Alle von den Händen der Natur,
Der Mutter Aller, zu der ersten Gleichheit
Zurückgeführt, mit gleicher Thätigkeit
Für Menschenwerth und Menschenrecht verschworen,
Der Menschheit zeigen, daß man Mensch seyn kann,
Dieß schöne Schauspiel einst der Welt zu geben,
Ward unserm Bunde nur bestimmt — das ist
Sein Zweck, Ihr Schwestern; wie er ihn erreicht,
Bedeckt ein Vorhang, den von uns Euch Keiner
Entrollen darf! — D'rum, wenn Ihr es erlaubt,
Nur Etwas noch, eh' wir für heute enden.

Ihr seht, den Endzweck unsers Bundes darf
Ein Mann Euch zu bekennen nicht erröthen;
Doch bleibt noch Etwas, dessen Obhut uns
Vertraut ist, dieses schöne Etwas kann
Durch Eure Pflege nur gedeih'n, wir sind
Es ohne Euch zu warten nicht vermögend.

Dieß Etwas ist ein Blümchen, das der Frost,
Der immer noch mit starrem Eis die Brust
Der warmen Menschheit deckt — zerstören würde
Dieß Blümchen schützten wir und haben freundlich

Im Innern unsers Tempels es bewahrt,
Damit wir, wenn das Eis der Menschheit schmilzt,
Und Frühlingshauch ihr einst das Herz erwärmt,
Es wieder ihr an'n Busen stecken können:
Es ist — die schöne Blüthe der Empfindung. —
Doch sie zerknickt die starke Hand des Mannes,
Die immer nur bald Ketten tragen, bald
Sie lösen muß, und endlich, wie das Eisen,
Das sie berührte, selbst metallisch wird.
D'rum bitten wir Euch herzlich, hütet Ihr
Der schönen Pflanze und begießt sie sorgsam,
Und tretet leise auf, daß Ihr es nicht
Zerdrückt, das kleine still bescheid'ne Blümchen. —
Ihr kennt es leicht, es ist so blau und klar
Als Euer Auge, und es duftet immer
So lieblich, so sich selber unbewußt,
Als wie die Tugend eines edlen Weibes. —

. . . .

Und riefe Dieser oder Jener Euch:
Verlaßt das kleine Blümchen, Thorheit ist's,
Ein Veilchen warten und den Mond beschau'n;
Sucht lieber dort die schöne Tuberose
Der Wissenschaft, wie sie sich bläht, die Tulpe
Vernünftelei, wie schön sie Farben spiegelt
Und die Reseda Prätention, die uns
Mit ihrem Duft zuweilen schwindlig machet.
Und käm' ein Gärtner gar und riethe Euch,
Nur Kohl zu pflanzen, weil man nur den Kohl
Sich kochen kann — und nicht ein kleines Veilchen,
So würd' ich, würde mir das Glück zu Theil,
Dem schöneren Geschlecht anzugehören,
Den arroganten Herr'n der Schöpfung sagen:
Die Tulp' und Tuberose glänzen schön,
Doch zehn Mal schöner auf der Folie

Des dunklen, strahlenlosen, stillen Veilchens;
Natur gab mir, um Kohl zu pflanzen, Hände,
Ein Herz, um mich an jenem kleinen Veilchen,
Wovon Ihr Herren freilich nichts versteht, zu freu'n.

Dieß würd' ich sagen, wenn ich Schwester wäre;
Doch nun als Bruder ruf' ich fröhlich aus:
Heil unsern Schwestern, die der Königin
Der Blumen gleich, wie sie Geruch und Farbe
Im abgemeßnen richtigen Verhältniß
Kultur, Verstand, Witz und Empfindung paaren,
Sie sind es werth, den Altar zu umkränzen,
Den heute wir dem Fest des Edlen weih'n,
Der unser Führer, unser Freund und Meister,
Und Ideal des schönen Bildes ist,
Was ich vorher mit schwachen Zügen malte;
Stark ist sein Arm, wenn es die Menschheit gilt,
Allein mit sanften Händen wartet er
Der Blüthe des Gefühls im Heiligthume,
Und pflegt sie neben jener, die im Busen
Er immer trägt, sie heißt: Bescheidenheit. —

Ihm und den holden Schwestern sey die Wartung
Der zarten Blumen anvertraut, und nie
Sey hier ein Maurermahl, wo Jeder nicht
Aus gutem, treuen, vollen Herzen rufe:
Es lebe unser Muster, Freund und Meister,
Es lebe Frauenwerth und unsre Schwestern,
Es leb' Empfindung und Bescheidenheit! —

Gondolierelied.

Nach dem Italienischen: **La Biondina in Gondoletta.**

Biondolinen in der Gondel
Führ' ich Nachts bei Mondenschein,
Von Gekos' und Küss' ermattet,
Schlief die Holde schmachtend ein;
Mir im Arm ihr blondes Köpfchen,
Mir am Herzen lag ihr Busen,
Pochend weckt mein Herz das ihre,
Doch der Nachen lullte wiegend
Sie in süßen Schlummer ein.

Halb verhüllt durch lichte Wölkchen
Guckt der Mond in ihren Schooß,
Plätschernd haschten sich die Wellchen,
Die ein Silberflor umfloß,
Und ein holder Zephyr spielte
In der Kleinen blonden Locken,
In den Locken meines Mädchens,
Leise lös't er ihr den Schleier
Vom erwachten Busen los.

Neidisch sah ich oft den Schleier,
Sehnend, was er deckte, an,
Saß im süßen Schau'n versunken,
Und vergessend Meer und Kahn;
Aber sanft durchschnitt die Gondel
Der Laguna Spiegelfläche
Durch des Meer's gebahnte Fluthen;
Amor war es, der sie führte,
Amor peitscht die Wogen an.

Doch zu mächtig faßte endlich
Mich der Minne süße Pein,
Und von Liebchens Lippen schlürft' ich
Ihres Athems Balsam ein,
Als mein Glutkuß da sie weckte,
Als ihr reines blaues Auge,
Als der Himmel d'rin sich aufschlug,
Rudert' ich, vor Lust bewußtlos,
In den nahen Golf hinein.

III.

Gedichte

von 1800 — 1809.

Weil ich, Herr, die Liebe kenne,
Die verblendete, verkehrte,
Nimm von mir was mich verzehrte,
Gieb daß ich für Dich entbrenne.

Psyche-Galathea.

Eine Overtura.

Fecisti nos ad Te, et cor nostrum irrequietum est, donec requiescat in Te!
S. Aug.

Alles lebet und strebet,
Alles sich regt und beweget,
Alles in Wellen will schwellen,
Alles ein gährendes Meer!
Grünende glühende Wogen,
Getroffen von den drei Bogen,
Kocht, siedet, doch lodert nicht auf,
Hemmt nicht der brennenden Königin zögernden Siegeslauf.
Wolken vom Mittag versenget,
Die ihr im Azur euch dränget,
Raubet dem Mantel das Abendroth,
Dem Mantel der flammenden Jungfrau, die euch zu fliehen gebot.
Weil sie schauen will, schau'n, durch Meer und Gewölk und Azur den — liebenden Tod!

Alles im Ringen sich schlingen,
Alles erringen, gelingen,
Alles will spielend zum Ziele,
Alles muß eilen zum Heil!
Muschel die Perlen gebäret,
Glückliche, ha, dich verkläret
Deiner brennenden Herrin Gluth!
Rosige Muschel, in der die Herrin der Rosen ruht!
Lechzt, ihr Delphinen, im Schwülen,
Sollen die Wellen euch kühlen?
Mit Augen und Mäulern schlürft ihr sie ein!
Arme Delphinen, die Wasser, kocht sie nicht Reinigung
Pein?
Andrang zu der, die durch Meer und Gewölk und Azur
den liebenden Tod saugt ein! —

Alles will jagen und wagen,
Alles zusammen sich dammen,
Alles in Allem muß wallen,
Alles die Lichtbahn hinan!
Roß, das wiehernd und trunken,
Dir auch sprühen die Funken
Aus den Nüstern, den Augen hin,
Die so lüstern gekniffen schielen zur Königin!
Wollüstig möchtest du rufen
Wie der Triton und blasen,
Der Ave, Gloria, Evoe, Päan,
Ein Herold, ein trunkener, bläst der Purpurgebornen
voran:
Die durch Meer und Gewölk und Azur den liebenden
Tod [illegible] einathmen nur kann!

Alles das Tosen und Kosen,
Alles in Wogen gezogen,

Alles vom Tone zum Throne,
Alles geboren zum Chor!
Meermann, warum so alleine
Im allgemeinen Vereine?
Meinst du, weil noch die Tuba dir glänzt,
Noch dir den nervigten Nacken blühender Epheu kränzt?
Thor, muß Alles in Gluthen
Denn in einander nicht fluthen,
Abgewendet, allein entflieh'n
Willst du der siegenden Heldin, der Alles nach muß zieh'n?
Thor du, zurück zu der, die durch Meer und Gewölk und Azur und den Tod sucht — Ihn! —

Alles verbündet, entzündet,
Alle die Augen sie fangen,
Allen den Brüsten gelüstet's,
Alle die Fluthen in Gluth!
Ha! wie sie lodern und lauren
Die Augen des kühnen Centauren
Nach ihr, mit der er im stürmischen Trab,
Lichtsohn, Roß, Adler und Wallfisch brauset das Meer hinab!
Hin auf ihm liegt sie gegessen,
Hält mit dem Arm ihn umschlossen,
Hält mit dem Gluthblick den riesigen Mann,
Hält mit dem Goldhaar den Kranz deß, der rasten nicht kann;
Wer die Göttin durch Meer und Gewölk und Azur und liebenden Tod schaut — Ihn an! —

Ob sich auch Alles umfänget
Und in einander sich dränget,
Sind doch in Allem nur Vier,
Die sich umschlingen mit Gier!

Den erdentstammten Giganten
Seht, mit dem feuerverbrannten
Torso, mit meergrünem Schweif und Kranz
Einschlingt sein Feuer der blendenden schönen Najade
Glanz!
Schämig sich schmiegend dawider
Sträubt sie sich, blickt auf ihn nieder
Zweifelnd; doch bebt schon die Lippe, die Brust,
Hebt sich der Arm schon, lechzet um ihn zu klammern
die Lust!
Höher athmet durch Meer und Gewölk und Azur und
den Tod, die sich — Sein nur bewußt! —

Schon in den Vieren hier unten
Leuchtet ein Dreiklang; vom bunten
Abgrund er Himmelan kreist:
Blut heißt er, Wasser und Geist! —
Hast du denn ganz Ihn verloren,
Den du allein dir erkoren,
Wellengeborene Königin,
Daß es dich immer nur hinzieht, immer nach Ihm nur
hin? —
Von Sehnsuchtschwingen gehoben
Drängt sich ihr Alles nach Oben,
Alles zum ewigen Liebesglück,
Alles, der flatternde Purpur, Locken, Lippen und
Blick
Lechzet, lodert, möcht fliegen zu Ihm, durch Azur, Meer,
Gewölk und den Tod zurück!

So wie die Drei im Getümmel,
Zeigen auch drei sich im Himmel,
Jeder beschwinget in Eil
Zuckt den gefiederten Pfeil!

Und mit den Pfeilen im Herzen,
Lauschet in wonnigen Schmerzen,
Schmachtet sie zu Diospaters Thron,
Ob Sein geflügeltes Wort, ach, send' ihr Eros, den
Sohn!
All' ihre Diener, sie eilen,
Sie nur noch möchte verweilen,
Möcht', eh' sie einzieht zum tiefen Schlund
Der Heimath, die Oceanide, zerreißen den Wolkengrund.
„Eros," rufet durch Meer und Gewölk und Azur und
den liebenden Tod ihr Mund!

Einer, ob allen erhoben,
Aber von Wolken umwoben,
Mächtig und kindlich und zart,
Ist's, der die Pfeile bewahrt!
Ist es vielleicht wohl der Eine,
Sind es die Drei im Vereine,
Des Einen dreifacher Wiederschein,
Den, Galathea, du suchst in brennender Freudenpein? —
Ach, sie kann ein Ihn nicht schließen,
Welchen die Wolken umfließen,
Sieht das Gewölk nur das glitzert und raucht,
Drüber die Pfeile, den Fittich in dämmernd Frühroth
getaucht,
Ahnend im Meer und Gewölk und Azur, den sie sucht,
der liebenden Tod haucht!

Einer und immer der Eine,
Einer ist einzig der Deine,
Der, ob Er Oben auch thront,
Unter uns Wogenden wohnt!
Erkennst den Ersehnten von oben
(Nicht mehr von Wolken umwoben!)

Du denn am Gewand nicht von Rosenblut,
Kindische Galathee? — Vor Dir, nach Dir dein Einziger ruht!

Wie was im stürmenden Toben
Feurig und wild sich erhoben,
Unter ihm selig und klar das Meer
Nun gleitet! — Der im Triumphzug lenkt Deinen Wa-
gen ist — Er!
Den Du suchtest im Meer und Gewölk und Azur und
im liebenden Tod ist — ER!!! —

Wogen und Strahlen — verschwinden! —
Wird auch im Dunkel Ihn finden
Des Oceans arme Königin,
Ihn, der nah, den Gesuchten, den Einzigen! —
Sterben sey, meint sie, Gewinn!
Sterben Du, Nereide? Nymphe, wo denkst Du hin?
Leben mußt, Göttergeborne Du, steh' auch nach Sterben
Dein Sinn! —
Aber Psyche-Galathee, gönnt auch der Abgrund Dir,
Gähnend nach Dir, Dich mit Eros, Dionen befeindet,
zu sühnen, Titania?!!!

Zueignung.

Verzeiht, ihr Meisterseelen,
Ich dürft' es nicht verhehlen,
Wie mich der Schein erzog;
Doch hoff' ich bald zu schweigen,
Mag der sich gnädig zeigen,
Der Jedes letzte Thräne wog!

Ihr Sänger, Eins ist Wahrheit,
Es wohnt in stiller Klarheit,
Der andre Lärm ist Schein
Wer mein seyn muß, sey Meiner,
Doch mit mir wandle Keiner,
Der frei noch ist und klar und rein! —

Dir weih' ich diese Lieder,
Dir, die mein Meersturm nieder
Zum Eros riß hinab!
Es brach der Fels die Wellen,
Es ziehn die salz'gen Quellen,
Die bitter, ach, zur Mutter — Grab! —

Prolog.

(Eine biographische Skizze aus dem Autorexemplar der Söhne des Thals.)

„Des Unstät Leben
Ist Pilgerschaft. Auf keinem Fleck der Erde
Ist seines Bleibens — rastlos reißt es ihn
Nach einem Kleinod, welches sichtbarlich,
Nur unerreichbar immer vor ihm schwebt! —
Wer schon erreichet hat, nun der wird duldsam,
Die Andern werden wie sie können, wollen
(Und sollten eigentlich nur wenn sie dürfen)
Durch oder um des Unstät Wüste gehn,
Denn etwas an sie streifen wird ein Jeder,
Der Unstät aber wandert, wehklagt, warnt,
Er würde lieber hier als dort gerichtet,
Drum bracht' er dieß, sagt: Gott mit Euch, und zieht“

Unerhörtes Gebet
an die Himmelskönigin.

(Am Tage der Heimsuchung Mariä und Rousseau's Sterbenstage, den 2. Julius 1802 im ermelländischen Kloster zur heiligen Linde.)

In stiller Demuth nah' ich Dir, Du Reine,
Und opfre Dir die reinsten meiner Triebe,
Und mit mir fleht ein Herz voll frommer Liebe
Um das, was ich im tiefsten Innern meine;

Und daß, ob Tod und Schicksal sich vereine
Und mit der Welt sich gegen uns erhübe,
Des Doppellebens Bronn uns nie sich trübe,
Aus dem dein Sohn erquicket die Gemeine! —

Wenn dann die Beide unser Sein verzehret,
Wie Jenen, der (o wär es zur Verklärung!)
Heut auch, wie wir, verzehrt ist heimgegangen;

Laß unsern Staub, im Mutterschooß verkläret,
Zu Deiner Gnade herrlichen Bewährung,
Ein Blüthenpaar an Deiner Linde prangen.

Unerfüllte Weissagung.
An R. B.

(Im Jahre 1803.)

Daß er des reinen Feuers Gluth bewahre,
Tritt aus des Tempelhaines dunkler Stille,
Das Haupt, die Brust bedeckt mit weißer Hülle,
Der fromme Priester betend zum Altare.

Wie Göttliches mit Irdischem sich paare,
Und durch das Weltall dringt der Gottheit Fülle,
Erspäht er dort: damit der höchste Wille
Durch ihn dem Volk sich herrlich offenbare!

Rein sind Dir, Jüngling, Geist, Gemüth und Sinne,
Geläutert hast Du Dich in stiller Demuth,
So offenbart sich Dir die heil'ge Kunde!

Ich blick' auf Dich mit Freud' und hoher Wehmuth;
Vollende, Bruder, was ich schwach beginne:
Das Evangelium vom neuen Bunde! —

Die Söhne des Thals.

Erster Theil.

(Im Jahre 1803.)

Durch Zirkel, Richtmaaß, Senkblei, Wasserwage,
Ward ein Gebäu erbauet, das im Toben
Der Mitternächte sich emporgehoben,
Ob es bis an den Dom des Himmels rage.

Aus dunklem Azur ward das Dach gewoben,
Daß es von Gold der Sonne Bildniß trage,
Kein schön'rer Bau (das ist wohl nicht die Frage!)
Ward jemals stolz von Menschenhand erhoben

Doch ruht ein and'rer Bau auf einem Steine,
Verworfen ward der und gering geachtet,
Und, siehe da, er ist zum Eckstein worden.

Wer diesen Fels zu überragen trachtet,
Ein Babelthurm so macht der Herr ihn kleine;
Das lernet vom gesunknen Tempelorden! —

Die Söhne des Thals.

Zweiter Theil.

(Im Jahre 1803.)

Noch muß des Lichtes Sohn die Kette tragen;
Welt, Schicksal, Sinne, die ihn fest umwanden,
Sie schlugen Haupt und Herz in dunklen Banden,
Wie wollt' er also sehn den Morgen tagen!

Doch hat das Wort des Lebens er verstanden,
So kann er ob dem Schicksal nicht verzagen,
Er fühlt die Welt in seinem Herzen schlagen,
Der Sinne Täuschung wird an ihm zu Schanden!

Wer nach dem Reich und Recht des Lichtes trachtet,
Das heiter leuchtet von des Kreuzes Stamme,
Dem lebt das Leben, ist der Tod gestorben,

Des Elementes Wirkung er verachtet,
Denn Geist und Element beherrscht die Flamme
Die uns des Thales Meister hat erworben! —

An meinen Johannes von Müller.

(Im Jahre 1805.)

Die räthselhafte Sphynx ist nicht verschwunden;
Noch immer spricht sie zu der Erde Söhnen
In dunklen und bedeutungsvollen Tönen,
Vernichtend Jeden, den sie überwunden.

Ihr obsiegt, der des Räthsels Wort gefunden
Das Wort, das Kampf erzeugt, um ihn zu söhnen;
Ob Dornenkronen auch den Sieger krönen,
Von aller Qual hat ihn das Wort entbunden! —

Des ew'gen Schicksals Räthsel scheint gedeutet,
Wenn, Gottgesandt, Johannes, die Geschichte,
Der Gottheit Kind, Du taufst mit Geist und Feuer! —

Du kennst die Brust, an der die Ruh' bereitet, —
Jerusalem erneut vom ew'gen Lichte, —
Die Dornen harren schon und Dein Getreuer! —

Zu Schillers Gedächtnisse

(Gedichtet im Jahre 1806 Behufs eines Deklamatoriums gehalten von Madame Bothmann.)

Deklamation.

(Nach Gretchens Kirchenmonolog in Göthens Faust, welchen das mit den Worten: Quid sum miser tunc dicturus, einfallende Gesangchor beschloß.)

Verstummt! — Es mahnen mich des Meisters Hochgesänge
An Ihn, indem auch Er und ich den Freund verlor;

Als Schiller, den, ergrimmt, daß seine Zauberklänge
Er ihm entlauscht, das Schicksal, das gestrenge,
Zertrat! — Den Heros klagt im ernsten Trauerchor! —

Gesangstrophe.

Wann der Thränenthau versieget,
Dann erwachen tröstend Lieder;
Thränen flossen unserm Meister,
Lieder — sie erwachen nicht! —

Antistrophe.

Hat er auch den Kranz ersieget,
Seine Kraft, sie kehrt nicht wieder! —
Wer beherrscht nach ihm die Geister? —
Ewig, ach, erlosch sein Licht! —

Deklamation.

Doch — nannt er drei Worte nicht Inhaltschwer? —
Sie pflanzet von Munde zu Munde!
Sie stammten ihm nicht von außen her;
Der Gott in ihm gab ihm die Kunde! —
Der Heros starb, er ist uns geraubt,
Doch nicht die drei Worte an die er geglaubt! —

Die Kunst ist ewig gestaltend und frei,
Nie wird sie in Ketten geboren!
Laßt Euch nicht irren des Pöbels Geschrei,
Nicht den Mißbrauch schwächlicher Thoren!
Sie die sich in tausend Strahlen bricht,
Die ewig bewegliche — fesselt sie nicht! —

Und das Schöne zwar wohnt es im Ideal,
Doch sollt Ihr's gestalten im Leben;
Anzünden sollt Ihr den göttlichen Strahl,
Und kindlich zu hüten ihn streben!

Denn, was kein Verstand der Verständigen sieht,
Das übet in Einfalt ein reines Gemüth.

Und ein Gott in Künstlers Gemüthe lebt,
Auf daß es nicht irre noch wanke!
Nur wenn Ihr in Demuth zu finden ihn strebt,
Erzeugt sich der höchste Gedanke,
Der ewig, ob Alles im Wechsel auch kreist,
So lehrt' uns scheidend des Meisters Geist! —

Gesangstrophe.

Dieses laßt uns treu bewahren,
Dann ist er uns nicht geschieden;
Lieder — träumend noch im Schlummer,
Wachen dann wohl wieder auf!

Antistrophe.

Haben Deinen Trost erfahren,
Kunst, du spendest nur den Frieden!
Schiller lebt uns! — Ehrt den Kummer;
Aber hemmt der Thränen Lauf! —

Volles Chor.

Seht wie blühend und verjünget
Er vom Staub zum Aether dringet:
Schiller, Phönix! Frei, geschwinget
Grüßt er sel'ger Götter Glück!

Was er ahnend hier gesungen,
Herrlich hat er es errungen;
Ewige Lieder ihm erklungen,
Und zur Sonne flog sein Blick! —

Hört's! — Im Tode keimt das Leben;
Lust kann nur dem Schmerz entschweben;
Habt Ihr Alles hingegeben,
Kehret Alles Euch zurück!

An Carl Graf von Brühl.

(Im Jahre 1806.)

Als Thetis den Achilleus einst geboren,
Da tauchte sie den schönen Götterknaben,
Um mit der Kraft die Schönheit zu begaben,
In jenen Fluß bei dem die Götter schworen.

Da konnten Schwerdt und Pfeil ihn nicht durchbohren,
Was Erde, Meer und Himmel Schönes haben,
Erkämpfen konnt er sich die theuren Gaben,
Nicht gieng ihm Schönheit durch die Kraft verloren! —

So, die der Meeresgöttin zu vergleichen,
Weil, wie die Fluth, ihr Wesen braust und säuselt,
Durchdringet Alles, löset, reint, verbindet,

Sie hat im Strom der durch das Weltall kreiselt,
In Liebe dich getaucht, gestählt, entzündet;
Es kann des Schicksaals Pfeil dich nicht errei-
chen! —

Zueignung zur Weihe der Kraft.

An Louise Königin von Preußen.

(Im Jahre 1806.)

Was Schönes in der Kunst und in dem Leben,
Es offenbaret sich den reinen Frauen;
Entschleiert können sie die Sonne schauen,
Dieweil sie selbst in ew'ger Klarheit schweben.

Doch welcher Gott den Liebreiz hat gegeben,
Die schafft zur Sternenflur die Erdenauen,
Und ihre Blicke wo sie niederschauen,
Wohl mögen sie den Keim zur Frucht erheben.

Durch heil'ge Schönheit will sich Gott verkünden,
Der in der Klarheit wohnt und in der Güte,
Dem Volke, das den reinen Sinn verloren!

Du Zier Teutoniens, sey seine Blüthe!
Du bist zur Weihe deutscher Kraft erkoren:
Im Schmerz ein Reich der Schönheit zu begründen!

An die Deutschen.

Epilog zur Weihe der Kraft.

(Im Jahre 1806.)

Kraft! Freiheit! Glauben! — Habt Ihr es vernommen?
Vereinzelt sind sie nimmer zu erringen!
Das Herrliche, es kann Euch noch gelingen,
Doch kann's Euch nur aus jenem Dreiklang kommen!

9 *

Seht! Eure Stützen sind Euch fortgeschwommen!
Kann Euch die Zeit, könnt Ihr der Zeit was bringen?
Das Ew'ge nur, es kann die Zeit bezwingen,
Und stark und frei, das sind allein die Frommen!

Nur Theile saht ihr stets und nur das Viele,
Gesammelt wart Ihr nie zum Ganzen, Einen;
Drum ist gekommen was Ihr selbst verschuldet.

Jetzt rettet Euch zum einzigen Asyle:
Zum Glauben flieht, entflieht dem leeren Meinen,
Das Rechte thut, und das Gerechte — duldet! —

Das Lindenberger Lied.

Lindenberg, den 14. August 1836.

Mel: Auf Brüder des Bundes, rc.

Chor. Auf, Schwestern und Brüder,
Wir trinken im Kreise,
Und singen ein Liedchen
Nach fröhlicher Weise!

Einer. Es lebe das Leben!

Alle. Ist wohl gethan!

Einer. Das Leben ist Liebe!

Alle. Wir stoßen an!

Einer. Was klinget in Liedern, was folgt uns zum Mahle?
Was flötet in Büschen, was blinkt im Pokale?
Wer kann ohne Liebe des Lebens sich freun?
Sie blüht unter Linden, sie glühet im Wein!

Chor. Sie blüht unter Linden, sie glühet im Wein!

Chor. Auf, Schwestern, 2c.

Einer. Es leben die Linden!

(Chor, wie oben, dazwischen,)

Einer. In Linden die Blüthen

(Chor, wie oben, dazwischen)

Einer. Seht um euch, wie lieblich sie duftend entsprießen
Die Blüthen des Lebens, ihr könnt sie genießen,
Sie keimen so freundlich im Schooß der Natur,
Doch zeiget das Schöne dem Guten sich nur! :|:

Chor. Auf, Schwestern 2c.

Einer. „Es lebe das Schöne!
Die Schönen daneben.“

(Chor, wie oben, dazwischen)

Die Schönen: der ewigen Schönheit Genossen,
Beglücket die Erde der sie entsprossen.
Doch sie nicht beglücket was welket und flieht,
Drum suchet, ihr, {Schwestern, / Brüder,} was nimmer verblüht! :|:

Chor. Auf, Schwestern 2c.

Einer. „Es lebe die Tugend!
Die Tugend zu leben!“

Was wäre die Jugend, wär' ihr nicht gegeben,
Am Quelle des Lebens belebend zu leben,
Erfrischet an ihm sich der Freiheit zu freu'n,
Zu spenden die Freude die nie kann gereu'n!

Chor. Auf, Schwestern 2c.

Einer. „Es lebe die Freude!
Wenn Freundschaft sie würzet!"

Was ist denn die Freundschaft? In Heerden zu weiden?
Auch Thiere, sie theilen ja Freuden und Leiden:
Bewußtlose Lüste, und lähmenden Schmerz!
Was menschlich vereinet, veredelt das Herz!

Chor. Auf, Schwestern 2c.

Einer. „Es lebe die Freundschaft!
Befestigt durch Treue!"

Doch, träumet auch Treue, zu stehn sonder Wanken,
Was zeitlich vereint ist, muß zeitlich auch schwanken,
Nur ewiger Treue Gesellte erschafft
Die dauernde Weihe vereinigter Kraft!

Chor. Auf, Schwestern 2c.

Einer. „Es lebe das Bündniß —
Der Kraft und der Milde!"

Daß ihr nicht ermattet im ewigen Werke —
So schmeidigt mit Oele der Zartheit die Stärke,
Das Ernste gewinnen im freudigen Spiel,
Das ist der Geselligkeit herrliches Ziel!

Chor. Auf, Schwestern 2c.

Einer. „Es leb', was wir lieben!
Wer uns liebt, Er lebet!"

Er lebet! wir fühlens in Freuden und Schmerzen!
Er liebt uns! so mögen auch brechen die Herzen!
Wie könntest du, Tod, uns, Getödteten, drohn?
Ihr Treuen, dieß Glas noch dem Tode zum
Hohn!

Chor. Auf, Schwestern 2c.
Einer. Zum Schlusse noch Eines!
Alle. Ist wohlgethan!
Einer. Auf's Wohl der Geschiednen!
Alle. Wir stoßen an!
Einer. Ein Jeder der thut noch im Herzen was tragen,
Das kann er nicht singen, kaum kann er es
klagen,
Beweinen nur kann er's, Ihr { Schwestern, Brüder,
wohlan!
Was Jedem geschieden! Stoßt alle mit an!
Chor. Geschieden im Frieden! Wir stoßen an!

Tharauds Ruinen.

(Im August 1806.)

Nur wer die Trennung kennt versteht das Sehnen
An der Geliebten ewig fest zu hangen
Und Lebensmuth aus ihrem Aug' zu trinken!
Er kennt das schmerzlich selige Verlangen

Dahin zu schmelzen in ein Meer von Thränen,
Und aufgelös't in Liebe zu versinken! —
Wie mir die Bilder winken,
Die alten! — Ach, sie nahen um zu fliehen!
Was hilft das Thal mit seinen grünen Gluthen,
Die Strahlen, welche golden niederfluthen,
Ich seh nur Geister mich zum Abgrund ziehen!
Wozu soll ich die goldnen Blüthen pflücken,
Darf ich doch nie mehr das Geliebte schmücken!

In das Stammbuch der Gräfin Tina Brühl.

Canzonette.

(Im August 1806.)

Als aus dem Grabe Christus auferstanden,
Hat er gesendet von den Himmelsauen
Zwei Engel: Glaub' und Kunst, die Reinen, Schönen.
Sie kündeten zuerst den heil'gen Frauen:
Daß Lieb entfesselt sey von Todesbanden,
Um herben Schmerz durch Freude zu versöhnen!
Sie wollen Dich auch krönen!
Du sahst des Einen leuchtendes Gefieder,
Der Isis Antlitz hat er Dir enthüllet,
Der Seraph Kunst! Hat Frieden Dich erfüllet!? —
Drum schwebt der Cherub Glaube zu Dir nieder! —
Du trugst die Myrthen- und die Dornenkrone! —
Noch Eine winkt! — Fleuch auf zum Palmenthrone. —

Der Meister.

(Im April 1807.)

Wer ist der Große? — Dem in dem Gemüthe
Der Gottheit Funke hell und herrlich brennt!
Denn, von des Lichtes Urquell ungetrennt,
Ist er der Allmacht Spiegel und der Güte.

In Demuth strebend, daß er rein behüte,
Was ewig sein und was die Welt nicht kennt,
Ist Liebe seines Wesens Element,
Und all sein Thun der Schönheit Frucht und Blüthe!

Soll nun ein Solcher laut das Heil verkünden; —
(Ein Marterthum! — Denn still sich zu verklären
Liebt, welche wohnt in ihm, des Lichtes Kraft!)

So — mag durch Reingluth er die Welt entzünden,
Mag er sie lenken durch den Sang der Sphären,
Wir ahnen Gott und nennen's Meisterschaft! —

Das Flößholz.

(Im Plauenschen Grunde am Elbbach. Mai 1807.)

Reisender.

Was peitschet, tolles Holz, dich durch die Wellen,
Als ob dich glüh'nde Hexenbesen jagen;
Kannst du daheim nicht Frucht und Krone tragen,
Mußt dir in fremder Fluth den Kopf zerschellen? —

Baumstamm.

Als ich der heim'schen Erde that entquellen,
War ich noch nicht zur fremden Fluth verschlagen;
In lauen Lüften konnt' empor ich ragen,
Umarmt vom Sonnenstrahl, dem warmen, hellen!—

Was könnte, prahlt' ich, Stamm und Rinde trennen?;—
Doch schnell aus Lüften fuhr, die still und heiter,
Ein Blitz hervor, mir streifend ab die Rinde! —

Der Stamm allein er nutzt nur zum Verbrennen;
Drum renn ich stromwärts, ob ich Gluthen finde! —

Reisender.

Zum Feuer, Holz! Mit Gott! — Auch ich muß
weiter! —

Volk und Pöbel.

(Am Feste Sankt Johannes von Nepomuck zu Prag,
den 19 Mai 1807.)

Zur Kirmeß Sankt Johann's von Nepomuck
Kam Volk und Pack gen Prag, der Stadt, gegangen,
Das fromme Volk, das plumpe Pack, sie sangen
Deß Lob, den Pack gestürzt hat von der Bruck.

Still betete das Volk. — Vom Sündendruck
Sich losgemuckst hat's Pack, Kußklecks gehangen
Zum Fleck wo um den Heil'gen Sterne sprang
Dann trallts, trotz Nepomuck, besoffen z'ruck!

Dein Siegel nur — errett' es aus den Fluthen,
In die gestürzt durch Pöbels Lob und Spotte
Wird, wer das Volk entflammt zum Schönen
Guten!
Leben und Ehre selbst mußt Preis du geben,
Doch wird im Volk, was frei du opferst Gotte,
So Lob als Spott des Pöbels überleben! —

Der Stephansthurm.

(Wien im Juni 1807.)

Reisender.

Du der du schief und spitzig hängst gen Himmel,
Mit deinen Heiligen und deinen Fratzen,
Mit deinen Rittern, Frauen, Bären, Katzen,
Und deiner Schnörkel zahlenlos Gewimmel;

Schaust flämisch du auf die Fiakerschimmel,
Die am Pantoffel dir das Pflaster kratzen,
Und machst der Sünder Herzen zu betatzen,
Mit deinen Glocken du solch wild Gebimmel.

Stephansthurm.

Prophetisch hat mein Meister mich erbauet,
Ihm ahnete daß Zeiten kommen würden,
Wo man das Hohe nicht erkennen werde,

Drum muß ich stark mich neigen zu der Erde;
An große Glocken hieng ich Fratzenbürden
Zum Zeitsymbol — mein Haupt zum Ew'gen schauet!

Sankt Annennacht.

(Zu Wien den 26. Julius 1807.)

S' ist Annennacht! In Märkten, Gäßlein, Gassen
Der Kaiserstadt wimmelt's von Musikanten,
Die, angeführt vom Chor verliebter Fanten,
Der schönen Anna Lob erschallen lassen;

Die klaren Brunnen plätschern ausgelassen,
Als ob auch sie, gespornt vom brunstentbrannten
Mondschimmer froh nach ihren Annen rannten.
Das große Wien kann all' die Lust kaum fassen!

Da schleich' ich, matt vom Lärmen und Gewimmel,
Zu meinem Stephansthurme, Acht zu geben,
Wie sich der Riese beugt im Sternenhimmel.

Und es springt auf das Kirchenpförtchen, klingen
Sterbglöcklein, tritt ins trostlos laute Leben
Der stille Priester Todestrost zu bringen! *)

An Imperatrice Sessi.

(Wien, August 1807.)

Der Kaiserin im Reiche des Gesanges
Muß eh' ich scheide, ich dieß Opfer bringen,
Der Dichter muß was göttlich ist besingen,
Und göttlich ist die Allmacht Deines Klanges.

---

*) Das heilige Sakrament der letzten Oelung nämlich, welches gerade, als der Verfasser in der erwähnten Julinacht (einer der göttlichsten Mondnächte seines Lebens, und einem der seligsten Momente seines nur zu glücklichen Aufenthaltes in dem ihm stets unvergeßlichen, stets theuern, herrlichen Wien) am Stephansthurme saß, aus der Kirche zu einem Sterbenden getragen wurde.

Wir möchten schmelzen, wenn Dein wundes, banges,
Gepreßtes Herz in Tönen scheint zu ringen,
Und Himmelan auf Deines Tones Schwingen
Hinauf dann lodern, frei des Erdenzwanges! —

Die Kunst, des Lebens Baum, trägt viele Blüthen,
In jeder strahlt das Bild des Ewigschönen;
Doch blüht sein innres Wesen nur im Tone!

Der Tonkunst müssen alle Künste fröhnen;
Sie reichet freudig Dir die goldne Krone,
Drum müssen alle Dir den Lorbeer bieten! —

Der Stahldegen.

(München im October 1807.)

Du todt Metall gieb mir lebend'ge Kunde,
Von dem, was mir des Herzens Mark versehret,
Das, ob mich tödtend gleich, von mir verehret,
So wie der Kämpfer ehrt die Todeswunde.

Was treibt, du todtes Schwerdt, dich in die Runde?
Ist es das Kreuz das sich auf dir verkläret,
Ist es das Schicksal, wird es ihm gewähret,
Sich auszusprechen in des Todten Munde? —

Natur, du treue, ja du bist die Wahrheit,
Dem Lügenvolk bist du ein Mährlein worden,
Nur eine kannt' ich, die dich angeschauet!

Das Wahre war dem Wahren nur vertrauet,
Was ungleich, muß, wenn es verwandt, sich morden;
Dem Todten giebt das Todte nur die Klarheit! —

Form und Gehalt.

An Henriette.

(Stuttgart October 1807.)

Der Vorwelt lebensfreudige Gestalten,
Nur den Titanen konnten sie entquillen
Erzeuget in der Kraft vom reinen Willen,
Ward offenbar durch sie der Götter Walten!

In heil'ger Welt, wo Will' und Kraft erkalten,
Und Götter vor dem Zwergvolk sich verhüllen,
Kann dürftig Wesen die Gestalt nicht füllen,
Und die kann sich nicht freudig mehr entfalten! —

Doch Leben sind und Schönheit nicht verschwunden;
Denn wo sich Stärke paaret mit dem Klaren,
Darf Afrodite noch dem Schaum entschweben;

Drum bet' ich an in dir das mächt'ge Leben,
Das mit des Willens Klarheit schön verbunden,
In hoher Form sich kühn darf offenbaren! —

Der steinerne Bräutigam und sein Liebchen.

(Im Heidelberger Schlosse November 1807.)

Die Epheustaude.

Ich muß den Todten an mein Leben binden,
Umschlingen ihn, wie wir uns einst umschlangen,
Und Leben saugend, wieder an ihm hangen
Und wieder er in mir sein Leben finden!

Der Wartthurm.

Nicht kann er meinen Fesseln sich entwinden,
Und nicht dem Schoos aus dem er aufgegangen;
Den Steingebornen muß der Stein umfangen,
Und Leben muß im starren Tode schwinden!

Der Pfalzgraf.

Fest angeschmiedet hier im engen Raume,
Erblick' ich nichts; doch fühl' ich Morgen wehen,
Und wie es saugt an mir mit Liebesbeben!

Der Engel.

Gelobt sey Gott im Thal und auf den Höhen,
Der der Gestalt sich offenbart im Traume
Und eint, was ihm entquoll, das Doppelleben! —

Die Wartburg.

(Den 20. November 1807.)

Als ich von Wartburg heut in's Thal geschauet,
Da kam im Sturm zu mir der Herren Wehen,
Und ich vermaß mich betend ihn zu fragen:
„Das Thal, der Fels, die Wartburg wird vergehen
Doch wird es auch die Kraft die dir vertrauet,
Die herrlich hier geprangt in alten Tagen?“ —
Da ward mein Blick getragen
Durchs Nebelthal und die entlaubten Hügel;
Und siehe da! der Nebel ward verzehret,
Und Fels und Thal durch einen Strahl verkläret,
Der Doppeladler schwang verjüngt die Flügel!

Da, brechend Band und Zügel,
Schwang sich mein Geist zum Urbronn aller Geister;
Ich sah Lutherum stehn bei Seraphinen,
Und Einer, der noch nicht der Welt erschienen,
Doch kommen muß: den neuen Liebesmeister
Und dieser rief: Mein Bote Schmerz wird reinen,
Es wird aus deutschem Stamm der Welt das Heil erscheinen.

Der Mönch und die Nonne.

(Auf Wartburg den 20. November 1807.)

Auf Wartburg war viel Großes einst zu schauen,
In Tagen die vergangen sind, den schönen,
Als: Meistersänger, stark in holden Tönen,
Viel edle Ritter, ehrenwerthe Frauen.

Sodann der Held voll Kraft und voll Vertrauen,
Der kühn genug den Teufel selbst zu höhnen,
Des Geistes Recht erkämpft' den Erdensöhnen,
Und Deutschland einriß um es neu zu bauen! —

Doch werther sind dem liebenden Gemüthe
Die beiden Felsen dort: der Mönch, die Nonne;
Sie sind versteinert in der Lieb' Erglühen!

O selig Paar, was gleichet deiner Wonne!
Uns schenkt und raubt ein Hauch des Daseyns Blüthe,
Nur dir allein muß ewig sie erblühen! —

Der Thalbruder.

(Zum Gedächtniß Herzogs Ernst von Sachsen-Gotha.
Gotha, im November 1807.)

Den Sänger lohnt der Saft der goldnen Traube,
Credenzt von Freundes Hand im klaren Becher;
Ihn lohnt, den ewig immer durst'gen Zecher,
Was Adams Traum' entblüht in Edens Laube;

Und was der Zeit, dem Raume nicht zum Raube —
(Denn jede Macht, selbst Gottes Zorn ist schwächer!)
Was Berge sprengt, zerbricht des Todes Köcher,
Das Schicksal zwingt: das Riesenkind, der Glaube!

O Allbarmherziger, wie kannst du lohnen!
Der theure Bruder ward von mir, dem Schwachen,
Auf Sangesflügeln durch den Tod getragen! —

Muß nicht der Mensch den Popanz Tod verlachen?
Ihn, der, ein Held, auf Welten scheint zu thronen,
Ein schwaches Blatt Papier kann ihn verjagen! —

Der Fürst und der Sänger.

(Zum Geburtsfeste des regierenden Herzogs von Sachsen-Gotha, den 23. November 1807.)

Dem hohen Fürsten muß der Sänger fröhnen;
Denn was der Sänger träumt, ein göttlich Leben,
Dem Fürsten ward durch Götterhuld gegeben,
Das Daseyn zu verleihn dem Traum, dem schönen,

Und kann er gar, was feindlich scheint, versöhnen,
Des Herrschers Kraft, des Sängers klares Streben,
Dann kann er kühn hinab zur Tiefe schweben,
Und auf zum Licht — ein Stern den Erdensöhnen!

Also das Fürstenchor aus Sachsens Stamme,
Aus deren That und Sang das Heil entglommen
Den Völkern, dem, o Fürst, du schön entsprossen! —

Dein, ihrer Klarheit, ihrer Kraft Genossen,
Dein sey, zum Heil, der ew'gen Jugend Flamme! —
Das wünschet, den du huldvoll aufgenommen! —

Der Witwer in der Brüdergemeinde.

(Colonie Neudietendorf, den 29. November 1807.)

Witwer.

Laß, Orgel, ab von mir mit deinen Tönen!
Du weißer Betsaal, schön gepaarte Kerzen,
Die ihr mit Nacht und Trauer scheint zu scherzen,
Wollt ihr den einsam Dunklen auch verhöhnen?

Betsaal.

Gewaschen bin ich weiß im Blut des Schönen!

Kerzenflammen.

Entzündet sind wir an des Heilands Herzen!

Orgelton.

Entsöhnt durch ihn, versöhn' ich Todesschmerzen.

Witwer.

Ach könnt ihr Leben auch, getrenntes, söhnen? —

Brüder- und Schwesterchoral.

O Tochter Zion, sollen wir es sagen:
Siehe, dein König kommt zu dir im Klange,
Vergebend, sanft — sing' du ein Hosianna.

Witwer.

Wie fühl' ich neu ihr Herz in meinem schlagen!

Heiland.

Blick, Wüstenpilger, auf zur ehrnen Schlange!
Als Hostie geneuß dein Lebensmanna!

Der Weg.

(Am Abend des 1. Decembers 1807 im Postwagen auf der über den Jenaer Schneckenberg das Schlachtfeld vorbeiführenden Landstraße.)

Passagier.

Kein Sternlein ist am Himmel mehr zu haben,
Und immer schlingt der Weg sich in Gewinden,
Als könn' er aus sich selbst heraus nicht finden!
Die Pferde, Schwager, wollen nicht mehr traben! —

Postillon.

Hm! — Hört ihr nicht dort unten schrei'n die Raben?
Es ist, als ob die Gäul' das auch verstünden!
Viel Thränen zogen wohl nach jenen Gründen;
Da liegt viel ehrlich Menschenvolk begraben! —

Passagier.

Ein Licht im Thal! Ist's Jena?

Postillon.

Fehl geschossen!
Das Lichtlein kommt von einer Wassermühle!
Doch sind wir hier erst, sind wir bald zur Stelle!

Passagier.

Aus Wasser — Licht?! Mit Gott! Ins Horn gestoßen!
Rasch, Pferde, 's geht im Dunkeln auch zum Ziele! —
Ich such' den Meister auf, wenn's wieder helle! —

Liebesgesells Abschied von Jena.

(Jena, im December 1807.)

Es ziehn drei Gesellen Stadt auf, Stadt ab,
Juchei!
Mit Rosen bekränzet den Wanderstab,
Juchei!
Es scheinet wohl manchem nicht, was er ist,
Doch wer nur den Arm nicht zu rühren vergißt,
Dem bleibt auch das Glücke getreu!

Es ziehen im Lande drei Engelein,
Juchei!
Sie lagern bei guten Leuten sich ein,
Juchei!
Es ist wohl mancher nicht, was er scheint,
Doch wer noch lächelt, und wer noch weint,
Dem bleibt auch die Sehnsucht getreu!

Es scheinen Lieb', Frieden und Frohsinn Euch hell,
Juchei!
Das wünscht Euch der scheidende Liebesgesell!
Juchei!
Er ist, was er scheint, ein närrischer Gauch,
Doch weiß er zu lieben — Ihr wißt es wohl auch,
Drum bleibet dem Treuen getreu! —

Der Sonnenkoloß und der Wanderer.

(Jena, den 15. December 1807.)

Am Morgen kommt vom Meer ein Mensch gegangen
Nach Rhodus, um die Spiele zu begehen;
Da sieht er fernher den Kolossus stehen,
Er naht ihm nicht, der Riese macht ihm bangen!

Und als gerungen er, wie wen'ge rangen,
Und nun der Kampf und auch das Mahl geschehen,
Da drangs den satten Müden heimzugehen;
Der Wunde ging, von Mittagsgluth umfangen.

Hell strahlte der Koloß: ein göttlich Zeichen
Der Sonne, die gebäret, wärmt, verkläret,
Gedehnt durch Erd' und Luft die Riesenglieder!

Da ward — denn Helios sah lächelnd nieder —
Dem müden Pilger neue Kraft gewähret,
Das Meer, wenn auch noch blutend, zu erreichen.

Morgen und Abend.

(Am 15. December 1807, als der Verfasser aus der Sonne den Rückmarsch des weimarischen Kontingents über den Markt zu Jena erblickte.)

Der Morgen tanzt herab, voll Lebensgluth,
Auf die vom Herbst geschmückten Traubenhügel;
Doch in dem Thale schwingt der Tod die Flügel,
Das Schlachtfeld badend in der Völker Blut! —

Im kalten Arm des Winterabends ruht
Der Markt als verpetschirt vom Todessiegel;
Doch Fußvolk, Reiter mit verhängtem Zügel,
Kehrt heim zu Weib und Kind voll Lebensmuth.

Was war nun Morgen und was war nun Abend?
Es schuf der Herr aus Abend und aus Morgen
Den Tag; — den Menschen, daß den Tag er hüte!

Tag oder Nacht; — dir wohnt es im Gemüthe!
Sey du nur mit dir selber Feierabend,
So brauchst du für den Sonntag nicht zu sorgen!

Die Uraniden.

(Weimar, den 25. December 1807.)

Auf des Parnassus wolkenleerer Spitze
Erhob sich kühn ein junger Lorbeerbaum,
Vom Helios erzeugt im Morgentraum,
Schaut er empor zum hohen Göttersitze.

Und als entglommen war des Tages Hitze,
Da ward es ihm zu eng im grünen Raum;
Sich klammern an des Vaters Purpursaum,
Und rauben wollt' er ihm die Strahlenblitze.

Doch Uran-Eros, offenbarend sich,
Der Götter Ahnherr sprach: „Ich spend' in Lüften
Dem Vater Licht, dir Thau! Benutze beide!

Haucht jener Strahlenduft, auch du kannst düften!" —
Im Thal, geknickt, seufzt eine Thränenweide
Sich einmal sonnend noch: „Vielleicht auch ich!" —

Die unbewaffnete Pallas.

(Weimar. Zum Gedächtniß des 15. October 1806, dem Siegesfeste der Frauengröße. Jänner 1808.)

Cosmopolit.

Was schreitest du so schmucklos sonder Waffen?
Nimm Lanze, Helm und Aegis dich zu decken,
Nimm das Medusenhaupt, der Feinde Schrecken,
Zum Kampfe mußt du dich zusammen raffen! —

Pallas.

Die Waffen, welche Zeus mir anerschaffen,
Muß meine Brust, nicht jene die verdecken;
Doch können tödten sie und auferwecken,
Der Strahl, er kann nur tödten und erschlaffen!

Cosmopolit.

Das Schicksal treibt mich her und hin und wieder,
Doch immer fern von Zeus erhabnem Ziele;
Jetzt ahn' ich es — denn deine Kraft giebt Frieden!

Pallas.

Ich steh, ein Fels, im wogigen Gewühle;
Ich bin von Zeus, dem Vater, nicht geschieden;
Ich spende Gluth in Nacht, und wecke Lieder.

Wiegenlied.

(Für die Prinzessin Maria Louise Alexandrina von Sachsen-Weimar. Im Februar 1808.)

Schön ist Prinzeßchen und fein!
Lullt es in Schlummer hinein,

Glöcklein mit holdem Getön,
Klinget dem Kindelein schön! —
Ei ja, Prinzeßchen, das klingt,
Wie's in dem Herzchen dir singt!
Schließe die Aeugelein zu!
Liebe du, du Liebe du! —

Wenn du dann wieder erwachst,
Und dir's im Aeugelein lacht,
Saugst du an nährender Brust
Liebendes Leben und Lust!
Draußen ist's windig und kalt,
Draußen da lärmt es und schallt,
Hier deckt dich Mütterchen zu!
Liebe du, du Liebe du! —

Strahlen, die bunten, von Gold,
Pflücken wir Kindelein hold,
Wickeln in himmlischen Schein
Unser Prinzeßchen hinein!
Wenn es dann schreiet und weint,
Sitzt der im Thränchen und scheint
Dann lächelt's wieder uns zu!
Liebe du, du Liebe du! —

Kindlein von fürstlicher Art,
Schön wie die Mutter und zart,
Sey wie dein Ahnengeschlecht,
Sinnig und klar und gerecht!
Mags draußen stürmisch dann seyn,
In dir wohnt himmlischer Schein;
Engelein lispeln dir zu:
Liebe du, du Liebe du!

Stanzen.

(Muthmaßlich im Jahre 1808.)

Ja, unser alter, freier Brüderorden
Er hat der Schwestern Tugend stets geehrt,
Durch ihn ist es dem Erdkreis kund geworden,
Des Mannes Wesen und der Frauen Werth;
Nicht wie die wilden regellosen Horden,
Wo jeder thut, was sein Gelüst begehrt;
Wer Senkblei, Maß und Zirkel kann regieren,
Der kann den Tempel gründen und regieren!

Drum freut's mich, Brüder, daß in diesen Hallen
Ihr der erhabnen Schwester heut gedenkt,
Und fröhlich laß ich ihr mein Lob erschallen,
Ihr, die der Himmel euch und mir geschenkt.
Zwar wie des Pilgers ist mein Erdenwallen,
Noch weiß ich nicht wohin mein Lauf sich lenkt
Doch die der Meister mir verliehn, die Töne,
Zoll' ich zum Preis der geistig hohen Schöne!

Ihr wißt es, Brüder, daß in unsern Zeiten
Sich offenbart Jedwedes Eigenschaft;
Wer fest auf sich nicht da steht, wer muß gleiten,
Und welcher standhaft zeiget seine Kraft;
Der Meister hat uns wollen das bereiten,
Die Zeit, die selber sich zusammen rafft,
Daß jeder, was er könne, lern' erkennen,
Und was gediegen, von dem Eitlen trennen! —

Und weil auf Weimar gnädig er geschauet,
Wo vieles Gute lange war vereint;
Wo mancher treue Bruder hat erbauet,
Was staunenswerth der fremden Welt erscheint,

Dieweil ihr, die dem Scheine nur vertrauet,
Nicht kund geworden, was das Wesen meint:
Wollt' er verbünden Männer, und entfalten,
Wie Frauenwerth auch hoch sich kann gestalten!

Louise, welcher ihr als Fürstin fröhnet,
Die ihr als Schwester liebt, als Heldin preist,
Des Stammes Tochter, der mit Ruhm gekrönet,
(Denn wer kennt nicht der alten Katten Geist?)
Louise, die das Schicksal euch versöhnet,
Das uns zum Ziel die Klippenpfade weist;
Wie die drei Lichter ewig glühn im Tempel,
So sey auch ewig Sie uns ein Exempel!

Wir wissen, daß durch Weisheit, Schönheit, Stärke
Der Bau fundirt, den keine Macht zersprengt;
Wir wissen, daß ein jedes seiner Werke
Der Meister in die Drei hat eingezwängt;
Wir wollen es, daß es die Menschheit merke,
Die unberufen oft zum Bau sich drängt:
Drum müssen wir auf diese Drei sie weisen,
Drum müssen wir Louise's Tugend preisen.

Der Weisheit Keim entfaltet sich im Stillen,
Bis er gereifet ist zur hohen That
Es mag die Schönheit gerne sich verhüllen,
Weil sie die Zucht stets an der Seite hat;
Die Stärke kennt nur eins: den reinen Willen,
Der in dem Donner wohnt, im Säuseln naht;
Und wer die Drei in Eines kann verweben,
Der schafft ein Werk, das ewiglich muß leben.

So hüllt Louise in die stille Ehre
Des Weibes weislich ihren Fürstenruhm;

Der schönste Ring der Göttin von Cythera,
Die Würde ist ihr ewig Eigenthum;
Ob auch die Zwietracht rings die Welt zerstöre,
Die Stärke bleibt in ihrem Heiligthum,
Dieß muß der Helden Erster selbst erkennen,
Uns ist vergönnet Schwester sie zu nennen!

Drum möge sie noch lange diesem Lande
Die Mutter, und der Deutschen Vorbild seyn
Ihr, die euch schützte an des Abgrunds Rande,
Ihr möget Ihr des Dankes Opfer weih'n;
Auch ich, der Fremdling von dem Ostseestrande,
Kann freier mich in ihrem Glanz erfreu'n.
Wer deine Töchter höhnt, Germania,
Nenn' ihm Louisa und Amalia! —

Lied.

(Muthmaßlich im Winter 1808.)

Ihr der Menschheit treue Söhne,
Laßt uns heut ein Fest begeh'n,
Lasset laut die Freudentöne
Durch die stillen Hallen weh'n.
Denn es ist zur guten Stunde
Der geschenket unserm Bunde,
Den zum Leiter unsrer Spur
Schuf und weihte die Natur!

Was ertönt in unserm Liede
Ist der Tugend stille Kraft,
Ist der Weisheit goldner Friede,
Der das Engelschöne schafft.

Muß der Geist des Schönen, Guten
Heut nicht auf uns niederfluthen?
Seines Tempels Hierophant
Hat uns Brüder ja genannt! —

In des Liedes leisen Klängen
Tönt nur schüchtern dessen Lob,
Der auf ewigen Gesängen
Sich zum Helikon erhob!
Seine Scheitel zu umwinden,
Mag die Kunst den Lorbeer binden,
Hier im Bunde soll ihm blüh'n
Treuer Achtung Immergrün!

Unser Bruder pflanzet Blüthen
Um der Menschheit Hochaltar,
Still und treulich sie zu hüten,
Bis die Frucht wird offenbar;
Darum halten wir umschlungen
Den, der Blüthen, Frucht errungen,
In des Bundes Namen hier,
Ewig, Wieland, Jubel dir!

Brüder, jetzt das Glas erhoben,
Huldigt stolz der süßen Pflicht,
Strahlt uns, wenn auch Stürme toben,
Nicht der Dioskuren Licht?
Wie den Kelch, erhebt die Geister,
Denn die beiden hohen Meister,
Sie dein Stolz, o Vaterland,
Halten unsrer Kette Band! —

Helios Apollon und Psyche Porphyrogeneta.

(Leipzig im März 1808.)

Wer hat den Hekla und Vesuv erklommen,
Und Vieles hat geschauet und erfahren,
Und in den Landen und den Menschenschaaren
Den Funken sah, der überall entglommen;

Der hat doch nicht das Höchste wahrgenommen,
Was uns die Gegenwart kann offenbaren,
Wenn er nicht, an der Ilme stillen Laren,
Nach Weimar-Heliopolis gekommen.

Zwei sieht er dort, die nirgends er geschauet:
Den Hausaltar, von Helios entzündet,
Und durch den Purpur Psychens Klarheit schimmern!

Seit, Paar, ich dich gesehn, auf dich begründet,
In stiller Glorie thronen auf den Trümmern,
Traut' ich der Macht, die wieder auferbauet. —

Des Pilgers Abschiedslied.

(Muthmaßlich zu Weimar 1808.)

Der Pilger zieht Stadt ein, Stadt aus,
Es treibt ihn fort und fort,
Und nirgends heimisch und zu Haus
Sucht er den Gnadenort.
Und wo er thut vorüber zieh'n,
Und gute Menschen sieht,

Da sieht er Blüthe Gottes blüh'n,
Wenn ihm auch keine blüht.
Und der ihm tief die Brust erfüllt,
Der thränenlose Schmerz,
Auf kurze Zeit wird er gestillt,
Und Freude füllt sein Herz.
Und weil er nicht bezahlen kann
Der Guten Gütigkeit,
Läßt er zurück was er gewann
Durch all den Kampf und Streit.
Was über Zeit und über Raum,
Dem Würd'gen wird'ges Glück,
Der Pilger läßt euch keinen Traum,
Er läßt euch sich zurück! —
Ihr saht ein herrliches Geschlecht
An euch vorüber zieh'n,
Und Frauen, Männer, gut, gerecht,
Für Lieb' und Schönheit glüh'n.
Und wenn auch Manche schwanden hin,
Und Manches sinkt und bricht,
Der ew'gen Liebe freier Sinn
Er wankt und sinket nicht!
Uebt, was mein Meister euch gelehrt,
Zerknicket keine Lust,
Ehrt was die Götter euch beschert,
Gelegt in eure Brust!
Fort treibt den Pilger sein Geschick,
Dem Manches sank und brach;
Er läßt den Frieden euch zurück,
Wünscht ihm den Frieden nach! —
Und kehrt er wieder, nehmt ihn auf,
Und stirbt er, bleibt ihm treu;
Beschränkt und kurz ist Pilgerlauf,
Die Lieb' ist ewig frei!

Der euch im Schwan dieß Schwanlied sang,
Ist Rabe nicht noch Schwan;
Doch welcher einsam ist und bang,
Der ist sein Brudersmann.

Der botanische Garten.

(Göttingen den 25. Mai 1808.)

Pilger.

Wie Pflanzen aus so manchem Land und Samen
Von dort, wo Sonne weilt am Feuerquelle,
Bis da, wo sie vorbei eilt, kalt und schnelle,
In bunter Ordnung hier zusammen kamen.

An jeder Pflanze steht ihr Stab und Namen;
Doch mancher Name prangt in Sonnenhelle
An einer kahlen pflanzenleeren Stelle —
Wie kann der Gärtner, was nicht ist, benamen?! —

Pflanzen.

Der uns gepflanzet hat mit weiser Hand,
Für den ist auch, was war und seyn wird, da:
Denn schrankenlos ist *schaffende* Gewalt!

Es steht das Seyn, wenn auch das Daseyn wallt,
Wenn dieß geschieden, ist ein neues da,
Dem bleibt des alten Zeichen!

Pilger.

Vaterland! —

Die Herbergszeichen der Bundesstadt.

(Butzbach den 11. Juni 1808.)

Jüngst kam ich Nachts durchs Bundesland gefahren,
Im Blüthenfeld war Mondschein mein Begleiter,
Im Städtlein sprangen Brunnen, kühl und heiter,
Ich war so froh als einst in Jünglingsjahren.

Da nahten mir vergangner Dinge Schaaren,
Und die mir einst umsonst, die Jakobsleiter,
Geträumt, und das: „Bis hierher und nicht weiter!“
Auch alte Qual kam neu sich mir zu paaren! —

Tag wards! — Ich sah, zur Gränzstadt angekommen,
Herbergen mit vier seltsamen Gebilden:
Ein Engel, Krone, Stern, und — meine Rose!

„Zeigst Engel“ seufzt' ich, „mir die Dornenlose?“ —
Im Sterne blitzt' es, — Regen kam aus milden
Thauwolken, fruchtbar, warm, herabgeschwommen. —

Grabschrift Eginhard's,

Geheimschreiber Karls des Großen, und Gemahl von dessen Tochter Emma in der Kirche zu Seligenstadt.

(Den 12. Juni 1808.)

Eginhardus fueram, regum qui clarus amore,
Cui Caroli magni filia nupta fuit,
Quaeque sub hoc mecum tumulo conclusa quiescit,
Ad Superos donec nos tuba rauca vocet.
Hoc ego construxi devoto pectore templum
Fratribus, et larga contuleramus opes.

Corpora Sanctorum summa tumulata sub Ara
Conduxi dono, quae mihi Roma dedit.

Freie Uebersetzung.

Ich lebte stolz ob einer Frauen Lieben,
Die höher als zum Purpur ward geboren;
Zwar kein gemeinsam Haus ist uns geblieben,
Doch blieb sie mir, und ich ihr unverloren.
Den Brüdern baut' ich durch den Schmerz getrieben,
Den Tempel, als ich den Altar verloren;
Dort hüten, fromm, sie meine blut'gen Glieder,
Und nennen sie römisch kathol'sche Lieder!

An den Fürsten Primas Carl von Dalberg.

(Aschaffenburg den 15. Juni 1808.)

Wenn einst zu Frankfurt auf dem alten Throne
Der Kaiser saß in voller Gloria,
Rief er zuvörderst: „Ist kein Dalberg da?"
Dem Stamm entgegen neigte sich die Krone!

Die Formen wechseln unter jeder Zone,
Den neuen Thron erblickt Germania;
Doch ihm und ihr ist noch ein Dalberg nah,
Und noch der Väter Kraft im weisen Sohne! —

Lob sey dem Herrn, der, gestern so wie heute,
Die welke Blum' entblättert, neue Blüthen
Zu wecken aus des alten Lebens Staube! —

Wie, Dalberg, auch dein Thun der Pöbel deute,
Du, Gärtner, wirst den jungen Keim behüten,
Der unter Dornen sprießt zur Rosenlaube! —

Der Cölner Dom.

(Cöln den 21. Juni 1808.)

Hier sitz ich, hier, im alten Cöln am Rhein!
Als mich der Vater Rhein hieher getragen,
Da war es mir als könnt' ich alles wagen,
Und jetzo sitz' ich hier im Dom und weine!

Es weht aus der gemalten Fenster Scheine
Mich durch die Riesensäulen an ein Zagen,
Ich wag' es kaum die Augen aufzuschlagen
In diesem Weltenembryon von Steine! —

Werd' ich es noch, ich Schwacher, es vollbringen?! —
Als Antwort schlägt es Zwölf in dumpfen Tönen;
Die Mittagsglocke weckt die Mitternacht!

Sind wir vollbracht, wir Herrlichen, wir Schönen?
Hör' ich den Dom, den Rhein, das Weltall klingen;
Und von dem Kreuze bebt's: Es ist vollbracht!

Müller, Jung, Pestalozzi.

(Im Juni 1808.)

Wie kommt es, Schweiz, daß deine Thäler lachen,
Indessen deine alten Berge weinen?
Die Thränen Berge müssen, sollt' ich meinen,
Das Thal doch endlich gleichfalls weinen machen!

Und wenn auch jene dich nicht mehr bewachen,
Die Gletscher Zwergen unersteiglich scheinen,
Wie, daß sich deine Größern nicht vereinen,
Die Eisaltäre betend anzufachen? —

Doch mag die Nachwelt dein Gericht beginnen,
Ich will dich nur zu dreien Tabors führen,
Auf denen Gott sich dir noch will verklären!

Der Eine macht heilsame Thränen rinnen,
Der Andre reiht sie auf in Perlenschnüren,
Der Dritte trocknet einst der Erde Zähren!

Der Rheinfall bei Schaffhausen.

(Den 20. Juli 1808.)

...ässer, ihr rasselnden, rauschenden, ras't ihr? — von wannen, wo zu?
...ommen aus Liebe, wir rangen und ringen zur Liebe, wie Du!

... Rasselnd Gewässer, was rasest Du? — „Fort!" —
...hin? — „Nach dort, sondern Rast, mit Qual,
...s brennende Thal! Es rasselt uns nach;
...s jagt zum Brautgelag brausende sausende
...ausluft, zu schwelgen an Bräutigams Brust." —
... ist euch bewußt, ihr kosenden wagenden
...berne Bogen umwälzende Jungfrau'n,
...in seliges Graun! Ach könnt' ich mich sammeln,
...d stammeln, und lallen, durchs mächtige Schallen
... Wässer, von allen Gefühlen das Eine:
...arum ich, im Scheine der wallenden, fließenden,
...oh sich ergießenden, feurigen Fluthen,
...e Gluthen der freudigen Thränen jetzt weine!
...in dir sind wir drin, wir schliefen

In Tiefen von dir sonder Reuen, die Treuen!
Doch erschreckt, und geweckt durch die Pein deiner
Sünden,
Entzünden wir uns in dem Abgrund; und ringen
Und dringen, mit Klingen, durch weinende Schuld,
Zum Heiland, der wieder uns finden, umwinden,
Entsünden uns wird; drum wir jauchzen und schrei'n,
Den Bräut'gam zu weih'n; drum wir rauschen und ringen,
Zu schlingen von außen und innen ihn ein!" —
Rasselnde, träumende Töchter vom ewigen Schaum,
Nehmt mich mit aus dem Raum, aus der Arbeit der
Zeit,
In die Ewigkeit! — „Was heischest Du?" — Ruh!
Und sie lachen dazu. — Doch der König Gold,
Die Sonn', aufrollt den azurnen Saum;
Und den Schaum, auf der tanzenden, tönenden Höh'
Bekrönt ein sehnendes rosiges Roth;
Und ein freudiger Tod verschlingt es zur Sühne!
Die silberne Grüne, die bräutlich helle
Smaragdene Welle, von fließendem Schnee
Und dem wonnigen Weh des purpurnen jungen
Hinfluthenden Helden, umschlungen, gesogen
Von wollüstig wogender gieriger Grüne,
In seliger sühnender süßer Umarmung
Der ew'gen Erbarmung, in heiliger Weihnacht,
Eh beide auf silbernem Leilach erstarben,
Entwogen, die freudigen Farben im Bogen
Gezogen des Bundes! — Gefunden ist Liebe
Dem Wogengetriebe das einige Seyn!
Rasselnd Gewässer nimm mich ein! — „Komm nach!
Entfleuch deiner Schmach!" — Doch es wendet den
Lauf
Der Dulder, und endet. Hinauf, keuchend steigt er
den steilen

Berg. Ach könnt' ich noch weilen bei Euch,
Euch gleich! Ach könnt' ich lieben!
Hier wär' ich geblieben! Zu euch wollüstige Wogen
Wär' ich wonnig gezogen; und den Jammer vermummt
Der Glanz — und das Rasseln verstummt, und weint;
Und der Fluthenpalast erscheint von fern
Ein verglimmender Stern, ein Bläschen von Schaum,
Dem Pilger im öden Raum — Anstarrt
Ihn Gegenwart — der dämmernde, leere,
Nach Leben vergebens sich sehnende,
Ewig entbehrend sich dehnende Traum.

Der Franzbrunnen.

(Juli 1808 in der Schweiz.)

In deiner Wässer lichtgebornen Wellen,
O Schweiz, seh' ich der Sehnsucht ewig Leben
Im Rheinfall dort als Wollust sich erheben,
Sich, silbern schäumend, freudig zu zerschellen;

Als Glaub' in Reichenbachs dreiein'gen hellen
Goldströmen, silberstrahlend, glühend schweben;
Als Lieb' in Staubbachs Doppelsonnen beben,
Die aus demantnen Säulen lodernd quellen! —

Doch theurer ist mir (bei dem Quell der Wahrheit!)
Bohemia, du Mutter süßer Töne,
Dein heilerfüllter Born, Franziskus Bronnen,
Weil dort der Musaget, der ewig schöne,
Der Meister einer Welt voll Kraft und Klarheit,
Mein Helios, sich Jugend neu gewonnen!

Der starke Rigi.

Im Wirthshause zum „Ochsen" auf dem Rigiberge.

(Den 2. August 1808.)

Ertragen hast du viel und viel ertragen!
Du starker Rigi trugst den stärkern Tellen
Als er gezogen kam von Appenzellen,
Und hin ging den Tyrannen zu erschlagen.

Und jetzt erträgst du, du bist zu beklagen,
Viel dicke Herrn, dünnfühlende Mamsellen,
Unnützer Troß von Klunkern, Flittern, Schellen,
Wie allwärts er erscheint in unsern Tagen! —

Gesindel, das mit hohlen Phrasen schachert,
Und doch umsonst um ein Gefühlchen prachert,
Entflieh von diesen Felsen die einst liebten!

Ihr aber naht, ihr Schwer- und Tiefbetrübten,
Und mischt der früh geschiednen Liebe Sehnen!
Hier mit des Witwers Rigi Felsenthränen! —

Witwer Rigi.

An den C. P. v. B.

(Meiringen den 12. August 1808.)

Es treibt mich, Fürst, dir treulich zu berichten,
Was auf dem heil'gen Rigi mir ertönet,
Als er mich hintrug zu des Morgens Strahlen;
Er sprach: „Du siehst von Gletschern mich gekrönet,

Aus Nebelwolken Opfer mir entzündet,
Und mir zu Füßen Seeen in den Thalen.
Und doch erleid' ich Qualen;
Denn als der Geist geschwebet auf den Wogen,
Und beider Kuß das reine Licht entbrennet,
Ward ich von Flüßigkeit getrennet,
Und zu der Erde starrem Schoos gezögen;
So hat mich Erd' betrogen!
Denn ich kann nicht zurück zur ersten Liebe,
Ob dreizehn Seeen trösteend auch mir scheinen,
Doch muß ich immer Felsenquellen weinen,
Daß sonder Buße nicht die Sünde bliebe!" —
So sprach, der unbewußt in Morgengluthen schwamm;
Vernimm des heil'gen Witwers Ruf! —
Das Dunkel zieht, das Licht entglüht,
Sey treu der Gluth, ihr Bräutigam.

Anfang einer projektirten burlesken Oper, betitelt:

Der Rattenfänger von Hammeln.

(Auf dem Rigi im Spätsommer 1808.)

Rattenfänger.

Aufzieht ein Wandersmann
Mit Purpur angethan;
Hellblau ist sein Panier,
Und gülden sein Visier!
Du schöner junger Fant,
Sag' an, wie wirst genannt?

„Ich bin das Morgenroth,
Will enden deine Noth!"
Ach Morgen, lieber Morgen mein,
Ach, willst du enden meine Pein,
So mußt du mir mein Liebchen frei'n!
„Dein eigen soll sie seyn!" —

Und als nun kam zur Stell
Der Morgen und der Gesell,
(Zehn Jahr war der entfloh'n
Dem treuen Liebchen schon;)
Aufspringt das Gartenthor,
Feins Liebchen steht davor;
Hui, wie die Treu'n sich freu'n!
Der Morgen guckt herein,
Der Gesell zerbricht den Wanderstab,
Will nicht mehr wandern Stadt auf, Stadt ab;
Wer treu' sein Liebchen gefunden hat,
Hat wohl eine bleibende Statt.

Das Lied ist wie auf mich gesungen!
Ha, endlich ist es mir gelungen!
Dort winkt mir wieder das heimische Thal,
Die alte Freude, die alte Qual!
Das gute Rattennest, das Hammeln,
Wie's zwischen Himmel und Erd' thut bammeln!
Und über der Mauer links vom Thor,
Guckt wieder das weiße Häuschen hervor,
Mit seinen grauen Fensterladen! —
Sie thun sich auf! — — Mutter aller Gnaden!
Ist sie's? — Ach, Täuschung war es nur
Vom Morgenstrahl, der vorüber fuhr! —
Schon sinds sieben Wochen über drei Jahr,
Seit ich in den Krieg gezogen war,

Ist sie — es ist' ne lange Zeit,
Für weibliche Treu' eine Ewigkeit!
Ist's wahr, was mir der Pater geschrieben,
Daß sie gesund noch und mir treu?
Daß — Gott der Vater wohn' mir bei!
Was kommt denn dort für eine Gestalt
Heran geträllert aus dem Wald?

Kesselflicker.

Was entzwei,
Bringt herbei,
Flicken will ich's ohne Scheu!
Kessel, Pfannen,
Töpfe, Wannen,
Flick' ich frank und frei!
Denn ich sag', und bleib' dabei:
's leb die Kesselflickerei!
Da man flickt
Wenn 's sich schickt
Und wenn 's Handwerk glückt!

Rattenfänger.

Wie, Hansel? Er ist's — ich will mich verstecken,
Und den Sauswind noch wacker necken!

Kesselflicker.

Kessel flicken,
Mädel zwicken,
Und in böse Zeit mich schicken,
Ist mein Thun:
Kann nicht ruh'n,
Muß nach Süden nun!
Drum, Ade du Hammelstadt,
Wo kein Bub' sein Mädel hat!
Liebchen mein,
Schick dich drein,
Kann nit anders seyn

Rattenfänger.

Schick selbst dich drein! Hund stirb! —

Kesselflicker.

Ach Mörder!

Gewalt! — Räuber!

Rattenfänger.

Alter Schadenfroh,

Hab' ich dich endlich doch belauert?

Kesselflicker.

Verschont mein junges Leben!

Rattenfänger.

Er dauert

Mich wirklich fast, der arme Wicht!

Kennst du deinen Kumpan, den Peter nicht?

Kesselflicker.

Alle guten Geister loben Gott den Herrn!

Rattenfänger.

Kerlein, jetzt hör' auf zu plärren,

Sonst nagl' ich dich hier an.

Kesselflicker.

Das sind seine Hiebe — noch ist er nicht todt.

Rattenfänger.

Wer todt?

Kesselflicker.

Nun ja! bist du denn nicht gestorben?

Rattenfänger.

Die Furcht hat ihm das Gehirn verdorben!

Hänselchen, schäm' dich! nicht so verzagt!

Kesselflicker.

Nun ja der Stadtschreiber hat's gesagt:

Du hättest einen Mamelucken erstochen,

Und der hätt' dir drauf den Hals gebrochen.

Rattenfänger.

Dem Federfuchser zaus' ich den Bart!

Kesselflicker.

Du lebst also wirklich? — Scherz apart?

Eintritt in Italien.

(Am 25. August 1808.)

Ihr kommt zu spät, ihr ewig jungen Lauben;
Ach hätt' ich früher euer Grün geschauet,
Als noch des Lebens Morgen mir gegrauet!
Ich kann nicht leben mehr! — ich kann nur glauben.
Hatt' ich nicht auch ein Anrecht mich zu sonnen
Im Lebensstrahl, dem ich, wie Ihr, entsprossen;
Wie euch durchrieseln frisch die kühlen Bronnen,
So war auch ich vom Lebensquell durchflossen.
Warum hab' ich nicht früher euch gewonnen,
Ihr meiner kindlich süßen Lust Genossen!
Ach hättet ihr sie wohl mir lassen rauben?
Ihr kommt zu spät, ihr ewig jungen Lauben! —
Ich schlief wie ihr ein Kindlein unter Blüthen,
Und mich umgaukelten die süßen Träume,
Doch konnt' ich nicht gleich euch die Unschuld hüten,
Denn sie erstarb mir schon im frühen Keime;
Drum saust um mich der Stürme wildes Wüthen,
Vergebens winken mir die Sternenräume,
Der dumpfen Trauer bin ich angetrauet;
Ach hätt' ich früher euer Grün geschauet.
Was wölbt ihr euch, ihr bräutlich grünen Auen,

Was spreitet ihr euch, weiche Rasendecken?
Den Witwer laßt, den stillen, starren, jammern;
Könnt ihr die früherwürgten Freuden wecken?
Kann ich doch nie mein andres Ich umklammern!
Denn schon hab' ich die Mitternacht geschauet,
Als noch des Lebens Morgen mir gegrauet.
D'rum will ich nur mit namenlosem Sehnen
Noch einmal Lebewohl dem Leben sagen!
Fließt noch zuletzt, ihr bittersüßen Thränen!
Du kindisch Herz, willst du noch einmal schlagen.
Jetzt trocknet, Thränen, schließt euch, helle Scenen,
Erstarre, Herz, wir scheiden sonder Klage!
Du blühtest, und die Blüthe muß zerstauben;
Ich kann nicht leben mehr, ich kann nur glauben!
Und doch — o daß ich, ewig junge Lauben,
Nicht früher euer duftend Grün geschauet!
Es ist zu spät! — der düstre Abend grauet!
Ich kann nicht leben mehr — werd' ich noch glauben?

Isola madre.

(Auf dem Lago maggiore, den 26 August 1808.)

Pilger.

Du Riesenbischof, der vom Berge droben
Herunter schauet, segnend, auf die Triften,
Einathmend Weihrauch von Citronendüften
In Tabernakeln von Azur gewoben.

Du, der der Fluth, die stürmisch sich erhoben,
Gebot, und Todte auferweckt in Grüften,
Ach, kannst du herrschen in des Herzens Klüften,
Gebeut dem todten Meer in mir zu toben.

San Carlo Borromeo.

Ein Pilgrim zog auch ich von dieser Erde
Zum Muttereiland, um, was mir gestorben
Wie dir, zu suchen in den Träumen;

Da nahte, der das Leben uns erworben,
Im Säuseln mir von meinen Lorbeerbäumen,
Und sprach: Verlaßner, weide meine Heerde.

Kurze Biographie.

(Zwischen Sesto und Mailand, den 27. Aug. 1808.)

Ein Kindlein schläft auf mißbedeckten Kisten,
So kränklich klein; säht ihr es in der Wiegen,
Ihr würdet kaum es seh'n dariunen liegen,
Nicht glauben, daß es mag das Leben fristen.

Dann trägt es Muttertreu an ihren Brüsten
Und Leben saugt's mit allzu gier'gen Zügen.
Ein ewig Kind, kann's saugend nur sich fügen
Und weiß nicht, ach, zum Kampfe sich zu rüsten.

Die Weihnacht deckt das gräßliche Gebilde
Von seinen Folterwonnen, Sünden, Thränen;
Doch Orion ist ihm in Nacht erschienen,

Der Gletscher Eis zerschmilzt sein banges Sehnen,
Dann taumelt's durch elysische Gefilde,
Zum Grabe nun! wiegt freundlich es Lawinen!

Helenik und Romantik.

(Genua. Auf der Bocchetta, den 9. September 1808.)

Könnt', Genua, ich tausendfach mich theilen,
In deinem Hafen mit den Wellen fließen,
Empor mit deinen Goldorangen sprießen,
Mich wölben kühn mit deinen Marmorsäulen;

Zu deiner Töchter Schaar, ein Heros, eilen,
Der Gluthenaugen Schleier aufzuschließen,
Und alle Nektarkelche zu genießen,
Ausschlürfen jeden, und bei keinem weilen!

Weg mit der fernen Sehnsucht Nebeltraume!
Das Marmorbild der Göttin von Cythere
Im Spiegel nicht, umfangend wird's genossen!

So träumt' ich. — Da entstieg dem Meeresschaume
Die Göttin selbst in Rosenduft zerflossen.
Im Dufte klangs: „Ich forme, ich verkläre!" —

Abfahrt.

(Bocchetta, den 9. September 1808.)

Der Hafen ruht, das Meer vom Mittelland
Es schweigt; den Schleier breitet aus die Nacht,
Die Lorbeerhaine sind noch nicht erwacht,
Die Genua um seine Schläfe band.

Die Wogen wiegen träumend sich am Strand
Des Pharus Gluth ist noch nicht angefacht,
Es starrt im Dunkel der Palläste Pracht,
Der Meeresfürstin marmornes Gewand! —

Ob furchtbar auch die Wetterwolke droht,
Die rabenschwarz am Horizonte thront,
Bald tagt's. — Beschlossen ists — wir reisen schon! —

Fahr wohl, du Mittelmeer! — Es ist entfloh'n!
Die Wetterwolke hat uns nicht verschont!
Doch tagt es — Seht! dort flammt schon Morgenroth*).

Wallfahrt nach Meillerie

a. Gebet des Jüngers.

(14 October 1808.)

Seitdem ich ahnen konnte und empfinden,
Wollt' ich im Bilde stets das Wesen lieben,
Doch hat ein Bild das andere vertrieben,
Wie Morgenwölkchen aufgeh'n, glüh'n, verschwinden.

Dein Lied war: (schon als Knabe mußt ich's finden)
Mein eigen Herz mit blut'ger Schrift beschrieben
Im Spiegel! — Dieß allein ist treu geblieben,
Will tröstend mich Verlaßnen jetzt umwinden!

Rousseau, du Flammenspiegel heil'ger Minnen,
Der, wiederstrahlend im verwandten Knaben,
Sein Herz für Wahrheit, Freiheit, Recht entglommen.

Mein Meister, ach! die Eumeniden haben,
Die Strafenden, mir Alles — mehr genommen!
Ach laß ein Tröpflein Frieden mich gewinnen.

---

b. Antwort des vollendeten Meisters.

Als Gott zur kalten Erde mich gesendet,
Da hat er mich befruchtet durch den Schrecken,
Aus diesem Keim die Blüthen zu erwecken,
Und auch das Unkraut, welches mich geschändet.

---

*) Ergänzt vom H

So ward durch Folterlust die Frucht vollendet.
Was ich gelehrt, verübt, wird Nacht bedecken,
Doch was ich bin, dem ist's ein Licht und Stecken,
Dem Angst, als Keim, wie mir und dir gespendet.

Nicht suche mich, wo ich gewallt hienieden!
Um Wahrheit spähend, in des Scheines Hülle,
Vom Schein ich um das Daseyn ward betrogen.

Dort, wo mein ew'ges Seyn des Lebens Fülle
Den starren Felsenbrüsten einst entsogen,
Gewann ich, der wie du ihn suchte — Frieden!

---

c. Pissevache.

(Fragment.)

Dieß hörend zog ich, aber muthlos, weiter;
Sechs Tage währte schon die Pilgerreise,
Und immerfort war Regen mein Begleiter,
Wie auf dem Alpen- und dem Lebensgleise.
Gern hätt' ich zwar gewünscht den Himmel heiter,
Doch dacht' ich: Laß dem Vater seine Weise;
Er will vielleicht durch seine milden Zähren
Die Thäler und dein dunkles Thal verklären!
Doch dankbar muß ich, Brüder, es bemerken:
Als ich das Schloß Clarens vorbeigeschritten,
Wo Julia nicht bloß in Rousseau's Werken,
Nein, in ihm selbst gelebet und gelitten,
Da wollt ich, um zur Reise mich zu stärken,
Zur steinigen, Gott um ein Zeichen bitten.
Doch eh' ich bat, flog an mit Blitzesschnelle
Ein Strahl! Der See und Clarens wurden helle!
Dann zog ich durch die wiesenreichen Matten,
Wo Sankt Mauritius für Gott geblutet,
Im Thal, in ew'ger Eisgebirge Schatten,

Wo süß die Rhone hin und wieder fluthet;
(Dort, wo die Alpenstiere sich begatten,
Wenn es sie freudig, Gott zu seyn, gemuthet)
Zu einem Bergquell, Milch der Kuh benennet,
Weil Lebensgluth in seinen Fluthen brennet.
Nun ist es kundig uns, daß Bergesthränen,
So wie die Menschenthränen, nichts bedeuten.
Will nicht der ew'gen Liebe Gnadensehnen
Durch seinen Strahl zu Perlen sie bereiten;
Doch neblicht war's und hoffnungslos mein Wähnen,
Ob nicht die Nebel sich vielleicht zerstreuten?
Und sieh, da lag noch eh' ich hingegangen
Der Strahl schon auf der Quelle Perlenwangen.
Da seht ihr, Brüder, schon das zweite Zeichen,
Und an dem Sünder hat es Gott vollstrecket;
Was wird nicht seine Huld erst denen reichen,
Die nie der Unschuld Schneegewand beflecket?
Ich sag euch: Himmel, Erd' und Meer muß weichen
Dem Sohn des Staubs, wenn Liebe ihn erwecket!
Doch kehrt sie dem, der sie verlor, auch wieder?
Ich weiß nicht! — Bittet Gott für mich, ihr Brüder
Was wollt ihr mir, ihr unberufnen Zähren,
Was wollt ihr mir, ihr, die kein Strahl beschienen
Sie fließen fort! — Laßt, Brüder, sie gewähren!
Es sind die Herren, denen ich muß dienen.
Ich wollt' euch jene freudigen erklären,
Die dort den Felsen durch den Strahl versühnen,
Und muß nun, unversühnte — — wollt mich tragen! —
Toll ist's! — ein halbes Herz, das will noch schlagen! — —
Vom Bergquell also! — Jene beiden Sonnen,
Die, wie ihr wißt, im Staubbach vor mir sprungen,
Sie werden nur im Morgenstrahl gewonnen,
Und von der Gluth des Mittags dann verschlungen;
Hier in dem Milchquell waren sie zerronnen,

Noch eh' es, ihn zu schauen, mir gelungen;
Ich hab', weil ich, statt früh zu geh'n, geträumet,
Den Silberblick der Lebensmilch versäumet.
Doch das hab' ich, Gottlob, im Strahl geschauet,
Daß dieser Quell entsprießt aus sieben Wunden,
Die Gott in seines Felsens Herz gehauet,
Dieweil das Herz er stark und rein erfunden;
Und wenn auch, die die Quelle nicht geschauet,
Erzählen, daß die Wunden schon verschwunden,
So hat das Gegentheil uns kund gegeben
Der, der das Licht, die Wahrheit und das Leben!
In sieben Quellen strömt der Bach hernieder
(Kein Strömen ist's, es ist ein Perlenstäuben.)
Verschlungen so wie eines Körpers Glieder,
Die, ob vereint, ein jedes ganz doch bleiben;
Im Grunde fließen all' zusammen wieder!
Dort thut ein Hüttchen so sein Wesen treiben;
Und, hier vom Felsenbach, ein Röhrlein leitet
Das Wasser, das der Hütte Gott bereitet!
Das kann ich euch, weil ich es sah, verkünden!
Doch, was mich Gott hat lassen nicht erfahren,
Denkt euch, wenn sieben Farben sich entzünden,
Die Doppelsonne auf den sieben klaren
Blutquellen, und sich freudiglich umwinden,
Der Kraft und Zartheit Pracht zu offenbaren!
Als Sakrament zu schau'n des Hauses Frieden,
Verschlaft das nicht! — Mir war es nicht beschieden.

So, Brüder, ist es mir am Bach gegangen,
Den ich der heil'gen Kirche that vergleichen,
Weil sieben Quellen sich in ihm umfangen
So wie in ihr die sieben Gnadenzeichen.
Und weil, wie seine Perlenschäume prangen,
Der Christen Thränen blüh'n; die eh' nicht weichen,

Bis (wie des Baches Fluth der Strahl bekrönet)
Der Gnade Huld, verklärend, sie versöhnet. —
Und gleich wie ich im Staubbach angeschauet
Die Feu'r- und Wolkensäul' vom ew'gen Leben,
So ward in diesen bildlich mir vertrauet,
Wie sich aus seiner Säulen Chor erheben
Die Kirche muß, die Gott sich auferbauet,
Der Erde Felsen leuchtend zu umgeben. —
So konnt' ich allwärts aus dem Born der Wesen
Des ew'gen Meisters Flammenhandschrift lesen.

Der Staubbach.

(Den 15. October 1808.)

Gebenedeite Quelle,
In deinen hellen Düften
Zeigt, lüftend sich den Schleier,
Uns freier ihr Gebilde
Die Milde der Natur.
Durch meines Lebens Qualen
Sind Strahlen viel von oben
Gewoben; doch erschienen
So sühnend ist mir keiner
Als, Staubbach, deine Spur!
Was ich, seit ich's verloren,
Erkoren bin, den Brüdern
In Liedern zu entsiegeln;
Der Spiegel heil'ger Minne
Entrinnet, Quell, aus dir!
D'rum wolle auch den Meinen
Erscheinen und sie kühlen
Im Schwülen, und sie netzen,

Und letzen wie du Segen
Entgegen träufelst mir!
So fleht' ich im Gebete,
Als es mir wehte leise
Gesäusel aus der Säule
Die, zweigetheilet, stäubend
Und süß sich sträubend, kreist.
Und im Gesäusel lebte,
Und schwebt' in Silberflocken,
Ein Locken, wie den Reinen
Erscheinen, die geschieden
Des Friedens heil'ger Geist!
Und siehe da! entsprangen,
Umschlangen sich und schwammen
Zwei neu entglommne Sonnen,
Entronnen aus den Wogen
In Regenbogenpracht!
Auf dem Goldstaub des Baches sie sprungen
Beide siebenfachfarb'gen, und klungen
Eh' sie auf vom Staubbach sich schwungen:
„Hallelujah, es ist uns gelungen!
Uns die Treuen, seit dem Feuer entrungen,
Hielt der Quell, der diamantne, umschlungen;
Das Gewässer, wir habens bezwungen,
Und eilen zur bräutlichen Nacht!"

Montarleone.

(Den 10. November 1808.)

Wie rosenroth die Gletscher sich erheben
Auf Piemonts azurnen Saphirhallen;
Zurück dann schau'n auf bunter Blüthen Wallen,
Die auch im Wintertode freudig leben!

Sie, die hinan zum goldnen Aether streben,
Obwohl dem dunklen Steinreich heimgefallen,
Sie seh'n, wenn ferne Abendglöcklein schallen,
Um, über sich die klaren Engel schweben!

Also die Heil'gen, die sich kühn entrungen
Dem Feuer, das in unterird'schen Nächten
Verzehrend flammt, entfacht vom Hauch der Schlan-
gen!

Es darf der Zorn nicht mit der Gnade rechten,
Wo schmelzend Sünd' und Sühnung sich umfangen.
Der starke Glaube hat den Tod bezwungen!

Beim Anblick der Antiken.

(Fragment. Paris, November 1808.)

Jesus Christus, Heiland, laß mich trinken
Aus dem Lebensborn, doch nicht versinken;
Laß mich schauen an des Scheines Werke,
Schau'n das Bild der Zartheit und der Stärke,
Laß mich schwelgen in der Erdenschöne,
Aber Meister, laß mich sinken nicht!
Und, sieh da, es nahen die Dämonen,
Herrliche vollendete Gestalten,
Den beseelten Marmor zu bewohnen;
Fürsten, die im Reich der Formen walten!
Wie sie fest in sich begründet thronen,
Und im Raum die Ewigkeit entfalten!
Engel sind es, Engel, die gesunken,
Aber noch des ew'gen Lebens trunken! —

Lied der heiligen drei Könige aus dem Nibelungenlande.

(Weimar, 30. Januar 1809.)

Wir heil'gen drei Könige, wir zieh'n getrost heran,
Mit Recken starkgemuthet, mit Magden unde Mann.
Heut eine Hochgezeite, die wird von uns gethan,
Hei, was wir herrlichen hier so vorübergahn!
Voran da kommen gezogen vier schöne Magedein,
Sie tragen lichte Kleider, gewirkt in Arabein,
Sie ha'n wohl aus den Schreinen Gewande viel genommen,
Daß sie zur Hochgezeite geschmücket möchten kommen.
Nun will ich ihre Namen zuvorderst kund euch thun:
Die eine heißt Frau Feuer, die kann nun nimmer ruhn,
Sie hatte den Wunsch der Ehren, sonst wäre das nicht
geschehen,
Daß ihr sie jetzt in Flammen so wonniglichen sehen.
Die andre heißt: Frau Wasser, das soll euch seyn gesait.
Sie ist am Rhein zu Hause, die waideliche Maid;
Kein besser Ingesinde, als das ihr unterthan,
Sie kunnten allesammen als Schiffmeister dienen gahn. —
Dann kommt Frau Luft gegangen, die steigt von ihrem
Wagen,
Ihre Rosse breite Sättel und schmale Fürbuge tragen.
Als sie ihre Mannen versammelt zum Gelag,
Hei, was von jenen Degen für Kurzweil da geschah!
Zum letzten kommt Frau Erde, die hat die reichste Beute,
Die Herrn von allen Landen sind ihre Eigenleute;
Seit sie allhier zur Ilmen gekommen an den Strand,
Ihr bestes Ingesinde dort manchen Kurzweil fand.
Nach diesen Mägden schöner, geschmücket minniglichen,
Treten vier starke Recken, die nie von ihnen wichen.
Die möchten gerne schauen die königlichen Weib
Doch mit eitel Tarnkappen ha'n die verhangen den Leib.

Der erste von den Recken, der heißt Herr Gernot,
Des Eisens thut er gerne, um es zu machen roth;
Ein kühner Feuerrecke, fängt er zu hämmern an,
Die Gluth muß traun ihm dienen, der er ist unterthan!
Der zweite ist der kühne von Ilmen Ortewein,
Dem Wasser thut er dienen, mag Frauenmeister sein,
Thut sich ein Fischer nennen, ein gar verschlagen Mann,
Merkt er die Fluth anschwellen, er bleibt nicht sitzen
dran.
Der Dritte, den Frau Luften zum Boten angenommen,
Hat dunstgefüllte Lerchen zum Botenlohn bekommen;
Ein Vogelfänger in Ehren, heißt Gieselherr das Kind,
Sein Pfeiflein, das thut rühren wohl manches Vöglein
fint.
Zum vierten gaht ein Waidmann, der starke Hagene,
Der hegt in seinem Hagen gar manch behaglich Reh;
Fraun Erden thut er dienen als Kuchenmeister seit
Aus Hasen und aus Pfannen man Speisen ihr bereit.
Auf diese kamen gegangen vier Königstöchter mild,
Frau Brunehild die starke, die schöne Chriemehild,
Frau Ute, die viel reiche, thut mit Frau Siegelind gehen,
Was jemand wünschen mochte, nichts schön'res konnt' er
sehen.
Frau Brunhild, die thut tragen einen Apfel auf ihrem
Haupt,
Den hat ein starker Recke vom Lorbeerbaum geraubt.
Chriemhild, die trägt von Palmen die Blätter schön
und fein,
Der sie gebrochen, mochte von Rechten Meister seyn.
Eine Lilie trägt Ute von Herren Dankrats Hand,
Des theuerlichen Degen, genannt in allen Land;
Er ist der Kön'ge Vater des Landes an dem Rhein,
Kann vieler hoher Tugend im Alter sich erfreu'n.

Frau Siegelind, die Gute, mit Siegfrieds Kranz thut gahn,
Ihn selbst könnt ihr nicht schauen, den stärksten von allen Mann;
Denn in der Tarnkappen hat er das Alles gethan.
Hei, was er große Ehren zu dieser Welte gewann.
Die vier da, deren Flügel thun minneglichen Schein,
Sind der vier Frauenseelen, die treten hinterdrein.
Denn bei den Nibelungen ha'n auch die Seelen Leib;
Hei, eine von den Seelen möcht' Mancher ha'n zum Weib.
Frau Sonn', Herr Mond und Sterne thun auch vorüberzieh'n,
Sie ha'n zur Hochgezeite sich wollen herbemüh'n.
Wie bei der Summerzeiten und zu des Maien Tagen
Ha'n sie hier freundelichen ihr Gesiedele aufgeschlagen.
Hinter ihnen geht Einer, wohl schier ein alter Garzün,
Nach den Pfeilen, die sie schießen, da muß er lügen thun.
Er trägt ein seltsam Zeichen an seinem dunkeln Kleid,
Auf dem seine vier Herrinnen in Einem sind kunterfeyt.
Die erste giebt Gedeihen, die zweit' mag überwinden,
Die dritte prangt mit Strahlen, die viert' kann sie entzünden;
Hat doch nur kunterfeyet den viel erfahrnen Mann,
Den wir in unserm Horte, den Stern, lebendig ha'n!
D'rum Alten auch und Jungen und Hohe und Niedre gahn,
Sie haben Feld und Garten und Haus und Hof verlahn,
Sie treibt, den Stern zu suchen, ein waidelich Gelust;
Uns heil'gen drei Kön'gen, uns ist das wohl bewußt.
Wir Weisen sind geboren im Land von Arabein,
Wir waren seit gezogen zu'n Burgunden ein;
Dort haben wir bezwungen alle die Guntherns Mann;
Er trägt die Stocklaterne als Knecht uns nun voran.

Ich heiliger drei König Herr Caspar heissen thu,
So weiß auch schon mein Bart ist, ha'n ich doch nirgends Ruh.
Der Andre ist Herr Melcher, ein gar zu kecklich Mann,
Der hat dem König Gunther den Dampf recht angethan.
Der Dritte heißt Herr Balzer, ein schwarzes wild Gezwerg,
Ist manchmal schon gefahren über den Schneckenberg.
Der mit dem Sack voll Nüsse ist Ruprecht unser Knecht,
Uns macht er nichts zu Danke, mag Euch er's machen recht! —
Das ist unser Ingesinde! — Wir kommen eben frisch
Aus Nibelungenlande, wo wir gesezt zu Tisch,
Doch noch zur guten Stunde seyn wir gezogen fort
Und ha'n Euch wollen zeigen: den Nibelungen Hort!
Der Siegelinden Tugend, Chriemhildens hohe Pracht,
Die Brunehilden-Stärke, die Siegefriedes-Macht,
Und was sonst sonder Gleichen auf Erden wird geseh'n,
Von denen muß ein Reigen von unser'm Hort gescheh'n!
Louisa wird genennet der Hort, der unser Hort!
In aller Herzen Schachten, da brennt er fort und fort;
Ein riesenstark Gezwerge steht ihm zur Hut bereit:
Der Engel Frauenwürde, der auch dem Blitz gebeut!
Gar Vieles ist begunnen und Vieles ist vergah'n,
Jedoch Louisa's Ehre bleibt ewiglich bestah'n!
Nachdem wir dieß gesungen, setzen wir uns in Ruh! —
Freut, Weisen Euch und Dummen! — Knecht Ruprecht, schüttle zu! —

Die Bohnenkönigin.

(Weimar. Januar 1809.)

Es war am Fest der vaterländ'schen Bohne,
Wo die drei heil'gen Kön'ge stattlich prangen,
Da kam des Festes Königin gegangen,
Und krönte mich mit ihrer goldnen Krone.

Und sieh! da winkten mir zum Sternenthrone
Die heil'gen Drei, mich huldreich zu umfangen,
Der edle Stolz, das kühneste Verlangen,
Der Drang, daß einst mich auch der Lorbeer lohne.

Das Leben, sonst mir feil um eine Bohne,
Darf jetzt in kühnen Fluthen freudig wallen,
Weil ihm Cythere selbst den Weg gewiesen!

Vom Haupte nahm sie ihre Strahlenkrone,
Und reichte sie beschämet an Louisen,
Die mich beehrt, den treusten der Vasallen.

Vollmond.

(Den 5. Januar 1809, zu Weimar.)

Ein Jahr ist hin, da stand ich in der Sonnen;
Das Volk durchzog den Markt, und fröhlich ritten
Die Reiter; unter ihrer Rosse Tritten
Glühte der Boden, freudig rann der Bronnen!

Seither hab ich gar Mancherlei begonnen,
Doch aus der Sonne bin ich ausgeglitten.
Zum Frauenthor bin ich hinausgeschritten,
Kalt ist die Flur, zu Eis der Quell geronnen! —

Dich, trüben Vollmond, muß ich d'rum verklagen;
Seit rund und kalt am Himmel du erschienen,
Will an und in mir alles schier erfrieren.

Doch rasseln hör' ich schon den Feuerwagen
Des Sonnengottes; sanft wird her ihn führen
Der Lenz! — dann fließt der Quell, die Flur wird
grünen!

Amors Art.

(Weimar, 12. März 1809.)

Ihr meint, wenn Amor sich in's Herz will schleichen,
Er trüge Flügel, Köcher, Bogen, Pfeil?
Nein! Psycheschwingen trägt er, und ein Beil;
Erkennen könnt' ihr das an diesem Zeichen.

Zwar silbern, ist's dem Demant zu vergleichen
An Spröde, schlank, in sich gerundet; feil
Wär's mir um keinen Preis, würd' mir's zu Theil,
Doch müßt' ich dann drei Lustern fort erst streichen! —

Dieß Beil — bei einem Mädchen lernt' ich's kennen,
Die unter Gletschern wohnt; das darf ich sagen,
Nur wie sie heißt, das muß mein Mund verschweigen.

Doch dürft' in meinen trüben Wintertagen
Ich noch einmal in lichter Liebe brennen,
So wär's für sie, — der alle Wonne eigen.

An Therese von Winkel, ins Stammbuch.

(Weimar im April 1809.)

Die Töne sie verschweben, es bleibt die Harfnerin,
Die Bilder sie verlöschen, es bleibt die Bildnerin,

Die Thräne wird erstarren, es bleibt die Weinende,
Das Lob es wird verstummen, doch nicht die Lobende.
Es fleußt heran in Schmerzen, was sich ergießt in Lust,
Einsame, nimm's zu Herzen, und waffne deine Brust!
Das Schöne wird gewonnen, das Schönere versäumt,
Doch ewig rauscht der Bronnen, aus dem die Schönheit
schäumt.

Zu Fernow's Todtenfeier.

(Weimar April 1809.)

Dieweil die Todtenfeier nun vollendet
Die unserm Hingeschiedenen gebühret,
Dem wir der milden Thränen Zoll gespendet,

Laßt, da der Weg uns auseinander führet,
Von mir euch sagen, treuverbundne Brüder,
Ein Trostwort, wie in mir ich es verspüret! —

So wie beim Sonnenaufgang hin und wieder
Am Himmel ziehn der leichten Wolken Schaaren,
Und also, wenn zum Meer sie sinket nieder,

So zieht sich das Gespinnst von kurzen Jahren,
Wir nennen's Leben, um den Stern der Sonnen,
Der in uns glüht, wie wir es oft erfahren.

Er sinkt ins Liebesmeer, dem er entronnen,
Um neu verjünget wieder aufzuleuchten,
Der Sonne gleich, wenn sie das Ziel gewonnen.

Doch die sie röthete, die Wolken, feuchten
Als Thau die dürre Flur, den Keim der Blüthen,
Den sie am mütterlichen Busen säugten.

Was wir in unsern stillen Mauern hüten,
Ihr Brüder, sind der Sphäre Harmonieen,
Die, alle Sonnen, einst aus Gott erglühten.

Wir, alle Sonnen selbst, wir alle ziehen
Ein jeder in den angewies'nen Kreisen;
Wir alle können nicht dem Meer entfliehen.

Und unsre Kunst sie soll uns unterweisen
In den durch Maaß und Zahl gewölbten Hallen
Durch Einklang uns als Sphären zu beweisen.

Des Lebens Jahre zwar es sind Vasallen
Von Zeit und Raum, die wie die Wolken schwinden,
Doch wie der Thau zur Erde niederwallen,

Um, strahlbefruchtet, Blüthen zu entzünden.
So müssen auch, wenn wir ins Meer versinken,
Die wir gelebt, die Jahre, von uns künden.

Das, Brüder, ist's, was uns die Todten winken,
Die Sonnen, vor uns hingelangt zum Ziele,
Wo an der Liebe Brust sie Leben trinken. —

Sie mahnen uns, daß wir im Sturmgewühle
Die Strahlen um so freudiger entfalten,
Durch freies Ueben herrlicher Gefühle! —

Daß wir im Frost des Lebens nicht erkalten,
Daß in den allzu schnell entschwundnen Jahren
Befruchtend wir der Menschheit Keim gestalten.

Als solche Sonnen uns zu offenbaren
Einträchtig, Jeder einzeln, allesammt —
Das schwöret! — Zeugen sind die Geisterschaaren. —

Der Meister schwört's bei diesem Todtenamt!
Dann haben wir den rechten Trost erfahren,
Der nicht von Außen, der von Innen stammt.

Drauf gebt den Handschlag euch mit Bruderhänden.
Dir, Fernow, wir dieß Flammenopfer spenden!
Glück auf zur Saat — der Meister wird's vollenden! —

Ankunft zu Cöln.

(Im Juni 1809.)

Fragment.

Die wilde Gier, mich pilgernd zu betäuben,
Die nirgend ruhen mir vergönnt noch hausen,
Trieb wieder mich gen Cöln, dem alten, treuen;
Wild war der Rhein, und ließ die Wogen brausen,
Als wollt' auch er sich, mich zu tragen, sträuben;
Als wollt' auch ihn, mich zu erfreu'n, gereuen.
Doch wollt' er mich erfreuen,
Denn bei den sieben Bergen wallt' er linder,
Und sandt', als er nach Cöln mich hingetragen,
Auf glühend goldnem Wagen,
Den Mond herauf, den Schmerzenüberwinder!
Gestärkt begrüßt' ich nun beim Vollmondsscheine,
Dem ich vertraut, das alte Cöln am Rheine.
Der Mond, als ich den Rheinberg hatt' erklommen,
Erschien auf deutschem Ufer gleich der Schale,
Die, blutigroth, Johannes Haupt getragen;
Doch als mein Blick ihn sah zum zweiten Male,
Da hatt' er schon die Wogen angeglommen,
Ein glühend Schild, sah ich empor ihn ragen, —
„Entfleuch," sprach ich zum Zagen! —
Was ist der Schmerz, der in den Thälen wüthet?
Eine Leiter ist's zu den bestirnten Auen,

Wo wir den Herren schauen;
Den Herren, der auch Deutschlands Dichter hütet!
Des Rheines alte Wogen in dem jungen
Mondstrahle freudig, sie, die ew'gen, sprungen! —

Am Morgen drauf, da ward mir wieder bange,
Drum floh ich hin zu jenen heil'gen Stätten,
Die Cöln, das alte, hat erbaut in Segen.
Ich hätte gerne vieles mögen beten,
Doch konnt' ich das nur: Herr, wohl weilst du lange!
(Denn lange kam auch mir kein Trost entgegen! —)
Da strömt' ein Feuerregen,
Die Gnad' als Lava hin auf mich Verruchten.
Wo Thaugeträufel nicht die Schläfer wecken,
Da endet Gott den Schrecken;
Das kennen, die durch Quaal gerecht Versuchten;
Das kenn' auch ich! — der sanfte Mond erweckte
Mich nicht; jedoch der Donner, der mich schreckte.

Auroren's Thränen.

Auf die Fürstin von Rudolstadt.

(Im Juni 1809.)

Pilger.

Was wollt ihr mir, ihr Thränenperlen, sagen,
Die gleich des Morgenhimmels Thaukrystallen,
Auf meines Lebens Wüste niederwallen,
Erquickend sie, die schier verdorrt von Plagen?

Thränen.

Uns hat in ihrem Heiligthum getragen
Aurora, die aus reinen Azurhallen,
Purpurgeboren, tröstend aufging Allen,
Die schauend sie, noch ob der Nacht verzagen.

Des stammverwandten Volkes der Titanen
Erloschne Hoheit lebt in deren Quaalen,
Die selber lebt im Reich des Freud'gen, Klaren.

Drum schmückt sich selbst Ihr Schmerz mit Phöbus Strahlen,
Sie, trauernd, spendet Lust auf ihren Bahnen,
Und Perlen dir!

Pilger.

Ich will sie treu bewahren!

An Henriette Görlitz.

(Im Juni 1809. Bei Gelegenheit eines Liedchens von Gleim, das sie mir auf dem Anger von Rudolstadt vorsang.)

Ausgesöhnet ist der Fluch,
Aber wandellos der Spruch:
Sterben muß und aufersteh'n,
Was da will das Leben seh'n.

Sterben muß die düstre Gluth
Die noch in der Selbstheit ruht;
Aufersteh'n des Lichtes Macht,
Durch den Glauben angefacht.

Unsre Herzen sind das Grab,
Senket tröstend mich hinab,

Glaube, Lieb' und Hoffnung ihr,
Oeffnet uns der Grabes Thür.

Daß wir, Herr, dich schauen an,
Und im Glauben dich umfahn;
Daß, von schnöder Regung frei,
Unsre Losung Liebe sey. —

Hilf uns so dem Staub entflieh'n,
Nur für das was ewig glüh'n,
Daß wir hier schon aufersteh'n.
Wo der Hoffnung Palmen weh'n!

Die Schwarzburg.

(Juni 1809.)

Der Pilger, mit seiner getreuen Quaal,
Er zieht in das hügelumkränzte Thal;
Auf einem Hügel steht, hochgethürmt,
Die hohe Schwarzburg, vom Höchsten beschirmt.
Und wie er hinaufzieht, bedünkt's ihm, es walten
Dort noch die heil'gen, erloschnen Gestalten.
Die Kaiser, die alten, im Kaisersaal,
Die Churfürsten auf dem klaren Pokal,
Graf Günther mit Caroli Magni Kron',
Alles weht an ihn mit Geisterton!
Aus ihren stummen Conterfei'n
Die zürnenden Helden ihn dräuend an schrei'n.
Und wieder ins Thal herunter die Spur
Treibt ihn, ihm winket die maiige Flur.

Und es spreitet sich aus die smaragdene Au,
Wo die goldreiche Schwarza hinschlängelt blau;
Auch unter den Blüthen muß er, in grauen
Wolken, sein Schicksal, das schreckliche, schauen.
Und eilend fleucht hin er, durch die waldige Schluft,
Sie lächelt ihm heimisch, eine Todtengruft;
Und die Guten, die mit ihm, dem Fremdlinge, zieh'n,
Als ihren Bruder erkennen sie ihn;
Und welkt ihm auch früh schon die Blüthe des Lebens,
Zerstäubend, befruchtet, fiel sie vergebens! —
Und weiter, und freud'ger erschleußt sich das Thal,
Still folget dem Pilger die treue Quaal!
Und Saalfelds Thürme im hoffenden Grün,
Wie Finger Gottes von ferne glüh'n;
Den Blutfleck durch Frieden der Blüthen zu söhnen,
Wo das Schicksal zertrat den Helden, den schönen! —
Und immer wonniger dehnt sich die Au,
Und der Wolken weissagendes, düsteres Grau
Zerrinnt in der feuchten verhülleten Flur,
Und minnend umschlinget das Herz die Natur!
Der Pilger muß ruhlos vorüberwallen,
Doch hört er die Glöcklein der Heimath erschallen;
Und es breitet vor ihm das Weichbild sich aus
Von Rudolstadts altem, gesegnetem Haus! —
Einen Garten von Wiesen und Feldern er schaut;
Den Garten, der Segen hat ihn bebaut;
Und die Krone des Baumes, deß Wurzel der Segen,
Das Schloß, strahlt den friedlichen Häusern entgegen;
Zu des blinkenden Bergschlosses Burgfrieden ziehen
Die Schritte des Pilgers, der Quaal zu entfliehen;
Und höher, und höher steigt er heran,
Und die Quaal, die getreue, die lächelt ihn an.
Im Thale zieh'n Gatten mit ihren Kleinen,
Und die Quaal, die starre, hebt an zu weinen!

Da beut dem Pilger das schirmende Dach
Die Bergburg — ein zieht er, die Quaal ihm nach!
Und Leben wimmelt am Hausaltar,
Der Fürstenkinder ihn kränzende Schaar!
Und der Pilger, der todte, frägt was will das geben,
Will einmal mich wieder äffen das Leben? —
Und auf schließt die Bergburg den gastlichen Saal,
Zurück zieht beschämt die düstere Quaal,
Denn die Fürstinnen, die hohen drei,
Die Purpurgebornen, die, klar und frei,
Thronen auf Rudolstadts blinkenden Zinnen,
Sie dulden die Magd nicht, drum schleicht sie von hinnen.
Und des freudigen Landes Herrin heran
Tritt, Caroline, zum Pilgersmann,
Und reicht ihm den Labetrunk, gönnt ihm zu ruh'n
Im Herzen, dem wunden, will wohl ihm das thun!
Er nimmt die Harfe, es schweben ihm nieder
Die Engel verstorbener Jugendlieder!
Aber auch in der lächelnden Engel Zahl
Folgt der himmlischen Botin die dunkle Quaal!
Und durch die Nähe der Engel kühn,
Wagt's Carolinen sie an zu glüh'n!
Doch kaum erblickt sie der Herrscherin Zeichen,
So muß der waltenden Milde sie weichen! —

An Henriette Händel.

(Mannheim im Sommer 1809.)

Wem kann ich, hehres Wesen, dich vergleichen,
Als nur allein dem königlichen Schwane,

Phoibos Geweihten an Kastiliens Bronnen!
Wie der von dem smaragdnen Wiesenplane
Zieht wellenspendend zu krystallnen Reichen,
Dann auf sich schwingt zum Aether, sich zu sonnen;
So, Königin der Wonnen,
Seh'n, wo du bist, wir bald die Freuden grünen,
Bald aller Schönheit Wellen dich umschlingen,
Die auf du regst, und bald auf weißen Schwingen,
Den mächt'gen, dich des Sonnenflugs erkühnen!
So dienen dir des Lebens Elemente,
Wie alle Herzen, die dein Blick entbrennte.
Doch was nur denen kund, die dir verbündet,
Sobald sie treu, dein innres Seyn erlauschet,
Ist: daß dem Schwan es ähnlich ist an Reine
Wie Dein Gefieder auch die Farben tauschet,
Wenn von den Fluthenperlen es entzündet,
Sich badet in der Sonne Wiederscheine;
Doch bleibt das Weiß alleine
Als das Symbol des Lichts, des ewig klaren,
Es bleibt ihm! In der Elemente Gährung
Hast du des Künstlers ewige Bewährung,
Den Kindessinn, dir treu gekonnt bewahren!
Die Unschuld, die im Kampf wir nur erlangen,
Dein ist sie, drum hältst du mein Herz gefangen!
Ich, dir verwandt an Muth und auch an Treue,
Hab' ich auch nicht, wie du, den Preis errungen,
Im Kampf — ich leiste dir den Schwur der Treue!
Ihr Schwanlied hat Germania gesungen,
Des Mimen Kunst, die stets beweglich neue,
Starrt auch, vergessend ihrer hohen Ahnen.
Aufs neu den Pfad ihr bahnen
Du sollst es; weil es dir ist offenbaret,
Im Fluthenspiegel, den dein Fittig reget,
Das Siegel, das der Schoos der Tiefe heget;

Das Wesen mit lebend'ger Form gepaaret,
Du (Phöbus müßte sonst mir Lügen künden)
Wirst im Beweglichsten das Feste gründen.

Liebe und Freundschaft.

(Den 16. September 1809.)

Lieb' und Freundschaft gingen einst spazieren,
Wo bei Lebensquellen Hügel blüh'n,
Sich in Wonnen badend Schlangen glüh'n,
Eslein unter schöner Last stolzieren.

Liebe wollte tanzend jubiliren,
Laut und fröhlich, wild und lebenskühn;
Freundschaft aber mit dem Eichengrün
Sich die lorbeerreiche Stirne zieren.

Und des Quelles Muse trat heran,
Zürnend ob der Liebe Taumeltanz
Kränzte Freundschaft sie mit duft'gem Band.

Fliehen mußte Liebe ohne Kranz!
Doch der Muse Zauberduft zerrann,
Freundschaft, treu, die Liebe wiederfand.

Italienischer Sonnenaufgang.

(Gedichtet auf dem Wege zwischen Villanova und Asti im Piemontesischen, den 11. November 1809.)

Hinein, hinein in's Morgenroth,
Die Mettenglöcklein klingen,
Die bunten, freud'gen Schimmer nah'n
Auf ihrer diamantnen Bahn,
Der Siegerin von Nacht und Tod,
Der Sonne Lob zu singen!

Wie sie voran der Herrin flieh'n,
Da röthet Scham die Wangen
Der Riesen im Krystallgewand,
Der Gletscher, die, von Lieb' entbrannt,
Die sie zu Sternen will erziehn,'
Im Weiß der Unschuld prangen!

Als Säulen tragen sie den Dom,
Den Liebe hat erbauet,
In dem die Sonne wird vermählt
Dem Urlicht, das sie hat erwählt,
Wie Gottes Kirche ward zu Rom
Dem Heiland angetrauet. —

Sie nahet; Lucifer erblaßt!
Ein Weltmeer von Sapphiren
Und Jaspis und Rubinen dann
In Wonnewellen strömt's heran,
Um von der Sonne Brautpallast
Die Kuppel auszuzieren!

Und da — o ew'ge Herrlichkeit,
Dein Bild schon scheucht die Quaalen! —
Da ist sie, die die Welt erfreut,
Die aus die Sternenblüthen streut,

Da, mit Millionen Strahlen!
Wer, Lichtbraut hochgebenedeit,
Kann deine Schönheit malen?! —

Von Sehnsucht glüht ihr Angesicht,
Bald flammt es vor Verlangen,
Und aus den Schöpfungsadern bricht,
Aus allen Schöpfungsaugen spricht
Entgegen ihr das treue Licht,
Mit hochzeitlichem Prangen! —
O dieß Mysterium malt sich nicht,
Doch Liebe kann's empfangen! —

Der Pilger in Italia
Bezeugt, weil er's empfand und sah;
Gluth wird durch Licht versöhnet!
Ihm winkt zu Roma's Lorbeerstamm
Der Phöbus mit der Oriflamm,
Er zieht, der Schuld noch unterthan,
Doch ist's, als wolle Trost ihm nah'n —
Wird sie wohl dort versöhnet?! —

Die Pannerherren der Kirche.*)

(Piacenza den 14. November 1809.)

Inmitten von Piacenza's alten Zinnen
Prangen zwei Heldenbilder, zwei Colossen,
Dem Stamme der Farnesen beid' entsprossen,
Zierden der prächt'gen Zeit, die längst von hinnen!

*) S. R. E. Gonfaloniere perpetuus, werden die beiden Herzoge Ranuntius und Alexander Farnese auf ihren zu Piacenza befindlichen Ritterbildsäulen genannt.

Als ob den ew'gen Thaten nach sie sinnen,
Stehen sie da, aus güldnem Erz gegossen,
Da, auf den ungeheuren Feuerrossen,
Aus deren Augen, Nüstern, Blitze rinnen! —

Der ew'gen Kirche stumme Pannerherr'n,
Ihr donnert s unsrer thatenreichen Zeit,
Wie sie verarmt ist an Unsterblichkeit!

Jedoch vernehmt's, die Stund' ist nicht mehr fern,
Wo, was ihr schwangt, den Völkern neu erscheint;
Das Kreuzpanier, durch Zornesfluth gereint! —

Die Mutter.

Romanze.

(Casteggio den 13. November 1809.)

Es hat auf Pilgers stiller Spur
Der zwölfte Tag begonnen,
Noch schlummert um ihn die Natur
In Nebelduft zerronnen;
Doch in ihm säuselt Morgenweh'n,
Er wagt es gläubig aufzuseh'n
Zum ew'gen Liebesbronnen.

„Wie hast du, Liebe, mütterlich
Mich immer doch geleitet!"
Er spricht's, und weinet bitterlich,
Doch wird sein Herz erweitet.
„Wie hast du treu dein Flügelpaar
Auf mich, der immer treulos war,
Doch immer ausgespreitet."

„Zwar drückt noch Centnerschwer die Schuld,
Die tief mein Herz betrübet;
Doch immer ist's, als ob die Huld
Den Stein vom Grabe schiebet.
Laß ab, o Held, du folterst mich,
Wer fehlte schwerer wohl als ich,
Und wer ward mehr geliebet?!"

„O meine Mutter!" — Er vergießt
Den Strom der bittern Zähren,
Wie Regen auf die Wüste fließt,
Die dürre Au zu nähren.
„Ach Niemand liebt' und litt, wie du,
Wer kann, die ich zertrat, die Ruh'
Mir außer dir gewähren?!"

Da kräht der Hahn! dem Pilgersmann
Will schier das Herz erbleichen,
Denn seine Schuld steigt himmelan,
Zwingt sein Gebet zu weichen;
Und schwarze Wolken sonder Zahl
Umzieh'n den ersten Morgenstrahl,
Ein ahnungsschweres Zeichen!

Doch eine weiße Lichtgestalt
Sieht er im Strahle ziehen,
Und wo sie klar vorüberwallt,
Die dunklen Nebel fliehen;
Er sieht in ihrer zarten Hand,
An einem rosenfarbnen Band
Die goldne Harfe glühen.

„Du bist es Mutter, hast du mir
Die Harfe nicht gegeben,
Sie, die dem Psalmenton in dir
Schwach konnte nach nur streben.

Du qualenfreud'ge Sängerin,
Blickst du auf mich den Sünder hin,
Sprich, kannst du mir vergeben?"

Der Strahl erblasset; es verrinnt
Das tröstende Gesichte;
Doch in den dunklen Wolken schwimmt
Ein Schimmer stets vom Lichte.
Da regnet's! — ferner Glockenklang
Ertönt — es schweigt des Büßers Sang;
Still zieht er zum Gericht!

Die steinernen Kirchenväter.

(Borgo San Domino, den 15. November 1809. Bei Gelegenheit von zweien steinernen Löwen, die dort die Säulen des Portals einer Kirche tragen.)

Zwei wüth'ge steinerne Leuparden tragen
Der Kirchenhalle schlanke kühne Säulen;
Die Grimm'gen hat des Künstlers Hand mit Keilen
Zu Piedestalen des Portals geschlagen.

Ha, wenn sie lebten, würden sie's nicht wagen
Der allzukühnen Bürde zu enteilen?
Dann würd' der Säulen Einklang schnell sich theilen,
Zertrümmern, was jetzt stolz empor darf ragen.

So dienet selbst das Böse der Erscheinung
Dem Künstler, drauf zu bau'n mit weisen Sinnen
Die Hallen, die zum Liebestempel führen.

Doch läßt er von des Bösen Lust sich rühren,
Dann fehlet seinem Baue die Vereinung,
Und seine Schöpferfreude muß zerrinnen.

Der Tarrofluß.

(Wie wir am 15. November 1809 auf eine komische Art hindurch getragen wurden.)

Der kleine Tarrofluß war angeschwollen,
Uns trugen Bauern huckpack durch die Fluthen;
Dem, auf des Schultern meine Beine ruhten,
Konnt' ich zwei Soldi nur mit Lachen zollen!

Dieß Possenspiel gleicht dem verständig tollen
Philisterleben, wo die edlen guten
Philister sich es lassen wohlgemuthen,
Wenn huckpack, huckauf sie zum Lethe trollen.

Unter einander könnt ihr Herrn es wagen!
Wenn dieser aufhuckt, muß sich jener bücken,
Und das nennt ihr dann weislich Toleranz.

Doch wagt es nicht von Poesie zu sagen,
Als grifft dem Pegasus ihr nach dem Rücken;
Was ihr begreift, ist höchstens nur — sein Schwanz.

Vor Rom.

(Den 9. December 1809, als am Morgen desselben Tages gedichtet, an dem ich zu Rom anlangte.)

Also heute soll ich dich erblicken,
Herrlichstes der Wunder dieser Erde,
Freistatt einst gewaltiger Dämonen,
Tempel Gottes jetzt, der nie sein Werde
Sprach mit so allmächtigem Entzücken,
Als da dich er schuf, auf dir zu thronen;
Heute soll ich wohnen,

Wo die alten Weltenherrn gehauset,
Wo der Weltenretter Blut geflossen,
Wo, auf Gräbern heiliger Colossen,
Auferstehungsost durch Lorbeern sauset,
Heute soll ich Petrus Riesendom,
Dich erblicken, götterreiches Rom! —

Leih' mir, Morgenröthe, deine Schöne,
Deinen ersten Strahl, erstandne Sonne,
Brautnacht, deine Schau'r, Gebet, dein Schauen,
Ihr Symbole höchster Liebeswonne,
Leiht euch mir anstatt der armen Töne,
Auszusprüh'n mein freudiges Vertrauen:
Daß auf diesen Auen,
Wo der Thron der Herrlichkeit gegründet,
Ich, der auch zur Herrlichkeit erkoren,
Sie durch Schuld und Schwäche hat verloren,
Wieder neu der reinen Kraft verbündet,
Rettung find' aus dem Gewühl der Zeit,
Die auch mir vererbte Göttlichkeit

Ha, zersprengen will ich alle Ketten,
Nicht der Sünde bloß, nein, auch des frommen
Wahns, als sey im Traume nur der Friede;
Rom, du hast auch mir den Muth entglommen,
Um der Welt Palladium zu retten,
Zu bewahren es im ew'gen Liede!
Ob auch von mir schiede
Jugend, Unschuld, Himmelsblüthen,
Ich beweint' euch, ich will nicht mehr weinen,
Eins nur blieb mir, will mir nun erscheinen,
Treu will ich's, das einzig Treue hüten:
Die mir angestammte Schöpferkraft,
Die, wie Gott, durchs Wort die Welt erschafft!

Jugend, mag dein Veilchenduft zerrinnen,
Unschuldlilie, mag dein Weiß zerstieben,
Rosenschmelz der Liebe, sey vergangen!
Gluth fühl' ich, die ganze Welt zu lieben,
Muth, mich selbst als Kunstwerk zu beginnen,
Gier zum Kampf, wie Helden Gottes rangen!
Fleuch! ruf' ich zum bangen
Schmerz. — Entschüttelnd mich dem Nebeltraume
Will in schöner Erd' ich Wurzel schlagen,
Mich der Ceder anzuranken wagen,
Die den Wipfel schirmt vom Lorbeerbaume! —
Rom, da thront es! — Ueber Petrus Grab
Strahlt vom Petersdom des Glaubens Stab! —

Der Petersplatz.

(Rom, den 9. December 1809.)

„Christus, der Heiland sieget und regieret,
Christus, der Heiland, wird von allem Bösen
Sein von ihm auserwähltes Volk erlösen!“ *)
Also steht's in dem Obelisk graviret,

*) Die Inschrift des aus einem Stücke ägyptischen Granits gehauenen Obeliskes auf dem Petersplatze zu Rom, auf die hier angespielt wird, lautet wörtlich folgendergestalt:

Christus vincit,
Christus regnat,
Christus imperat,
Christus ab omni malo
Plebem suam
Defendit.

Der von Sankt Peters Dom den Vorhof zieret;
  Zu beiden Seiten freud'ges Wässertosen
  Und Säulgewirr, das rein sich auf will lösen
Am Bau, wo alle Schönheit triumphiret.

Den Tempel aller Tempel hat erkoren
  Sich unser Gott, drin uns, die ihn verloren,
  Zu nah'n in menschlich schönster Gloria;

Das Ungeheure Seiner Allmacht schwindet
  In Harmonie, die tröstend uns umwindet,
  Und als Erlöser lächelt Jehovah!

Heldengräber.

(Rom, den 14. December 1809.)

Indeß in Deutschland Alles rezensiret,
  Selbst Herrlein, kaum entronnen ihren Ammen,
  Zu schlecht, als daß der Herr sie mag verdammen,
Der nicht die Herrlein, nur die Herrn regieret;

Da steht mit alter Herrlichkeit gezieret,
  Italia in vollen Liebesflammen,
  Die jenen alten Weltenherrn entstammen,
Die Kraft und Einfalt hat glorifiziret!

Und wenn ich an nun schaue was vergangen,
  Die Marmorgräber mit dem Lorbeerrasen,
  Deckend der stillen Weltenherrn Geschlecht:

Möcht' ich die lauten Herrlein mit den Nasen
  An jene Gräber stoßen, mit den langen
  Gelbschnäbeln — wären sie nicht allzu schlecht! —

Zacharias Werner's
Sämmtliche Werke.

Aus seinem handschriftlichen Nachlasse

herausgegeben

von seinen Freunden.

Zweiter Band.

Einzige rechtmäßige Original-Gesammtausgabe in 13 Bänden.

Grimma,

Verlags-Comptoir.

Zacharias Werner's
Poetische Werke.

Zweiter Band.

Gedichte vom Jahre 1810 bis 1823.

Grimma,
Verlags-Comptoir.

Inhalt.

IV. Gedichte vom Jahre 1810 bis zu Werners Tode.

IV.

Gedichte

von 1810 — 1823.

Italia, auf deren heitern Fluren
Wie Feu'r- und Wolkensäul', sich scheinbar trennen,
Im Seyn vereinigt sind die Dioskuren,
Die Heiden Schönheit, Christen Gnade nennen,
Italia, die Deinen Sinn erfuhren,
Sie lernen dieses Räthsels Deutung kennen;
In Demuth wandeln in der Wunder Mitte,
Befestigen, beschränken sie die Schritte.

Doch sonderlich die Pilger, die entsprungen
Dem Mutterlande sind, wo sie geboren,
Die, weil sie unstät hierhin, dorthin drungen,
Mit jedem Schritte mehr die Spur verloren,
Und einsam, nicht von Freundes Hand umschlungen,
Den einzig ihnen Uebrigen erkoren,
Den Schmerz — sie lassen unter Deinem klaren
Azur den düsteren Gesellen fahren!

So seh'n sie in den Gletschern, die, Giganten
Vergleichbar, jenseits Piemont sich thürmen,
Und in den mittelländ'schen, sonnentbrannten
Meerwogen, die mit Liebeswuth bestürmen
Lombardia's Myrthenhaine, nur Trabanten,
Die Deinen Vorhof, Friedenshütte, schirmen,
Auf daß in Dir, befreit vom Trüben, Kalten,
Die Opfergluth sich heiter mög' entfalten.

Und wenn Piacenza's Zinnen sie durchzogen,
Wo der Farnesen Erzgestalten glänzen,
Und Parma's Weichbild, wo, bei Ceres Wogen,
Die trunk'nen Ulmen schlanke Reben kränzen,
Und Modena's, Bologna's Flur durchflogen,
Wo Marmorvillen schön den Blick begränzen,
Und überstiegen dann die Appenninen,
So ist das Thor des Heiligen erschienen!

Denn heilig Land darf ich zu nennen wagen,
Wo die von Medicis das Licht erblicket;
Kann nied're Demuth ihren Stolz verklagen,
Der wie den Panzer, den Talar geschmücket,
Des Geistes Flammen kühn hat angeschlagen?
Zwar sind an deren Dunst wir hier ersticket,
Jedoch ein Fürstenspiegel ist geblieben,
Der Medicäer fürstlich Schönheitslieben!

Doch, wenn ein weiser Fürst das Heil der Erde,
Wie Thau den Keim erweckt der Blüthenauen,
Weil Jeder kann am heil'gen eig'nen Heerde
Das Haus erbau'n und dem Gesetz vertrauen,
So ist doch heil'ger, wenn, wie Gott, das „Werde"
Ein Meister spricht, der Gottes Glori schauen
Und an sie deuten kann, sein Hierophante,
D'rum sey mir heilig, Vaterland des Dante!

Es hat der Herr, der immer auf uns wendet
Die Vateraugen und den Blick der Gnaden,
Wohl manchen ew'gen Meister uns gesendet,
Zumal, wenn wir von schwerer Zeit beladen,
Doch keinen hat er je der Welt gespendet,
Der kühner sich in seinen Strahlen baden
Und tauchen konnt' in seine Schreckensgluthen,
Als jenen Riesengeist, den Schönen, Guten!

Denn wer der Meister, die im ew'gen Liede
Des Menschenseyns Unsterblichkeit bekunden,
Dieweil durch ihre Macht der Liebe Friede
Entfesselt und der Tod ward überwunden,
Hat, ob er noch so künstlich auch ihn miede,
Nicht endlich doch den dunkeln Punkt gefunden,
Den seines Geistes Leuchten nicht durchscheinen,
Bei dem er still steh'n muß, um still zu weinen? —

Dem Archimed allein des Hochgesanges
Hat Christus selbst das Sternenthor erschlossen,
Hat ihm, auf Schwingen seines goldnen Klanges,
Den Gnadenpfeil in's kühne Herz geschossen,
Höll', Reinungsfeuer, Paradies durchdrang es
Dieß Herz, ein Blitz deß, der das Heil ergossen,
Durchdrang und niederrang's den Geometer
Als Lieb', er Sonnen rollen sah am Aether!*)

Doch schweige, Lied, von dem, dem ich erliege!
Ihr aber wollt des Räthsels Wort verstehen,
Daß Dante's bergumkränzte Lorbeerwiege
(Wo mir, am Dome, seines Geistes Wehen
Entgegensäuselnd Hoffnung gab zum Siege,
Sollt' ich durch wilde Zeit auch untergehen,
Gleich ihm!) — daß ich Italiens Wundermitte,
Florenz, das Heil'ge hieß der Friedenshütte.

Doch Alles, was vom Alten und vom Neuen,
Wenn Ewiges wär' alt und neu zu heißen,
Will zu Florenz des Menschen Herz erfreuen,
Aus seinen engen Schranken es will reißen,
Das Alles (noch muß ich's zu künden scheuen,
Weil ich mich erst zu reinen muß befleißen!)
Das Heil'ge selbst, nur nicht sein Geist, muß sinken,
Seht Roma's Allerheiligstes Ihr blinken! —

Vom Venusberg erzählt die Wunderkunde,
Daß, wenn von dort die fernen Töne klungen,
Der, welcher sie vernahm zur nächt'gen Stunde,
Urplötzlich ward von Sehnsucht ganz durchdrungen,
Und, daß er nie vom süßen Weh gesunde,
Es wie mit Zauberbanden ihn umschlungen,

*) Anspielung auf den Schluß von Dante's Divina Commedia.

Gezogen habe fort durch Ström' und Auen,
Wie er den Berg geschaut im Morgengrauen.

Und wenn erglommen er des Berges Pforten,
Sey Geistesgruß entgegen ihm geschwommen,
Hinunterlockend ihn zu stillen Orten,
Wo Diamant, Smaragd, Rubin entglommen;
Nur selten wer und wer auch sey von dorten
An's dunkle Tageslicht zurück gekommen,
Doch immer wieder sey mit Zaubertönen
Er hingelockt zur Venusburg, der schönen! —

So tönte mir auch schon als zartem Knaben,
Am trüben Ostseestrand, verworr'ne Sage
Vom klaren Rom, das aller Götter Gaben
Geweiht zur hohen Freistatt würd'ger Klage;
Wie Sünde, Schmerz und Reue mich auch haben
Verfolgt, vom frühsten bis zu diesem Tage,
Doch stets, und selbst im wilden Wüstenwallen,
Hört' ich der fernen Roma Glocken schallen!

Und als ich schier erlag trostlosen Schmerzen,
(Den Schmerzen, die verdammen, statt zu segnen!)
Als mir verbargen sich die Himmelskerzen,
Die Thränen selbst mir nicht mehr wollten regnen,
Und als allein ich stand mit meinem Herzen,
Allein! — (es möge Keinem das begegnen!) —
Da kam, als ich mich kaum mehr konnte regen,
Die Hohe mir mit Huld und Trost entgegen!

Und von der Peterskuppel höchsten Spitze
Flog Michel Angelo, mich loszubinden,
Im Vatikan, mit seinem Farbenblitze
Heilt' Raphael die Augen mir, die blinden,

Und niederschwebt vom goldnen Wolkensitze
Der Eros, der, mag er auch oft verschwinden,
Uns wieder naht, und selbst durch unsre Sinnen
Uns zu dem ew'gen Heile will gewinnen!

So sah aus Glauben, Hoffnung, Lieb', den Dreien,
Ich den Demant, Smaragd, Rubin mir gleißen;
Als Räthsel nur konnt' ich zu konterfeien,
Was selbst mir noch ein Räthsel, mich befleißen.
Der sich mir zeigte, mög' er mich befreien,
Dem Schrei'n, dem Treiben, mich der Pein entreißen,
Der Friedensberg! Doch, müßt' ich auch ihn meiden,
Nie wird von ihrem Eros Psyche scheiden! —

Das ist des Räthsels Wort. Wem es genüget
Das Wort, der kann die Räthsel all' erklären,
Und, was die Zeit auch über ihn verfüget,
Er weint sie nicht die hoffnungslosen Zähren.
Die Zeit, die falsche, nicht die Dichtung lüget.
Was Wolken thürmt, muß den Azur verklären:
Bald wird mit Flügeln, Köcher, Pfeil, den Reinen
(Sie kennen Ihn!) der reint und eint, erscheinen! —

Bis dahin nehmt, was ich mit treuem Sinnen
Euch aus des Helles Heimath und des Schönen,
Wo immer noch die Lebensbäche rinnen,
Und immer noch die Friedenspsalmen tönen,
Wo Lebensmüde Stärkung sich gewinnen,
Und die mit sich Entzweiten sich versöhnen,
Nehmt gütig an das Oelblatt, das ich sende
Vom Lande, wo der Anfang und das Ende! *)

---

*) Es wurden nämlich diese Stanzen von Rom aus nach Deutschland an einen Kreis gebildeter Freunde in jener bangen Zeit gesendet, wo das sichtbare Oberhaupt der Kirche geächtet war, und sie selbst, wie Europa, noch unter der, ihrer äußern, plumpen Erscheinung nach, seitdem untergegangenen Welttyrannei, schmachtete.

Der aufgeregten Sündfluth wilden Wogen,
Der schwache Sang kann ihnen nicht gebieten,
Der Sänger wird von außen fortgezogen,
Denn ihn umstürmet auch der Wellen Wüthen
Doch wenn er schimmern sieht den Bundesbogen,
Das kann, mit Gott, im Innern ihn behüten,
Und wie zum Noah flog die fromme Taube,
Bringt er der Welt, was nicht der Fluth zum Raube! —

Zwar will der Dichtung schier die Kraft gebrechen,
Die Wirklichkeit, die hohe, zu erreichen,
Die jetzt, uns heilend von den sünd'gen Schwächen,
Sich offenbart in kühnen Wunderzeichen.
Empört ob vor'ger Nichtigkeit Erfrechen,
Ist jetzt dem nächt'gen Meersturm zu vergleichen
Die Zeit! — Und was wir Kunst und Weisheit nennen,
Sind Zwillingssterne, die im Dunkeln brennen.

Wenn Well' an Welle sanft und leise gleitet
Wenn auf dem unbewegten Fluthenplane
Nicht mit dem Boreas Poseidon streitet,
Und Phöbus schwingt die goldne Friedensfahne,
Wenn Uranos, den Purpur ausgespreitet,
Mit Milde naht dem Vater Oceane;
Dann freut der Schiffer sich der Bahn, der weiten,
Vergessend oft der Sterne, welche leiten.

Doch wenn die Windsbraut brausend sich empöret
Und durch die Wogen schrei't im Zornesfeuer,
Neptun, im Frieden seiner Burg gestöret,
Zum Kampfe ruft die Meeresungeheuer,
Wenn, statt des Strahls, nun Phöbos Blitz bethöret
Die Nacht, sich einhüllt Uranos, sein Treuer,
Und Ocean erhebt die Riesenlieder;
Dann suchen wir die Zwillingssterne wieder!

Woran könnt' auch des Schiffers Blick sich halten?
Das Dunkel deckt ihn ja mit Rabenschwingen!
Am Tage sah er freundliche Gestalten,
Ein Meer von Funken in dem Weltmeer springen,
Jetzt, wo das Schiff am Felsen sich will spalten,
Jetzt kann er nicht die tiefe Nacht durchdringen,
Und Hoffnung kann mit thränenmüden Augen
Er nur aus jenen milden Sternen saugen! —

Italien, als Deine Prachtruinen,
Die zweier Welten Herrlichkeit begränzen,
Nach Winkelmanne'n, Göthe'n einst erschienen,
Und hin sie winkten zu den Lorbeerkränzen,
Als Stollberg, der, die Palme zu verdienen,
Sich würdig stolz entrang den Musentänzen,
Als jenes Meisterpaar und dieser Weise
Dich sah'n, da war das Weltmeer noch im Gleisel

Sie konnten Deiner Schöne sich erfreuen,
Und schwelgen in der Herrlichkeiten Mitte,
Die alten Weltenwunder und die neuen
Beschwingten jeden ihrer kühnen Schritte,
Und wollten sie, was unterging, bereuen,
Die lebensvolle Welt, die Vätersitte,
Doch hatte sich der Fülle, die verschwunden,
Ein Uebermuth der Sehnsucht schön entwunden:

Wie anders hab' ich, Roma, Dich getroffen,
Dich, hehre Mutter alles Heiligschönen!
Ich rann zu Dir, mit dem gerechten Hoffen,
Du würdest mit dem Schicksal mich versöhnen,
Und was erblickt' ich! — Nero's Grabmahl offen,
Des alten Würgers Manen, die Dich höhnen:
Daß, vor des neuen Nero Frevlerblitzen,
Selbst Katakomben Deine Treu'n nicht schützen!

Ach ich, dem Sterne, als ich ward geboren,
Die Freude nur zum Schmerzenleiter schenkten,
(D'rum auch in Allem, was ich je erkoren,
Sich meine Schritte stets zum Abgrund lenkten!)
Ich, dem die Lust, die volle, ging verloren,
Weil Schuld und Strafe sie in's Grab mir senkten,
Mag And're goldner Wein des Lebens kühlen,
Nach meinem Gold muß ich in Gräbern wühlen!

Doch wenn auch Roma's Marmorbilder alle,
Und alle Tempel, Forums, Colisäen,
Wenn Pästo's meerumspülte Säulenhalle,
Und die Triumphesbogen, die Trophäen,
Gewecket von der ew'gen Tuba Schalle,
Aus ihren Gräbern könnten auferstehen;
Wär's jetzo Zeit nach Herrlichem zu fragen,
Jetzt, wo das Allerherrlichste will tagen?!

Wär's Zeit, wenn auch im nächt'gen Sturmestosen
Der Blick uns noch für manches Eiland bliebe,
Für manche frische, manche welke Rosen,
Die, wenn nicht im Orkan das Schifflein triebe,
Und Tag es wär', wir eilten liebzukosen,
Wär's jetzo Zeit für eine ird'sche Liebe,
Sey's auch die edelste der Menschenketten,
Jetzt, wo die ew'ge nur allein kann retten!

Nur Eins ist jetzo Noth und dieses Eine,
Ich darf, ich will, ich kann davon nicht weichen;
Die Vorzeit spiegelt es im Mondenscheine,
Die Zeit, sie flammt's in ernsten Feuerzeichen,
Die Folgezeit, wenn Phöbos Strahl, der reine,
Das Dunkle wird, das Starrre wird erreichen,
Sie, welche näh' ist, wird es offenbaren:
Ob alle wahren Meister Lügner waren! —

Ich, unwerth, mich den Reinen zu gesellen,
Die durch das Wort die Räthsel alle lösen,
Ich strauchelte in's Dunkel aus dem Hellen,
Vom Gut der Unschuld jagt' ich zu dem Bösen,
Was warnend auch mir klang von Delphos Schwellen,
Ich hörte nur die Berggewässer tösen,
Und wähnte, sah ich plätschern die Najaden,
Dione käm', um in der Fluth zu baden!

So hab' ich Vieles unrecht dann berichtet,
Und, was noch schlimmer, unrecht mehr gelebet,
Bis sich mein Geist zu dem hat aufgerichtet,
Der, über allem Schein, im Urseyn schwebet!
Noch ist der Zwiespalt nicht in mir geschlichtet,
Weil noch die Nacht um manchen Punkt sich webet,
Doch hat die hohe Roma mir beschieden
(Deß dank' ich Gott!) die Möglichkeit vom Frieden!

Und was ich bringe, diese dürft'gen Lieder,
Merkzeichen sind's des Weges, den ich eilte,
Seitdem, nach vielen todten Jahren, wieder
Zum ersten Mal mein Blick am Leben weilte,
Seit ich es sah das Land, auf welches nieder
Die Gottheit sank und sich in ihm vertheilte.
Das, was ich in Italien empfunden,
Ich hab' es mir zum Leichenkranz gewunden! —

Denn auch die niedrigste der Sonnenwenden
Hat das vor allen Blüthen, Blumen, Früchten
Voraus, daß, eh' sie muß ihr Daseyn enden,
Sie ihre Krone darf zur Sonne richten.
So darf, der seine Hoheit darf verschwenden,
Der Sünder, wenn er Christ, zum Kreuze flüchten,
Und dieß Asyl im Leben und im Sterben,
Das, gnäd'ge Roma, halfst du mir erwerben! —

Es wird Dich, Weltenherrin, von den Banden
Erretten, der in Dir den Fels begründet,
Der seiner Kirche nimmer kömmt abhanden;
Triumph im Trübsal hat er ihr verkündet,
Drum wurden immer alle noch zu Schanden,
Die gegen Deine heil'ge Macht verbündet;
Der den Maxenz that in die Tiber jagen,
Hat Julian, den Apostat, erschlagen!

Doch wenn Du wieder Freiheit hast erworben,
Zeuch groß, gerecht und rein die Sternenbahnen,
So wie die Heil'gen, die für Gott gestorben,
Und sterbend schwangen noch die Siegesfahnen!
Noch immer ist, was Gott geweiht, verdorben,
Sobald gebuhlt es hat mit dem Profanen;
Du, Herrin, sollst nur vor dem Herrn Dich neigen,
Doch groß, gerecht und rein der Welt Dich zeigen!

Dann werden meine Brüder, die Teutonen,
Die, großhaft selbst, was rein und recht verehren,
Auch, gleich den alten Heldenlegionen,
Zu dem lebend'gen Gotte wiederkehren;
Wir Alle sah'n ihn auf den Blitzen thronen,
Und niederschmettern falsche Lügenlehren,
Und in der Nacht der Greuel wir erfuhren,
Daß Glaub' und Liebe sind die Dioskuren!

Sanges Allmacht.

(Ein Gespräch zwischen einem deutschen Pilger und der heiligen Cäcilia. Gehalten am Siegesfeste deutschen Gesanges zu Rom, den 15. März 1810.)

Pilger.

Will Rom den Lenz mit allen Wonnen krönen,
Verkünden seinen Zug die Nachtigallen.
Ertönt Triumphgesang aus Sternenhallen,
Und feiert Sphärenklang den Sieg des Schönen!

Der flücht'ge Lenz in diesen ew'gen Tönen?—
Der Engel Lieder sind's die niederschallen!
Sie tödten mich — so süß! Hinüberwallen
Ich möcht' es! — Töne, wollt ihr mich versöhnen.

Sancta Cäcilia.

Carlottens Seele ringt in sonnenreiner
Verklärung, darum dringt durch ihre Klänge
In dich ihr Gott! Das Schöne kommt von Oben!

Bet' um ein reines Herz so wie es meiner
Genossin gab der Vater der Gesänge,
Bevor du wagst das Herrliche zu loben!

Rückkehr zur Heimath.

(Den 22. März 1810, in Wolffs Stammbuch.)

Wer eilt von Roma's Lorbeerhügeln
Der weit entfernten Heimath zu,
Der muß den trägen Schritt beflügeln,
Und wandern sonder Rast noch Ruh.

Doch hat nach treu durchwallten Stunden
Die Heimath wieder er gefunden,
Und wird er ihrer sich bewußt,
Dann kann er selbst sich Rom erbauen;
Es thront mit ihren Sternenauen
Die Götterstadt in seiner Brust.

Der Schirmvogt des Gesanges.

(Weimar, den 12. April 1810.)

Wenn irgend Einen darf die Leier preisen,
Den Fürsten ist's, der Recht und Unrecht wieget,
Gefühle fühlet, würdiget, besieget,
Was bahnenlos, lenkt auf gebahnten Gleisen.

Ihn, ob in großen oder kleinen Kreisen
Das Schicksal ihm die große Seele schmieget,
Ihn, ob empor er steigt, ob unterlieget,
Des Sängers Stoff, ihn ehrt das Chor der Weisen!

Er, welchen Vater, Gatte, Sohn genennet
Die kennenswerthesten der reichsten Frauen,
Er kennt, was wandelt in der reinen Brust!

Er, wie mein Meister ihn, einst mich erkennet,
Er, weil er sich vertraut, wird mir vertrauen.
Der hohen Sänger Schirmvogt Carl August!

Frühlingsnachtmahl.

(Neapel, in der Villa reale den 14. Mai 1810 in einer hellen Mitternacht.)

Die Maiennacht liegt in Gebet zerflossen,
Durch Blumenkelche ziehn die Mondesstrahlen,
Die leise in der duft'gen Opferschaalen
Smaragdne Pracht das goldne Blut ergossen.

In Silberflor jungfräulich eingeschlossen,
Wallen die Wellen unter Sternchoralen,
Sie, die auf flüssig blaukrystallnen Thalen
Pausilipps perlbekränzten Leib genossen!

Die Rieseninsel mit den Doppelspitzen
Schmückt den Vesuv; das Hochamt wird er halten
Wenn ihn die Stola von Rubin umkreist.

Da seh ich den saphirnen Dom sich spalten,
Des Blüthenaltars Diamantbild blitzen,
Und nah'n der Mutter mir versöhnten Geist.

Priesterweihe und Firmelung.

(Rom am merkwürdigen Trinitatisfeste den 17. Juni 1810. im Johann vom Lateran.)

Im Tempel Sankt Johann des Lateranen
Stand ich, die Brust durch tiefen Schmerz zerrissen,
Zu sehn, gefesselt von den Finsternissen,
Das Heer, dem der gesandt, den Weg zu bahnen.

Zwar frische Krieger schworen zu den Fahnen,
Eilten zum Kampf, dem blutigen, gerissen;
Selbst Kindelein, des Ahnenruhms beflissen,
Zu Ringern eingesalbt vom Veteranen.

Doch blieb der Schmerz. Da rief ich: Trost, erwache!
Ich rief, am Altar betend hingegossen,
Dreiein'ger, schleuß des Zorns verdienten Bronnen!

Da flog der Strahl! Johannes, lichtumflossen,
Blickt' auf zum Weib, bekleidet mit der Sonnen,
Und, zischend, sank der siebenköpf'ge Drache.

Jungfräuliche Erde.

(Rom den 17. Juni 1810.)

Mit Pflügen, Ernten ist's ein seltsam Wesen.
Es kann der Pflug sich in den Boden wagen,
Doch darum blos wird der nicht Früchte tragen,
Sey er auch sonsten noch so auserlesen.

Der Keim, er kann nur dann der Frucht genesen,
Wenn er in jungfräulicher Erd' geschlagen
Die Wurzel hat, dann treibt er sonder Zagen
Den Halm, das Korn, bis daß er muß verwesen.

Drum sey gegrüßet, jungfräuliche Erde,
Du wirst, wenn auch in bittern Mutterwehen,
Uns bald die frischen reifen Früchte bringen.

Den Keim wird spalten, der ihn kann durchdringen,
Der Phöbus, welcher peitscht die Sonnenpferde
Zum Untergang, doch auch zum Auferstehen.

Der Vorabend des Peter- und Paulsfestes.

(Rom den 28. Juni 1810.)

„Justus non, sed peccatorum desiderium peribit. —
. Felix Roma!"

„Nein, der Gerechte wird nicht untergehen,
Nein, nur der Wunsch der Sünder wird vernichtet!"
Am Petrusfest sah ich den Spruch, gedichtet
Von Gott, am Dome Buonarotti's stehen.

Und durch den Domkoloß empor zu sehen
Wagt' ich, zur Ewigkeit! Und hoch geschichtet
Lag da der Sünder Last, und: „Nicht geschlichtet,
Gerichtet wird's!" hört' ich die Donner wehen.

Es bebten in des Himmels mächt'ger Halle
Bei des Allmächt'gen Nah'n die Seraphinen.
„Gerecht! — Wer ist es?" bebt's vom Himmeldom.

Und Petrus, Paulus, Stephanus und alle
Blutzeugen flammten über Roms Ruinen.
„Gerecht ist Liebe!" klang es. — Glücklich Rom!

Die pontinischen Sümpfe.

(Als ich sie am Morgen des heiligen Pfingstfestes den 9. Juli 1810 durchfuhr.)

Die Straße läuft gerade, schlank und heiter,
Es steh'n die schönen schnellen Lauf zu leiten
In Doppelreihen Bäum' auf beiden Seiten,
Mit vollem Laub, wie grün gestählte Reiter.

Die Sonnenstrahlen flieh'n wie goldne Reiter,
Und wo durch meer- und bergumkränzte Weiten
Die junge Flur sich üppig aus will spreiten,
Zieh'n um sie leichte Nebel als Begleiter.

Doch gift'ge Sümpfe lauern tückisch unten;
Wer sich von ihnen läßt in Schlummer wiegen,
Dem spenden sie im Blüthenduft den Tod!

Den Tod, den reichumkränzten, freud'gen, bunten,
Ihr beide gabt mir Macht ihn zu besiegen:
Pfingstabend in mir, um mich Morgenroth!

Das Coliseum.

(Rom den 14. Juli 1810.)

An Fiorentinen.

Daß einem hohlen Zahne zu vergleichen
Des Coliseums ausgehöhlte Trümmer,
Du sprachst es mir, als wir im Mondenschimmer
Es vor uns sah'n, das riesenhafte Zeichen.

Und die geopfert dort, ich sah sie schleichen
Durch das Gemäuer, leuchtend bleich wie Flimmer,
Die Märtergeister raunten mir: Was immer
Der Zahn zermalmt hat, konnt' er uns erreichen? —

Da sah mein Geist den hohlen Zahn der Zeiten,
Das Schicksal nagen an den Erdenblüthen,
Doch dir im Aug' sah ich die Sternenbahn.

Wenn ihre Reinheit treu du magst behüten,
Du Blühende, dann mag das Schicksal streiten,
Sie siegt! — Er nah' ihr nicht der hohle Zahn!

Der hohle Zahn.

(Rom den 15. Juli 1810.)

Durch reinen Kindermund spricht Gott, der reine;
Zum Beispiel: Gestern Nacht kam ich gegangen,
Wo leer des Coliseums Trümmer prangen,
Erfüllet waren sie vom Mondenscheine.

In solchem Falle bin ich gern alleine,
Um meinen eignen Träumen nachzuhangen.
Doch will ein Trosteswort zu mir gelangen,
Ich halt' es fest, und wär's auch noch so kleine.

So gestern sprach, als dort ich stand, gequälet
Vom Fall der Pracht, ein reinlich Kind mit Lächeln:
„Das Coliseum ist ein hohler Zahn.“

Weissagend Wort! der Unschuld Sterberöcheln,
Das, Zahn, du einschlangst, hat dich ausgehöhlet,
Denn der Zermalmer muß sein Recht empfah'n!

Villa Este.

(Tivoli den 19. Juli 1810.)

An den C. P. von D.

Wo hohe Herrn und Frauen einst gegangen,
Beim Springquell, den Platanen und Cypressen,
Wo sie des niedern Wohls und Wehs vergessen,
Das Heil der Welt mit kühnem Geist umschlangen;

Hier, wo die hohen Meister Lieder sangen,
Wo Ariosto, dem Natur gesessen,
Der durch den Scherz den Ernst hat ausgemessen,
Den Preis errang, nach dem die Würd'gen rangen:

Hier sind die hohen Bäume noch und Quellen,
Die hohen Herren nur sie sind verschwunden,
Platzräumend einem niedrigen Geschlechte.

Du Sohn des Vaters, der gerecht erfunden,
Laß nicht von niederm Volk dir Garne stellen,
Gleich jenen Herren übe du das Rechte.

Der Herr und der Cyniker.

(Tivoli den 19. Juli 1810.)

An Colvina.

Es war ein Herr, der hatte einen Garten,
Und drin Bildsäulen, Quellen und Palläste,
Viel schöner noch als wie die Villa Este;
Und dieses Gartens that er täglich warten.

Ein schön Gemisch von Kräftigem und Zarten,
Sah man von jedem Guten dort das Beste,
Und immer freudig waren alle Gäste,
Die schön vereint sich dort zusammen schaarten.

Da kam ein kahler Cyniker gegangen;
Gegangen? Nein! — gerollt in seiner Tonnen;
„Sie", krächzt' er, „ist ein Garten, ein Pallast!"

Jedoch der Hausherr, zürnend ob dem Prangen
Der Winzigkeit, zertrümmert er den Bast,
Und sonnte sich in seines Gartens Wonnen!

Der breite Stein.

(Rom den 23. Juli 1810.)

A.

Wenn einem Pilger ist wie mir geschehen,
Daß Deutschlands Stolz er sah, und Roms Ruinen,
Zur Hochzeit konnt' er der Aldobrandinen,
So wie zu Helios, durch's Salve gehen.

Die Herrn und Frau'n, die wieder nicht versehen,
— Solch Herrn- und Frau'nvolk ist mir oft erschienen —
Bitt' ich, weil ich mit Licht nicht mehr kann dienen,
Zu Rom und Weimar selber nachzusehen!)

Kurz: wo zu Rom die Hochzeit ist zu schauen,
Spielt' ich ein Pfänderspiel im Lustvereine,
Gesellt mit guten Herr'n und güt'gen Frauen;

Ich stand, so traf sich's, auf dem breiten Steine,
Und: „Wer mich liebet", rief ich, „hol' mich ein!"
Da kamen alle Lieben, Groß und Kleine!

B.

Salve Regina, darf mit Recht ich sagen,
Zur Königin, die nicht mich hat verlassen;
Zur Liebe, die, wollt' ich sie flieh'n und hassen,
Doch nie geruht zu Salve mich zu jagen.

Als einmal ich das Salve that umfassen,
Hat es zu meinem Meister mich getragen,
Und wo die feste Burg hat aufgeschlagen
Das Heil, zu Rom, darf ich in Liebe prassen!

Euch, die auf breitem Stein ihr mich umschlungen,
Der einsam steht in jedem Lustverein,
Sey dankbar dieß mein Liebeslied gesungen!

Mein Lebenlang rief ich vom breiten Steine
Zur Magd: „Wer liebt mich, holt mich ein!"
Sie floh, die Herrin kam! — Bin ich alleine?

Die Wahlverwandtschaften.

(Rom im Juli 1810.)

Vorbei an Gräbern und an Leichensteinen,
Die, schön vermummt die sichre Beut' erwarten,
Hinschlängelt sich der Weg nach Edens-Garten,
Wo Jordan sich und Acheron vereinen.

Erbaut auf Triebsand will gethürmt erscheinen
Jerusalem; allein die gräßlich zarten
Meernnixe, die sechstausend Jahr schon harrten,
Lechzen im See, durch Opfer sich zu reinen.

Da kommt ein heilig freches Kind gegangen,
Des Heiles Engel trägt's, den Sohn der Sünden,
Der See schlingt Alles! Weh uns! — Es war Scherz!

Will Helios die Erde denn entzünden?
Er glüht ja nur sie liebend zu umfangen!
Du darfst den Halbgott lieben, zitternd Herz!

Werner's Klagen
um seine Königin
Louisa von Preußen.

(Rom den 4. August 1810.)

Entfernt vom Vaterlande,
Hoch über'm Erdentande,

Bei Gräbern der Tyrannen,
Umringt von Roma's Pracht,
Wo Lebensbäche rannen:
Da fleht' ich um den Frieden;
Auch schien er mir beschieden,
Es schien der Schmerz vollbracht.
Da naht ein fernes Trauern
Sich mir durch Roma's Mauern;
Wie heimisch klang die Klage,
Der Ton schien mir bekannt.
Was tön'st Du, Ton? ich frage;
Da hör' ich's deutlich tönen:
„Die Schönste hat der Schönen
Ihr Engel uns entwandt!" —

Und was verschwand von Schmerzen
Dringt neu zu meinem Herzen,
Und seltsam faßt mich Wehmuth,
Weiß nicht, wie mir gescheh'n.
Sah ich in hoher Demuth
(So frag' ich mich mit Grauen)
Die Schönste nicht der Frauen
Vor mir vorübergeh'n? —
Sie —?! — Und mich ein will's engen,
Will mir den Busen sprengen.
Weh' mir! ruf ich in Aengsten;
„Weh!" wiedertönt's von fern! —
Beklemmt vom Schmerz, dem bängsten,
Blick' ich nach Rom's Ruinen,
Den klaren: auch aus ihnen
Säuselt's: „Es schwand dein Stern!" —

Ihr, denen meine Lieder
Im Busen klangen wieder!

Hat meine Lust, mein Weinen
Getröstet Euren Sinn;
Wollt Eure Klage einen
Mit meinen, die, zu söhnen
Die Trauer, trostlos tönen
Um meine Königin! —
Ihr römischen Ruinen,
Vom warmen Strahl beschienen,
Die Pracht schwand Euch von hinnen,
Doch Eure Sonne nicht;
Der Zier der Königinnen,
Die allen Reiz verdunkelt,
Ach meiner Sonn' entfunkelt
Nicht mehr das warme Licht.

Ihr ewig jungen Blüthen,
Die Roma's Tempel hüten,
Euch hat erzeugt, verschlungen
Hat Sie der Erdenschlund;
Wie Euch, schien Ihr gelungen
Der Schmuck der ew'gen Jugend;
Da, neidend so viel Tugend,
Schlang sie der kalte Grund!
Du Petersdom, gegründet
Auf den, dem ich verbündet,
Der mir das eitle Grauen,
Den niedern Schmerz geraubt;
Euch, ros'ge Marmorauen,
Die ob dem Weltthron scherzen,
Klag' ich die würd'gen Schmerzen,
Daß meine Ros' entlaubt!

Denn als mir ging verloren,
Was Jedem angeboren,

Den hat das Heil getroffen,
Zu seyn ein Menschensohn;
Und als mein letztes Hoffen,
Mit meinem ersten Wähnen,
Als selbst der Quell der Thränen
Mir schien verrieselt schon:
Da sah im Sturmestoben
Ich, von der Nacht umwoben,
Die hohe Saronsrose
Wie fernes Morgenroth:
Ich dankte meinem Loose
Und, auch von Ihr vertrieben,
Ist treu ihr Duft mir blieben;
Auch den zerhaucht — der Tod! —

Doch was will ich noch klagen,
Wo so viel Herzen zagen,
Wo meines Volkes Jammer,
Wo jede Tugend klagt?
Des Grabes Riesenklammer
Kann Klage nicht zersprengen
Und nichts die Nacht verdrängen,
Bis daß der Morgen tagt! —
Auch schelt' ich nicht das Schalten
Der himmlischen Gewalten,
Die das zurück verlangen,
Was ihnen ward entwandt.
Ich weiß: der Rose Prangen,
Es kam aus hoher Ferne:
Die Blume reift zum Sterne
Das ist mir wohl bekannt.

Nur Ein's füllt mich mit Grämen
(Ich darf mich deß nicht schämen,

Mir schenk' ich nicht mehr Thränen.
Mich quält der Schönheit Schmerz! —
Warum denn stets Hyänen
Um jedes schöne Leben?
Und ihnen Preis gegeben
Dein Kleinod, armes Herz? —
Wahr sprach der edle Sänger,
Dem's bang auch schlug und bänger,
Bis daß zum Quell der Wesen
Er durft' hinübergeh'n;
Auch ich hab' ihn gelesen
Den Spruch: „Zertreten werden,
Das ist, zum Loos auf Erden,
Der Schönheit auserseh'n!"

Luisa, wie den Reinen
Die Seraphim erscheinen,
So rein, so schön, so milde,
Spiegel vom ew'gen Licht!
Wob Dir's sich nicht zum Schilde,
Dich vor dem wilden Wüthen
Des Schicksals zu behüten,
Das nied're Herzen bricht? —
Luisa, Du, die Reine,
Wie mehr wie Du wohl Keine,
Der Himmelsköniginnen
An Huld und Qualen gleich;
Du mußtest Dir gewinnen
Wie Sie, durch's Schwert der Leiden
Die Wollust, abzuscheiden
In Dein ursprünglich Reich! —

So schmecke dann den Schlummer!
Es schäme sich der Kummer,

Daß ihn Dein göttlich Dulden
Nicht früher trieb zur Ruh'.
Was Dir verblieb an Schulden,
Es wusch in blut'ger Laugen,
Der Dir die Äzuraugen,
Dein Heiland, drückte zu! —
Doch Deine Segensfluthen,
Sie wogen vor, Dir Guten,
Zum Quell, dem Du entsprungen,
Der nie versiegend ruht;
Und mir, der dieß gesungen
In mitternächt'gen Stunden,
Rufst Du, die überwunden:
„Vergebens floß kein Blut!"

Hör's, Ihr Gemahl, mein König,
Ihr Sohn, mein künft'ger König;
(Nicht stirbt der Kön'ge König!
Habt Demuth, habet Muth!)
Die Gattin hat's gesprochen,
Die Mutter hat's gesprochen,
Gott, Kön'ge, hat's gesprochen:
„Vergebens floß kein Blut!" —
Ihr lerntet, Preußen, Brennen,
Den Kern des Schmerzes kennen,
Ich darf Euch Brüder nennen:
Habt Demuth, habet Muth!
Gluth muß das Gold bewähren,
Der Thau erfrischt die Aehren,
Es zählt, wer wägt, die Zähren!!!
Mächtig ist Märt'rerblut!!! —

Omnia quae non aeterna, vana sunt.

(Rom den 14. August 1810.)

A.

Heut sind zwei Dutzend Jahre just verstrichen,
Seit, sonder Schärpe, Federhut und Orden,
Die, wie bekannt, sind invalid geworden,
Ein Großer, Friedrich, ist davon geschlichen.

Sein immorteller Freund ist auch verblichen,
Und jetzt Feldpred'ger der gehörnten Horden,
Doch geht's noch frisch mit Lügen und mit Morden,
Es blüht die Kunst, wenn auch zwei Meister wichen.

Zwei große Weisen, und so bald vergessen,
Und all ihr Lärm! — Hab' mal mich umgetrieben
Im Alpthal; da hat still, mit weißer Scheitel,

Ein kleiner dünner Pfaff am Fels gesessen,
Und dran gekratzt: „Was ewig nicht, ist eitel!"
Ein klein dumm Sprüchlein ists; nicht wahr Ew.
Liebden? —

Mein Gewissen.

(Als ich voriges Sonett abgeschrieben hatte.)

B.

Hast du den ew'gen Spruch in dir gelesen,
Den sich dein Scherz erfrechet zu verfechten?
Du, der du frech nur nachplärrst den Gerechten,
Und prahlst, du seyst zur Ewigkeit genesen?

Was weißt du von des Herren Thun und Wesen,
Du, der ein Knecht, gekrochen hat vor Knechten,
Und die Gott schuf zur Warnung Weltgeschlechten,
Dein Spott, kann er sie binden oder lösen?

Hat Friedrich seine Mutter auch betrübet?
Gott höhnend, glich er doch Ihm auf dem Throne,
Voltaire, ihn mußten Calas Waisen segnen!

Wer dich? — Was wirst dem Richter du entgegnen,
Wenn er dich fraget: „Wer ward mehr geliebet
Als du, Liebloser?" — Söhner ach verschone! —

Erleuchtung der Peterskuppel.

(Rom den 15. August 1810.)

A.

Willkommen Wölbung, so wie die vollkommen,
Die höher sich, nicht schöner, ballt zusammen,
Die Himmelskuppel, der die Kreis' entflammen,
Die der allmächt'ge Mensch ihr hat genommen!

Bist du von Gott zu uns herabgeschwommen,
Steinerner Himmel? Er rauscht auf in Flammen!
Luft, Licht beseligt, Stein und Gluth verdammen,
Nein, Stolzer, du bist nicht aus Gott entglommen!

Die Flammen löschen, und, der schon gespalten,
Der Dom, stürzt heute, morgen, ein mit Krachen!
Ich kann ihn nicht, ich möcht' ihn auch nicht halten!

Der Buonarotti selbst wird drüber lachen;
Sein Lichtdom ist mit ihm zu Gott gefahren,
Die Gluthkopei — umsummt sie, Mückenschaaren.

B.

Du Dom, nicht feste stehn? Du Pharus fallen?
Was stände fest denn? — Schönes auf dem Reinen!
Du Sternendom, so schön ist dein Erscheinen,
Mit Schamroth färbt es selbst die Himmelshallen!

Und reiner? — Von den Sternenkreisen allen
Wer kann gerundeter als du erscheinen,
Begränzter, klarer? O daß alle Meinen
Dich säh'n, die Sprache kann dich ja nur lallen!

So rief ich, wollte nicht vom Sternpalast,
Doch riß es mich, durch fremdes Glutgebrause,
Zum Trinitatisberg, wo ich zu Hause.

Ich sah herab; ab fiel der Flammenballast
Der Dom, er stand, und raunte mir: „Gespalten
Bin ich wie du, doch wird der Fels uns halten!" —

Die Büste.

(Rom, den 22. August 1810.)

A.

Eh' wird ein Bild in Marmor ausgehauen,
Muß es in Thon zuvor geformet werden:
In bildungsbarer, bildungslust'ger Erden,
Die Wasserkraft hat können überthauen.

Doch eh' im Thon das Bildniß ist zu schauen,
Da hat der arme Thon gar viel Beschwerden,
Durch vieles Kneten lernt er sich geberden,
Der formlos lag in grüner Heimath Auen.

Der Kopf ist angelegt und an den Rücken
Die Brust geknetet, da muß, abgegossen
In Gyps, das Weiche sich in Starres drücken!

Die Form ist fertig, Meister wirft es nieder,
Das Bild von Thon, und schafft es marmorn wieder! –
Wir auferstehn'n in unserm Fleisch, Genossen! —

B.

Das Bild, als nun die Form war abgenommen
Dem thönernen, und, weil sein Zweck vollendet,
Der Thon vom Meister wiederum gesendet
Dem Staube ward, von dem er war genommen,

Das Bild schien sich im Winkel eingeklommen,
Wohin der Thon vom Meister war gespendet
Zum künft'gen Werk! „D'rum ward ich," klagt's, „entwendet,
Ich Thon, der Au, wo Thauesfunken glommen!" —

Da sah es sich in Marmor auferstehen,
Das Bild, und merkte nun mit freud'gem Grauen,
Daß es im Thone schon nur Bild gewesen.

„Heil mir, daß ich, der niedern Au genesen,
Ich Bild," so jauchzt' es, „darf zum Meister schauen!" —
Ihr Jünger, Fleischeslust muß untergehen!

C.

In schmutz'ger Werkstatt ist es aufgestellet
(Die ganz jedoch dem Zweck ist angemessen),
Das Marmorbild, und hat den Thon vergessen,
Von innerm Marmorglanze schon erhellet.

Da steht es, herrlich, wie es ist entquellet
Dem Meisterhaupt, wo's von Beginn gesessen;
Nicht ahnend, saß es, was es sey, noch wessen,
Des Meisters, der doch treu sich's hielt gesellet! —

Jetzt sehnt sich zum Pallast sein freud'ges Bangen,
Wo es vom Meister soll erhoben werden,
Prachtvoll, kein Thon mehr, kein vom Kneten müder! —

Doch, würd' es dort wohl glorreich können prangen,
Wär's hier nicht schon aus bildungslust'ger Erden
Geformt? — O laßt uns hier schon aufsteh'n, Brüder! —

Aller guten Dinge sind drei.

(Rom, am 19. November 1810.)

Sich mit hoher Duldsamkeit
Wappnen gegen schwere Zeit;
Edles Seyn mit edlem Schein
Einen, um auch schön zu seyn;
Und den eignen edlen Sinn
Richten nur nach Edlem hin;
Kränzen Tisch, Altar und Schwert,
Ist der Jungfrau Amt und Werth.

Das versenkte Schloß.

(Angefangen den 5. October 1810.)

Morgenwind, der durch Cypressen rauschet,
Pinien, die ihr seinen Psalm belauschet,
Du, vom grünen Hügelkranz umschlossen,
Demantspiegel, von Kristall durchflossen,
Burg von Nami, die der Ahn gethürmet,
Die nicht mehr den schwachen Enkel schirmet,
Du Geflüster aus verwehten Tagen,
Was willst du mir klagen? —
Und, wie ferne Harfen und Posaunen,
Hör' ich sie zu mir herüber raunen,
Töne aus des See's kristallnen Tiefen,
Die im tausendjähr'gen Schlummer schliefen
Und ein Wechsellied hör' ich erklingen,
So wie Mann und Männin sich umschlingen!
Laß vernehmen mich die Geisterweise,
Ostwind! Juble leise! —
„Sunamitis!" — „„Laß mich süß noch träumen!"" —
„Hörst du oben dort die Perlen schäumen,
Ferne Klänge aus des Sees Gründen?
Wogende, was wollt ihr mir verkünden?"
„„Held von Salem!"" — „Ihr saphirnen Augen
Thut ihr auf euch? Laßt mich aus euch saugen!
Melodieen, wollt mit eurem Säuseln
Ihr mich auch umkräuseln?" —
„„Hörst du den Verlaßnen oben girren,
Held von Salem, und die Ketten klirren?"" —
„Ja, denn von des Burgthurms Diamanten
Spiegelt sich das Antlitz des Verbannten!" —
„„Held von Salem, laß uns Trost ihr tönen,
Eil' ihn, Bräutigam, wie mich zu söhnen!"" —

„Sulamitis! dir sey es beschieden,
Bring' du ihm den Frieden!" —
Welch wollüstig ahnungsvolles Bangen! —
Will der Schlummer wachend mich umfangen?
Ostwind, wecke mich! — Er ist verschwunden!
Wie mit Schwanenarmen hält umwunden
Mich der See; die Klänge sich ergießen! —
Könnt' in ihnen ich zerfließen! —
Und die Nixe lispelt: Dich zu trösten
Nah' ich, der Erlösten!
Holde Herrin, sprich, wie ist dein Namen?
Als die Wasser noch mich auf nicht nahmen,
Als die Gluth noch nicht war ausgebrennet,
Ward „Fiordiana" ich genennet! —
Hier, wo ewig rauhe Lüfte rinnen
Herrscht' ich einst, die Zier der Königinnen,
Ob der goldnen Ritter freud'gen Schaaren;
Hier am See dem klaren!

Zu Raphaels Bilde.

(Den 7. October 1810.)

Ich bin der Raphael, mein Thun und Treiben,
Eh' Gott mich beigesellt den Himmelsschaaren,
Aus meinen Bildern könnt ihr es erfahren,
Die, ob vergänglich auch, doch in mir bleiben.

Doch könnt ihr nicht erfahren, malen, schreiben,
Was Gott mir selbst erst, als in Ihn, den Klaren,
Zurück ich floß, hat wollen offenbaren,
Wie sich er hat gewollt mir einverleiben! —

Die Jesuskindlein nicht, nicht die Madonnen,
Die Disputa, aus der ihr viel könnt lernen,
Noch die Verklärung, allzu kühn begonnen,

Sie zeigen alle nicht mein innres Wesen.
Nur, die mir in den Logen ist entsprossen,
Die Blumenwelt, bin ich. Mit Gott Genossen!

Sonnenaufgang.

(15. October 1810.)

(Auf der Specula im Capuzinerklostergarten zu Albano.)

a. Gloria.

Aurorens Fahne weht schon auf den Bergen,
Die stolz das Lager Hannibals begränzen,
Nur will noch, trotzend vor der Göttin Glänzen,
Der hohle Berg sich und die Welt verbergen.

Wie die Sabinen, seine blauen Schergen,
Erröthen! unterdeß mit Nebelkränzen
Im Flieh'n die nächt'gen Geister Gift kredenzen
Der Riesin Roma, schlummernd unter Zwergen!

Erbebt, Dämonen! Phöbus naht! Entzügelt
Mein Blick durch ihn, sieht schon, vom Meer umschlungen,
Geschützt, das Vorgebirg Felicita!

Den hohlen Berg hat Phöbus Pfeil durchdrungen,
Sein Strahlenheer die Schergen überflügelt,
In Blut verklärt liegt Zion Roma da.

b. Agnus Dei.

Und unter mir von Bergen eingeschlossen
Liegt der Albanersee! die Strahlen dringen
Durch Meer und Land; ihn will noch Nacht umschlingen. —
Ja, dunkler See, dich nenn' ich den Genossen.

Doch kannst, von innerer Klarheit du durchflossen,
Du Reiner, durch dich selbst die Nacht bezwingen;
Ich Sündensohn, wie soll ich mit ihr ringen?
Dein Gnadenquell hat mir sich nicht ergossen.

Euch, die mich Nachts im Klostergärtchen freuten,
Im Mondschein glüh'nd, wie Purpursammt mit Spangen,
Duftlose Veluteltеn, mag ich gleichen!

Duftlos konnt' ich durch Scheingluth Glanz erbeuten,
Doch dürft als Opfer ihr des Altars prangen.
Kein Opfer bin ich, nur ein warnend Zeichen.

c. Amen.

Die Berge.

Wir Berge sind, wie du, noch Erdumgeben;
Doch raunt es uns aus mitternächt'gen Auen:
Im Fleisch sollst, Erde, du den Herren schauen,
Wenn nun er wird im Fleische niederschweben.

Der See.

Wir Wasser, ob wir auch in Klarheit weben,
Den tiefen Schlund, ihn birgt noch Nacht und Grauen:
Doch klang Gesang prophetisch, dem wir trauen:
Dein Blut soll, Fluth, das Fleisch der Flur beleben.

Die Blumen.

In dem, der uns gefärbt mit seinem Blute,
Grünst nun auch du vielleicht als Kronsruthe.

Die italienischen Morgenstrahlen.

Uns diamantne duft'ge Feuerwellen
Nennst dunkel du, will dich nie Licht erhellen?

Alle Elemente.

Drum wasche, Mensch, wie wir die Schuld in Thränen,
Und blick' wie wir auf den, der kann versöhnen!

Gesang
über Michael Angelo's jüngstes Gericht.
(Fragment.)

(Angefangen den 21. November 1810.)

„Tag des Zorns, du nahst im Stillen,
Wo das Feu'r wird überschwillen!"
Sangen David und Sibyllen.

Dieser Gesang, prophetisch helle,
Zischt mir entgegen auf der Schwelle
Von Michel Angelo's Capelle.

Auge, du bebest dich aufzuschlagen,
Ha, welch' ein Anblick, ich muß verzagen,
Schützt mich, ihr Engel und feurigen Wagen!

Da ist er da, mit dem Zorn, mit dem Grausen,
Da ist der Tag, wo die Rachfluthen brausen,

Da ist er (Michael schrei't es im Sausen
Messias, der richtende Zebaoth!

Welche Trau'r gebiert die Stunde,
Wenn nun aus des Richters Munde
Tönt des strengen Urtheils Kunde!

Und sie ertönt, die Riesenrechte
Zuckt er dem frevelnden Geschlechte
Entgegen, der Herr der Rächermächte.

Er schleudert den Rachfluch, die Heil'gen zittern,
Die Frevler, ereilt von des Fluchs Gewittern,
Hinstürzen, die Säulen der Welt zersplittern.

Der Richter erhebt sich vom wolkigen Throne,
Die Heil'gen, die Mutter vom ewigen Sohne,
Ihr Blick schrei't verstummend, vergebens: Verschone!
Verfluchte (Gott donnert's) in's ewige Feu'r!

Die Drommet im Wundertone
Dröhnt bis in des Grabes Zone,
Treibend alles Fleisch zum Throne.

Villa Borghese.

(Den 12. Januar 1811.)

a. Ασκληπιῳ σωτηρι.

Am Sabbath war's, nach der Erscheinung Feste,
Gesättigt ging ich in Borghesens Gängen,
Dem Mahl des großen Königs nachzuhängen,
Zu dem der Sternenherold lud die Gäste.

Der Ostwind kräuselte die Lorbeeräste,
Die Vögel eiferten mit den Gesängen
Des Morgenlichts, zu dem sich wollten drängen
Die Wasser, Wein zu werden, Wein, der beste!

Im See, den Tempel bauend, die Najaden,
Sie blitzten auf, indeß gesenket blieben
Die Thränenweiden über Roma's Grabe.

Da sah mein Aug' am Tempelfrieß geschrieben:
„Aesklepios, Heiler," sah am Schlangenstabe
Den Gott im See, doch auch im Aether baden.

b. Epilogus galeatus.

„Den Tempel sah im See dein Auge bauen,
Allein verkehrt; so hast du's gern, Verkehrter!" —
Sprach einer vom Geschlechte Schriftgelehrter,
Die nur Begriffnes durch's Begreifen schauen!

Zu retten mich aus seinen kritt'schen Klauen,
Versetzt', ich drauf bescheidentlich: „Mein Werther
Fast mehr als deine Weisheit, macht, Verehrter,
Mir diesmal dennoch deine Dummheit Grauen!

Du construirst den Tempel, zum Exempel,
Im See verkehrt; kannst du umhin zu denken,
Daß der Reflex des Wassers um ihn kehret?

Wie wär' es, wär' dem Auge es gewähret
Ihn auf die Beine wiederum zu stellen,
Wie deine Hand, den Hundestall, den Tempel?" —

Pietro Montorio.

(Den 24. Januar 1811.)

Des Wunderthäters Moses Augen haben
  Das heil'ge Land erblicket aus sich spreiten,
  Von ferne nur, er durft' es nicht beschreiten,
Drum hat ihn auf dem Berge Gott begraben

Doch schöner that der Herr den Petrus laben,
  Als er zum Martertod ihn that bereiten,
  Der Wunderfels, der über Raum und Zeiten
Sprudelt den Quell der ew'gen Himmelsgaben!

Nicht vor, nein mitten in dem heil'gen Lande,
  Dem herrlichsten, das je das Licht beschienen,
  Stand Kaiphas, rief: Hier laßt uns Hütten bauen!

Da sprengt, mit seinem, er des Erdballs Bande;
  Ein zweites, sein Rom, sprang aus Roms Ruinen,
  Es stürzt! — Wer baut das dritte? — Habt Vertrauen!

Villa Pamphili.

(Den 24. Januar 1811. Am Tage St. Timothei.)

Honestum fecit illum Dominus, et dedit illi claritatem aeternam.

Von Pinien und Lorbeern eingeschlossen,
  Umfaßt vom immergrünen Hügelkranze,
  Liegt klar vor mir im freud'gen Sonnenglanze
Pamphili's Wasserspiegel hingegossen.

Du Grottenwerk von Quellen rings durchflossen.
Es lockte, Quellen, euch zum Jubeltanze
Der Seraph Licht; er traf mit goldner Lanze
Der Erde Herz, dem liebend ihr entflossen.

Des klaren Scheines dürft ihr, ach! euch freuen,
Ihr Pinien, Lorbeern, diamantne Wellen,
Nur ich muß ziehn den dunklen Pfad zur Wahrheit

Ihr Thränen, wollt ihr wieder mir entquellen;
Soll diese Thränen, Herr, ich auch bereuen?
„Sie trocknen," sprach der Herr, „in ew'ger Klar-
heit!"

Betrachtung.

(Rom, den 15. Februar 1811.)

Ich habe Rom gesehen,
Ich kann nun weiter gehen,
Ich hab' genug gesehn;
Mehr als ich je begehret,
Hat mir das Glück bescheret,
Ich kann nach Haus nun gehn!
Ich war vom Haus entfernt,
Was hab' ich d'raus gelernt?
Daß weit der Weg entfernt!
Den weiten Weg in Ehren,
Was Einen der kann lehren,
Das heißt nicht viel gelernt.
Ich jagte nach den Schmerzen,
Dann meint' ich weg zu scherzen

Den wilden Jäger Schmerz.
Durch manche Nacht im Regen,
Der Windsbraut wild entgegen;
Das war ein platter Scherz!
Ich drang zum Venusberge,
Doch zwang ich nicht die Zwerge,
D'rum schloß sich mir der Berg.
Ich sprang zu Meereswellen,
Es bäumten sich die schnellen,
Und schrieen: Weiche, Zwerg! —
Da floh ich fort mit Beben,
Wo Lorbeern sich erheben,
Die Harfe golden schwebt.
Ihr Säuseln ward mir Wettern,
Wie vor der Lerche Schmettern
Der nächt'ge Flüchtling bebt
So mußt' ich unstät rennen,
Bis ich den Schatz sah brennen,
Nach dem das Leben rennt.
Mit Thränen ihn zu netzen,
D'ran muß ich nun mich letzen,
Doch fühl' ich, daß er brennt.
Ich habe Rom gesehen.
Gern möcht' ich heim nun gehen.
Ich hab' genug geseh'n,
Mehr als ich je begehret,
Hat mir das Heil bescheret.
Darf ich nach Haus nun gehn?

Sonst und Jetzt.

(Rom den 17. März 1811.)

Herkules und Moses rangen
In der Wiege schon mit Schlangen;
Jetzt ist diese Zeit vergangen,
Nur am Kleinen will man hangen! —
Sonst, wenn Meistersänger sangen,
Lauschten die, die Drachen zwangen;
Junge Heldenschaaren schlangen
Sich um sie; das Schwert sie schwangen!
Jetzt sind sie vom Schlaf umfangen,
Und von träumendem Verlangen,
Stets zu geh'n wo sie gegangen,
Statt daß Jene vorwärts drangen!
Seh'n das Vaterland gefangen,
Seh'ns — mit Schamroth auf den Wangen?
Nein! — mit Gähnen! — das macht Bangen!
Sind dem Land dem sie entsprangen,
Schuldig nichts; denn Weisheitspangen
Haken sie mit Ruppertsstangen.
Freund, suchs anders anzufangen! *)

---

*) Und sie werden es, die deutschen Jünglinge! Sie werden dieß arme Lied und mich schamroth machen! Ja sie können jetzt schon mit einem einzigen Versuch mich in die Flucht schlagen. Sagen sie mir z. B.

„du hasts schlechter angefangen“

und ich werde ihnen nichts als den einzigen mir noch übrigen Reim entgegenstellen:

„Gnade Gott mir alten Rangen!“

Ihnen aber erhalte Gott Muth, und schenke Ihnen Demuth. Was den Unmuth und den Uebermuth betrifft, so ist jener mit Glück angewandt die Würze, dieser mit Unglück versetzt das Gift des Lebens.

An Rosette N.

(Rom den 28. März 1811.)

Hier wo vorherrschen alle ird'schen Wunden,
Und hell erglühen alle Himmelskerzen,
Zu Rom, wo Lorbeern über Gräbern scherzen,
Hast du den Lorbeer mir ums Haupt gebunden.

Der Lorbeer ist, ich hab' es oft empfunden,
Das Ziel der hohen Lust und süßen Schmerzen;
Doch wenn die Palme rauscht dem wunden Herzen,
Kann's vom Gelüst des Lorbeers auch gesunden.

Die Nadel, die den Kranz hält angeknüpfet,
Man sieht an ihr das Haupt Medusa's glänzen;
Du wähltest schön, was dir kann Trost gewähren. —

Dem Schmerze, dem versteinenden, entschlüpfet,
Heft' an sein Bild die Schnur von deinen Kränzen,
Der Tochter — Schwester Pflicht, der Mutter Zähren.

Ob man aber Glück oder Unglück hat, das erfahren, die Schwaben
wenigstens, und ich, erst nach dem vierzigsten Jahre! Schließlich
muß ich Ihnen außer meinem W. (das ihrige wird Ihnen nicht abhanden kommen) noch fünf V's zum Andenken empfehlen, nehmlich
Vater, Vaterhaus, Vaterstadt, Vaterland, und das fünfte haupt-
sächlichst, ohne welches die vier vordersten nichts nützen können —
Vatersegen! So werden Sie minder angstvoll als ich, die Rückkehr ins
Mutterland antreten können, die, nächst dem Wunsche für das Wohl
der guten Jugend, der einzige noch übrige ist Ihres Vaterfreundes

Werner.

An meine künftige Schwester.

(Bei Ueberreichung meines Lob' und Dankliedes um den Tod unsrer Königin.)

Auch du hast sie geliebet,
Auch du bist tief betrübet,
Auch dir ist abgeschieden
Der Herrin Herrlichkeit!
Doch Sie ruht nun im Frieden;
Versiegt von ihren Wangen
Der Thau, gestillt das Bangen,
Ihr Schmerz gebenedeit! —

Ist dir nichts mehr geschieden?
Hast du nichts mehr geliebet? —
Giebt Trost dir, die betrübet
Der Künste Herrlichkeit?
Auf kalte Mamorwangen
Ein Kuß, stillt der das Bangen? —
Es giebt der Leib den Frieden:
Der Leib, der benedeit!

Gretchens Verkündigung.

(Den 5. Mai 1811.)

Faust.

Du holdes Kind voll Einfalt und voll Treue,
Du bist so schön, o dürft' ich dich verführen.
Doch deine Reinheit will zum Schmerz mich rühren
Den Ostermorgen fühl' ich jetzt aufs Neue!

Gretchen.

Mir wird so bange daß ich so mich freue;
Wird er's auch im gesenkten Blicke spüren?
Was sich wie Kohlen in mir an will schüren,
Ist das noch Andacht oder ist es Reue?

Mephistopheles.

Mein schwarzer Fittig trägt zum Scherz nur Klauen;
Laß dich gelüsten, Seele! Fluchbeladen
Zum Abgrund denn, im wilden Wirbeltanze!

Engel.

Herr, den du schufst im ew'gen Licht zu baden,
Ruf' ihn zurück von jenen nächt'gen Auen,
Denn er verglimmt der Strahl von deinem Glanze.

Die Kolossen auf dem Monte Cavallo.

(Rom am 6. Mai 1811.)

Wie, mondbestrahlt die marmornen Giganten
Von dem saphirnen Sternendom umgeben,
Mit ihren Rossen himmelanwärts streben,
Als stürmten den Olymp sie, die Verbannten.

Gewölbt wie Wellen, sprüh'n die glutentbrannten
Muskeln, und ringen in Gestein um Leben;
Es will der Formen Einklang sich erheben
Zum Chor mit Sternen, seines Stamms Verwandten.

Du lügest, Stein, erkenne deine Schranken,
Du bist, das gnüge dir, du Traum der Erden;
Der Mensch allein, so rief ich stolz, kann werden!

Und „Du lügst!“ hört' ich Gott in mir ertönen!
Der Mensch, sein Werk, sie sind mir nur Gedanken;
Könnt' ich dich Staub, kann ich den Stein versöhnen!

Mondschein-Transparent von Trinita di Monti.

(Rom den 6. Mai 1811.)

Wenn ich im Mondschein so im Fenster liege,
Und seh' das große Rom so mit Vergnügen,
So vor mir liegen — Nein, das müßt' ich lügen;
Sie liegt ja unter mir, die große Wiege.

Der großen Thaten und der großen Kriege! —
Die Zeit, so sagt man, sah auf ihren Zügen,
(Die Welt sie that zum Gottesacker pflügen!)
Sah Größres nichts als Rom und seine Siege! —

Wie kommt es denn, daß unter mir, dem Sünder,
Das hohe Rom, das vor mir sollte leuchten,
So tief liegt, ein verworrner Haufen Steine?

Ei, sagt Herr Stracks, der große Wortverkünder *):
Daß es verworren, kommt von Mondenscheine!
Und ich: daß Hohes tief mir — ist vom Beichten! —

*) In der Handschrift heißt dieser Vers: „Ey, sagt Herr Stracks der Alles als verstünder.“ Da ich mich hier umsonst bemüht habe einen genügenden Sinn herauszubringen, glaubte ich der Unverständlichkeit durch die obige Abänderung abhelfen zu müssen. A. d. H.

59

Aegyptische Basaltstatue.

(Rom den 24. Mai 1811.)

Christ.

Du stehst so steif und stramm, du dunkler Götze,
Mit falt'gem Schurz und breitem Mützenkrägen,
Als stäckst du, Popanz, aus der Nacht der Klagen,
Noch eingeklemmt in dem basaltnen Flötze.
Wenn ich, im Morgen badend, mich ergötze,
Wagst du es über mich empor zu ragen,
Die Schulter, breit, scheint eine Welt zu tragen,
Und trägt doch Nichts! Ich hasse solche Klötze.

Götzenbild.

Ich trage, die Jahrtausende zu ringen
Mit mir versucht, die Zeit!

Christ.

Da trägst du wenig!

Götzenbild.

Die dich trägt, Staub von Gestern, Knecht der Zeit!

Christ.

Dämon! der Christ, Zeitfürst, kannst du's erschwingen?
Trägt Licht im Blick, im Herzen Ewigkeit;
Bet' an mich, Stein, dein, deiner Herrin König!

Der Pilger.

Romanze.

(Angefangen den 4. September 1811.)

Von des balt'schen Meeres dürrem Strande
Wallt zur Stadt des Herrn ein Pilgersmann;
Ihn verwies aus seinem Vaterlande
Ein verdienter aber schwerer Bann!
Und von Land zu Land
Jagt ihn dessen Hand,
Dem er zu entflieh'n vergebens rann! —

Abends langt er an mit müdem Schritte,
Wo die Tiber Roma's Mark begränzt;
Da erblickt er eine Klausnerhütte,
Von der Rebe welkem Laub bekränzt;
Aus der Hüttenthür
Tritt ein Greis herfür,
Dem im Aug' die Sonne scheidend glänzt.

„Heimathloser Fremdling, sey willkommen,"
Spricht der Alte, und es wirft sein Blick
In das Herz des Pilgers, das beklommen,
Der geschiednen Sonne Strahl zurück;
„Bist vom Laufe matt,
Eine Lagerstatt
Ist des müden Pilgers schönstes Glück!" —

„Tritt herein und weile!" — „„Nein, noch heute
Muß ich zu den Weltentrümmern hin;
An des Todes schönster Siegesbeute
Letzen mir den todesdürst'gen Sinn!
Hab' ich sie geseh'n,
Will ich untergeh'n;
Sterben, Alter, ist der Schuld Gewinn!"" —

Und der Alte hat indeß mit Lächeln
Wein und weißes Brod hereingebracht;
„Fühlst du, wie die Abendwinde fächeln,
Trüb und kühl ist die Decembernacht!“
„„Ha, du lügst, o Greis,
Denn die Nacht ist heiß,
Die des Sünders Gluth hat angefacht!““

Doch der Pilger mag sich noch so sträuben,
Stets der Alte freundlich in ihn dringt,
Daß er sanft gezogen wird, zu bleiben,
Bis das Todtenaveglöcklein klingt;
Das der Sternenpracht
Durch die schwarze Nacht,
Freundesgruß aus Klausnerhütte bringt! —

Stella matutina *).

(Dieß Sonnet wurde geschrieben in der Freudigkeit meines Geistes den 18. October 1811 um 4 Uhr Nachmittags, eine Stunde nach C's. Bekehrung. Mein Pathchen Pietro Rosa ist gekommen; ich hab' es die Treppe hinauf getragen. Auch ihn hat mir Gott geschenkt.)

(18. October 1811.)

Als wollt' er dich dem Wolkengürtel rauben,
Der liebend dich hält, wie du Gott umwoben,
Blickt Lukas hin, Maria, nach dir oben! —
Sein Goldgewand glänzt, wie sein Auge, Glauben.

) Am Tage St. Lukas, bei R.) seinem Gemälde von Raphael in der Academie S. Lukas Mittag um 12 Uhr und bei Raphael's

*) Riepenhausen? Anm. d. H.

„Wirst du mir auch, dem Sündigen, erlauben,“
— So fleht sein Blick zu dir emporgehoben —
„Im Bilde dich, du Morgenstern, zu loben,
Der flammen wird, ob Welten auch zerstauben?“ —

Und durch ihn blitzest du zum Raphaele,
Der sinnend nur dein Bild, noch dich nicht, schauet,
Und aufgehst aus dem Weltmeer seiner Seele,

Du Stern des Meers, aus dem die Gnade thauet.
Des Meisters Schädel, mag er jetzt auch modern,
Wird, was er dir gab, Leben von dir fodern.

Schädel gemacht. Eine halbe Stunde darauf, als ich nach Hause kam, hörte ich, C. habe mich eingeladen. Ich ging sogleich hin, und mein sterbender Bruder sagte mir, ich sollte um 2 Uhr Nachmittags kommen, wo er sein Bekenntniß ablegen werde. Halleluja! Halleluja! — Jetzt, als ich dieß schreibe, ist desselben Tages 1½ Uhr. — Um 3 Uhr Nachmittags schwur C. den protestantischen Glauben ab, und nahm den allein seligmachenden an. Der Prior der Trinitarier aus Strada condotta nahm das Bekenntniß ab. Er ist ein Spanier. Ein anderer Priester, auch ein Spanier, und ich waren dabei. Seligmachende Stunde! Dank! Dank! Halleluja!

Als ich um 3½ Uhr jetzt, wo ich dieß schreibe, nach Hause kam, schlug ich, nach Dankgebet, Luthers Bibelübersetzung auf, und traf auf Jeremia Cap. 65. V. 1. Wie passend! Halleluja! — In der Vulgata fand ich Cap. XXVII. V. 27. Thomas a Kempis Lib. IV, Ende des 12ten, Anfang des 13ten Capitels pag. 297. Halleluja! Halleluja! Halleluja!

Das Coliseum.

a. Beim Sonnenuntergange.

(Den 22. October 1811, eine Stunde nachher, als mein Br. C. vom heiligen Bischof Sakrista Minoccio die Firmelung erhalten hatte. Geschrieben in der Freudigkeit meines Herzens.)

Der Wahrheit sollst du Lüge Zeit erliegen!
Dein Knecht, Kalender, wagt es Herbst zu nennen,
Wenn Frühlingslichter auf- und niederbrennen,
Zum neuen Lenz die Vöglein freudig fliegen!

Das Coliseum prahlst du zu besiegen,
Weil sich die ros'gen glüh'nden Mauern trennen.
Du Dumme, kannst du das denn nicht erkennen,
Sie lüstet's, sich der Klarheit anzuschmiegen!

Versinkt getrost, ihr blüthenreichen Mauern,
Ob auch stiefmütterlich die Zeit euch beuget!
Sie raubt die Form! Wollt ihr ein Nichts betrauern?

Im Schoos der Ewigkeit, vom Muth erzeuget
Lebt ihr! Ihr seyd! Was ist, das bleibt: das Leben!
Und jauchzt! Gott hat es ihm durch euch gegeben!

Die Tiber.

(Den 23. October 1811. Abends um 11 Uhr.)

Dich, falbe Tiber, möcht' ich fahle heißen,
Du dehnst dich gelb und träg und langsam weiter,
Um kriechend auf der alten Zeitenleiter,
Dich Schneckenschleichens schimpflich zu befleißen.

Du, weil du thatst mit Thaten um dich schmeißen,
Machst breit dich, doch wirst selbst du drum nicht breiter!
Und tanzen deine Töchter schön und heiter,
Trittst trüb' du aus dem Corso, zu zerreißen! —

Sieh mal den Rhein, was das ein rüst'ger Junge!
Zieht er von Köln so rührsam tüchtig; munter
Winkt ihm der greise Dom ein „Gott gesegne!"

Drum, Tiber, zieh mich nicht ins Grab hinunter,
Daß meinem Rhein ich einmal noch begegne,
Und meinem Volke sing' mit Flammenzunge!

Roms Springwässer.

(Den 23. Oktober 1811, als am nämlichen Vormittage, bei der Fontaine auf Pietro di Promontorio.)

Der Ströme Lust erfreut die Stadt des Herrn!
Drum sprüht auf Roma's Plätzen mit Gebraus
Das Wasser seine freud'gen Geister aus,
Die glorreich drangen aus der Erde Kern!

Auch weilt's auf Roma's sieben Hügeln gern,
Um kühn zu schauen sein siderisch Haus,
Und sprudelnd lacht's der Sterne Welten aus;
Denn nah ist Gott in Rom, die Sterne fern!

Dann tanzt es plätschernd bei den Pinienhainen
Pamphili's; sonnt sich in Borghesens Spiegel,
Und tändelt an Albani's Säulgewinden.

Und ob auch Riesenpfeiler es umzäunen,
Schwingt's über sie die diamantnen Flügel,
Wo Gott wollt', auf den Fels, die Kirche gründen.

Das Coliseum.

b. Beim Sonnenuntergange.

(Den 23. October 1811, als ich mit meinem Pathchen Pietro und der Familie Rosa, einen Herbstspaziergang in die Villa Pamphili veranstaltet hatte, und auf Skt. Pietro di Promontorio, im göttlichsten October-Vormittage, auf Pietro's Vater, Luigi Rosa wartete, und des gestrigen Abends dachte.)

Wie herrlich ist es wenn aus Roms Ruinen
Im Herbst des Jahres Frühlingsblüthen sprießen,
Des Empyräums Lorbeerströme fließen
Auf jene Steine, die zu starren schienen!

Wie herrlich, daß die Lüge Zeit muß dienen
Der Ewigkeit, und daß der Mensch genießen
Das darf, noch eh' er auf den Kerker schließen
Des Körpers, brechen kann die Qualmaschinen! —

O wunderherrlich Rom mit deinen Schätzen,
Du Grundstein, Richtmaaß, Senkblei der Gesunden,
Träuf' auch uns Kranken Balsam, uns zu letzen!

Nur eines wird noch herrlicher erfunden
Mehr ist als Millionen Roms und Sonnen,
Ein Herz, ein einz'ges, hat es Gott gewonnen! —

Der schwere Reim.

(Den 31. October 1811. Abends.)

Wenn manches Mal ich reimen will auf „Goethe,“
So mag ich mich auch noch so sehr besinnen,
Dem Namen kann ich nichts mehr abgewinnen
Als immer d'rauf zu reimen „Morgenröthe!“

Und wenn den Reim ich so zusammen löthe,
Bis Mittags dann, von Roma's stolzen Zinnen,
Die Sonnenstrahlen auf mich nieder rinnen,
So seh' ich ihn, ihn selbst; und ob mich tödte —

(Der Blitz kann tödten!) — doch belebend nieder
Schwebt Helios! D'rum schau' ich bis zum Abend
Ihn an; ist er so milde doch und labend!

Er flammt; ich wurzle in der heil'gen Erde!
Bis daß ich glaube, daß die Strahlenpferde
Zur Nacht er lenkt; dann lächelt Goethe wieder!

Der Immerdurstige.

(Den 31. October 1811. Nachts.)

Und mag auch Roma's Herbst mit seinen Schätzen,
Nebst den Triumphesbogen, Coliseen,
Die, wenn auch Trümmer, blüthenreich, Trophäen
Der Ewigkeit, den trunknen Blick mir letzen;

Und mögen mich die Nymphen Roma's netzen;
Ja möchten auch mich selber die Camöen
Hinwinken, freundlich, zu den heitern Höhen,
Wo sich Homer und Helios ergötzen;

Und ob auch von dem hohen Vatikane
(Zu dem Parnassus und Olymp, die Schwelle —)
Mir, dem gejagten Müden, Kühlung fächle

Der ew'ge Phöbus, mit der Siegesfahne:
Doch will sich immer zum Gebet gesellen
Das Lechzen, daß mir Goethe wieder lächle!

Selbstbekenntniß.

(Den 31. October 1811.)

Manch Trauerspiel, ich fing es glücklich an,
Doch bald wards zum Gewirr und zum Gepappel;
Der Palmbaum ward zur weib'schen Trauerpappel,
Die, selbst zerknicket, nicht erquicken kann!

Pfui, schäm' dich! dacht' ich, bist du nicht ein Mann?
Doch stets verwirrt mich verzwickt Gerappel
Mich; Reimgekling' und Assonanzgetrappel,
War's immer wieder was Geflicktes dann!

That's allen Heil'gen besser denn begegnen?
Der böse Mehlthau sengt den guten Kern;
Nur dem, was aufsprießt, lächelt Morgenröthe! —

Hinauf zu sprießen bitt' ich Gott den Herrn;
   Dann muß auch Helios mir Strahlen regnen! —
   Daß frisch ich lebe, lächle wieder, Goethe!

St. Stanislaus Kosska.

(Am 13. November 1811, am Tage, und mit Bezug auf die herrliche Marmorstatue des Heiligen bei der Kirche Sanct Andreas bei Gesuiti, wo ich mit Inbrunst gebetet hatte, im päpstlichen Garten auf Monte cavallo gedichtet.)

Unweit der rossezwingenden Kolossen,
   Die herrlich zwar, jedoch umsonst sich bäumen,
   Zu steigen auf zu den azurnen Räumen,
Erscheint ein Dom. Jungfräulich, schmuckumflossen,

Auf Marmorpfühl, der täuschend hingegossen
   Von Künstlershand, ruht drin in sel'gen Träumen,
   Der rang umsonst, mit Eis die Gluth zu zäumen;
Geschleift, ein Phaeton, von den Sonnenrossen! —

O Heil'ger, der, entfliehend jenem Lande,
   Wo nordisch Eis im Schaum der Wollust gähret,
   Zum Liebesopfer gab sein reines Leben:

Der Frühgereifte, der dort hat geleeret
   Den Täumelkelch, fragt, büßend seine Schande,
   Dich Knaben, schamroth, zitternd: Wird vergeben?

Antwort des Heiligen.

(Rom, den 13. November 1811, um 12 Uhr Nachmittags.)

(„Cur quaeris quietem, cum natus sis ad laborem?“ Thomas a Kempis de imitat. Christi. Lib. II. Cap. X., welche Stelle ich aufschlug, als ich am Sarge des Heiligen desselben Vormittags gebetet hatte. Hallelujah!)

Vergebung wird dem Ruhenden in Frieden!
Doch darfst du Ruh' zu suchen dich erkühnen?
Der Mensch, muß er durch Thun sie nicht verdienen?
Dein Thun war Lust, d'rum wird dir Schmerz beschieden.

Gleich dir, war ich ein Flüchtling auch hienieden,
Vielleicht wär' wild Gelüst auch mir erschienen,
Doch rang ich, es durch Liebe zu versühnen.
So konnt' ich durch das Licht die Gluth befrieden!

Mein heimisch Land, Sarmatien, zu schirmen,
Wo, wie in Roms Kolossen, siegreich ringet
Die Allmacht, mit der untern Kräfte Wüthen,

Darf ich, das stille Kind, die Hölle stürmen!
Wenn deinem Glauben stilles Thun gelinget,
Wird Kindessinn der Schuld den Trotz verbieten.

Ara coeli.

(Am 6. Januar 1812, am Feste der Erscheinung.)

Das Volk, es woget durch die Säulenhallen,
Die, schön staffirt, empor im Tempel ragen,
Wo, seinen ersten Altar aufzuschlagen,
Es hat dem Herrn der Herrlichkeit gefallen.

Da hör' ich festlicher Posaunen Schallen,
Glocken und Cymbeln, voll von freud'gem Zagen,
Und, vom Gedräng' der Beter fortgetragen,
Muß ich durch's Tempelthor zum Vorhof wallen.

Die Luft ist trüb, im Kranz der Bergesfernen
Sehn den Sirokko blauen Dunst wir weben,
Das Capitol, bedroht von Wolkenzähren.

Wir knie'n getrost, das Kind, gekrönt mit Sternen,
Das Priesterhände segnend jetzt erheben,
Wird Tod dem Tode, Leben uns gewähren!

Das Präsepe in Ara coeli.

(Am heiligen Drei-Königsabend, den 6. Januar 1812.)

Indeß die weisen Kön'ge leise beten,
Schauend den Stern und knieend vor dem Kinde,
Das in dem Schoos der Ewigmutter, linde,
Zum Morgenglanz erweckt die Morgenröthen;

Seh' ich der Narren Knechte trampelnd treten
Vor's heil'ge Bild, nicht ihrer Augen Binde
Ahnend, drob schwatzen wie von Farben Blinde.
Das hat mich oft gebracht in Zornesnöthen!

Und dennoch, denk' ich, daß zum Heil erschienen
Der Heiland ist, den Weisen wie den Thoren;
Und daß auch ich, wie diese, blind geboren,

Und blinder war; dann nah' ich schamroth ihnen.
„Brüder vergebt! Gott sey mir Sünder gnädig!"
So sprech' ich reuvoll, Zorns und Hasses ledig!

Die beiden Springbrunnen auf dem Petersplatze.

(Rom, den 6. Januar 1812.)

Pilger.

Ihr mächt'gen, reinen zwei Okeaniden,
Die ihr, mit Diamanten reich geschmücket,
Durch euren Tanz die Säulenschaar entzücket,
Der des Palladiums Obhut ward beschieden!

Wie kommt's, daß, himmelslust'ge Titaniden,
Ihr ab zum Azur goldne Pfeile drücket,
Und doch euch vor dem Obelisken bücket,
Der, steinern, schirmt den Thron vom ew'gen Frieden?

Die Springbrunnen.

Dionens Schwestern, auch vom Schaum der Wellen
Erzeugt, muß uns des Steines Kraft erliegen,
Trug ihn doch her der Wogen Harmonie *);

Doch trägt er dessen Thron jetzt, der zu siegen
Erschien, vor ihm muß alle Macht zerschellen! —

Pilger.

O lernet Demuth, Kunst und Poesie.

---

*) Der in der Mitte des Petersplatzes zwischen den beiden herrlichen Springbrunnen stehende und noch hoch über sie emporragende, auf der Spitze mit einem kolossalen Metallkreuze gezierte, granitene Obelisk (der höchste in Rom) ward (so unglaublich das auch bei seiner ungeheuren Größe scheint) ganz, so wie er jetzt dasteht, auf Befehl des an riesenhaften Entwürfen überreichen Papstes Sixtus des Fünften von Egypten nach Rom zu Wasser hingebracht.

Bei dem Wasserfalle zu Terni.

(Zu Terni 20. April 1812, gegen Abend angefangen, wo ich an einem trüben Regentage den Wasserfall in Schlossers Gesellschaft besah.)

Ich bin der Huld nicht würdig, o Vater der Natur,
Zu schauen an dein Leben in deiner Creatur;
Doch ewig laß mich singen, und ewig benedei'n,
Daß ich dein Säuseln höre, und ihrer Sehnsucht Schrei'n.

Was rollst du da, Velino, hinunter in das Thal?
Spornt Uebermuth der Freude, peitscht ihn hinab die Quaal?
Du Creatur des Wassers, sag' an und mach' mir kund,
Was wälzt dich so gewaltsam hinab zum grausen Schlund?

Gleich einem Haargelocke, das dessen Schläf' umwallt,
Der über uns den Himmel zur Osterglocke ballt;
Gleich Gottes Haar gekräuselt umflicht'st du, Bergstrom, mich,
Und Grauen — nein, ein Sehnen ergreift mich grauerlich.

Ein Sehnen? Nein! Begierde, Gelüsten gier'ger Drang,
Zum alten Fluthenabgrund, dem mich die Gnad' entrang;
Bittet für mich, ihr Blüthen, denn mich ergreift der Schaum;
Halt' mich, mein weiß'rer Bruder, entfleuch, o Höllenraum!

Ihr Engel der Gewässer, laßt euern Sklaven nicht,
Die Fluth nicht den umgarnen, den Gottes Gnad' umflicht;

Nicht mich Erlösten werden auf's Neu' des Abgrunds Raub,
Mich, der ich eures Gleichen, zwingt gleich mich noch der Staub!

Während ich bebend bete, und unter mir im Grund
Das Wasser strömt, als gähnte nach mir der Hölle Schlund;
Ist über mir der Himmel, die Glocke, saphirblau,
Gewölbt um Petrus Kuppel, nun thränenreich und grau.

In Thränen träuft er nieder, und aus der Fluthen Kampf
Steigt auf zum Himmel wieder ein heller Thränendampf.
Nicht aus der Hölle stammet ihr Thränen, silberrein,
Was unter diesem Strudel, die Hölle kann's nicht seyn!

Wir kennen längst uns, Thränen; denn wo ich hin mag zieh'n,
Wie ich im frohen Muthe euch immer möcht' entflieh'n;
Doch seyd ihr als Gesellen, als Engel guter Art,
Stets, Thränen, treu mir blieben auf meiner Pilgerfahrt.

Nicht wie ihr unten träufelt, ein schaumerfüllter Raub,
Nein, wie ihr perlend blinket auf Blüthen und auf Laub,
Entquillt ihr meinen Augen; nicht wie ich sonst geweint,
Nicht Schaum, der stäubt, verstäubet — zu Perlen schon gereint!

Ob aschengrau der Aether, erdgelb der Wasserfall,
Doch sieht mein Blick, gereinigt, schon Blüthen überall

Den fluthumspielten Hügeln rund um des Schlundes Rand
Entquillen; grün beflügelt beut mir der Lenz die Hand!

So wie Dione lächelnd dem Perlenschoos entschwebt,
Empor sich, mildumfächelt, der Engel Frühling hebt.
„Ich wog' in diesen Wogen, ich walt' in der Natur,
Auf daß sie werd' erzogen zur Paradiesesflur.“ —

„Muß gleich ich die Erscheinung als Gottes Knecht erneu'n,
Doch kann mich nur Vereinung mit Zebaoth erfreu'n.
Ich web' im Wandelbaren das Festgewand der Zeit,
Doch selbst wohn' ich im Klaren beim Herrn der Ewigkeit!“ —

Der Engel sprach's. Geträufel quoll dichter jetzt hinab;
Er schwand! befreit vom Zweifel griff ich zum Wanderstab.
Noch einen Blick hinunter, und wilder gohr die Fluth,
Die Blumen lachten bunter. Nun schied ich wohlgemuth.

Ade! sprach ich zum Lenzen; zum tobenden Gewässer,
Sprach's zu den Blumenkränzen, Ade, ich kenn' euch besser,
Ihr seyd die Unterthanen, und euer Herr bin ich,
Folgend der Siegesfahnen des Gottes ewiglich.

So zog ich thalwärts nieder; den Bruder sah ich lächeln,
Ich war ihm nicht zuwider; wir zog'n im Abendfächeln!
Als ich in's Thal gekommen, verklang mir das Gebraus,
Ich schlief nicht mehr beklommen im stillen Herbergshaus.

Und er erweckt' in Fluthen durch mich den Jubellaut
Der Brautnacht; Perlen blühten, blüthen um dich, die Braut
Des Heilands, auszuschmücken, entsühntes Menschenkind,
Dem Grauen und Entzücken die Brautbewerber sind!

Doch Angst und Freude gleichen darf nicht dem Element!
Nicht ist des Kreuzes Zeichen, wie dir, ihm eingebrennt,
Drum hauche du, besonnen, gereinigt von der Pein,
Athem der ew'gen Wonnen, dem Schein entsagend, ein!

Das künftige Geschlecht.

Freie Glosse.

(Florenz im Mai 1812.)

„Daß ich jetzt geboren würde,
Leben dürfte, was ich schaue;
Schwer ist meines Lebens Bürde! —
Christus lebt, und ich vertraue.“ —

Wenn ich seh' was itzo reifet,
Mein gestumpfter Blick durch Auen
Einer nahen Zukunft schweifet,
Wird es mir, als müßt' ich scheiden
Spurlos; und mich überfällt ein Grauen,
Und ein namenloses Leiden.
Herrlich seh' empor ich keimen
Ein Geschlecht, geschmückt mit Würde;
Ich, der ich, gereizt vom Scheine,
Mich entwürdigt, jetzt, aus Träumen
Aufgeschreckt, ich wünsch' und weine:
„Daß ich itzt geboren würde!“ —

Denn es wird, gereint durch Schmerzen,
Und erlöst vom frechen Wahne,
Neu ersteh'n in deutschen Herzen,
Die in Demuth reift, die Stärke.
Und der Auferstehungsfahne
Werden neue Wunderwerke
Folgen; und ein hohes Streben,
(Mag dämonisch auch die schlaue
Selbstsucht uns in Schlummer gähnen!)
Wird sich neu im Volk erheben!
Daß den Zeitpunkt ich ersehnen,
Leben dürfte, was ich schaue!
Alle müssen wir's betrauern,
(Ich besonders, Andre minder),
Daß wir denen, welche bauen
In der Tiefe trübem Dunkel,
Uns zu fah'n, des Lichtes Kinder,
Durch den Dünkel, durch's Gefunkel
Schnöden Scherzes, gier'ger Lüste
Daß wir ihnen von der Hürde
Unsres Hirten, welcher treue
Hütet, folgten nach der Wüste!
Darum seufz' ich oft mit Reue:
„Schwer ist meines Lebens Bürde!"

Seh' ich, Mainachts, dann den Himmel,
Fiorenza's klaren stillen;
Blüthen, Leben im Gewimmel,
Mich, der Leben zu verlieren
Rang, so lebensvoll umquillen;
Seh' des Sternenhimmels Zieren,
Die, geregelt im Vereine
Zieh'n zur Sonne, die verschwunden
Ostwärts; hör' ich der Gemeine

Psalmen: „Tod ist überwunden!"
Rauschen: „Christus lebt, vertraue!"

Schwer ist meines Lebens Bürde,
Wenn ich reuig rückwärts schaue:
Daß ich neu geboren würde!
Christus lebet — ich vertraue!

An Mathilde.

(Florenz, den 15. Juni 1812.)

Schlaue, liebliche Mathilde
Gestern, da du wardst geboren,
Als voll Armuth, ein Gebilde
Von den Grazien und Horen,
Du zum Harfenklange milde
Saugest wundersüße Klagen:
Riefen: „Bravo." Weis' und Thoren! —
Bravo. Darum? mußt' ich fragen;
Und ich wollt' es noch nicht sagen!

Gestern, da du wardst geboren,
Allzuliebliche Mathilde,
Glich'st du, Blumenreiche, Floren,
Wenn sie schwebt durch Luftgefilde
Eine Nelke ward erkoren
Mir; schon wollt' ich „Bravo" sagen;
Darum Bravo? mußt ich fragen,
Armes Nelklein, mußt' ich klagen,
Gingst du schon so früh verloren! —

Neulich sah ich fort dich schleichen.
Was hat doch die Schlaue, Wilde,
Dacht' ich, wieder jetzt im Schilde?
Und ich sah dich Küsse reichen
Heimlich — Wem? — des Vaters bleichen
Wangen! Sah dich sanft sie streichen!
Ja, da mußt' ich Bravo sagen,
Bravo, redliche Mathilde!
Bleibst du's immer? muß ich fragen,
Sonst müßt' ich den Reiz verklagen!

An P. B. von W.

(Florenz, den 21. Juli 1812.)

Fleuch, junger Adler, kühn der Sonn' entgegen,
Nur weile nicht in untern Regionen;
Dorthin, wo deines Stammes Ahnen wohnen,
Nur himmelan mußt du den Flug bewegen!

Sie mußten auch im Weltgewühl sich regen,
Die Helden, welche nun im Frieden thronen,
Ihr Thun war Sieg, doch ihre Lust Verschonen.
Wie sie, verdiene dir der Völker Segen!

Die Zeit ist ernst, o Fürst, du sey desgleichen,
Und dann zeuch wohlgemuth, wenn die Trompete
Des Schicksals klingt, zum Siegen oder Fallen!

Dem Helden, deinem Vater, und der reichen
Erzheldin, deiner Mutter, dir und allen
Den Deutschen, schenk' ich, was ich hab' — Gebete!

Königsgeburtsfest.

(Florenz, den 3. August 1812.)

Des Menschen Geist erkennet keine Gränzen,
Und sein Gefühl durchbricht die niedern Bande;
Dem Raum entfliehend und dem Zeitentande,
Darf Sehnsucht sich durch Ewigkeit ergänzen.

So wir! Mag uns des Arno's Woge glänzen,
Und lastet auch auf uns der Zeiten Schande,
Doch muß der ew'ge Werth vom Vaterlande
Selbst des gebeugten Deutschen Haupt umkränzen.

D'rum feiern wir, nicht mit dem Freudenbecher,
(Wie käme Freude jetzt in deutsche Herzen?) —
Wir feiern still, dem würd'gen Ernst ergeben,

Des Vaterlandes Trost, auf den den Köcher
Der Schmerz geleert, den König, der, durch Schmerzen
Verklärt, ein Phönix wird der Asch' entschweben!

Sonnenfahrt.

(Florenz, am 13. August 1812.)

Zur Sonne reist man nicht auf Montgolfieren,
So viel man auch ist hin und her geschwommen,
So voll man auch schon hat den Mund genommen,
Ein aufgedunsner Ball muß bald sich leeren.

Der Adler darf den Dohlen es verwehren,
Die, Gold zu stehlen, nach der Sonne kommen,
Doch hat auch er die Sonne nicht erklommen,
Sein Fittich muß sich nach der Kralle kehren!

XI

Ihr sucht die Sonnenhöhe? ein löblich Streben;
Doch fliegen hin? — Laßt's, Aeronauten, bleiben!
Mit Fliegen ist hier gar nichts ausgerichtet.

Geflogen nicht — zur Sonne wird geflüchtet;
Kann euer Nichts zur Demuth sich erheben,
Dann wird die Sonne selbst euch zu sich treiben!

Sasso di Dante.

(Florenz, den 22. September 1812.)

Auf diesem Steine saß der große Dante,
Und hat den Riesendom und Thurm geschauet,
Den Giotto hat, sein weiser Freund, erbauet,
Der wie das Wesen der, die Form erkannte.

Und als das Volk den Dante dumm verbannte,
Da hat er seinem Gott getrost vertrauet,
Der ihm das Lied, vor dem der Ohnmacht grauet,
Als Allmachtssiegel in die Seele brannte.

Vom dummen Volk verbannt nicht, doch vertrieben,
Sitz' ich manch' liebes Mal auf diesem Steine,
Und denke, halb mit Thränen, halb mit Lachen:

Sonst saß der Große hier, jetzt sitzt der Kleine!
Doch Dom und Thurm und Stein sind steh'n geblieben,
Und Gott— der auch in mein Lied kann machen! —

Die Sündfluth.

(Als ich das vorstehende Sonett abgeschrieben hatte, zu einer Zeit, als es seit 12 Tagen fast unaufhörlich geregnet hatte.)

(Florenz, am 16. October 1812.)

A.

Der dieß ich warnend muß und zitternd schreiben,
Wird ein's noch, ach! vergönnt seyn mich zu retten,
Und in des Bundes Arche mich zu betten,
Mich, der in seiner Sündfluth immer treiben

Im Kreise muß, und nie kann ruhig bleiben;
Weil Gier und Angst und Zweifel ihre Ketten
An mich, den eitlen Zeitvergeuder, kletten,
Sich, mich erwürgend, an einander reiben? —

Während ich unstät also fort muß schwimmen,
Seh' hier und dort ich Archen mit erscheinen
Im Meer! und ring' ich hin, sind's Dunstgestalten.

D'rum nützt die Zeit, die ihr auf grünem, reinen
Ufer noch dasteht, um hinaus zu klimmen
Zur Arche, denn auch euch dräu'n Fluthgewalten!

B.

Ich weiß es, Herr, (o werd' ich's einst vergessen?)
Daß werth ich bin im Abgrund zu versinken,
Den ich mir grub, die Wellen, die dort blinken,
Sind Mutterzähren, die ich aus that pressen!

Dieweil den Taumelbecher ich vermessen
Geziert, zur letzten Neige auszutrinken,
Sind die Sirenen, die noch Manchem winken,
Mir jetzt Harpyen, die am Mark mir fressen!

Ich weiß es, Herr, ich hab' ihn schwer verschuldet
Den Abgrund; doch du Abgrund ew'ger Güte,
Hast (ist es möglich?) mich bis jetzt geduldet.

D'rum wagt zu fleh'n mein bebendes Gemüthe
Zu dir, dem, mehr als Böses bös ist, Guten,
Für mich, und die ich stürzte in die Fluthen! —

C.

Ich zittre, Herr, daß Fremden ich verkünde,
Was angstvoll ich dir wagte zu erwidern;
Ist's, eignen Leichnam also zu zergliedern,
Vor fremdem Blick', ist's eine neue Sünde?

Doch wenn ich meines Lebens Thun ergründe,
Hab' ich nicht oft in wollustvollen Liedern,
(Giftpfeilen, die ich wußte zu befiedern!)
Geprahlt, als ob ich, Liebe, dich verstünde! —

Das that ich laut, d'rum muß ich laut auch sagen
Den Schwachen, die zu Thoren ich verwandelt:
Euch Schwachen hab' ich Thorheit angelogen!

Und, Herr der Huld, vor dem ich mißgehandelt,
Gönn's meinen, mir vielleicht zu späten Klagen,
Zu retten Manchen aus dem Grab der Wogen!

Landpfleger Felix und St. Paul.

(Florenz, October 1812.)

„Das klingt recht artig, guter Träumer Paul;
Doch zieh nur hin für dießmal, alter Knabe,
Bis daß gelegne Zeit ich wieder habe!“ —
So sprach der Pfleger mit gezerrtem Maul.

Und der Apostel war denn auch nicht faul,
Und fürbaß zog er mit des Himmels Gabe;
Zwar kam er wieder, doch da lag im Grabe
Der Pfleger, schon gestürzt vom stolzen Gaul! —

Du liebe Zeit! so laßt uns lieber sagen;
Denn wüßten wir was an der Zeit gelegen,
Wir sprächen nie von ungelegner Zeit!

Die Brücke Zeit, noch ist sie aufgeschlagen;
Sie bricht! Es braust dem Säumigen entgegen
Das Meer der ungelegnen Ewigkeit!

Am Schlusse meines 44. Lebensjahres.

An meine Brüder und Schwestern.

(Florenz, den 16. November 1812.)

A.

Was ich auf Erden noch zu bitten habe
Ist wenig, und ich will es Euch erzählen.
Um Ruhm und Reichthum mag ich Gott nicht quälen,
Des Teufels Stricke sind der Stolz, die Habe!

Nur Unschuld möcht' ich wieder mir erwählen,
Doch nichts erweckt die, wenn sie ging zu Grabe;
Der ird'schen Liebe Taumelkelch, die Habe
Von Gift, that sie dem Tode mir vermählen.

Den Wollustbecher, ich hab' ihn geleeret,
Selbst das Gelüst nach Lorbeern ist geschieden
Von mir; und matt vom Rennen, Gaffen, Lärmen,

Bitt' ich nur um ein Winkelchen mit Frieden;
Wo die, wonach ich lechze, mir bescheret,
Die Drei mir würden: Ordnung, Stille, Wärme!

B.

Die regelrechte, stille, warme Hütte,
Und d'rin mein Dornenlager aufgeschlagen,
Das ist, was Gott ich darf zu bitten wagen,
Wenn aus ich mein gepreßtes Herz ihm schütte!

In meines wilden Daseyns Blüthentagen,
Da hatt' ich wohl noch manche kühne Bitte,
Noch damals hatt' ich sie, als ich die Schritte
Beflügelnd, Rom zuerst empor sah ragen!

Doch was ich sah auf Roma's heil'gen Zinnen,
Das Gorgohaupt meines verpraßten Lebens,
Versteinert mich! Ein Todter, nach Belebung

Schmacht' ich — ob tausend Lebensbäche rinnen —
Aus einem, der vielleicht mir rann vergebens
Bruder, das ist ein schweres Wort: Vergebung. —

C.

Vergebung! — Ach, wie soll ich dich erstreben? —
Ihr Schwachen, denen Gift ich hab' gedichtet,
Ihr Andern, deren Seufzerlast geschichtet
Auf's Herz mir ist, das nicht den Stein kann heben!

Vergebung mir? — Und ihr, die meinem Leben,
Als es noch schuldlos war zu Gott gerichtet,
Den Giftkelch reichtet, der es hat vernichtet,
Vergebung will ich, d'rum sey euch vergeben!

Der, welcher rein ist, bete mit den Reinen,
Und meide mich! Wer Sünder ist, und zittert,
Ihn lad' ich ein zu meinem Haus, dem stillen!

Doch dir, Gemengsel, das nur Kitzel wittert,
Bereu'n nicht will, noch thun, nur plappernd scheinen —
Dir will ich fortan nicht mehr thun den Willen.

An die modernsten deutschen und christlichen Dichterlinge.

(Aschaffenburg, den 17. Februar 1813.)

Dem argen Franzthum sollt ihr zwar entsagen,
Doch nicht durch schlechten Sang uns Deutsche schrecken;
Denn eure Verselei, biderbe Recken,
Ist holpricht, um selbst Satan zu verjagen.

Als tücht'ge Christen sollt ihr euch betragen,
Doch nicht im süßen Liebestrieb euch strecken,
Denn Christi Sänger waren nimmer Gecken;
Am Glauben muß Vernunft empor auch ragen! —

O Gott, du weißt, und ich weiß mein Gebrechen!
Ich habe selber viel und schwer gesündigt,
Ich kann den Stab nicht über Andre brechen;

Doch sagen darf ich's frei und unverholen,
Daß, eh' dein Wort in Deutschland wird verkündigt,
Alfanzerei der Teufel erst muß holen!

Christliches Rheinweinlied*).

(In Gottes Namen angefangen am 6. März 1813 Nachts um 12 Uhr; bei Gelegenheit der Abreise der wackern und christlichen Männer Pathaus und Seyfried und mit Gottes Hilfe beschlossen in derselben Nacht um 1½ Uhr.)

Nachdem wir nun das Mahl genossen haben
Und Wein vom edlen Rhein,
So denkt nun auch des Spenders aller Gaben,
Und keiner sage nein!

Ließ er sie wachsen nicht die reinen Reben,
Die uns das Herz erfreut;
Hat er uns nicht dieß Freudenmahl gegeben?
Er hat's gebenedeit!

Der Rhein, aus dem der Wonneborn uns quillet,
Und unser Vaterland,
Das ja mit Hochsinn deutsche Herzen füllet,
Entrann's nicht seiner Hand? —

Was Kraft uns giebt, die niedre Lust zu meiden,
Mit heil'gem Ungestüm
Uns Deutsche spornt zu würd'gem Thun und Leiden,
Kommt's nicht allein von Ihm? —

---

*) Dieses Lied wurde zu Rom bei einem Abschiedsmahle deutscher Freunde in einer Zeit gesungen, wo der jetzt angebrochene Morgen des Weltfriedens noch in tiefen Nebel gehüllt lag. Es ist ursprünglich für edlen Rheinwein bestimmt, kann aber auch mit leichten Aenderungen bei edlem Donauweine von edlen Oestreichern gar füglich gesungen werden; und insofern das auf die rechte Weise geschieht, wird sich der Verfasser glücklich schätzen, die Veranlassung dazu gewesen zu seyn.

Die großen Väter, denen wir entsprossen,
Sie haben viel gethan;
Was thaten sie, was haben sie genossen,
Wo sie auf Ihn nicht sah'n?

Auf Ihn, und nicht auf falsche Erdengötzen,
Auf Christum unsern Gott;
Den Teufel, mag er schrecken und entsetzen,
Macht unser Gott zum Spott! —

Wo zwei und mehr vereint in Christi Namen
Mit oder ohne Wein,
Ist Christus auch; wird (dazu sagt' er Amen)
Kein Spielverderber seyn.

Doch weh' dem Christen, der beim Freudenbecher
Den hohen Gast verscheucht;
Den Gott, der ihm, dem würdelosen Zecher,
Das Blut der Reben reicht!

Nicht also wir, das wollen nicht wir schwören,
Denn heilig ist der Schwur;
Man naht ihm nicht in frohen Jubelchören,
Man naht ihm zitternd nur.

Doch laßt von dem, der Trauer uns geschenket,
Auch würd'ge Lust erfleh'n;
Daß, wenn aus ihr wir nun den Schritt gelenket,
Wir kampfgerüstet steh'n!

Wie Gottes Knecht (den wir das Schicksal nennen)
Uns auch bedienen will,
Doch soll uns nichts von seiner Liebe trennen,
Wir halten treu ihm still!

Einst wird der Wein versiegen, und das Weinen,
Der klare Rhein verglüh'n;
Wie werden dann die Freuden uns erscheinen,
Die jetzt als Blüthen blüh'n?

Denn Blüthen ew'ger Lust und ew'ger Schmerzen
Sind Erdenschmerz und Lust;
So sprach der Herr zu unsrer Väter Herzen,
Bewahrt's in treuer Brust!

Daß einst ihr dieses Mahls mit Lust gedenket,
Und nicht in ew'ger Nacht,
D'rauf sey dieß Glas, in Demuth eingeschenket,
Dem hohen Gast gebracht!

Der ewige Jude.

a. Sabbathsnacht.

(Rom, Sonnabends den 12. Juni 1813 um 11 Uhr Nachts.)

Der Vollmond war heut' wieder angekommen,
Ich schlendert' auf dem Trinitatiberge,
Wo's große Rom liegt wie ein Haufen Zwerge,
Die ferne Peterskuppel ausgenommen.

Die schwere Brust war wieder mir beklommen
Für sie ist Vollmondschein so wie Latwerge,
Doch kommt in ihm, was Tags ich mir verberge,
Gewöhnlich Nachts mir wieder angeschwommen.

Jetzt, sprach er, peitscht dich's wieder fort zu wandern
Von Rom nach Deutschland! Immer, immer rennen!—
Du bist wahrhaftig wie der ew'ge Jude!

Auch du thatst unserm Herrn kein Plätzchen gönnen,
D'rum giebt ein Gärtchen, Haus und Grab er Andern,
Und dir zum Schachern nicht mal eine Bude.

b. Sonntagsfrühe.

„Hat er dir eine Kirche nicht gegeben,
Du Thor!" — so ruft, der heut' zwar noch verborgen,
Der Sonnenstrahl; doch der, so Gott will, morgen
Zur krausen Welt recht glatt wird niederschweben.

„Willst du das Rennen lassen, laß das Beben!
Vor Allem laß des Schacherns eitle Sorgen,
Denn dazu mußt du Geld vom Teufel borgen,
Und wie der wuchert, weißt du, dächt' ich, eben.

Das Haus hast du ja selbst in Wind geschlagen,
Mußt schon dich unter fremde Häuser ducken!
Ein Gärtchen? Pfui! den Garten sollst du wegen

Deß, der bei dir wohl mal noch einkehrt, pflegen!
Ein leichtes Grab? das schmeckt? — Nun laß die Mucken!" —
Erhalt' ich's? — Strahl, das möcht' ich dich wohl fragen!

Gierusalemme liberata.

(Rom, den 15. Juni 1813 um 12½ Uhr, auch im Vollmond geschrieben! — Eben als ich das Sonett niederschrieb, und über den Titel „Gierusalemme liberata“ nachdenke, spielt man in einer Straßenserenate eine Arie aus Gierusalemme liberata; mag's also so heißen dieß Sonet auf die „Tassogräber.“)

A.

Die Freunde waren ohne mich gegangen
Nach Sankt Onufrio zum Klostergarten,
Ich, unter'm Volk, muß an der Mauer warten;
Doch sah ich Rom beim Sonnenabschied prangen!

Dann dacht' ich vor dem Sakrament mit Bangen
Jerusalems zerstörte Mauernscharten;
Auch sah ich, den die Sterne grausam narrten,
Des Tasso's Bild an seinem Gräblein prangen. —

Die Freunde kamen! Vollmond, Stern' und Blitze,
Erdsternlein fliegen, glüh'n am grünen Hügel,
Johanniswürmchen, die die Buben jagen;

Sie patschen drauf, am Hute sie zu tragen!
Ach, armer Tasso! Darum Sternenflügel
Zerquetscht, daß euch das Publikum besitze?

B.

(Rom, den 19. Juni, aber als Reminiszenz desselben Abends, wo ich das vorige gemacht hatte, niedergeschrieben.)

Die Freunde wollten gar nicht sich bequemen,
Die guten Seelen, (aber schlafesvollen),
Mit mir noch nach Sankt Peter hinzutrollen,
Doch ich ließ mir das einmal nun nicht nehmen.

So oft ich schaute Luna's bleichen Schemen,
Neu aufersteh'n zum Sonnenbild, dem vollen,
Verkläret, Peters Dom ein Hochamt zollen:
Wo muß ich hin; wär's auch nur mich zu schämen!

Und seh' ich wie die Felsensäulen blitzen,
Die Quellen Strahlen sprüh'n dem Kreuz entgegen;
Dann denk' ich: Ja, ihr Reinen dürft erfreuen!

Doch, trübe Pfütze, du willst blitzend nützen?
Du kannst dich selbst ja nicht im Strahle regen?
Dann, statt zu singen, möcht' ich nur bereuen!

Schwarz und weiß.

(Den 29. Juni 1813, als am Feste des Apostels Petrus, zu Rom, das Gott mich zum dritten Mal gnädigst hat zu Rom erleben lassen! Er gebe, daß man dieß Gedicht, wenn es durch seine Gnade bekannt werden sollte, ja nicht mißverstehe, und etwas mehr als ich wollte darein legen möchte.)

Dort oben seht Sanct Petrus Bildniß prangen,
Von Edelsteinen funkelt die Tiare
Auf kohlpechrabenschwarzem Haupt und Haare;
Der Purpur blitzt von Klunkern und von Spangen.

Doch kommt zur Grotte unter ihr gegangen,
Da sitzt er schmucklos da, der Hohe, Klare,
Als ob er sagen wollte: Gott bewahre,
Wer hat mich oben doch beschwärzt, behangen!

Ganz anders ist es mit dem wahren Peter,
Der sitzt so schneeweiß, daß ihn Sonnen neiden,
Dort oben in dem lichten Himmelsorden;

Doch unten hier ist er durch falsche Beter
Erst angeschwärzt, beflittert dann. Entkleiden
Wird man ihn auch, nur nicht noch einmal morden!

Abschied von Rom.

(Angefangen zu Rom unter Gottes Beistand im Juli 1813; beschlossen zu Mailand Abends den 5. August, am Tage meiner Ankunft daselbst auf meiner Rückreise nach Deutschland.)

Ade, ade du herrlich Rom,
Ade du heil'ger Peters-Dom,
Ade ihr sieben Hügel!
Den Unruh zu euch hergezoh'n,
Treibt Unruh wieder weiter schon,
Doch leiht die Pflicht ihm Flügel.

Ein wüster Sünder kam ich her,
Doch sah ich deiner Gnaden Meer
Zu mir hernieder wallen;
Zwar sündig bin ich noch und schlecht,
Doch machtest du mich Sündenknecht
Zu Gottes Reichsvasallen!

Dir danken will ich ewiglich,
Und weinen werd' ich bitterlich,
So oft ich dein gedenke,

Und immer bitten werd' ich ihn,
Daß, der die Schönheit hat verlieh'n,
Die Freude wieder schenke.

Und preisen werd' ich mein Geschick,
Und segnen jeden Augenblick,
Wo ich an Petrus Grabe,
Der, wie die Bibel thut Bericht,
Gesunken, doch versunken nicht,
Zuerst gebetet habe!

Was dorten mir ward kund gethan
Künd' ich, will's Gott wohl einmal an
Durch Wort' und Blick den Brüdern;
Denn, was der Herr uns kundig macht,
Das wandelt in des Busens Nacht,
Und singt sich nicht in Liedern.

Genug, ich ging getröstet fort,
Doch blieb die Schuld, so hier wie dort,
Den Paß mir zu verhauen.
Selbst in der sieben Hügel Schoos
War das Gelüst mein Taggenoß,
Mein Nachtgesell das Grauen!

Gehetzt, der alten Sünde treu,
Von Reu' zur Gier, von Gier zur Reu',
Selbst auf den heil'gen Bergen
Hab' ich gesündigt freventlich;
Entwürdigt hab' ich Rom und mich,
Das will ich nicht verbergen.

Zertrümmert kam der Vorwelt Zier,
Und raunt' „memento mori“ mir;
Umsonst! Mich hielt die Sünde!

Das Paradies des Raphael
Stieg auf im Chaos meiner Seel';
Umsonst! Ich blieb der Blinde! —

Der Peterskuppel heitre Pracht,
Der Mårt'rergråber heil'ge Nacht
Winkten zum ew'gen Leben;
Doch meines todten Lebens Schmach
(Ich fühle tief sie!) riß mich nach,
Ich sündigte mit Beben!

Der röm'schen Alba Perlenheer,
Der Abendsonn' Rubinenmeer
Am Bergkranz von Saphiren;
Und eine Welt von Diamant,
Rom, von des Vollmonds Brunst entbrannt,
Wollten zu Gott mich führen.

Vergebens! den die Schuld verstockt,
Der wird zum Abgrund hingelockt
Selbst durch der Schönheit Strahlen;
Kunst, Andacht reizten mein Gelüst,
Durch Roma's Tempel rannt' ich, wüst,
Genießen nach und Qualen! —

Da ließ der Herr den Blitz erglüh'n:
„Nur der Entsagung wird verzieh'n,"
Sprach Gott in Blitzesflimmer! —
Ottiliens erstarrter Schmerz
Schoß wie der Blitz in's wunde Herz,
Und ich entsagt' für immer!

Im Hornung achtzehnhundert zehn
Hatt' ich den Wunderblitz geseh'n;
Und noch im selben Jahre

Am Tage vor des Herren Qual,
Als er fundirt sein Abendmahl,
Kniet' ich am Sühnaltare!

Seitdem nahm, der die Schlang' zertrat,
Den Willen mir zur Frevelthat —
Doch Will' und Sinn sich zanken!
Der Wille schwingt die Kreuzesfahn',
Der Sinn, des Teufels Veteran,
Treibt jeden in die Schranken!

Doch weil des Herren Christi Blut
Geflossen ist auch mir zu gut,
Und weil die Kirche singet:
„Dem Menschen guten Willens Heil!"
So ward die Hoffnung mir zu Theil,
Daß Will' den Sinn bezwinget;

Und daß vielleicht der Tag erscheint,
Noch eh' mein Leben ausgeweint,
Wo mich vom sünd'gen Triebe
Losketten wird mit starker Hand,
Die niemals, ach! ich hab' erkannt,
Und ahne jetzt — die Liebe!

Bis dahin harr' ich in Geduld;
Doch fühl' ich schwer, daß schwere Schuld
Das Leben sehr vergiftet!
Zum Leben hab' ich nicht mehr Lust,
Das Sterben fürcht' ich und die Brust
Ist selten nur gelüftet! —

Nehmt, Thoren, ein Exempel d'ran,
Und wer mich etwa lieb gewann,
Mich, nun des Rennens Müden,

Der bete, daß mir sey beschert,
Noch eh' mich trifft das scharfe Schwert,
Ein Winkelchen mit Frieden! —

Für jetzt am morschen Wanderstab
Geht's von der alten Roma Grab
Zu einem neuen Grabe!
Weil Roms Charfreitag ich geseh'n,
Bring' ich des Ostermorgens Weh'n
Zur heil'gen Abendslabe! —

An die
durchlauchtigste F. A. v. H. H.*)
bei Uebersendung der Wanda.

(Frankfurt am Main, den 22. October 1813.)

Ich danke dir für jene hohen Zähren,
Die deinem klaren Feueraug' entquollen,
Als du vernahmest, wie im freudevollen
Peinfeuer Gott die Heil'ge that bewähren

Auch Wanda's Trauer mag dir Trost gewähren!
Es brach der Heidin Herz, weil aufzurollen
Sie das gewagt, was nur die Christen sollen,
Das Schicksalsbuch, am Kreuze still verklären.

---

*) Fürstin Amalie von Hessen-Homburg?

Doch kann ich Lob nicht deinen Thränen sagen,
Die gestern, Hohe, dir beim Mittagsmahle
Entträufelnd, klagten Deutschlands Leopold.

Strahlt nicht der junge Held im ew'gen Gold?
Wir Deutschen knie'n, zujauchzend seinem Strahle,
Und du nur, deutsche Fürstin, wagst zu klagen? —

Kriegslied
für die
zum heiligen Kriege verbündeten deutschen Heere.
1813.

Mel. aus Schillers Reiterlied:
Wohlauf, Kameraden, auf's Pferd! auf's Pferd! 2c. 2c.

Gott mit uns, wir zieh'n in den heiligen Krieg!
Gott mit uns, dann zieh'n wir zum Siege!
Er hat unsern Waffen verliehen den Sieg,
Er berief uns zum heiligen Kriege;
Er hat uns geführet die blutige Bahn,
Er hat Wunder der Schlachten durch uns schon gethan!

Nur ihm sey, nur ihm und nicht uns die Ehr',
Nur ihm, dem wir siegen und fallen;
Die Schmach, schon war sie zu tragen nicht mehr,
Da ließ er den Feldruf erschallen;
Und sein Ruf, hoch hat er das Herz uns erfreut,
Daß wir freudig zieh'n in den heiligen Streit!

So viele Jahrhundert die Welt schon steht,
Sind Ströme des Blutes geflossen;

Doch seit um die Sonn' sich die Erde dreht,
Gerechter wohl keins ist vergossen,
Als was wir vergießen, das treue Blut,
Zu bekämpfen den frevelnden Uebermuth!

Nicht um Weib und Kind nur, um Hof und Haus,
Nicht um Länder zu beuten und Kronen,
Zieh'n wir in den Krieg, den gerechten, hinaus,
Denn die Beute, sie kann uns nicht lohnen;
Unser Lohn ist: die Menschheit, die Frevel zertrat,
Sie zu retten durch männliche deutsche That!

D'rum giebt es nicht Preußen und Oestreicher mehr,
Nicht Baiern, noch Sachsen und Hessen,
Wir alle sind nur Ein deutsches Heer,
Was uns trennte, wir haben's vergessen;
Wir Deutsche, wir reichen uns Deutschen die Hand,
Nur der Deutsche soll herrschen im deutschen Land!

Die die Newa, die Themse, die Weichsel, den Sund,
Die den Tajo, die Tiber umwohnen,
Sie schlossen mit uns für die Menschheit den Bund,
Die Sieger der fernesten Zonen!
Der Jammer muß enden! Die Menschheit befrei'n
Oder sterben, wir wollen's im treuen Verein!

Der Rhein, nicht länger in fremder Schmach
Soll er rollen die köstlichen Fluthen,
Und Rom, die der Welt einst Gesetze sprach,
Soll brechen die sklavischen Ruthen,
Und frei wieder werden das göttliche Meer,
Durch Deutschlands und seiner Verbündeten Heer!

Die Kaiser, die Führer zur Siegesbahn,
Franz, Alexander, sie leben,

Georg, Friedrich Wilhelm und Maximilian,
Die das Banner des Rechtes erheben,
Und all' ihre Helden, sie leben hoch!
Sie leben den spätesten Enkeln noch!

Mit ihnen wir setzen das Leben ein,
Wie der Sänger hat herrlich gesungen,
Dann wird uns das Leben gewonnen seyn,
Uns Völkern von allerlei Zungen;
Daß wieder entblüh', was der Feind uns zertrat:
Durch Recht und Wahrheit des Friedens Saat!

Und wög' Er allein auch ein großes Heer,
Der Held, der die Welt hat gequälet,
Seiner Opfer Thränen, sie wiegen noch mehr,
Die der Heerschaaren Herr hat gezählet!
Eine Meerfluth wogte der Thränen Gewicht,
Doch Gott sprach: Bis hierher und weiter nicht

Und die für ihn fallend im heiligen Streit,
Mit blutigem Lorbeer sich kränzen,
Sie werden, Gestirne der Herrlichkeit,
Noch den fernsten Geschlechtern erglänzen,
Wie Louisa *), Ludwig **) und Leopold ***)
Unsern Schaaren voranglüh'n im ewigen Gold!

D'rum, Hermanns Enkel, auf, auf zur Schlacht!
Wo der Bund ward, der erste †), beschworen,
Sey der zweite Verein jetzt der Deutschen gemacht,
Und mit Gott, den zum Schild wir erkoren!

---

*) Louise, Königin von Preußen, das schönste der Opfer des Krieges

**) Leopold Ferdinand, Prinz von Preußen.

***) Leopold, Prinz von Hessen-Homburg.

†) Auf dem Frankfurt benachbarten Feldberge schloß Hermann gegen die Tyrannei der Römer den ersten deutschen Bund.

Das Feldgeschrei sey: Alte Zeit wird neu!*)
Und die Losung: Trotz Teufel die deutsche Treu'!!!

---

*) Feldgeschrei und Losung sind aus Werner's noch ungedrucktem Trauerspiel: Kunigunde!

Kriegslied.

(1813.)

Mel.: Mir nach, spricht Christus unser Held.

Wie lieblich klang das Heergebot,
Die hohen Fahnen wallen!
Wir lassen laut in Schlacht und Noth
Das Feldgeschrei erschallen:
Mit uns ist Gott in diesem Krieg,
Er sendet Segen, sendet Sieg.

Zerbrochen ist ein arges Joch
Des Fremdlings schnöde Ketten;
Doch, ach, wir trugen and're noch,
Wer mag uns davon retten?
Wir hießen gerne Gottes Heer,
Und Sünden liegen auf uns schwer.

Wir sehen wohl am Sternensaal
Die goldne Rüstung glänzen,
Ihr Engel Gottes allzumal
Mit grünen Palmenkränzen,
Die ihr die Menschen schützt und liebt,
O werdet nie von uns betrübt.

O blick' herab auf unser Heer,
Vom Haus der ew'gen Freude,
Ihr Heiligen, ihr Märtyrer
Im blutbesprengten Kleide,
Hier ist das Leben, hier das Blut,
O schenket Glauben, schenket Muth!

Was schauest Du so hehr und mild
Uns an von unsern Fahnen,
Du theures Muttergottesbild,
Dein Antlitz muß uns mahnen
An Demuth, Freundlichkeit und Zucht,
Des heil'gen Geistes werthe Frucht.

Du theurer Heiland zeuch voran
Und heilige die Deinen,
Einst müssen Alle, Mann für Mann,
Vor Deinem Thron erscheinen:
Ach, wären Alle doch bereit
Für Grab, Gericht und Ewigkeit!

Der uns die eine Freiheit gab,
Will auch die schön're schenken,
Du unser Stecken, unser Stab,
Laß Deiner stets uns denken:
In Deinem Namen zieh'n wir aus,
Dem ew'gen Feinde gilt der Strauß.

Wir schützen uns in jeder Noth
Mit Deines Kreuzes Zeichen,
Davor muß Sünde, Höll' und Tod,
Ja selbst der Teufel weichen!
Vom Kreuze kommt allein uns Kraft,
Zu üben Deine Ritterschaft.

Der Sieg des Todes.

Eine Ballade*).

In Castruccio Castracani's Laube
Saßen Herr'n und Damen lobesan;
Baß geschwelget hatten sie bei'm Schmause
In des welschen Herzogs Marmorhause,
Sang und Klang im Garten nun begann.

Und die schöne Königin Mechtildis
Weckte bald der Cither güldnen Klang,
Und den Hof und Dienst der Frauenminnen
Pries die Zier der hohen Königinnen;
Herr'n und Damen lauschten dem Gesang.

Doch Castruccio, der Tyrann von Lucca,
Seinen edlen Falken auf der Hand
Saß er düster da im stolzen Muthe,
Weil zu baden er im Heldenblute,
Nicht der Minne buhlend Spiel verstand.

---

*) Veranlaßt durch ein schönes Frescogemälde des alten florentinischen Malers Andreas Orgagna, in dem für die Geschichte der alten Kalkmalerei sehr merkwürdigen Campo Santo zu Pisa. Dieses Gemälde enthält, außer den in meinem Gedichte benutzten Hauptmotiven, auch noch die nach dem Leben gezeichneten Portraits des berühmten Helden Castruccio Castracani, des Uguccione della Faggiuola und eines deutschen Kaisers aus dem Hause Baiern. Es ist unter dem Namen: il trionfo della morte, nebst den übrigen Gemälden des Campo Santo von Buffalmacco, Giotto und anderen altflorentinischen Meistern, durch den um Erhaltung dieses herrlichen Denkmals höchst verdienten Director Carlo Lasinio zu Pisa in einer Sammlung von 40 Blättern in Kupfer gestochen worden, die im Verlage von Molini und Landi zu Florenz seit 1806 erschienen und kürzlich beendigt ist.

Und er sprach: „Bedünkt's der edlen Herrin
Und den Damen und Euch Fürsten all',
So, verlassend der Orangenhaine
Nied're Wölbung, zieh'n wir im Vereine
Hoher Jagdlust nach dem Hörnerschall!"

Wohlgesprochen! rief der Baierkaiser,
Und es schwang die königliche Magd,
Strahlend im scharlachnen Sammttalare,
Auf den Zelter sich, und die Fanfare
Klang, der freud'ge Troß zog hin zur Jagd! —

D'rauf, als sie erlegt den wilden Bären
Und der edlen Hirsche große Zahl,
Und der Maienwald von Lust ertönte,
Die der bunte Fürstentroß verschönte,
Hob der Lukker froh den güldnen Stahl.

„Was ist kühner wohl als Fürstenprangen?"
Jauchzt' im frechen Muthe der Tyrann,
„Ew'gen Lebens, will es mich bedunken,
Sind wir heute übervoll und trunken;
Keinem Gotte weicht ein Fürstenmann!"

Gott Amuren, sprach mit holdem Lächeln
Frau Mechtildis, seyd ihr unterthan!
Und der Baierfürst und den Pisanen
Markgraf schrie'n: „Wir folgen seinen Fahnen,
Rossetummelnd durch den Waldesplan!"

Aber plötzlich, wie vom Blitz getroffen,
Auf zur Flucht des Pisers Roß sich bäumt.
„Brauner, träumst Du?" also spornt mit Hohne
Ihn der Piser Graf, Herr Uguccione.
Doch bald dünkt's ihm, daß er selber träumt!

Denn er sieht — sie seh'n es mit Entsetzen
Alle — es erstarrt das Lustgebraus —
Frau Mechtildis, ihre schönen Frauen,
Und die Herr'n und Ritter, alle schauen
Starrend sie des Todes ganzen Graus! —

In drei blut'gen Särgen, zwischen Schlangen
Wes'ten drei erwürgte Kön'ge! — Traun,
Sie zu seh'n, von Fäulniß schon gebunden,
Noch mit eitlem Kronenglast umwunden;
Fast zum Lachen grau'nvoll war's zu schau'n!

Mit gedunf'nem, aufgelaufnem Wanste,
(Wie Verwesungsgifthauch auf ihn schwillt),
Liegt der eine König hingestrecket,
Aus dem Purpur, der ihn schlecht bedecket,
Ueberall schon flüß'ger Moder quillt!

Einst hatt' er den Taumelkelch geleeret,
Feist gesogen sich im Völkerblut;
Noch im Tode streckt er aus die Zunge
Gierig, doch die Schlange bäumt zum Sprunge
Sich, zu zücht'gen seinen Uebermuth.

Neben ihm, mit greisem Bart und Glatze,
Auch von der Verwesung Fluch gedrückt,
Liegt ein alter kronumwund'ner Sünder,
Mit gefurchter Stirne, als verstünd' er,
Daß zum Hohn ihn nur die Krone schmückt.

Einst hat er dem Volk, ein schlauer Lügner,
Wahn für Glauben treulos umgetauscht;
Pfiffig hält er noch in's Kreuz die Hände,
Daß dem Heuchler nicht noch todt es schände,
Schon die Schlange zischend auf ihn rauscht.

Beide gleißen noch entehrte Würde,
Nicht der dritte mehr, der, schon entfleischt
Von des Todes nimmersatter Hippe,
Daliegt, nackt, ein grinsendes Gerippe;
Jene täuschen noch, der hat getäuscht! —

Dieses Königsscheusal hat durch Seuchen
Schnöder Lust ein Heldenvolk verweicht,
Altar, Pflug und Schwert für Buhlerkünste
Tauschend, scheucht's die Schlange selbst durch Dünste,
Die von ihm zu bessern Aesern kreucht! —

Und mit vorgestrecktem Bug und Schnauze,
Aufgesperrten Nüstern, starrem Blick,
Schnobbernd zieht sich des Pisaners Brauner
Von dem Pranger der gekrönten Gauner
Mit den Hinterfüßen scheu zurück.

Und sein Herr, der Markgraf, hält die Nase
Ekelnd vor dem Pestgeruch sich zu.
Ueber's schlaue Streitroß vorgebucket
Blinzt der Welfenherrscher, so geducket,
Als ob Satan schon ihn packen thu'!

Ritter, Zofen, Rosse, Falken, Hunde,
Keiner weiß nicht, wie es ihm geschicht;
Und der Erde Herren, sie erbleichen
Angedonnert, können nicht entweichen
Vor des Herrn der Herren Strafgericht!

Castracani sucht sich zu ermannen,
Doch auf seiner Lippe stirbt das Wort;
Nur der Zier der holden Königinnen,
Frau Mechtilden milde Zähren rinnen,
Sinnend blickt sie nach dem Jammerort!

Keiner athmet; eine Grabesstille
Lastet auf dem jüngst so lauten Wald;
Aber plötzlich wird sie unterbrochen
Durch ein Wort, vom Berg herabgesprochen,
Das von Klipp' zu Klippe wiederhallt!

„Ihr, gewogen und zu leicht befunden,
Bebt!" — so dröhnt's den Berg herab in's Thal! —
Auf sie schau'n, da steht in Wunderhelle,
Sanct Macar vor seiner Klausnerzelle,
Um ihn knieend seiner Jünger Zahl! —

Das Gesicht verschwand; die Fürsten zogen
Leise heim. Doch über ihrer Bahn,
Eulenflügel rauschend, kam's geflogen:
Eisbehaart, mit Krallen, Sens' und Bogen
Schwang der ew'ge Tod die Siegesfahn'!

Was mit Jenen weiter sich begeben,
Davon thut die Sage nicht Bericht.
Königin Mechtildis nahm den Schleier,
Und bei jeder Allerseelenfeier
Sang sie: „Sieger, weckt den Sieger nicht!" —

An Helios.

(Gott gebe Segen!)

(Fünf Sonette, alle 5 gemacht in dem Briefe, und zu demselben, den ich unterm 18. Januar 1814 an Goethe schrieb.)

a. Das schwerste Scheiden.

Warum ich, Helios, nicht zu dir eile,
So wie des Opfers Gluth zur Sonnenscheibe?
Du weißt es, und daß dein ich bin und bleibe,
Ob ich auch, unstät, fern von dir verweile! —

Daß sich ein wundes Herz durch Opfer heile,
Du schriebst es selbst, an den ich dieses schreibe;
Du, Ganzer, gehst der Halbheit nur zu Leibe.
D'rum zwischen Gott und dir ich nicht mich theile!

So bleib' ich fern, was wär' mein neu Erscheinen
Zu Rhodus anders, als ein Ansichschlingen
An deinen Blick, mit ganz sprachlosen Leiden!

O dürft' ich noch an deinem Strahl mich weiden! —
Ich bleibe fern! — Doch der mir es gelingen
Dieß schwerste Scheiden hilft, wird uns vereinen! —

b. Seelenverein.

Ich weiß doch auch was sie die Liebe nennen,
Ich, den zu spät die wilde Jagd getrieben
Zur Ahnung endlich hat vom wahren Lieben,
Ich muß ihr Wesen doch vom Scheine trennen! —

Was kann an Helios ich lieben, kennen,
Ich, der ich alle Bilder fort muß schieben,
Der ich im Sonnenscheine kalt geblieben,
Was macht mich für der Sonne Bild entbrennen?

Ein Lumpending ist Liebe sonder Glauben,
Ich glaub' Ihm, denn aus seinem Blick gefackelt
Hat's: Ich bin Dein! Er kann sich mir nicht rauben,

Er liebt was lebt, nimmt mit was mit will, meidet
Was nicht will, läßt was fehl, wirft um was wackelt,
So jetzund ich! D'rum eint uns, was uns scheidet! —

c. Deutscher Reichspatriotismus.

Der Adler liebt das Nest, wo er geboren,
Doch nur weil es auf hoher Felsenspitze,
Und er sich leicht von diesem Wolkensitze
Zur Sonne schwingt, die er sich auserkoren.

Nest, Lager, Fraß hat sich in Eins gegohren
Das Schwein, d'rum liebt's, wo man es warf, die Pfütze;
Doch diese Lieb' ist ihm nur dazu nütze,
Schnauz', Augen selbst in seinen Mist zu bohren!

Das Grunzvieh wühlet, statt nach Licht zu schmachten;
Das mag es; aber „Land" soll es nicht schreien
Im Mist, wenn sonnwärts Lüftesegler ringen! —

Reichsadler, brauchend, nebst den Krallen, Schwingen,
Erreicht das Reich ihr; nicht als Reich betrachten
Kann ich was reich an Reichesschweinereien!

d. Reichsgegenwart und Zukunft.

Reichsadler, doppelte, von Gottes Gnaden,
Gemahnen mich wie Janus anzuschauen:
Zwei Schnäbel, Leiber, zwei Paar Augen, Klauen,
Scheint doch für Luftfahrt fast zu schwer geladen!

Grauschnabel möchte gerne sonder Schaden
Zum Nest, im Frieden sich den Kopf zu krauen;
Gelbschnabel aber wittert Morgengrauen,
Und will in blut'ger Morgenröthe baden!

Weil dieser will, und jener stets nur möchte,
(Das hat er sich von Alters her gewöhnet —)
Fürcht' ich, Gelbschnabel werde reussiren;

Und, während daß Grauschnabel flöcht' und flöchte
Am Friedenskranz, werd', daß der Kopf ihm dröhnet,
Gelbschnabel ihn, Gott weiß wohin, kutschiren! —

e. Die Braut von Korinth.

Von allen auf dem ganzen Erdenrunde
Hab' ich allein das grause Lied verstanden,
Braut von Korinth, weil auch mit Liebesbanden
Mich Tod umwand zu mitternächt'ger Stunde!

Und jetzt, als ich vom Tode fast gesunde,
Und so des Liedes Schluß mir kommt abhanden,
Macht mich sein Anfang wieder fast zu Schanden;
Das schlägt mir manche schmerzhaft krampf'ge Wunde.

Weil von Korinthos nach Athen gezogen
Ich bin, soll d'rum sich Lieb' und Treu' zertheilen,
Gleich altem Unkraut ausgerauft? Mit nichten!

Aus Donnerwolken kommt die Hand geflogen,
Die einen Scheiterhaufen uns wird schichten,
Von dem, vereint, zum alten Gott wir eilen!

Denkspruch.

(Unter Gottes Beistand geschrieben an den jungen Reichsgrafen und freiwilligen Jäger Stollberg.)

(Den 5. Januar 1814.)

Welcher ist ein Edelmann? —
Ist, wer Edles will und kann,

Und für's einzig edle Gut,
Wie die Väter, giebt sein Blut.
Ist nun einer gar ein Graf,
Der muß zwie'r sich halten brav,
Weil ein Graf zu guter Zeit
Vogt ist der Gerechtigkeit;
Und daß gute Zeit sey neu,
Darum kämpft jetzt deutsche Treu'.
D'rum ist jetzo Grafenthat,
Als ein Graf zu seyn Soldat!
Also du! — Wenn grause Schlacht
Wüthend dir entgegenkracht,
Denk' des Herren Jesu Christ,
Der auch deiner nicht vergißt!
So bist du des Vaters Sohn,
Der ein Leuchter ist zum Thron;
Und auch der wird dein sich freu'n,
Der (mach's besser) muß bereu'n!
Denn das präg' in's Herz dir ein,
Schwer ist's, spät erst Unkraft weih'n! —

S. Excellenz dem Hochwürdigsten Weihbischof
Herrn von Kollberg.

(Zum Geburtstage ehrfurchts- und dankvoll gewidmet von seinem geistlichen Sohne, dem Acolythen Werner. Aschaffenburg den 7. März 1814. Abends 9½ Uhr.)

„Unsträflich seyn, das sey dem Bischof eigen!"
So schrieb Sankt Paul, vom heil'gen Geist getrieben;
Der Spruch steht dir im Angesicht geschrieben,
D'rum was dich sieht, es muß vor dir sich neigen.

Im Silberhaar führst du den Kirchenreigen,
Ein Heros noch. Es muß, daß treu verblieben
Von Jugend auf du treuem Gotteslieben,
Dein jugendliches Antlitz jedem zeigen.

Ein Spiegel ist es mir, worin mit Beben,
Ich schaue meine früh verpraßten Jahre,
Dich späten Jüngling, mich den frühen Greisen!

D'rum heut', am Fest von deinem heil'gen Leben
Beschwör' ich dich den Bischof, Vater, Weisen,
O laß mich opfern bald am Sühnaltare! —

Die drei Reiter.

Ballade.

Ein Ehestands-Lied.

Es reiten drei Reiter zum Thor hinein,
Drei Jungfrau'n die gucken zum Fenster hinaus.
Wohin, Ihr schmucken drei Reiterlein?
„Wir wollen zu den drei Mädels in's Haus!"
Zu den Mädels? — Ei, ei! — Was wollt Ihr da? —
„Frei'n!
Der Guckuck hält' länger es ledig noch aus!" —
Laßt Euch, Ihr lieben drei Reiterlein, warnen,
Frau Venus, Schalk Amor thät Manchen umgarnen!

Der eine der Reiter der heißt Hanns Flink,
Was er anpackt, das hält er Euch fest,
Der and're nennt sich Herr Caspar Fink,
Gras hört er wachsen, doch sieht er nicht z'best;
Der dritt' ist das Cypriänelein Klink,
Wo der was hinlegt, er liegen es läßt;

Sonst eben keine unebne Gesellen,
Jeder trägt vor sich seine Klinkern und Schellen —

Als die drei nun, Jeder auf seinem Gaul,
Kommen zu den drei Mädels vor's Thor,
Das Cypriänlein sperrt auf das Maul,
Denn vor dem Thor liegt ein Riegel davor.
Doch der Hanns vom Gaul springt und nicht zu faul
Rennt er's Thor auf, als wär' es von Binsenrohr;
Worauf denn Herr Caspar thut schnüffeln und riechen:
Ob man nicht unten härt' durch können kriechen?! —

Was thun die drei Jungfrau'n in diesem Nu?
Die mittelst', die trollige Lise Marey,
Die spinnt und singt, und kocht auch dazu
Für Großmutter Truden den Haferbrey;
Die ält'ste, die edle Linna, in Ruh
Liebt s Liedel vom Mondschein und seinem Ei,
Und während darob sie schwimmt in Entzücken,
Muß Trinchen, die jüngste, die Strümpfe ihr flicken.

Die drei Gesellen die treten herein,
Die Köpfe voran, so wie sich's gebührt;
Herr Caspar Fink, der gebildet und fein,
Sogleich ein geziemend Gespräch verführt;
Cypriänlein setzt sich zum Mondenschein,
Die edle Linna hat ihn gerührt!
Doch der Hanns tappt zur Lise Marey,
Und, sie herzend, wirft um er den Topf mit Brei.

„Nu, nu, nur gemach, Ihr polternder Gast!"
Lacht Lisel, und setzt ein neu Töpfchen an's Feu'r.
Linna Cypriänlein in's Auge faßt,
Auch ihrem Herzen wird er schon theu'r!

Dem kleinen Trinchen, indeß sonder Rast
Herr Caspar fortschwatzt, wird's nicht geheu'r;
Sie glaubt ihr verstorb'nes Es'lein zu hören.
„Gut Mädel," denkt Caspar, „sie läßt sich belehren!"

„Willst du" — so spricht zu der Lisel der Hanns,
Und nun merkt er, daß er recht schwitzt, —
„Willst du," — und nun sieht er d'rein, wie 'ne Gans,
Wenn's oben donnert und unten blitzt —
„Willst du mich frei'n?" — Er knöpft sich das Wamms.
Lisel am Spinnrad' die Fäden verfitzt,
Der Brei läuft über! — Großmütterchen kam;
Die Lise den Hannsen zum Manne nahm. —

Cypriänlein verfertigt das Hochzeitgedicht;
(Sehr ergeben war er der Verseleinkunst!)
Linna, die edle, ein Kränzlein ihm flicht,
Cypriänlein, das zarte, buhlt um ihre Gunst!
Einst lustwandeln Beide im Mondenlicht,
Da stolpert in's Ird'sche die himmlische Brunst! —
Die Edle zerfloß schier in Schämen und Grämen;
Gescheh'n war's! — Sie mußte den zarten schon nehmen! —

Als so Cypriänlein mit Linnen nachdem
Ging, wie zuvor Hanns mit der Lise, zur Trau,
Da dachte Herr Caspar: „Trau, schau, wem!
Kein Pferdekauf ist es, sich nehmen 'ne Frau!
Grün ist die Minne, doch unbequem!
Ein Ruh'bett der Eh'stand, nur etwas grau!
Bequem wird's dem Manne, thut's Weib sich bequemen;
D'rum will ich, als Weiser, ein Gänslein mir nehmen." —

So Caspar! — Er ging nun zwölf Monat' im Jahr
Zu Großmutter Truden, Tag aus Tag ein,

Und wo es zu schwatzen und schnüffeln was war,
Da schwatzt' er und schnüffelt' in jeglichem Schrein;
Dem Trinchen der Schnüffler war langweilig zwar,
Doch dachte sie eben: es muß schon so seyn!
„Herrn Caspar," sprach Trude, „den halt' mir in Ehren!"
Arm' Trinchen Frau Caspar ward, konnt' sich's nicht
wehren!

Glück auf, Ihr drei Reiter, umsonst Ihr nicht seyd
Getrabt zu den Mädeln vor's Thor,
Ein Jeder hat sich die Seine gefrei't,
Wie Amor, der Schalk, ihm's erkor;
Nur legt Euch in häuslicher Glückseligkeit
Auf's Ohr nicht — tretet hervor!
Was häus- oder scheußlich uns Deutsche soll rühren,
Wir müssen's erst etwas handgreiflich verspüren.

Heda! schön Schattenspiel an der Wand!
Ihr Damen und Herren, herbei!
Seht Ihr den Hanns mit der Sens' in der Hand?
Ihm lächelt die Lise Marey
Und die kleinen Krausköpf'! — In welchem Land'
Trägt schönere Blüthen der Mai? —
Denn Lise kann kochen, und spinnen und singen
Zugleich! — Mit ihr, was kann ihm mißlingen? —

Schleicht dort nicht unser Cypriänelein
Todtbleich, die Schlafmütz' auf's Ohr?
Was hängst du die Oehrlein wie 'n Eselein?
Frisch, dudel' ein Verslein dir vor!
Wo ist die Gattin, die edle, dein? —
Er seufzt und zeigt nach dem Thor:
Die Edle ist dort, auf mondlichen Auen,
Im Arm eines andern Edlen zu schauen! —

Jetzt kommt ein Küchenheerd und ein Topf!
In den Topf guckt ein Weiser hinein.
Den Weisen erkenn' ich an dem Zopf,
Herr Caspar scheint es zu seyn.
Großmutter Trude, die schüttelt den Kopf,
Frau Trinchen sitzt traurig allein,
Aus den blauen Aeuglein ein Thränchen ihr quillt,
Herr Caspar beschnüffelt's und predigt und schilt!

Das grüne Grab dort, das Rosen umglüh'n,
'S ist des armen Trinchen ihr Haus.
So jung noch mußt' sie hinunterzieh'n,
Der Topfgucker macht ihr's Garaus;
Wollt' irgend ein Veilchen der Freud' ihr entblüh'n,
Er schnüffelt und schwatzt ihr es aus:
Da brach ihr das Herz, es konnt' sich nicht wehren! —
So hol' ihn der Teufel mit Schnüffeln und Lehren! —

Eine Wand — ein Nagel — ein Tituskopf! — Ach!
Cypriänlein — am Nagel hängt's dran!
Von Mondhörnern Linna ein Kränzlein ihm brach,
Das drückte das Täubchen von Mann;
Da hing sich's! — Die Edle, sie weint' ihm nach,
In Zähren sie süß zerrann!
Dort thut um den Strick sie Vergißmeinnicht winden,
Und Satan umschlingt sie mit Armen, den linden! —

Vergangen denkt Euch nun funfzig Jahr'.
Vom Hain, den er pflanzte, umdacht,
Steht Hanns, ein Greis schon, doch stark wie er war,
Und Mütterchen Lise, das lacht,
Den Kranz der goldenen Hochzeit im Haar,
Zu der Kind'skinder freudigen Pracht:
Denn Lis' in Freud' und Leid lächelt' und sang;
So spann sie den Segen, den Hanns sich errang! —

D'rum, wär' ich ein Bub' noch und wollte frei'n,
Zur Linna da spräch' ich: „Du geh'!"
Zum sanften Trinchen: „Dein kann ich nicht seyn;
Ich wilder, Dir thät' ich zu weh!"
Doch die lachende Lise Marey wär' mein;
Es ereilt der Jäger das Reh,
Der Schiffer das Meer — dem Weib fleucht entgegen,
Dem reinen, freud'gen, der Mann und der Segen! —

Und wär' ich ein Mädel, ein deutsches, und käm'
Cypriänlein, so rief' ich: „O weh!"
Wollt mit mir Herr Caspar sich's machen bequem,
Ihm nasenstüberirt' ich das: „Geh!"
Doch wenn Hanns, der wack're, in Arm mich nähm',
Dem wär' ich kein schüchternes Reh;
Ihm trät' ich züchtig und freudig entgegen,
Und spräch': „Ich mit Dir und Gottes Segen!" —

Einnahme von Paris.

(Unter Gottes Beistande am Morgen des Ostersamstages den 9. April 1814, als am schönen Frühlingsmorgen die Glocken der Stadt wegen Paris geläutet wurden.
Im Seminar zu Aschaffenburg.)

An einem heil'gen Sabbathmorgen frühe
Ist unser Herr vom Grabe auferstanden,
Da ward des Todes finstre Macht zu Schanden,
Daß neues Leben freudig wieder glühe;

Zu Schanden ward des Urfeinds List und Mühe,
Und viele Gräber sprengten ihre Banden,
Und viel' entschlaf'ne Heilige entwanden
Den Gräbern sich, in jener Sabbathsfrühe.

Heut' früh am Ostersamstag ward beschieden
Uns gleiches Heil! — In meine Klosterkammer
Lacht Frühlingsschein; zieh'n freud'ge Glockenklänge,

Der Herr zersprengt der Völker Grabesklammer
Stürzt Babel, die gekreuzigt hat den Frieden,
Der aufersteht, und Glaube, Kraft, Gesänge! —

An Iffland's Geist *).

(Wien, den 2. October 1814.)

Der Künstler kann selbst einer Welt voll Schwächen
Das Schöne, Starke glorreich abgewinnen;
Denn dahin geht sein meisterhaftes Sinnen,
Das Klare am Verworrenen zu rächen.

So hast auch du — (ich kann mich kaum entbrechen,
Daß dir nicht dankbar meine Zähren rinnen) —
Geweihet hat dein kräftig klar Beginnen
Mein kraftlos und verworrenes Gebrechen.

Wenn du Erbarmung findest, wie wir hoffen —
(Denn hoffen soll der Mensch, muß er gleich zagen)
Denk' meiner dort, wie dein ich hier will denken!

Der Obermeister wird die Meister fragen:
„Habt ihr das Ziel, das ich euch wies, getroffen?"
Dann mög' er unsrer Unkraft Weihe schenken!

---

*) Als am Abende des Tages, wo der Verfasser hörte, daß an die sogenannte „Weihe der Kraft" der jetzt verstorbene große Schauspieler Iffland zum letzten Mal in seinem Leben seine schönen Kräfte verschwendet hätte.

An die heilige Kaiserin Cunegunde.

(Zum Andenken des Abends vom 25. Januar 1815, wo der Verfasser sein Trauerspiel „Cunegunde" in dem glänzenden Wien fünf erhabenen Fürstinnen vorzulesen das Glück hatte.)

(Wien, den 8. März.)

Fünf hohe Wesen hast du mir geschenket,
Ein jedes wohl der Sonne zu vergleichen,
Denn jedes ist ein majestätisch Zeichen,
Und jedes einen Sternenhimmel lenket!

Wenn in ein Auge Phöbus Strahl sich senket,
So kann dem Auge Sehkraft leicht entweichen,
Doch Iris Anmuth kann den Blick erreichen,
Indeß der Geist den Bund des Friedens denket.

Drei Majestäten, und zwei Großfürstinnen,
Große Fürstinnen sind's, vor die zu treten,
Erwählt dein Sänger ward, dein Lob zu singen.

Dem Priester laß das Opfer auch gelingen,
Daß die Fürstinnen Völkern Heil gewinnen;
Doch mit Elisabeth *) mag Werner beten! —

*) Mit und für Elisabeths Thränen nämlich! Darum wird Werner am 8 jedes Monates zum Andenken der ihm heute am 8. März 1815 erzeigten Huld Elisabeths mit und für Elisabeths Thränen das heilige Meßopfer darbringen, und damit heute schon beginnen.

Ordnung des Heils.

(Wien, den 8. März 1815.)

Die Sonne sieht man auch im Thautropf scheinen,
So, wer an Gott sich treulich will erquicken,
Er kann im Kleinsten auch das Heil erblicken,
Zu großem Thun sich Blick und Willen reinen!

Selbst des Sonettes Form ist groß im Kleinen;
Sie, scheinbar frei, muß sich nothwendig schicken,
Zwei Reime, die sich fliehen, zu verzwicken:
So muß das Schicksel Sünd' und Gnad' vereinen!

Bald trennt den Reim die erste der Terzinen;
Der Hochmuth treibt, aus hoher Sehnsucht Keimen,
Das Wucherkraut, das niedre Lustgetriebe.

Was ungereimt, muß neuer Dreiklang reimen;
Sobald der Sehnsucht Demuth ist erschienen
Dient Glaub' als Hoffnung treu der reinen Liebe! —

An die Kaiserin Maria Louise.

(Bei Absendung der Cunegunde.)
(Unter Gottes Beistand zu Grünzing bei Wien 20. März 1815 um 11 Uhr 40 Minuten Vormittags.)

Will in ein schönes Herz sich Gott versenken,
Führt er es bald vorüber eitlen Scherzen
Und prägt ihm ein die hohen würd'gen Schmerzen,
Auf daß es seines Ursprungs möge denken.

Und läßt durch Quaal ein Herz zu dem sich lenken,
An dessen Altar Lust und Schmerz sind Kerzen,
So wird er dem, wenn gleich gebrochnen Herzen,
Den vollen Strahl des ew'gen Friedens schenken.

Das zeige dir die heil'ge Cunegunde!
Noch Höheres hat dir dein Gott beschieden,
Nicht Deutschland bloß, Europa sollst du söhnen,

Und also, daß dein schönes Herz gesunde,
So mögen Thränen es wie Perlen krönen;
Ein hohes Opfer, spend' es, brechend, Frieden!

So viel darf der Urenkelin Marien Theresiens zumuthen

Ihr Fürbitter,
der priesterliche Dichter Cunegundens.

In Millauer's Stammbuch.

(Der meine sämmtlichen Trauerspiele besungen hat.)

(Unter Gottes Beistand geschrieben den 13. Juli 1815 Mittags um 12½ Uhr an einem herrlichen Sommertage im paradiesischen Brühl ohnweit Wien, wo Gottes Gnade mir eine kurze Ruhstatt angewiesen hat.)

Du hast die Thränen freundlich mild besungen,
Die wild ich hab' dem Feindlichen geweinet,
Und wo darin die Sonne wiederscheinet,
Das auszuspähen, ist dir wohl gelungen.

Doch ganz wird das von Andern nie durchdrungen,
Was einer so mit seinen Thränen meinet,
Denn den Strom, der das Herz zerreißt und einet,
Durchschwimmt nur, wer hat selbst mit ihm gerungen.

Führ' uns nicht in Versuchung! Also bete!
Und statt ob fremden Thränen trüb zu brüten,
So ringe klar, dir eigne zu ersparen.

Die Liebe schuf, um Unschuld treu zu hüten,
Die Kunst; sie mag vor später Reu' dich wahren,
Wenn zitternd ich schon vor den Richter trete.

An Gräfin Josepha L.

(Brühl bei Wien, am Tage Francisci Seraphici 1815.)

Ein wilder Jäger thut die Menschen hetzen,
Uns zu verwunden ist sein täglich Sinnen;
Es kann durch Rennen Niemand ihm entrinnen,
Auch kann sich Niemand ihm zur Wehre setzen

Doch den, der ruhig schreitet, zu verletzen,
Das hat er nimmer mögen noch gewinnen,
Auch scheucht ein Blick gen Himmel ihn von hinnen,
Des Auges, welches würd'ge Thränen netzen! —

Der wilde Jäger ward von Gott gesendet,
Auch unsre Herzen hat er schwer verwundet
Doch haben wir nicht selber ihn gerufen? —

Jetzt nur den Thränenblick zu Gott gewendet,
Geschritten ruhig zu des Oelbergs Stufen
So flieht das Schicksal, und das Herz gesundet.

An Cäcilia.

(Am Tage der heiligen Cäcilia 1816.)

Wenn mit der Orgel gottgebornen Tönen
Des Christenvolks schon gottesschwangre Klage,
Wie Sabbathsfrühe mit dem Ostertage,
Sich schön verschmilzt, den Jammer zu versöhnen;

Wenn Gnade niederschwebt, ein Herz zu krönen,
Verachtet es der Erde nicht'ge Plage,
Es schlägt nur, daß es für den Einen schlage,
Dem aller Welten Orgelpsalmen fröhnen! —

Ein Herz, das sich vergißt, hat Gott gewonnen;
Das Schicksal mag auf solcher Orgel klimpern,
Den gottentsproßnen Ton kann's ihr nicht rauben:

Auf deine thränenmüden Augenwimpern
Träuft Friede von des Kreuzes Gnadenbronnen;
O Dulderin, umklammre diesen Glauben!

Bei Ueberreichung einer Locke.

(Im Namen Gottes im Augustinerkloster zu Wien den
22. Mai 1816 um 12 Uhr 55 Minuten Mittags.
Meiner in Jesu geliebten Schwester Franziska.)

Es fällt kein Haar vom Haupte sonder Willen
Des Schöpfers, der das Weltenall regieret,
Und der den Staub zum Menschen hat formiret,
Auf daß Erlösung möge Sehnsucht stillen;

Des Sühners, der die Reuethräne quillen
Des Sünders machet, welche triumphiret
Ob Tod und Höll'; und endlich sich verlieret
Im Gnadenmeer, als freud'ge Fluth zu schwillen! —

Kein Haar fällt ohne Gott, der zu Gewissen,
Daß weder Lust noch Jammer uns verstocke,
Uns gab Entsagung, Glaub' und banges Hoffen!

Es spricht dir des geweihten Sünders Locke
Zum Zeichen, daß, wen hat der Blitz getroffen*)
Der Liebe, dem ist auch ihr Blut geflossen! —.

---

*) Der Blitz traf uns erst, gleichviel ob am trüben Februarsmorgen oder in der entsetzlichen September-Mondnacht; aber das Blut der Liebe floß schon am ersten Charfreitage. Verzagen sollen wir nicht, aber bereuen, und durch Jesum Christum beharren bis an's Ende. Gott segne meine Schwester Franziska, das wünschet am 3. Pfingsttagsabend 1816, der leider Kunz ist, und Kurt, aber Gottlob auch Zacharias.

Scherz und Ernst.

(Unter Gottes Beistand zu Kamniec Podolski geschrieben, den 2. Mai 1817 Vormittag.)

a. Scherz.

Man schleppt zum Lande der Dukaten
Den Zacher, Andern dort zu rathen;
Doch nur sich selbst hat er berathen,
Denn mit sich schleppt er die Dukaten.

b.

Frage. Ei, sagt uns doch was Zacherchen
Getrieben zu Podolien? —

Antwort. Geäzt, geschickt und ausstaffirt,
Mehr copulirt als tribulirt,
Hat er dort plappernd vegetirt,
Und wird anjetzt zurückkutschirt.

Frage. Und das ist Alles?

Antwort. Ja, nichts weiter.

Zeitungsschreiberchorus.

O der fanat'sche Bärenhäuter

a. Ernst.

In meines wilden Lebens Blüthentagen,
Gehetzt zum Volk hochherziger Sarmaten,
Als schnöd' es um sein Volkthum ward verrathen,
Verübt' ich dort, was schier mich macht verzagen!

Von Lebensfluth jetzt wieder hin verschlagen,
Wollt' aus ich streu'n dort gold'ne Friedenssaaten;
Wird sie das Unkraut meiner Missethaten
Nicht überwuchern, muß ich zitternd fragen? —

Es sä't der Sämann mit unreinen Händen
Das reine Korn im Schoos der dunklen Erde,
Und Hagelschlag und Mehlthau droh'n Verderben

Was unrein muß, was rein ist kann nicht sterben,
Jenes wird tödten, dieses wird vollenden;
Wer einmal sprach: „Vollbracht," ewig spricht:
„Werde!"

b.

O Raphael, dich fleh' ich zum Gesellen
Des hohen Jünglings mit den Silberhaaren;
Du Schützer derer, die das Meer befahren,
Leit', Niklaus, meinen Bruder durch die Wellen.

Andreas, laß das Kreuz sich dem erhellen,
Der Dunkel noch nicht kennt, und die Gefahren;
Belebe, Stanislaus, für mich den Klaren,
Mach', Wladislaw, des Freundes Brust mir schwellen!

Lehr', Emiliana, opfern und entsagen,
Cäcilia, lehr' Lebensharmonieen,
Lehr' mächtig beten sie Scholastica!

Nie haben schön're Herzen mir geschlagen!
Dank, Segen euch! Muß auch mein Leib euch fliehen,
Mein Geist und Catharina sind euch nah! —

c. Scherz.

Zu Wittenberg das Dintenglas,
Dem Teufel zum Kopf warf Luther das;
Der Doktor Faust, der macht's noch baß,
Ritt zu Leipzig auf 'nem Weinfaß.
Doch beider Kunststück überwand
Wernerus, der Mystifikant;
Derweil der Meß las im Polenland,
Ward er zu Frankfurt Protestant.
Das uns wahrhaftig offenbart
Der Deutschfranzos Herr Reidhart.
Der meint, jeder Knab', der ihm entfahrt,
Sey des Donners sein Widerpart.

Meinem Freunde

Johann Nepomuk Passy

in sein Stammbuch.

(Wien, den 12. Mai 1818.)

Das Daseyn kämpft mit wild empörtem Scheine,
Ob siegend, oder ob es unterliege,
Das ist's, was unser ewig Seyn entscheidet;
Daß Daseyn, unser Seyn, den Schein besiege,
Drum kämpft mit uns die heilige Gemeine,
Bis daß der Mensch die Gier, den Kitzel meidet,
Und würdig thut und leidet.
Wie Wort und Ton als Bild sich eint im Liede,
Will Gnade, Sünd' und Reu' als Werth vereinen,
Doch geht das ab nicht sonder Angst und Peinen,
Und schwer errungen wird der heil'ge Friede!
Vergiftet, auch vom einzigsten der Triebe,
Was heilet uns, als einzig nur — die Liebe! *)

*) Daß die Liebe Jesus Christus ist, daß wir beide ihn lieben möchten, wissen wir, mein theurer junger Freund! Aber nur wer beharrt bis an's Ende, wird selig. Gott segne Sie!

An Graf Nicolaus Bathiany.

(Zum 10. September 1818.)

(Unter Gottes Beistande geschrieben zu Pinkafeld in Ungarn, im gräflich Bathianyschen Schlosse, den 9. September Morgens um 8 Uhr 40 Minuten.)

Zwar sind die Mantelrollen vom Theater,
Doch nicht aus unsrer feinen Welt verschwunden;
Es werden täglich neue noch gefunden,
Auf allen Stellen spielt man Wastelprater.

Dieweil der Löw' ist vom Geschlecht des Kater,
Will jeder Mausfeind sich als Löw' bekunden,
Spaziert sein Schweiflein also keck gewunden,
Als wär' er selbst der Thiere Fürst und Vater!

D'rum lob' ich mir die jetzt so seltnen Seelen,
Die sich für minder als sie sind noch geben,
Und nicht bemänteln wollen, wo sie fehlen!

Das ist dein stiller Werth, für andre leben,
Das ist dein Thun; darum kommt Gottes Segen
(Verscherz' ihn nie!) Dir heute hold entgegen!

Karl und Kathy.

Eine Glosse; an Fanny.

(1818.)

Lasset die Kleinen und wehret ihnen nicht, zu mir zu kommen; denn solcher ist das Himmelreich. Matth. 19. V. 14.

Einem Silberglöcklein gleich
Klingt, bei treuer Aeltern Weinen,
Welcher spricht: „Laßt mir die Kleinen,
Ihrer ist das Himmelreich!“

An dem letzten Maienabend,
Sonntags, da man „Jahr der Liebe
Achtzehnhundert achtzehn“ schriebe,
Kniet' allein ich, Gott nicht habend,
Doch mein starrend Herz erlabend
Am Altar, wo segensreich
Pinka fleußt; das Herz wurd weich,

Sonne scheidend es erfreute! —
Plötzlich tönte Grabgeläute,
Einem Silberglöcklein gleich!

Und auf's Neu' hinaus mich's jagte:
„Was bedeuten diese Töne?"
Fragt' ich: „Man begräbt die schöne,
Kaum fünfjähr'ge Kathy!" sagte
Mir das Volk, das hoffend klagte,
Und, im Abendsonnenscheinen,
Kniet' um's off'ne Grab der Kleinen! —
Spricht gleich Gott auch tödtend „Werde!"
Gräßlich doch das „Erd' ward Erde!"
Klingt, bei treuer Aeltern Weinen! —

Heut' acht Tage sind vergangen,
Seit ich sie noch hab' gesegnet,
Als sie mir zuerst begegnet,
In der Kindheit Rosenprangen.
Und heut' Morgens schon, zur langen
Nacht geschmückt, mit weißen Leinen,
Sah ich's Kindlein, gleich der reinen
Lilie, liegen, (schon besieget
Hatt's den Tod) an Den geschmieget,
Welcher spricht: „Laßt mir die Kleinen!" —

Wenig Wochen nur vergingen,
Seit ihr lieber Karl verschieden,
Gleich an Alter, Lieb' und Frieden,
Ihr! — Kann Engeln was mißlingen?
Auf, zu sich, ihm nach sie schwingen
Konnt' er's nicht?! Schon todesbleich
Rief sie: „Karl, ich komme gleich!" —

Bittet für uns, heil'ge Kinder! —
Fanny, das sind Ueberwinder,
Ihrer ist das Himmelreich! —

Einem Mettenglöcklein gleich
Klingt's, wenn reuend Sünder weinen:
„Werdet wieder wie die Kleinen!
Solcher ist das Himmelreich!" —

Anmerkung.

Dieses kleine Gedicht ist nichts weniger als erdichtet. Alles darin Geschilderte beruht vielmehr auf wahren, mit größtmöglichster geschichtlicher Treue dargestellten Thatsachen, die der Verfasser zum wehmüthigen Gedächtniß des 31. Mai's 1818 (des dritten Sonntages nach Pfingsten), wo er das hier von jenem Tage Erzählte wirklich erlebte und durchlebte, in die Gallerie seines an lieblichen Jammerbildern überreichen Lebens aufzunehmen, schlechterdings nicht umhin konnte. Er hatte am vorhergegangenen Sonntage, dem zweiten nach Pfingsten, die erste in seinem Leben gehaltene Predigt (über das große Abendmahl) von der Kanzel zu Pinkafeld wiederholt. Fast unmittelbar darauf sah er das noch lebensvoll blühende, engelsschöne, schuldlose Opfer der reinsten Liebe, noch in voller Jugendfrische, zum ersten und letzten Mal lebend, und weihte es gleichsam zur Verklärung.

Karl und Kathy, beide fünfjährig, waren die schönsten Kinder im Orte, er, der geistreichste Knabe, sie, das holdeste Mädchen; nicht Blutsverwandtschaft, etwas Höheres knüpfte das ewige Band ihrer himmlischen Liebe. Karl konnte ohne Kathy keine Freude genießen, Kathy freute sich auf ihrem ihm viertägigen Sterbelager ganz außerordentlich, ihn bald wieder zu sehen. Wie wenige Wochen nur ihr unzertrennliches Leben trennten, so trennen auch wenige Schritte nur ihre, zur gegenseitigen Verklärung reifenden Hüllen. Eine Menge ihrer Spielgenossen, Kinder aus Pinkafeld, die der Tod fast um die nämliche Zeit zu Engeln beförderte, sind gleichsam die zu dieser himmlischen Hochzeit gebetenen Gäste. — Möge diese treue, durch ihren Gegenstand rührende Handzeichnung die tiefe und zarte Kennerin des wahren Lebens, der sie gewidmet ist, an den Dankbaren erinnern, dem sie jetzt eine, Gottlob, bereits fruchtbare Freistatt der stillen Ruhe, früher schon ein, leider, noch fruchtloses Beispiel gab des höheren Friedens!

An Malfatti,

den innigst und ewig von mir geliebten Retter meines Lebens.

(Den 1. Mai 1818.)

(Bei Uebersendung meiner dramatischen Werke.)

Der Strahl der Sonne gleitet grade nieder,
Die Sterne zieh'n verklärt auf ihren Spuren,
Spendend so Leid als Lust den Creaturen,
Bis die beschwingt der Liebe Schmerzgefieder.

Im Zickzack fährt der Blitzstrahl hin und wieder,
Entzündend, doch verzehrend auch die Fluren,
Und was sein wahres Wesen ist, erfuhren
Einst der Giganten stolze Riesenglieder!

Ob, was du, Theurer, rettetest, mein Leben,
Dem Sonnenstrahl, dem Blitzstrahl zu vergleichen,
Wird sich in diesen Blättern kund dir geben.

Dir weise Wandelnden im Wonnelicht,
Dir schenken muß ich meine düstern Zeichen,
Denn wer mein Leben kennt, der kauft es nicht!

An Stanislaus C.

(Unter Gottes Beistand geschrieben zu Mariatrost bei Grätz den 31. Juli 1819 Frühmorgens um 1¼ Uhr, als am Tage vor Stanislaus Abreise.)

Was jetzt im dunkeln Abgrund auch
Die trübe Zeit mag brüten,

Ob todesschwangern Pestethauch,
Ob neue Lebensblüthen;
Doch trägt der Mensch in seinem Kern
Was ihn erhebt zum Zeitenherrn;
Das tilgt kein Zeitenwüthen.

Ob auch, was wir im Lebenstraum
Den Raum hienieden nennen,
Ob auch der leere Geck, der Raum
Zwei Herzen wähnt zu trennen;
Doch flammt in einer treuen Brust
Der ihr verwandten Schmerz und Lust,
Die muß er lassen brennen.

Ob eng auch sein siderisch Haus
Wohl Jeden ein mag klammern
Und keiner aus sich kann heraus,
Mag noch so viel er hämmern;
Sobald nur, der die Sterne dreht,
Mir, wann ich will, im Herzen steht,
Was soll ich da noch jammern! —

Das klingt wohl alles schön und gut,
Doch ist es schwer zu üben,
Die Zeit uns einmal packen thut,
Der Raum thut fort uns schieben.
Das Schicksal treibt es auch oft bunt,
Und was auch prahlen mag der Mund,
Das Herz muß sich betrüben! —

Was kann das arme Herz befrei'n
Aus solchen Jammernöthen?
Ein fünffach Thun: die Schuld bereu'n,
Die Sünde flieh'n, und beten;

Büßen, und leiden mit Geduld,
Zu welchem Teige Gottes Huld
Uns will zusammenkneten! —

Dazu hat Jesus uns vereint,
Das hält uns auch zusammen,
Ob's blitzet, ob die Sonne scheint,
Beides sind Gottes Flammen.
Dich weihet meine Priesterhand,
Dich, und die dir und mir verwandt,
Zum Schmerz, der Euch und mir bekannt;
Denn Schmerz, das ist der Sel'gen Band,
Und Schmerz nur führt in's Freudenland!
Den Schmerz, der ist am Kreuz entbrannt,
Schenk' Gott uns Allen! — Amen!

Der Ostermontag zu Seefeld.

Eine wahre Geschichte.

(1819.)

Zween mahlen zusammen auf einer Mühl',
Das Mühlrad greift Eine, die Andre bleibt steh'n;
Zwo schwimmen zusammen im Wogengewühl',
Den rettet's, doch dieser muß untergeh'n;
Zwei schlummern zusammen auf flaumigem Pfühl,
Den nahenden Morgen wird Einer nur seh'n.
Zwischen ewigem Tod und ewigem Leben
Die Wahl — das Schwert am Haar, — Starke macht's beben! —

„Gestrenger Herr Oswald, Ihr macht uns 's Garaus!"
So scholl es vom Thalbronn zum Schloßberg hinan

Zum Milser, der da saß mit Mannen beim Schmaus,
  Zum Oswald Milser, der im Kirchenbann;
Denn er hatt's halt zu lang' schon getrieben, zu kraus,
  Zu Stamms er den Mönchen das Kloster gewann;
Weg schleppt' er in Ketten den Abt und die Pfaffen,
D'rob mußt' der Legat mit dem Bann ihn dann strafen.

„Gestrenger, 's ist heute der Ostertag,
  Bei Christi Urständ, uns tödtet die Qual!"
Schreit's empor zu des Milsers Abendgelag,
  Aus dem eisigen, schaurigen Fichtenthal,
Und am Rande des Thalbronns dröhnt's Schlag auf
                                        Schlag;
  Das zu thun so den Pilgrams und Kaufherr'n befahl
Der Milser, er hat sie mit Roß und mit Wagen
Geplündert, und läßt nun zu Tode sie schlagen.

„Die Kiebitze pfeifen!" spricht lächelnd zu ihm
  Die grimme Brunhildis, sein eh'lich Gespons,
Doch den Ritter ärgert des Weibes Grimm:
  „Dir niemals wohl," sprach er, „aus den blauen Augen
                                        ronn's
An Thränen, süßlächelndes Ungethüm!"
  Maria! wimmert's vom Rande des Bronns,
Aus dem von den Schergen gegeißelten Haufen;
„Wohlan!" rief er: „laßt nur die Lumpen da laufen!"

„Unzeitiges Mitleid!" so lispelt's für sich
  (Sie fürcht'te den Ritter) Frau Brunehild,
Ein Wonnweib, doch Jedem ward's grauselich,
  Der dem schönen goldlockigen Frauenbild
In's Aug' sah, das, schwarzblau, Gewittern glich.
  „Gut' Nacht, Sassen," Oswald rief; „morgen geht's
                                        wild!

Heut' ha'n wir den Ostertag wacker durchbrauset,
Der Glatzkopf von Seefeld wird morgen beschmauset!"

Und finst're Nacht ward's um Mitternacht,
  Da, bei seiner lieblichen Unholdin
Der Ritter schon lag in des Bösen Macht,
  Schon im Schlaf halb, murmelt er vor sich hin
Ein Ave Maria. — Brunhilde die lacht;
  Doch's Lachen bringt halt nit immer Gewinn!
So heulet durch die Mondnacht, im Fichtensausen,
Eulenwehklag' unten zum Bergströmebrausen.

Doch am Morgen drommetet's trarah vom Schloß,
  Von der Bergburg in's thauige Fichtenthal.
Herr Oswald Milser, schon sitzt er zu Roß
  Sammt Sassen, dreihundert wohl an der Zahl,
Zur Kirche von Seefeld zieht hin der Troß.
  Frau Brunhild steht lächelnd am Fenster im Saal;
Zwölf Jahr schon war sie nit zur Kirchen gegangen,
Der Morgenstrahl küßt ihr die rosigen Wangen.

Mit Sammet und Stahl, und rothem Gold
  Gar junkerlich stattlich geschmückt,
So frank, als zög' er auf Minnesold,
  Der Zug nun über die Zugbruck' rückt.
Der Brunhild im Aug' es wie Freude rollt,
  Doch wie'n Blitz es bald wieder im Blick ihr zückt,
Zur Zofe spricht sie: „'s sind Betbrüder worden
Die Reisigen; möchten den Pfaffen sie morden!"

Nur lacht ihr das Herz, als den kräftigen Mann
  Ihren Herrn sie, den Oswald, den Raubritter sieht
Daherzieh'n, gewaltig, den Reis'gen voran!
  Der Demant am Reigerbusch Funken ihm sprüht,

Sich schlingt am grünsammet'nen Waffenrock an,
Die, wie Waldbrand, die Schaube von Scharlach, glüht,
An güldener Kuppel ziert ein Schwert seine Lenden,
Drei Männer, traun, könnten's vom Boden nit wenden!

Doch Seideng'spinnst, Scharlach, goldstücken Gewand,
Das Schwert sogar, Menschenwitz hat's erdacht,
Aber was der Mensch in sich selber nit fand,
Was schöner noch weit als des Himmels Pracht,
Ist, ob ihn die Sünd' auch überwand,
'S ist des Mann's angeborene Kühnheit und Macht!
Gottes Ebenbild, wenn es auch tief ist gesunken,
Doch schleppt's, bis an's Höllenthor noch, Gottes Funken!

Also zieht herrlich der Oswald daher,
Ein Herr seiner Sassen, die herrisch wohl auch!
Ein noch nicht verurtheilter Lucifer,
Scheint zwischen Himmelsduft, Höllenrauch
Zu wählen noch, wenn gleich empört schon, er!
Wär' Goliath nit ein gemeiner Gauch,
Und könnt' seine Seel' ihm der Milser borgen,
Sie glichen sich wie Neujahrs- und Ostermorgen.

Und der Heerzug zog langsam vom Schloßberg herab,
Schritt vor Schritt erst, den schaurigen Abgrund vorbei,
Zur Heerstraß', die oft sonst der Römer Grab,
Wenn von Aquileja gen Augsburg sie zogen frei,
Durch's Thal dann der Troß drang im tosenden Trab,
Im Galopp bald, im gestreckten, mit wildem Geschrei;
Stets der Milser voran, hoch und still wie 'ne Mauer,
Aus einander das Wild stob, sich bekreuzte der Bauer. —

Wenn ein junger G'sell eppers gewandert hat
Durch's Tyrol, die gefurstete Grafenschaft,

Einer, der frisch erst in's Leben trat,
  Dem sich figurirt noch der Wesen Saft,
Der den großen Kat'chismus, traun, lernen dort that:
  Das Turneien der Gnad' und siderischen Kraft,
Um in Bergquellen, Alptriften, Schlünden und Blüthen
Versöhnung, — im Felsstarr'n' Verstockung zu brüten.

Ob der Wasserfall auch, durch der Alpentrift
  Blüthen, gewaltsam hinab in den Abgrund
Sich wälzt, doch ihn oft noch im Abgrunde trifft
  Der Sonnenstrahl, der auch im Klippenschlund,
Den spiegelnd der Waldbach dann über Kieseln schlüpft,
  Erquickend des Pilgrams lechzenden Mund;
Doch der Gletscher kann süß wie die Quelle nit weinen,
Weil den Morgenstrahl höhnt sein erstarrend Versteinen!

Herr Oswald, Gewalt'ger, Du jammerst mich schier,
  Es erliegt, welcher wagt mit dem Allmächtigen Streit! —
Gelangt ist der Zug schon durch's Forstrevier
  Zu Seefeld, das vom Schloßberg 'ne Stunde nur weit.
Zum Baierland ist's vom Tyrol die Thür,
  Wo die Isar, ein Kindlein noch, weinet und schrei't,
Als wolle der Scharnitzer Engpaß sie windeln,
Dessen Grausen nur Gemsjäger schau'n sonder Schwindeln.

Was an Bergen um Seefeld und Schloßberg sich zieht,
  Die Bergkette schließt sich an die Martinswand,
Da der, dessen Erzhaus im Segen noch blüht,
  Kaiser Max, der Erzheld, Erlösung erfand,
Als Unfall verführte sein fürstlich Gemüth.
  Eh' noch ihn entführte des rettenden Engels Hand,
War ihm unten im Thal schon die Hostia erschienen;
Sie stärket ein frommes, stürzt freches Erkühnen! —

Als nun den beschneieten Hügel hinauf,
Wo das Seefelder Dorf nebst dem Kirchlein liegt,
Herr Oswald, zusammt seinem Ritterhauf,
Den Rittern voran auf dem Streithengste fliegt,
Da rief er: „Vollbracht ist nun unser Lauf,
Laß seh'n welches Ebenthu'r heute sich fügt!"
So jauchzt er, hinein in den Morgenglanz trabend,
Doch Mancher jauchzt Morgens und weinet am Abend!

Und des Kirchleins Mettenglöcklein erklingt
Durch des trabenden Trosses trotz'ges Trarah,
Und wie sich der Klang durch die Lüfte schwingt,
Erröthender lächelt der Morgenstrahl da,
Und zum Frühamt des Ostermontags dringt
Die gläubige Menge von fern und nah;
Doch die Christenleut' sehen mit Furcht und Erblassen
Den Raubritter Oswald und die Schaar seiner Sassen.

Zum Pfarrer rennen's in die Sacristei
Und raunen ihm zitternd: „Der Schloßberger ist hier!"
Uh, die Weibsen, was führ'n die ein Wehklaggeschrei,
Ja der Pfarrherr selber ertattert schier.
„Mir Chorhemd, Stola, Weihwedel herbei,"
'S Miserere murmelnd eilt er an die Kirchenthür,
Doch tritt ihm schon, grauerlich spaßhaft, entgegen
Der Milser sammt seinen mannhaften Degen.

„Gelobt sey Jesus Christus!" so spottend halb spricht,
Doch ernst halb, zum Mönchen der Rittersmann.
„In Ewigkeit!" stottert Jener. — „Wohlan, kleiner Wicht,
So heb' uns geschwind nur 'ne Jägermeß' an!
Doch kurz macht's!" ruft Oswald. — „Ach, Alles, nur das nicht,"
Spricht's Mönchlein, „erbarmt Euch mein! Ihr seyd im Bann,

Les' Euch 'ne Meß' ich, läßt aus mich es baden
Mein Lebtag' 's Herrn Legaten hochwürdige Gnaden."

„Hoho! kommst du daher?" spricht Oswald mit Glimpf,
(Er zürnte im Kampf nur auf Leben und Tod)
„Nicht Gott thu' ich's, doch dem Legaten zum Schimpf,
Den Rothrock, den bring' ich wohl auch noch in Noth,
Wie hoch er wohl manchmal die Nase auch rümpf'.
D'rum höre, Du Mönchlein, mein ernstlich Gebot,
Bei der reinen Magd schwör' ich's, erfüllst' mein Verlangen
Du gleich nicht, so laß ich — mir leid thut's — Dich hangen!".

„Du führst mich jetzt festlich zur Kirchen hinein,
Mit Glockengeläut', unter'm Baldachin;
Am Altar will ich auch gespeiset seyn,
Doch will ich's heut' ein Mal nach meinem Sinn:
'S Hochwürd'ge, ich will's heut' nit haben so klein
Wie die Bauern, — d'rum reichst du 'ne Hostie mir hin
So groß als die Priester bei'm Meßamt genießen,
Der Galgen oder das, — Du kannst Dich entschließen!"

Wie der Blitz in Morgengewittern, so zückt
Zwar milde, doch furchtbar des Ritters Blick,
Und der Mönch und der Meßner öffnen gebückt
Die Kirchenpforten und zieh'n sich zurück;
Doch bald, mit Kerzen und Fahnen geschmückt
Sammt Chorknaben, tragend von güldenem Stück
Den Thronhimmel, kommen den Ritter sie holen,
Und ängstlich lauscht's Volk, wie auf glühenden Kohlen.

Und der Milser, der schreitet still daher,
Unter'm Baldachin, welcher im Morgenstrahl flammt,
Und von der Orgel das Tönemeer,
Hernieder wogt's friedlich dem Frieden entstammt;

Dem Thronhimmel folgt Oswald's Sassenheer
  Paarweis — 's Volk zischelt: „Die sind verdammt!"
Der Milser, als dem Frau'nbild vorüber sie gehen,
Verbeugt sich — dann bleibt er am Hochaltar stehen.

Im Bann, ohne Beicht' und Absolution,
  Will der Frevler das allerheiligste Sacrament
Entweih'n! — Hui, die Rache, sie wartet schon,
  Das Gottesgericht, das unten im Pfuhle brennt!
Doch woget so friedlich der Orgelton,
  Und des Lichtes versöhnendes Element,
Der Sonnenstrahl, glänzt noch im Gluthaug' des Armen.
Wird sich noch der zögernde Richter erbarmen?! —

Schon der zitternde Priester den Introitum,
  Das Kyrie, Gloria, die Oration,
Die Epistel, das Evangelium
  Und's Credo gelallt hat, mit bebendem Ton,
Bei'm Lavabo wirft er das Kännchen fast um,
  Und aus Angst vergißt er die Präfation,
Doch als er nun gar kommt den Canon zu sagen,
Wie'n Eisenhammer thut ihm das Herz da schlagen.

Das Volk, in allen Ecken zusammengerannt,
  'S starrt bald mit Entsetzen auf den Hochaltar,
Auf den Schloßberger bald, der vom Kirchenfluch gebannt,
  Wie versteinert dasteht, halb düster, halb klar;
Doch als nun von der Orgel der Tremulant,
  Ahnungsschwanger, durchschauert die Christenschaar,
Da kreuzt sie sich, als säh' sie den Bösen, — der lauert
Unsichtbar, dem Milser auf die Schultern gekauert.

Doch friedelich schwimmet in's Kirchelein
  Und schimmernder immer das Morgenlicht,

Als könn' es den stillen, anbetenden Schein
Von der Gnadensonne kaum trennen nicht,
Die, verklärend der seligen Erzengel Reih'n,
Hinein in der Hostia Herrlichkeit bricht,
Denn allmächtig von den Lippen des Priesters entbrennen
Die Worte — am Altar nur darf mit Beben ich sie nennen.

Und als nun Gott — (Halleluja, er lebt!)
Als die zitternde Hand, allgewaltiglich,
Des kleinen, bleichen Priesters, den Allmächt'gen erhebt,
Da regt sich kein Laut, die Sonne verbirgt sich,
Wie beschämt, daß sie Licht zu seyn gestrebt!
Alles kniet, nur der Milser steht festiglich,
In die Schultern ihm, unsichtbar, die Klau'n hält geschlagen
Der Teufel, der ihn angrinst, doch mit Zittern und mit Zagen.

Denn der Teufel — der den Meistern der Weisen bekannt,
Seinen Herrn — den die Narr'nschaar, seine Magd verkennt,
Der Teufel, der auf ewig von Gott ist verbannt,
Er bebt vor'm allerhöchsten Altarssacrament,
Doch kann er nit lassen, was ihm ist verwandt,
Den Sünder, den die Todsünd' von Gott hat getrennt,
D'rum muß sich der Höllenwurm krümmen und winden,
Im Born der Versöhnung — Verdammniß zu finden! —

Zum Ende ging's Amt schon, der Priester genoß
Die Gemeinschaft des Leibes und Blutes des Herrn,
Doch gedrängter, kaum athmend, an einander sich schloß
'S Volk — denn der bis dahin stand wie steinern von fern,
Als ob plötzlich ihn der Giftgeifer des Bösen durchfloß,
Tritt mit klirrendem Sporn, funkelndem Augenstern,

Hiezt der Milser (es dröhnt von des Trotzigen Tritte
Das Gewölb) zum Altar hin, mit Riesenschritte.

Der Priester (halb todt mehr als lebend) reicht,
'S Scandal zu mildern mit frommer Hut,
Ihm eine gewöhnliche Hostie, da streicht
Den Bart er gelassen, das Schwert zieh'n er thut;
Mit dem entblößeten Schwert er zeigt
Zu der Monstranz hochwürdigstem Gut
Und immer stehend zischelt er: „Die da!"
Ob des Gräuels schrei'n Pfaff und Volk: Jesus Maria!

„Maria?" murmelt er fragend, und herum
Durch's Volk, herrisch, Schweigen gebietend, fliegt
Des Gewaltigen Blick, und Alles wird stumm! —
Dann wie wer, der 'nen schweren Gedanken wiegt,
Hält 'nen Augenblick 's Haupt er gebeugt und krumm,
Doch bald an den Frauenaltar sich schmiegt
Sein Blick. — In die Scheide steckt's Schwert er wieder,
Ruft: „Für sie!" und senkt auf die Knie sich nieder.

Noch zögert der Priester, doch Oswald heißt
Ihn eilen mit dem Blick, der „zögre nicht," spricht,
Der halbentseelte Priester erschleußt
Die Monstranz, und herauszieht das Gnadenlicht. —
O jetzt thut er die Sünd' wider'n heiligen Geist,
Die hier nicht vergeben und dorten wird nicht
O mag er der Mutter der Gnaden auch frohnen,
Der Bösewicht höhnt ihres Sohnes Verschonen! —

Der Priester die große Hostia ihm beut,
Und: „Alle guten Geister loben Gott den Herrn!"
Nun Alles aufkreischt, wie man Zeter schreit
Am Hochgericht; denn im Augenblick, wo der Leib des
Herrn

Zu empfah'n, der Riese das Maul schon weit
Aufreißt — (Alle Welt fürchte den Herrn!)
Sinkt unter ihm die Erde, und sinket und sinket
Im Hui, daß, wo sein Knie lag, sein Flammenaug' schon
blinket!

Schnell zieht der Priester die Hostie zurück,
Der Sünder, sonst feuerroth, jetzt leichenbleich,
Er klammert sich, mit schon brechendem Blick,
Mit beiden riesigen Fäusten zugleich
Am Altar, bald dreht er erstarrt das Genick,
Heult: „Jesus Maria, erbarmt Euch!" und gleich
Sinkt er nicht tiefer, doch liegt, wie zerschmettert
Am Boden er, während's in klarer Luft wettert.

Und indeß im Sonnenschein der Donner kracht,
Wie Fledermausfittig durch's Volk es schwirrt,
Der Bös' ist's, an Oswald da hat er nicht mehr Macht,
Auf neue Menschenjagd zieht er verwirrt. —
„Te Deum" jetzt jauchzend durch die Wetterpracht
Des Ostermontagsmorgens, der Priester intonirt
Dem Gott, der vom Rand auch der Hölle kann retten! —
Doch den Teufel, den schaut's jetzt an'n Schloßberg sich
kletten! —

„Es ist nicht so, so kann es nicht seyn,
Es ist nicht, es soll nicht, ich will es nicht!"
Also, mit Augen wie Höllenschein,
Die schöne Brunhildis zum Rupert spricht,
Zum alten Knecht Oswalds. — „Ich will's nicht, nein!"
Doch der Rupert, der sagt ihr in's Gesicht:
„Gestrenge, eben sah'n mer's zu Seefeld, d'rum gläubet;
Denk' ich d'ran, mein Bischen Haar sich empor mir noch
sträubet!"

Brunhildis im Rosengarten stand
  Des Zwingers, fein österlich geschmückt,
In Goldstoff sie, in Silbergewand
  Ihre Dirnen, doch unrecht Gut keinen beglückt
Wenn bei'm Oswald manch Kaufherr Erbarmen oft fand,
  Daß er nit ihn geplündert, nur fortgeschickt,
Ließ ihm sie nachsetzen und heimlich ermorden,
So ist ihr viel rothes Gold auch geworden.

Hietzt war der Rupert zur selben Stund,
  Als zu Seefeld das Wunder geschach,
Gen Schloßberg gejagt, und thät's ihr kund,
  Doch die Edelfrau ward d'rob unwirsch und jach;
Zwar waren ihr rosig so Wangen als Mund,
  Doch Frombkeit und Barmniß sie gerne nit sach,
Sie stets unsern Herrgott nur lästert' und fluchte;
Aus dem Busch hietzt der Böse sie lüstern anlugte.

Da stand sie, vor sich hinstarr'nd, wie am Boden gebannt,
  Doch plötzlich aus dem Busch scholl's wie Eulengeschrei.
„Das ist hier im Garten nit geheuer bewandt,"
  Sprach der Rupert, „daß am Mittag ein Eulen-
    schrei sey!"
Und's Kommitschrei'n, wie von Eülen nahm überhand,
  Rund im Garten und Zwinger heult's. „Gott der Vater
    wohn' uns bei!"
Rief Rupert, „thut, g'strenge Frau, 'n Pater und Ave
    nur beten,
Euer Herr und auch Ihr vielleicht seyd heut' in Nöthen!"

„Du lügst, alter Träumer!" fuhr auf nun so wild,
  Als ob Satan in sie schon gefahren nun wär,
Dem Alten in's Antlitz die Brunehild:
  „Ein Pfaffentrug ist's, die Du fabelst die Mähr!"

Und dabei flackert's dem goldhaarigen Frauenbild
  In den donnerblauen Augen. Wie's wüthend Heer
Prasselt's rund im Garten h'rum. „Hat sich das zugetragen,
Rief sie: „soll dort der dürre Stamm mir Rosen gleich tragen!"

Sie packt einen Baumstamm, der da lag verdorrt,
  Und sieh' da, drei wonnige Rosen entblüh'n
Dem Stamm. Still wird es, den lieblichen Ort
  Verschönert ein nie noch erblicketes Grün,
Brunhildens Engel, er wandelt dort
  Ungeseh'n, und wo er wallt, Blüthen erglüh'n! —
Ihr Silberblick war's, ihr von Gott noch gegeben,
Noch konnte sie wählen das ewige Leben! —

Und wie der Rheinstrom silberrein fleußt,
  Der Ströme Fürst, vor dem Kölner Dom
Vorbei, so friedlich groß sich ergeußt
  In den Greis und die Mägdlein der Anbetung Strom.
Ein Wunderlicht Brunhilden umschleußt,
  Wie's strahlt vom Kreuz am Charfreitag zu Rom,
Ihres Engels Glanz ist's, o noch kann sie wählen!
O Seele, noch kannst Du mit Gott Dich vermählen.

Ein Thränenpaar glänzt ihr in den nachthimmelblau'n
  Augen, und da steht sie wunderhold,
Gleich der Niobe zu Fiorenza zu schau'n,
  Der im Aug' die steinerne Thräne rollt!
O könnte sie fließen die Thräne, traun!
  Der Marmel belebt, würd' ein göttlicher Minnesold!
In der Perlmuschel Galathäa zieht durch die Fluthen, die bösen,
O die Purpurperl, o die letzte noch, o dann keine mehr kann, Seele, Dich lösen!

So bei den drei Rosen Brunhildis steht,
Zwischen Lenzesblüthen und Eichenlaub,
Doch bald ihr's im Auge sich wieder dreht,
Wie dem wilden Jäger, wenn er lauert auf Raub.
Erst murmelt in sich sie leise: „Zu spät!
Zu spät," schrei't sie, „Hoffnung und Lieb' und Glaub'!
Zu spät," kreischt sie, „Hölle winkt!" — Die drei Rosen verbluten,
Der Abgrund thut auf sich, sie stürzt in die Gluthen! —

D'rum höre Du, Du Menschenkind,
Das noch im süßen Lichte wohnt,
Wenn Dir die Reuethräne rinnt,
So blick' auf den, der sühnt und schont!
Wer hier die Reue schlägt in den Wind,
Den leichtlich ew'ge Reue lohnt.
In's Herzensmark sey dir's gesprochen:
Verzweifle nie, was auch verbrochen! —

Jetzt denkt Euch vergangen zweijährige Zeit,
Und tretet mit mir in die Stammserabtei!
Das Zügenglöcklein tönt helles Geläut',
Ein sterbender Mönch liegt auf der Streu,
Der Sanct Bernhardi Regul geweiht,
Alle Brüder steh'n psalmodirend ihm bei,
Die geweihte Kerze trägt seine Rechte,
Die Schaar blickt er an der Gottes Knechte.

„Verzeiht mir, Ihr Brüder!" der Sterbende spricht,
Ein Mönch ist's, wie'n Riese, so groß wohl, traun,
Doch liegt ihm die Haut an den Knochen dicht,
Kein Quentlein Fleisch ist an ihm zu schau'n,
Ein eisern Cilicium ihn eng umflicht,
So schwer, man kann's anseh'n nit sonder Grau'n,

Und was hervorblickt, sind eiternde Wunden.
Die ihm von den stachlichten Ketten geschunden.

„Verzeiht Ihr mir, Brüder?“ er lächelnd frägt,
Und der Abt und die Mönche knie'n,
Und der Abt, der vor Thränen die Zunge kaum regt,
„Deinen Segen uns,“ spricht er, „Bruder Cölestin!
Seitdem dieses Stift Knechte Gottes gehegt,
Sah manchen Sieger gen Himmel es zieh'n,
Doch Keiner so strenge die Sünden that büßen,
Als Du Dich versöhntest mit Jesu, dem Süßen.“

„Vergibst Du, daß ich einst in Fesseln Dich schlug?“
Zum Abte lächelnd der Sterbende spricht,
Und der spricht, von Thränen erstickt fast: „Genug!
Brich Du nur scheidend das Herze mir nicht,
Und wenn Deine Seele, den himmlischen Flug
Vollendet bald, flammt im dreieinigen Licht,
So bitt' für uns arme, verlassene Sünder,
Du Muster der büßenden Weltüberwinder!“

„Apage!“ lächelt der Sterbend', die Hand
Drückt er dem Abt und zum Fenster er blickt,
Durch das sich freudig der Morgenstrahl wand;
Da tönt's vom Heerweg her frisch und entzückt:
„Behüet di Gott, Maria, Jesus Christus erstand!“
Und: „an'n schön'n Gruß aus Maria Zell geschickt!“
Wallfahrter sind's, die mit freudigem Schallen
Zum Ostermontag gen Stamms hinwallen.

Und aus des Sterbenden lächelndem Aug'
Die letzte triumphschwang're Thräne dringt;
„Heut',“ ruft er: „sind's zwei Jahr', als schon mich der Rauch
Der schwer verdienten Höllen umringt!“

„Seht, Brüder," der Abt ruft: „und lernet es auch,
  Wie bittere Reue die Krone erringt!" —
„Sie half mir, die Zuflucht der Sünder hinieden,
Maria!" — lallt lächelnd er, scheidet zum Frieden! —

Also der Raubritter, der Milser, starb,
  Der begnadigte Sünder, den um Fürbitt' wir fleh'n.
Wie zu Seefeld er sich das Heil erwarb,
  Das ist noch am Hochaltar dort zu seh'n,
Wo Mancher, der auch schier in Sünden verdarb,
  Gestärkt ward, durch Bergluft aus Himmelshöh'n.
Noch heut' zu Tag', wenn auch viel Christen ausarten,
Doch viele noch gläubig gen Seefeld wallfahrten.

Noch sind in den Altarstein eingedrückt
  Alle fünf Finger jeglicher Hand,
Die beid', als der Boden unter ihm ward entrückt,
  An den Altar klammernd, er Erlösung fand.
Anderthalb Schuh tief hat der Boden sich gedrückt,
  Auch die Knie sind noch eingedruckt in den Rand.
Zum Wahrzeichen ist es uns hinterlassen,
Daß mit unserm Herrgott Keiner soll spaßen! —

Im Stammser Cisterzienser-Stift,
  Wo der Oswald als Laienbruder trat,
Und daß Jeglicher träte seines Hochmuth's Gift,
  Ihn unter die Thürschwell' zu begraben bat,
Hat die heilige Blutscapellen gestift't
  Ein Milser, dort latein'sch ist beschrieben die That,
Als Meßkleid ist dort noch's grün- und rothsammtne
  Wammes
Des Oswald, der der Letzte war seines alten, reichen
  Stammes.

Und wie stets unser Herrgott ist wunderbar,
So ward auch das Wunder zu Seefeld geseh'n,
Am Tag g'rad, wo sammt vielen Jungherr'n fürwahr,
Herzog Leupold zu Sempach mußt' untergeh'n,
Im Jahr Christi dreizehnhundert sechs und achtzig zwar,
'S zwei und zwanzigsten Lenzmond's ist Beides gescheh'n,
Welcher Tag ist ein Ostermontag gewesen;
Des Tag's war wohl Mancher vom Hochmüth genesen! —

Das ist die Oswald's- und Brunhilden-Mähr:
Sie schliefen zusammen auf einem Pfühl,
Auch haben sie Beide gesündigt schwer,
Doch Beide mahlen hietzt nit auf einer Mühl';
Er ward gerettet, weil er Gott gab die Ehr',
Sie, weil s'verzweifelt, stürzt in's Höllengewühl.
Zwischen ewigem Tod und ewigem Leben
Die Wahl, — das Schwert am Haar! — Lernten wir beben! —

Dieß Liedel zu Maria Trost *) ward vollbracht
Im Jahr des Herrn achtzehnhundert und neunzehn,
In Sanct Peter und Pauls Octavennacht,
Wo ein Komet ward am Himmel geseh'n
Die Nacht war 'ne klare Himmelspracht,
D'rin Mond und Stern' schienen wallfahrten z'geh'n.
Wenn die Nacht, wo Niemand kann wirken, wird kommen,
Wohl dem, der Maria Trost dann hat erklommen!

*) Ein Wallfahrtsort bei Graz in Steyermark.

Glaube, Hoffnung und Liebe.

(1819.)

Glaube.

Ich bin ein Kindelein mit güld'nen Schwingen,
Ich ward geboren so wie and're Kinder,
Halb blind, ganz hülflos, unter Schrei'n und Weinen,
Schwer mußt' ich kleiner Todesüberwinder
Des Morgens erste Dämmerung erringen;
Sie wollt' mir herb und bitter Anfangs scheinen;
Doch welcher sprach: „die Kleinen
Laßt zu mir, denn das Himmelreich ist ihre!"
Der spendete mir immer mehr vom Lichte,
Daß, wenn ich hin die feuchten Augen richte,
Die Thräne sie, wie Glanz die Perlen, ziere.
Zwar oft wird's wieder Nacht, doch wenn es klinget,
Des Fittichs Gold, mich's auf in's Frühroth schwinget!

Hoffnung.

Schon bin ich Jungfrau worden, schöne Blüthen
Kränzen mein Haupt, balsamische Gerüche
Sie duften mir vom Lande, das im Süden,
Wie Glockenklang ertönen dunkle Sprüche,
Und Engel schweben um mich, mich zu hüten,
Mein Schifflein lenkend, soll ich nicht ermüden,
Euch trägt's, Ihr Lebensmüden! —
Getrost! — Ich Treue will den Anker lichten,
Daß frischer Wellenathem Euch umdüfte,
Im Wogentanz Euch glänzen Himmelslüfte!
Gar fröhlich leb' ich, doch in Ehr' und Züchten;
Der Meerstern, der mich zieret mit Genüssen,
Blitzet aus reinem Bronn, dem warmen, süßen

Liebe

Mich glüh'nde Sonnenbraut. kühlet das Weinen,
D'rum lechz' ich nach ihm, wie nach goldnem Weine,
Wie, nach dem Quell, der Hirsch den Wald durchstreichet;
Wenn ich auch manchmal freudetrunken scheine,
Gleich muß ich wieder mich durch Thränen reinen,
Denn deren Quell, stets rieselnd, mich beschleichet
Von dorten, wo erbleichet
Mein Bräut'gam steht, von Golgatha, dem heitern!
Nicht Trauer kann ich süße Qualen heißen,
Die mir mein Herz, es öffnend ihm, zerreißen! —
Will Staub' entflieh'n und möchte Hoffnung scheitern,
Ich halte sie, doch einst entlass' ich Beide,
Und ruh' beim Bräut'gam im Rubingeschmeide

Der Bundesbogen.

(1819.)

Die Sündfluth flieht — Trost thaut der Bundesbogen! —
Der Lebenskeim, vom Dämmerschein erzogen,
Gelüftet wird er und vom Thau befeuchtet,
Der ewig leuchtet!

Der Keim wird Blüthe schon und hauchet Düfte;
Daß die der Mehlthau nicht zu früh vergifte,
Muß Morgenglanz, an treuen Mutterbrüsten,
Die Blüthe rüsten.

Dann eint das Licht des Bundesbogens Gnaden,
Und, um in allen sieben sie zu baden,
So will es zu sich zieh'n die Blumenaugen,
Sonne zu saugen! —

Das warme Licht befeinden dunkle Gluthen,
(Die Feuer sind's, die buhlten mit den Fluthen!)
So Licht und Gluth, beides durch Quaal gedämpfet,
Das Blüh'n bekämpfet.

Da muß am Ende welken wohl die Blume!
Jedoch dem Lichte sag' ich das zum Ruhme,
Daß es, die blühend oft den Strahl verprasset,
Welkend umfasset! —

In klarer Luft erscheint's in sieben Farben,
Um, aus der Sündfluth Wogen, welche starben,
Sich sieben reine Quellen aufzusiegeln,
Zum Blumenspiegeln.

Auch wo sich Pflanzendüfte süß begegnen,
Wie Glanz und Luft, will neuen Keim es segnen;
Doch nur die Lilien windet es zu Kränzen
Bei Sternentänzen!

Lückenbüßer.

(Den 9. October 1820 zu Dornbach bei Wien.)

„Was ist das ird'sche Leben?" —
Ein Dich- und mich Verkennen,
Ein blind nach Liebe Rennen,
Ein dich zertrennend Trennen.

„Wonach mußt gleich du streben?" —
Nur dich, nicht mich zu kennen;
Vom wilden Liebestrennen
Dich ungetrennt zu trennen! —

„Was wird dir dann gegeben?“ —
Den Gott in mir zu kennen,
Für ihn in Quaal zu brennen,
Ein ihm zertrenntes Trennen!

„Was ist das ew'ge Leben?“ —
Wie Gott, was ist, erkennen;
In Gott, wie Gott, entbrennen,
Kein Trennen noch Zertrennen!

Sonett.

(1820.)

Als Thetis den Achilles einst geboren,
Da tauchte sie den schönen Götterknaben,
Um mit der Kraft die Schönheit zu begaben,
In jenen Fluß, bei dem die Götter schworen.

Da konnten Schwert und Pfeil ihn nicht durchbohren;
Was Erde, Meer und Himmel Schönes haben,
Erkämpfen konnt' er sich die theuren Gaben! —
Nicht ging ihm Schönheit durch die Kraft verloren.

So, die der Meeresgöttin zu vergleichen,
Weil, wie die Fluth, ihr Wesen braust und säuselt,
Durchdringend, Alles löset, reint, verbindet!

Sie hat im Strom, der durch das Weltall kräuselt,
In Liebe dich getaucht, gestählt, entzündet;
Es kann des Schicksals Pfeil dich nicht erreichen! —

Jäger-Herz und die Elemente.

Ein Maienlied. Keine Tanzweise.

(Wien, im Augarten, am Tage vor Kreuzeserfindung den 3. Mai 1821.)

Wie kommt's, daß ich am Morgen,
Am Maienmorgen so klar und hell,
Wo allen Wesen der Freudenquell
Entströmt, dessen Bronn verborgen,
(Ich, der ich doch auch sonst die Bäume verstand,
Und der Fluren blumiges Brautgewand,
Und den Gluthblick in wonniger Blätter Brand),
Wie kommt's, daß ich jetzo in Sorgen
Muß schleichen,
Die, selbst im freudenreichen
Maien, von meiner Brust nicht wollen entweichen? —

Ich hab' ein Mal gesungen:
„O Jugend, kühlige Morgenzeit,
Wo wir, die Herzen geöffnet und weit,
Mit frischem Leben noch rungen,
Wohl flohst Du, Jugend, dahin, dahin!“ —
Viel älter seitdem ich geworden bin;
Und längst schon rief ich zur Freude: Zerrinn!
Und trug's, daß die Lieder verklungen! —
Nur klagen
Möcht' ich doch heut', und fragen:
Wird denn kein Maimorgen mir, dem Düstern, mehr tagen?! —

Schwer, spät ward mir die Lehre:
(Ich hab' sie viel zu theuer bezahlt!)
Daß der Friede, mit welchem die Erde prahlt,
Ein Herz, das ihm nachjagt, verzehre.

Oft rief ich zur Gleißnerin: „Mutter Natur,
O zeig' mir zum ewigen Frühling die Spur!"
Doch, wo ich auch wurzelt', gleich starrte die Flur,
Zum Eistropf gefror mir die Zähre! —
Erwarmen
Das Kind, sich sein erbarmen,
Erde, Dein Steinherz, kann's das? Du mit eisigen
Armen! —

Zum Meer auch hingezogen,
Zum trüben ich Dunkler ward: „Labe mich!
Sie nennen ja Mutter der Wesen Dich!"
So jammert, in's Chaos der Wogen,
Mein Herz, als es Jammer und Lust noch gefühlt.
Das Chaos, auf sah ich's als Fluth gewühlt,
Von Ebbe dann wieder den Strand gespült,
Doch mein lechzendes Herz blieb betrogen! —
Zerschellen
Müssen die stolzen Wellen! —
Mein Herz ringt, mein stolz'res, nach höheren, heller'n
Quellen!

„Nicht baden, Du sollst brennen,
Dem Wasser zum Trotz, daß Du werdest licht!
Herz, komm! — Schau' dem brütenden Feu'r in's Gesicht!" —
Sprach's und zum Vulkan that ich rennen.
Ich stand am Crater, ich bog mich hinein,
Im Abgrund da glomm es ganz gülden und rein,
Doch spie seines Gleichen aus schmutzig der Stein;
Da konnt' ich den Trug dann erkennen. —
Entzünden
Sollst Du Dich, Herz, und gründen;
Doch wo? — Am unreinen Feu'r? — in besudelten
Schlünden?! —

Ich überschrie das Krachen
Des Feu'rs, und warf in die Luft den Blick;
Doch ich selbst blieb gebannt am Crater zurück,
Konnt' von ihm nicht los mehr mich machen,
Als ich lang' nun hatt' in die Luft geguckt,
In die leere — hat lang' noch geschmachtet, gezuckt
Das Herz mir — dann ward es zusammengedruckt; —
Ich sah das — mit bitterem Lachen! —
Du Himmel,
Höhnt noch, mit Sternengewimmel
Nur beflitterte Luft, mein Herz Dein herzlos Getümmel?! —

Da naht', zweifach gereinigt
Durch Wassers Kraft und durch Feuers Noth,
Dem Herzen, als Stücklein vom Erdenbrot,
Klar, rund, wie ein Sönnlein vereinigt,
Und als Wein: der Erfreuer, der Gnadenquell;
Da die Luft rief, die gnäd'ge: „Du dunkler Gesell,
Den Leib nimm, das Blut trink', so wirst Du hell,
Nach ihm hat der Durst Dich gepeinigt!“
Wir trunken,
Herz, lang' entbehret funken
Thränen! — Sind's Lichtstrahlen? — Ach! Sind's vom Crater die Funken?! —

Auch naht', was in der Erde,
Im Wasser, im Feu'r und im Luftgesaus
Mein Herz rann zu suchen vergebens aus;
Mir nahte, mit Wehmuthsgeberde,
Mit Augen der Mutter, ein Gnadenbild groß,
Sang: „Wieder saug' Muttermilch, dunkler Genoß,
Sie fließt aus der Seite Deß, der mir entsproß,
Gleich Ihm auch ein Kindelein werde!“ —

Wir saugen,
Herz, doch nur bittere Laugen;
Denn im Crater, dräuend, weint's auch — o! wie Mutteraugen! —

So kommt's, daß wir am Morgen,
Am Maienmorgen so hell und klar,
Wir zwei noch schleichen, des Friedens bar,
Dessen Bronn ist in Gott verborgen.
Du, mein Herz, rufst Manchen zu: „Bruderherz,
Lechzest du, hetzend einst heillosen Scherz,
Hetzt nun dich, noch Lechzendes, heilsamer Schmerz,
Dann kennest Du, theilst meine Sorgen;
Wir schleichen
Freudlos, im freudenreichen
Mai — noch am Crater gebannt — konnten dem wir entweichen!"—

Raphaels Stanzen.

Canzone.

Ich führ' Euch, Brüder, in die freud'gen Hallen,
Wo Raphael das Bild vom neuen Bunde
Als Evangelium uns hat verkündet;
Wenn in Euch auf ihr nehmt die heil'ge Kunde,
So wird der Schleier Zeit vom Aug' Euch fallen,
Das Licht der Ewigkeit Euch angezündet.
Dieweil getreu verbündet
Der Liebe blieb der apostol'sche Meister
Hat ihm der Herr sein Wesen aufgeschlossen,
Und seines Geistes Macht auf ihn ergossen,
Durch Farbenhauch zu schaffen Menschengeister.
D'rum bleibt getreu! In Jesu Christi Namen
Sey Raphaeli Frieden mit Euch! — Amen!

Schleuß auf dich, Tempelthor! Erhebt euch, Herzen!
Seht Constantini Saal, emporgetragen
Von einer Bilderwelt! wer kann sie fassen!
Zwar will mein Herz ob ihrer Größe zagen,
Doch naht sich mir in meiner Ohnmacht Schmerzen
Der, welcher nie den Schwachen hat verlassen,
D'rum eh' in mir erblassen
Die harmonieenreichen Farbenstrahlen,
Durch welche, der dem Schein das Seyn zu sühnen
Gesandt, die Lebensbotschaft läßt ertönen —
Will ihren Abglanz auch ich Schwacher malen.

Sankt Raphael, du Fürst der Lichtgestalten,
Laß deinen Fittig sich ob mir entfalten.

Schon säuselt er; ich wag' es aufzuschauen,
Und sehe wie die Kirche ward gegründet,
Um festzusteh'n in allen Ewigkeiten.
Weil mit des Geistes Macht sich hat verbündet
Im Glauben, und im kindlichen Vertrauen
Die, nur durch jene starke, Macht der Zeiten!
So wie durch Kampf und Streiten
Dem Menschen ist dieß Wunderwerk gelungen,
Das selbst dem Zorne Gottes nicht darf weichen:
So könnt auch ihr das Höchste noch erreichen,
Habt ihr durch Kraft das Höchste nur errungen,
Das wollen hier uns in symbol'schen Bildern
Des heil'gen Meisters weise Jünger schildern.

Des Tempels Hallen tragen Caryatiden,
Wie tanzend scheinen sie dahin zu schweben
Die Jungfrau'n mit den leichten Duftgewänden,
Auf holden Häuptern sie die Last erheben
Je zwo und zwo, durch Kränze zwar geschieden,
Doch fest vereint mit ihren zarter Händen;
Als ob sie mich verstånden,
Schau'n sie mich an: Laßt euch, Jungfrauen, fragen,
Wie könnt ihr, zarten Mädchen, es, ihr schwacheu,
Von Liliendust gewoben, möglich machen,
Des Tempels ungeheuern Bau zu tragen?
Wie Frühlingshauch sind eure Wellenglieder
Drückt sie die Last der Ewigkeit nicht nieder?

Sie lächeln und sie zeigen auf die Schilde,
Die sie in fest verschlungnen Händen halten;
Auf solchen sah ich in des Himmels Bläue,

Verlosch'ne, doch bedeutsame Gestalten,
Des Medizäerhauses Sinngebilde,
Deß alte Pracht ein Pranger ist für neue!
Es will die Macht der Treue
Sich uns in diesen Hieroglyphen zeigen;
Wegweiser sind's, auf denen eingravieret
Der Weisen Pfad, die sonst die Welt regieret,
Vor diesen Himmelszeichen muß sich neigen
Der Hölle Trotz; denn ob auch klein sie scheinen,
Als Riesenschilder gab sie Gott den Seinen.

Zwei Sinngebilde sind's: (Impresa nennet
Der Welsche die, so nennt er auch Theater,
Wie Fluß, zu deutsch, der Strom und dessen Quelle),
Auf einem Bilde keimt aus grünen Saaten
Ein Eichbaum, den der Sonne Strahl entbrennet,
Die oben scheint, der zündende, der schnelle.
Dann sprießet, spiegelhelle,
Ein kleiner Weltenball aus dürrem Stamme;
In regelrechten Winkeln ein ihn schließen
Zwei Strahlen, die der obern Sonn' entfließen;
Den großen Baum zerstört des einen Flamme,
Den kleinen Ball, den rings geschloß'nen, klaren,
Das Strahlendreieck scheint ihn zu bewahren.

Clementi's Sinnbild war's, der von den Großen
Von Medicis! Das andre, ihnen Allen
Gemein, erklärt uns seine Stammverwandten.
Ein Goldreif ist's; ihn hält mit mächt'gen Krallen
Ein Sperber, den hat rings der Reif umschlossen,
Und dieser Reif trägt einen Diamanten
Mit gleich geschliff'nen Kanten,
Im Dreieck gleich auch einer Piramiden.
Der Sperber strebt empor mit breiten Flügeln;

Doch seine allzu kühne Lust zu zügeln
Ist ihm ein zartes rothes Band beschieden.
Den Diamant soll er gen Himmel bringen,
D'rum fesselt's ihm die Krallen, nicht die Schwingen.

„Reinheit ist unverletzbar!" steht geschrieben
Am Weltenball; und an dem Sperber „Immer!"
Und dieser Trost soll uns, so Gott will, bleiben!
Denn sänk' der Ball auch unter uns in Trümmer,
Der Sperber, welchem ist das Band geblieben,
Wird wohl den Diamant zum Ziele treiben!
Gar manches davon schreiben
Und schrieben, was kein Thor begreift, die Weisen;
Sie hört! — Ich aber will euch Jungfrau'n danken
Gestützt auf solche Schilde, könnt ihr wanken?
Helft, Tempelträgerinnen, mir ihn preisen,
Ihn, Flora's Töchter, der in Blüthenkränzen
Den Thautropf haucht, in dem die Himmel glänzen! —

Laßt, Brüder, jetzt die freud'gen Phantaseien,
Auf die, weil sie der Unschuld Weiß bekleidet,
Erbauet sind des Ernstes Herrlichkeiten.
Erblickt nun, was die Menschheit kämpft und leidet,
Eh' ihr's gelingt das Heil'ge zu befreien,
Und ihm den würd'gen Tempel zu bereiten.
Da gilt's ein ehrsam Streiten,
Wie Gold durch Gluth, wird Kraft durch Kampf bewähret,
Doch treuer Eifer macht das Thun gerathen;
Das lernt aus Constantin des Großen Thaten,
Die gülden ihr am Sockel seht verkläret;
Denn eine That gehört der Weltgeschichte,
Wenn sie vergoldet ist vom ew'gen Lichte!

Die erste Tafel links vom Eingang zeiget
Das Streitroß euch von Christus starkem Sieger;

Dem Führer folgt's nicht sonder Widerstreben!
Die zweite zeigt des großen Kaisers Krieger;
Vier sind zur Erde mühsam hingeneiget,
Um einen Mauerbrecher zu erheben,
Dann vom Verhack umgeben,
Hält einer Wacht, zwei and're, knieend, richten
Die Schanzkörb', während andre Pfähle bringen.
Die Jüngern vor in Reih' und Gliedern dringen,
Des Feindes Veste sicher zu vernichten;
Und, knieend hinter ihrer Schilder Mauern,
Die Aeltern, und, zu Roß, die Führer lauern!

Wer diese starke Heldenschaar regieret?
Der Reiter ist's, den Kron' und Chlamis schmücken,
Ihr könnt ihn auf der dritten Tafel schauen.
Sein scharfer Blick, kein Feind kann ihn berücken,
Noch hat ihn nicht das Kreuz glorifiziret,
Noch kann er nur dem Gott in sich vertrauen,
Doch was er soll erbauen,
Schon schwebt's vor ihm, und fest wird er es halten!
Nicht achtend der um ihn gedrängten Menge,
Der Fahnen nicht, noch der Posaunenklänge,
Nur dessen, was im Kampf er will gestalten,
Darf er den Stab der Herrschaft kühn erheben;
Wer wollen kann, dem ist die Welt gegeben! —

Das war des Tempelsockels Morgenseite:
Sie zeiget, wie sich rüsten muß am Morgen
Der, welcher hat sein Tagewerk gefunden.
Die Mittagsseite füllen Kampf und Sorgen;
Denn daß der Mensch im Schweiß den Tag erbeute,
Darum hält ihn des Mittags Gluth umwunden!
Doch das, was Zeit und Stunden,
Was Morgen, Mittag, Abend, Nacht wir nennen,

Der Raum, in dem wir uns beengt vermeinen,
Die Farben, welche tröstend uns erscheinen,
Die Formen, die uns auseinander trennen,
Sie sind in uns, und wenn wir uns errungen,
Sind Raum, und Zeit, und Ewigkeit bezwungen.

D'rum kämpft getreu, gleich Christi Legionen,
Die in den fünf, von Gold durchfloß'nen Felden,
Des Süder Sockels uns vorüberfließen!
Die erste Tafel zeigt uns fünf der Helden,
Sie wollen nicht in niedrer Hütte wohnen;
Das, was sie säten, ernteten, genießen
Ein Andrer mag's! — Entsprießen
Seh'n sie den Lorbeer, der des Kampfes Beute,
Sie wollen ihn, kein Weilen gilt's, ereilen
Vereint, daß die Gefahr und Lohn sie theilen.
Die Fahnenträger decken Löwenhäute,
Die andern Schild und Helm; mit leichter Lanze
Zieh'n sie zum Tode, froh, als ging's zum Tanze.

Die beiden wackern Fahnenträger lehren
Sein Handwerk dem, der das Panier erheben,
Voran will leuchten einem treuen Haufen.
Seht, wie sie sicher fest zum Ziele streben,
Sich dieser vorwärts, jener rückwärts kehret,
Vorschreiten sonder Zaudern oder Laufen;
Wie der — könnt ihr ihn kaufen
Den Meisterblick! dem Vordern, der dem Andern
In's Auge, nein in's Herz blickt! — „Wird's gelingen?"
So frägt er, nein er haucht's ihm nur! „Wir ringen
Vereint!" — Der Andre haucht's ihm — fort sie wandern!
Sie kennen traun sich, schweigen — die Gefahren,
Der Führer darf sie, nicht der Troß erfahren.

Der alten weisen Meister leise Weise,
O könntet ihr sie, neue Pfuscher, lernen,
Dann wäre anders Viel, und Vieles weiter!
Doch dieser wirft sein Fähnlein nach den Sternen,
Und jener schleppt's im niedern koth'gen Gleise,
Und jeder schrei't: „Mir nach, nur mir, ihr Streiter!"
Merkt's euch, ihr blinden Leiter,
Was frommt's zu saugen an den welken Zitzen,
Das Vorthun gilt's, und nicht das Vorsichplärren,
Dem Fahnenschwinger kann nur eines nützen:
Die Löwenhaut, ihr bärenhäut'gen Herren;
Und wer sich diese hat im Kampf erstritten,
Reicht dem die Hand, der noch in Kampfes Mitten! —

Was mich betrifft, mit Scham und tiefer Reue
Bekenn' ich, daß auch mich einmal gelüstet,
Dem Volk die Oriflamme vorzutragen;
Doch weil ich stark nicht war, und nicht gerüstet,
Und mied die Bahn der Einfalt und der Treue,
Verlor ich mich, und ward in Fluth geschlagen.
D'rob möcht' ich oft verzagen,
Säh' ich nicht vor mir junge Kampfgesellen,
Die, noch im Feld zerstreut, zwar sonder Fahnen,
Doch einfach, treu, sich eigne Wege bahnen;
Der Fahnenschwinger wird schon ein sich stellen
Zur rechten Zeit! Und ihm will ich mit ihnen,
Ein guter Knecht, ich schlechter Fähndrich, dienen! —

Ich Unbehaus'ter zieh' gen Süden weiter
Zum weiten Felde, (nirgends darf ich säumen!)
Und zeig' den Kampf Euch, den Ihr seht bereiten.
Auf den drei Rossen, die empor sich bäumen,
Als wollten kühn auch sie, so wie die Reiter,
Gen Himmel zieh'n, die noch auf ihnen streiten,

Seht Ihr die drei Geweihten,
Die jungen Drei, die eben aus noch gingen
Vom Vaterhaus! Der Aelt'ste spannt den Bogen,
Sein Schwert hat bald den Zweiten ausgezogen,
Der Jüngste, Schönste, will das Panner schwingen;
Sein Blitzblick, Panner, Riesenhelmbusch fliegen
Durch Gottessturm! Ja, Jüngling, du wirst siegen!

Das winken sich die Zwei vom Meisterorden,
Die auf der vor'gen Tafel schon wir schauten
Von den drei Jüngern zieh'n, den Weg zu bahnen.
Die beiden, die im würd'gen Kampf ergrauten,
Sind auch, so ziemt sich's, wieder Knechte worden.
Nicht Eigner waren sie, die Veteranen,
Nein, Hüter nur der Fahnen,
Der kleinen, die den Zug des Heers nur lenkten.
D'rum ob der Jünger Schaar sich zu erheben,
Nicht ihnen ward's zu Theil! Sich d'rein ergeben
Sie still — die Löwenhäute sie versenkten
In's Meer sie, still, doch haben Helm und Waffen
Sie noch, die nicht vor Feindes Schwert erschlaffen.

Wie sie den Jüngern einst vorangegangen,
So seht ihr jetzt sie hinter Jenen schreiten,
Gerüstet, achtsam, sicher, rührig, leise.
Der Blick allein, der stets gewohnt zu leiten,
(Noch keiner, der ihm traute, ward betrogen)
Ihr Blick, er fügt sich nicht dem knecht'schen Gleise.
D'rum nach gewohnter Weise,
Blickt jeder Meister nach des Andern Augen;
So sprechen sie, Gottlob, nicht mehr durch Fragen;
Des Zweiten Blick, er will dem Ersten sagen:
„S'ist übel, doch nicht mehr zum Fähnrich taugen!"
Worauf der Erste, weil er's ist, entgegnet:
„Wir waren, und der Jüngling wird gesegnet!" —

O du, der auch das Nichts mit Macht begabet,
Du Herr des All's, für den ein Nichts ist Alles,
Ewig lebend'ger Bronnen der Belebung!
Dank dir, daß selbst die Frucht des Sündenfalles
Die nichtigste, die Zeit, den Menschen labet,
Mit Milde, Kraft, Beharren und Ergebung!
Du, der du zur Erhebung
Uns Kindheit, Jugend, Alter, Tod gegeben,
Dem Nichts, das, weil es nie begann, nie endet,
Der Zeit hast deine Ewigkeit gespendet,
Gieb Stolz uns, vor der Unzeit nicht zu beben,
Und Jugendmuth, wenn Jugendkraft vergangen,
Zu beten an der ew'gen Jugend Prangen! —

D'rum bet' ich an den Jüngling dort, den frischen,
Der vor den Reitern eilt, den Bogenschützen;
Sein Pfeil flog ab, sein Blitz hat eingeschlagen.
Er starrt ihm nach! — Laß ab, das kann nichts nützen,
Noch viele Pfeile werden dich umzischen,
Doch den hat Gott schon, dem mußt du entsagen
Gott hat ihn fortgetragen,
Wohin, bleibt deinem Feuerblick verborgen.
D'rum jetzt nur rasch auf jenen Pfeil den zweiten —
Den dritten — zwölften! Gott wird jeden leiten;
Auch den, der dich trifft, dich, noch diesen Morgen!
Er hört euch nicht! — All' seine Lebensgeister
Gespannt zum Ziel! — Der ist geborner Meister.

Und wenn die Schanzkörb' vor ihm Berge wären,
Und die zwei Karrenräder mit der Leiter
Die Räder des Geschicks, des guten, schlechten,
Er schöb' mit nerv'ger Linken jene weiter,
Wenn sie ihm Durchzug wollten nicht gewähren;
Und diese bräch' er mit der starken Rechten,

Nur Eins könnt' ihn umflechten,
Ihn, welchen Gott zum Schützen hat erschaffen,
Die Sehnen sind's von seinem eignen Bogen;
Fast zu gespannt hat er sie angezogen,
Was zu gespannt, wie bald muß das erschlaffen!
Ha, junger Held, nur so laß dich nicht tödten!
Er hört mich nicht, und hat's auch nicht von Nöthen!

Der Vord're da, dem aufgedunſ'nen, kleinen,
Mit mächt'gem Schild und Helm, und winz'gem Speere,
Dem thät' ich Noth, der kann sich selbst nicht leiten;
Was gilt's, nur Troßbub' ist er bei dem Heere,
Mag er als Führer auch staffirt erscheinen;
Sein Helmbusch, mag er noch so breit sich spreiten,
Dem Schützen, dem Geweihten,
Reicht Busch und Bube nicht bis an die Lenden;
Wie der nach jenes Fahnenschwingers Gaule
Sich dreht, und gafft mit großem Aug' und Maule!
Das Troßpack, immer muß zurück sich's wenden,
Und wo ein Mann fest auf dem Roß gesessen,
Da gafft's ihn an, und möchte, könnt's, ihn fressen!

Ein Kleines merkt euch noch — sich Kleines merken
Uebt merkenswürd'ges Thun — an diesem Bilde
Des Buben merkt, der rückwärts so verschroben,
Wie er sich mit dem leeren flachen Schilde
Den Arm bedeckt, als hab' er, sich zu stärken,
Das platte Ding in sich hineingeschoben.
Er hat den Arm erhoben,
Nicht nach dem Feind, nein, nach dem tapfern Reiter,
Er will vor dessen Kampfroß sich verstecken,
Weil's ihn erschreckt, mit breitem Schild es schrecken;
Der Hauptmann aber muß kampfgierig weiter,
Und vor fliegt Mann und Roß, und läßt ihn schnaufen,
Der vor, mit, nach nicht kann, nur möchte laufen!

Vor diesen Sieben knieen sieben Zweite,
Bewehrt mit starken Lanzen, mächt'gen Schilden,
Im schön vereinten festgeschloßnen Kreise.
Was auch die sieben Ersten ein sich bilden,
Doch zögen sie nicht siegreich aus dem Streite,
Und Held und Troßbub' kommen aus dem Gleise,
Wenn diese sieben Greise
Nicht jene sieben Schützen wollten schützen.
Sie knieen, denn wer knieend weiß zu kämpfen,
Der ist gewiß, den stärksten Feind zu dämpfen.
Ob ihnen wird die Mauer hinten nützen?
Ich dächte nein; reißt die der Feind auch nieder,
Die Sieben sprengt' er nicht aus Reih' und Glieder!

Ein andrer Landsknecht thut sich tüchtig stemmen,
Er packt das Räderwerk mit den vier Pfeilen,
Den fünften auch, den Griff es zu regieren,
Als ob er's in den Boden wollte keilen,
Den Rädern wollte sich entgegen dämmen.
So mächtig trampelt er auf allen Vieren,
Doch das Gewicht verlieren
Der Dummbart muß, sobald die Räder weichen;
Dann purzelt er mit allen seinen Klunkern,
Die ihm an seiner Pickelhaube flunkern,
Daß selbst dem Troß zum Spott er muß gereichen;
Das Triebwerk aber, das er will ersticken,
Schließt an die Sieben sich mit starken Stricken! —

Und wer es hält, der freudige Gespiele
Der Götter ist's, der vorn, ein Riese, schreitet,
Stark, herrlich, wie zu Lust und Kampf geschaffen,
Um's Werk die Arme liebend ausgespreitet,
Der eine zieht's, der andre zeigt's zum Heile,
Und jeder Nerv will sich zusammenraffen.

Zwar nackt und ohne Waffen
So scheint er, doch um Brust und Schultern schwinget
Ein Harnisch sich, ein Engelsflügel decket
Ihm Helm und Leib, mit dem er Feinde schrecket,
Mit dem er hin zum sichern Siege flieget,
Sein Knecht, der Thor, kehrt ab sich von den Sieben,
Der Held blickt hin auf jene, die ihn lieben.

Die Tafel hier, sie kann uns Vieles lehren,
Der Mensch, ein Kaiser ist's von Erd' und Himmel
Erwählt, die Kirche Gottes zu fundiren,
Sich stürzen muß er d'rum in's Schlachtgewimmel,
Wo tausend Feinde gegen ihn sich kehren;
Doch kann er über alle triumphiren,
Wenn Sieben er regieren
Der Starken kann, die mit ihm zieh'n zu streiten.
Wenn er die sieben andern weiß zu nützen,
Die ihn als eine treue Brustwehr schützen,
Und wenn er sein Geschoß zum Ziele leiten
Vom Knechte nicht — Gehorchen ziemt den Knechten —
Vom Führer läßt, der's lenkt mit nerv'ger Rechten.

Ihr Brüder werdet wissen was ich meine,
D'rum brauch' ich's nicht den Andern Preis zu geben,
Es darf die Poesie die Fahne schwingen,
Doch nur der Feldherr darf den Stab erheben,
Mit ihren sechs Gespielen im Vereine
Kann jener doch nur dann der Sieg gelingen,
Wenn Sieben sie umringen,
Die den Triumph beginnen, schützen, enden.
Die Pfeile und der, dem sie dienen,
Vier jene, der der fünfte, sind Maschinen,
Doch kann der Führer sie zum Ziele wenden.
Der Knechtverstand mag Handliches hanthieren,
Der Sinne Sinn, der Feldherr, soll regieren.

Ihr richtet recht, auf daß ihr niemals irret!
Ein jeder weiß, daß uns're Zeit vom Bösen,
Doch könnte jeder auch, und sollte wissen,
Daß, die gesandt mit Wag' und Schwert, zu lösen
Die Knoten all', die uns're Schuld umwirret,
Nur Botin sey von größ'ren Kümmernissen.
D'rum seyd des Heils beflissen!
Dianens Köcher ist noch nicht geleeret,
Des platten Hohns und Zweifels Zeit wird schwinden,
Doch eine schlimm're bald wird ein sich finden,
Die, innerm Sinne schmeichelnd, ihn verkehret.
D'rum haltet fest ihr an den alten Sieben,
Den ewigen, so muß die Zeit zerstieben!

In diesen dann der Kaiser triumphirèt!
O Wonne, welcher keine zu vergleichen,
Erzeugt vom Kuß der höchsten Kraft und Milde!
O folget jubelnd mir zum fünften Zeichen!
Das Fest der Zukunft wird hier celebriret,
Advent ist's auch in mir, und hier im Bilde!
Erblickt hier die Gefilde
Von Rom, den Tiberfluß, die sanfte Brücke
Des Heils, auf die den Meisterstreich zu wagen
Der Würger sann. Er ist auf's Haupt geschlagen,
Die Würgeengel peitschten ihn zurücke,
Sie schrie'n: Bis hieher, Würger, und nicht weiter!
Maxenz versank! Hosianna, Drachenstreiter!

Das lasset Schritt vor Schritt uns jetzt betrachten,
Denn also, Schritt vor Schritt, thut dem von Nöthen,
Vor dem sich soll die Wunderwelt entfalten.
Sobald wir vor das heil'ge Bildniß treten,
Sitzt Kaiser Constantin in Siegesprachten,
Sein Kaiserreich, das strenge, zu verwalten.

Und ihm den Kranz zu halten,
Ist hinter ihm Viktoria erschienen,
Der Gnadenengel, leitend, ihm gesendet.
Der Kaiser hat gefolgt, beharrt, vollendet
Durch ihn, und jetzt muß ihm der Engel dienen.
Ob Menschen siegen ist ein leicht Vollbringen.
Der Sieger Gottes muß den Sieg bezwingen!

Wie er im Frieden herrscht auf goldnem Throne!
Der Helm, die Rüstung und die Schilde liegen
Zu Füßen ihm, ihn schützen beßre Waffen;
Der blutgetränkte Purpur muß sich schmiegen
Um seine Brust, und um sein Haupt die Krone;
Die Dornen sind zu Strahlen umgeschaffen!
Als hätte zum Erschlaffen
Sie um das Recht gekämpft, so hängt die Rechte
Herab vom Sessel, doch die Linke strecket,
Durch ihren Nachbar Herz neu auferwecket,
Sich aus, und Beben faßt die Frevelmächte.
„Entweicht!" Er donnert's denen ihm zur Linken,
Sie seh'n, entsetzt, das Beil des Liktors blinken!

Zwei greise Frevler sind es, zwei Rebellen,
Der eine knie't, der andre, sich zu bücken
Noch zaudernd, wird zu Boden bald gedrücket.
Der Knieende, ihr leset seine Tücken
Ihm aus dem Basiliskenblick, dem grellen,
Mit dem das Volk er lange hat berücket!
Es ist dir mißgeglücket,
Du kalter Hohn, du liegst gebeugt zur Erden,
Und Hochmuth, du, mit breiter Brust und Nacken,
Den Thron, du Thor, vermeintest du zu packen,
D'rum, Erzfeind, mußt auch du zu Spotte werden!
Ja dir Vernichtung, greise Frevlerrotte!
Erlöstes Volk, lobsinge deinem Gotte.

Und wen von Euch, ihr Brüder, Furcht bedränge!
Vor denen, die den Leib nur mögen tödten,
An diesem Bilde stärk' er sich die Seele!
Glaubt ihr, es sey des Herren Macht von Nöthen,
Um seine Feinde unter's Joch zu zwängen,
Daß Helden er, die rein und sonder Fehle,
Zu ihren Treibern wähle?
Ihr irrt; das Schlechte straft er durch das Schlechte!
Die Meut'rer hier, sie schreckten selbst die Frommen,
Und welche Hand ist über sie gekommen,
Was bindet sie? Ein Wicht von einem Knechte!
Ein Henker nur kann Henkers Amt verwalten,
Und wer Gericht hält, kann den Henker halten!

Zacharias Werner's
Sämmtliche Werke.

Aus seinem handschriftlichen Nachlasse

herausgegeben

von seinen Freunden.

Dritter Band.

Einzige rechtmäßige Original-Gesammtausgabe in 13 Bänden.

Grimma,

Verlags-Comptoir.

Zacharias Werner's

Poetische Werke.

Dritter Band.

Geistliche Gedichte. — Disupta.

Grimma,
Verlags-Comptoir.

Geistliche Gedichte.

Raphael Sanzio von Urbino.

Canzone.

Wohl war es gut in jenen alten Tagen,
Als noch zum klaren Guten das Verlangen,
Der Trieb des Schönen, war in vielen Leuten;
Die gute Zeit ist längst vorbeigegangen
Und man hört gern von ihr die Kunde sagen:
Um sich ein Wort des Trostes zu erbeuten,
In Tagen, die zu deuten
Nur der vermag, der sie herabgesendet!
Der Schwimmer hält in wild empörten Wogen,
Wird auch sein Leib von ihnen fortgezogen,
Den Blick dem festen Lande zugewendet.
D'rum, Zeitgenossen, gönnt es diesen Bildern
Euch starke Vorzeit, wenn auch schwach zu schildern!

Ein Leben sie bescheidentlich Euch melden,
Das, in Gestaltung schöpferischer Klarheit
Geblieben ist auf Erden sonder Gleichen.
Im Lande, wo die Herrlichkeit und Wahrheit,
Um Wieg' und Grab der Weltenherrn und Helden,
Gepflanzet haben ihre Siegeszeichen:

Im gluth- und strahlenreichen
Italien ist der der Welt erschienen,
Der, gluthbeseelt, die lichtgebornen Farben,
Die, Strahlen einst, im Erdenkerker starben,
Zu leben zwang und seiner Macht zu dienen,
Und der, zu seiner Göttlichkeit Bewährung,
Erfand, was wir nur hoffen: die Verklärung!

Du, die den Formen, Farben, Worten, Tönen,
Die zum Erscheinen nur geschaffen scheinen,
Verliehen hast, sich ew'gen Seyns zu freuen;
Die Du verliehen hast den stillen Deinen,
Mag auch die Zeit, die lärmende, sie höhnen,
Ihr reines Streben nimmer zu bereuen;
Du, die der Trost der Treuen:
O heil'ge Muse, die, dem Kindessinnen
Sich offenbarend, flieht die Afterweisen,
Du, die der weisen Väter Thaten preisen;
Laß unsre armen Bilder es gewinnen,
Die schwerste That: daß, im zerstreuten Treiben
Der Vielheit, sie der Einfalt treu verbleiben! —

Nun hört vom Raphaelo die Legende! —
(Wer sie vernimmt, im Herzen sie bewahre;
Denn, höhnt Ihr sie, das würde schlecht Euch frommen!) —
Schon vierzehnhundert drei und achtzig Jahre
Verflossen, seit der Anfang und das Ende,
Das Licht der Gnaden war im Fleisch entglommen;
Da ist zur Welt gekommen
Der Raphaelo Sanzio zu Urbinen.
Desselben Tags, an dem sein göttlich Leben
Der Heiland hat für uns dahingegeben,
(Der Obermeister, dem die Meister dienen!)
Um drei Uhr Nachts, Charfreitags, ward geboren,
Der zu der Farben Heiland ward erkoren!

Denn wie (was denen kundig, welche lieben!)
Der Mensch, weil ihn des Körpers Fugen trennen,
Nicht g'nügen kann dem ungetheilten Sehnen,
Darum, der denen g'nügt, die ihn erkennen,
Der Heiland ist der Menschheit treu verblieben,
Der jene Fugen ausfüllt durch die Thränen;
So nach dem Licht sich dehnen,
In allen Stoffen, schmerzhaft, Lebensgeister,
Doch aus dem Stoff sie an das Licht zu ziehen,
Ward nur dem Lebensfreudigen verliehen:
Dem Menschen! D'rum ist er ihr Herr und Meister! —
Der Künstler muß, wie Gott für uns, sein Leben,
Für seines Stoffs Erlösung freudig geben! —

Ist Raphael, wie seine Werke zeigen,
Den Farben solch' ein Heiland nun gewesen,
Hat er zu uns ein Engel sich gewendet.
Wie jener Engelfürst, von dem wir lesen,
Daß sich vor seinem Glanz die Himmel neigen,
Tobias Augen heilte, die geblendet;
Hat dieser uns gespendet
Des neuen Bundes Farbenoffenbarung,
Und also hat er unsern Blick entzündet,
Daß, was der Geist nicht ahnet noch ergründet,
Das Auge saugt, des ew'gen Lebens Nahrung.
Wie jener Engel, der im Lichte waltet,
Heißt dieser Raphael, der es gestaltet!

Das soll die erste Tafel dar Euch stellen,
Wo der Erzengel mit den mächt'gen Flügeln,
Das nackte Kindlein tragend, ist zu schauen.
Der Held, berufen um das Licht zu zügeln,
Der kleine Raphael, aus seinen hellen
Gluthaugen strahlt des hohen Rufs Vertrauen.

Es nahen drei Jungfrauen
In Demuth ihm, der Künste Pflegerinnen.
Die Malerei, im Schleier noch, steht ferne,
Und nah, beschwingt, bekränzt mit ew'gem Sterne,
Die allen Meistern Leben muß gewinnen,
Die Poesie, doch die es muß versöhnen,
Die Harmonie, sie beut die Hand dem Schönen.

Und während daß des Lichtes Seraph weilet
Bei seinem Amte, den zu benedeien,
Der ihn auf Erden soll glorifiziren,
So sehet in der Luft, der klaren, freien,
Der andern Engel Schaar, die freudig eilet,
Des Neugebornen Lob zu jubiliren;
Und, um sein Haupt zu zieren,
So streuen sie auf ihn die Freudenblüthen,
Ja Einer bringt dem jungen Menschensohne
Die Palme, seiner Scheitel künft'ge Krone.
Sie werden treulich ihn, den Treuen, hüten;
Denn, ist ein Engel erst im Menschen kräftig,
Sind alle bald zu seinem Heil geschäftig!

Doch mächtiger als aller Engel Schaaren
Und prächt'ger als der Künste Herrlichkeiten
Ist Einer, der sie alle muß erfüllen!
Der Mächtige, er mag das Kindlein leiten,
Den zarten Fuß ihm vor dem Fall bewahren,
Wenn brausend alle Lebensströme schwillen.
Noch will er sich verhüllen
Der Eros!!! Wie ein Kind spielt er Verstecken!
Die Künste, seine Dienerinnen, haben
Den fleischgewordnen Gott als Flügelknaben
Noch halb verhüllt, ihn, der des Feindes Schrecken!
Er naht! — Den Meister will er uns erhalten,
Er, sonder den nicht Meister noch Gewalten! —

Des Mächt'gen Weh'n — erfrischend dringt's zum Herzen
Der Mutter, die, von Ohnmacht noch gebunden,
Ihr seitwärts seht auf ihrem Lager liegen;
Ein Leben hat dem ihren sich entwunden,
Entrungen, krampfigt, unter wilden Schmerzen,
Sie zucken noch in ihr, doch wird sie siegen.
Sich hülfreich an sie schmiegen
Die Freundin will, den Labetrank ihr reichen.
Sie sieht sie nicht! — Das matte Haupt gesenket
Und starren Blicks sie nur das Eine denket,
Darob ihr Herz und Wangen schier erbleichen,
Das — (jede Mutter denkt's mit freud'gem Leben!) —
Das Allmacht ihrem schwachen Schooß gegeben! —

O Macht und Treu' der reinen Mutterliebe,
Was gleichet wohl an Schönheit Dir auf Erden,
Im Himmel was, als der, der ihn gegründet? —
Was Liebe scheint, es kann zum Hasse werden,
Denn durch den leuchtendsten der Himmelstriebe
Wird Höll' auch oft in unsrer Brust entzündet;
Doch Du bleibst uns verbündet
Und willst, wie Gott, beleben nur, nicht tödten!
Wenn unser Herz, vom Liebeswahn getäuschet,
Ausreißend ihn, den's einschlang, wird zerfleischet,
So nah'st Du tröstend gleich der Abendröthen,
Die, wie sie uns als Morgenglanz gewecket,
Uns vor der Nacht mit ihren Flügeln decket! —

Jetzt wollt den Blick zur zweiten Tafel richten!
Nicht Schmerz, noch Kränze sind dort mehr zu schauen;
Denn Beides kann der reine Mensch entbehren,
Wenn er mit treuem Fleiß und mit Vertrauen,
Verrichtet täglich jedes Tages Pflichten,
So wie die wackern Alten uns es lehren. —

Seht hier, in Zucht und Ehren
Des Hauses Herrn, umringt von lieben Seinen!
Der Vater ist's von unserm theuern Meister,
Ein stärk'rer Mann als manche starken Geister,
Und ein gescheidt'rer auch, so dürft' es scheinen;
Denn achtend nicht von wo der Wind auch sause,
Ist er im festen Haus bei sich zu Hause!

Herr Giovanni de Santi thut er heißen,
Und heißet: Hans der Heil'ge, übertragen
Auf Deutsch der Name, der ihm ward zu Theile.
Ein Heil'ger aber, deutsch heraus zu sagen,
Ist weiter nichts, als wer sich thut befleißen
Zu thun, und thut, was Jedem ist zum Heile.
Das thut sich nicht in Eile!
D'rum wir in unsern heut'gen eil'gen Zeiten
Nicht viel der Heil'gen haben aufzuweisen;
Jedennoch laßt uns unsern Herrgott preisen,
Daß, unsern Meister Raphael zu leiten,
Er einen heil'gen Vater ihm beschieden,
Der nämlich wollen konnte, was zum Frieden!

Statt daß die Hansen, welche Väter heißen
So manches Hansenhausens heut zu Tage,
Die Sonnenklarheit gänzlich ignoriren,
Erzählt von diesem Vater Hans die Sage:
Daß er sich immer treulich that befleißen
Den Sonnenaufgang mit zu celebriren.
Auch heut' ging er spazieren
Vor Tage schon. Der Malerkunst beflissen
Hatt' eben er ein Bild aus der Legenden
Gemalt und wußte nicht es zu vollenden;
D'rob war sein ehrlich Herz in Kümmernissen,
Und d'rum empfahl er die nebst andern Mühen
Dem, der in uns den Morgen läßt erglühen.

Sein Söhnlein Raphael hat unterdessen
(Nicht wie die heut'gen Söhnlein, die am Morgen
Schon Mittag halten, den sie nicht verdauen!)
Der Raphael hat flugs und sonder Sorgen
Sich an des Vaters Staffelei gesessen,
Um sich am frommen Bildlein zu erschauen:
Wo dort die heil'gen Frauen
An Christus Grabe steh'n im Morgenrothe,
Von tiefer Angst und Herzenspein umwunden,
Weil sie den Herrn im Grabe nicht gefunden,
Und nun zu ihnen bringt der Friedensbote
Die Mähr vom auferstandnen Siegeshelden;
So wie das Evangelium thut melden.

Den Raphael erfreuet dieses Wunder;
An Gottes Wundern aber sich erfreuen,
Das heißt bei Meistern so viel, als: eins machen!
D'rum läßt auch unser Meister sich's nicht reuen,
Wegwirft er allen kindisch eiteln Plunder,
Versucht's und malt so wunderschöne Sachen,
Daß drob das Herz thut lachen
Dem Vater, als der nun zurückgekommen.
Das Werk, an das er treuen Fleiß verschwendet,
Verwundert sieht er's (und durch wen!) vollendet!
Seht, auf den Schooß hat er den Sohn genommen!
Hei, wie der fortmalt, sicher, rasch und heiter!
Ja, wackrer Hans, der Meister lebt Dich weiter! —

D'rum möge Keiner trostlos doch verzagen,
Der treuen Muthes hat ein Werk begonnen
Und nun erfährt, daß er es nicht vollendet!
Bevor da prüf' er, nüchtern und besonnen,
Eh' er es unternimmt das Werk zu wagen:
Ob, der in ihm zum Schaffen hin sich wendet,

Der bange Drang, gesendet
Von Gott sey, oder ob's ein wild Gelüsten?
Dann harr' er still; das Schicksal dient im Bunde
Des Schicklichen, ist er das, schlägt die Stunde
Des Aufrufs ihm und dann mag er sich rüsten
Und thun! — Und ward dem Armen, fort zu leben,
Kein Sohn, so — wird ihm Gott Gesellen geben! —

Dem Hansen hier hat Beides er geschenket
Und auch ein Weib, von jenen freudenreichen
Und fleißigen, die er erschuf zum Segnen!
Trüg' Hans auch auf der Schulter nicht das Zeichen,
Das ihr als Lilie ist in's Herz gesenket,
Doch könnt' mit ihr, und möcht' es Teufel regnen,
Er jedem kühn begegnen!
Wie vor dem Bannspruch muß der Teufel fliehen
Vor jenem Blick, der klar und ruhig weilet,
Wie hier das Weib auf Mann und Sohn ihn theilet;
Ihr Fleiß, ihr Friede läßt in's Haus nicht ziehen
Den Müssiggang, des Bösen Wieg' und Windel.
D'rum ehr' mir Gott der treuen Hausfrau Spindel!

Doch auch den jungen muntern Farbenreiber,
Des wackern Hansen rüstigen Gesellen!
Wie tüchtig er sein Tagewerk thut treiben
Und mit den Augen doch, den offnen, hellen,
Den Meister anblitzt! — Der dieß schrieb, der Schreiber,
Wär' solch' ein Bub' er, würd' er nicht mehr schreiben! —
Wenn Solche Farben reiben
Bei'm Meister Hans, was sollen die beginnen,
Die kühnen Meisterhäuslein, deren Farben,
Die ungeriebnen, wie sie selbst, verdarben,
Noch eh' sie Leben konnten sich gewinnen?! —
Sie reiben sich, freimüthig und bescheiden,
An Meistern! — Wer ein Lump thut d'ran sich weiden! —

Nun, wohl bekomm's! — Wir Andern aber wollen,
Ein Jeder seines Ort's, die Farben reiben,
Und festen Blicks, wie der, am Meister hangen!
Was gilt's, der Lehrbursch wird's nicht lang' mehr bleiben,
Er, der zu wollen hat gelernt durch Sollen,
Wird freigesprochen bald zur Zunft gelangen;
D'rum soll's auch uns nicht bangen,
Uns, die die Farben einzeln nur bereiten,
Daß es uns niemals noch ist kund geworden,
Wie der, der uns berief zum Malerorden,
Sie wird harmonisch auseinandetbreiten!
Sind wir auch nicht der Meisterschaft gewärtig;
Das Bild vom neuerstandnen Christ — wird
fertig!!! —

Das sagt die Sonne! Durch's verdeckte Fenster
Erblickt Ihr sie, wie sie auf Berg und Thalen
Hinauffährt mit erneutem Jugendprangen!
Könnt' dort die Scheer' im Korbe sehn und strahlen,
Sie hielte wohl die Strahlen für Gespenster
Und prahlte sich, als wüßt' sie's anzufangen,
So wie sie es mit langen
Zwirnsfäden thut, die Strahlen abzuschneiden!
Allein, Gottlob, ein Strahl das ist kein Faden,
Und das, was schneidet, thut nicht immer Schaden;
Die liebe Sonne, nun, die kann's wohl leiden,
Sie scherzt wohl immer so als ging' sie unter,
Doch spielt sie nur Versteckens, d'rum seyd munter!

Und wie das Bildniß dorten an den Wänden
Darstellt die Gnadenmutter, die Madonne,
Verschleiert, wie sie trägt das Kind, das schöne,
So zeigt sich die Aurora unsrer Sonne;
Die heil'ge Kunst, der treuen Dienst wir spenden,
Verschleiert; daß sie Euren Blick gewöhne.

Und mit dem Licht ihn söhne,
Von dem so manches Irrlicht ihn geschieden;
Bis daß die Gnadensonne neu erschienen,
Dann wird auch schleierfrei die Kunst ihr dienen!
Sie birgt und hegt, Ihr wünscht und flieht den Frieden;
O laßt ihn ihr, sie theilt ihn gern, doch reinen
Muß Sturm die Luft, eh' Phöbus darf erscheinen! —

Auch unser Meister muß des Weges wandern,
Denn das ist schon des lieben Herrgotts Weise,
Den Eselpaß erläßt er keinem Meister;
Nur der, stets ungeübt auf solchem Gleise,
Zieht still und scheu, indeß die tapfern Andern,
Des Weg's gewohnt, ihn lärmend zieh'n und dreister:
Die rüst'gen Eselgeister!
Sie bleiben d'rauf; der Meister, der zieht weiter!
Er zieht nicht, nein! Wie unser, fortgezogen
Wird er von Vaters Hand und treu gepflogen
Vom Mutterarm; so pilgernd trüb' und heiter,
Nicht wissend, wie, wohin, wie lang sein Wallen?
Hört er doch fern schon Roma's Glocken schallen!

Nun läutet fort! Wir müssen noch erklären! —
Der Hans ist in Perugia gewesen
Beim guten Meister Peter Perusinen
Und hat ihn, wie im Malerbuch zu lesen,
Weil selbst den Sohn er nichts mehr konnte lehren,
Ersucht, daß der als Bursch' ihm dürfe dienen;
Worauf denn unter ihnen
Die Sache dahin reiflich ist verhandelt:
Daß Hans den Sohn dem Peter möge bringen,
Und ist der Hans dann flugs und guter Dinge
Von dorten nach Urbino heimgewandelt.
Jetzt tritt er ein, den Buben mitzunehmen,
Doch der will sich nicht recht dazu bequemen.

Wie könnt' er auch gefühllos sich entwinden
Den süßen Banden, die ihn hier umschlingen,
Sanft, wie der Schooß, der einst ihn hat getragen!
Kein Meister wär' er, könnt' sie ihm gelingen
Die Kunst, von der Natur sich loszubinden,
Der ersten Liebe standhaft zu entsagen!
Die Mutter hat geschlagen
Um ihn, zum letzten Mal, die treuen Aerme!
Als sie gebar ihn, war ihr Haupt gesenket
Wie jetzt auf ihn,, doch ihr nicht mehr geschenket
Ist Hoffnung, daß ihr Herz an ihm sich wärme!
Die guten Nachbarinnen steh'n und weinen;
Sie kann den Schmerz, den tiefern, so nicht reinen! —

Selbst Vater Hans, — (wer gleicht nicht diesem Hansen?!) —
Den Wanderstab, er hat ihn schon genommen,
Der linke Fuß will geh'n, der rechte weilen,
Denn unter'm linken Knopfloch ist's beklommen
Dem guten Mann, sein Mantel prangt mit Fransen,
Allein sein Herz muß doch die Trauer theilen!
Die linke Hand will eilen,
Der Zeigefinger zeigt schon nach der Straßen;
Die Rechte hält des Knaben Hand umklammert,
Es ist als fühl' sie, wie die Mutter jammert
Und möcht' von ihrer Quaal sich halten lassen.
Der Mund spricht: Fort, der Bube muß was lernen!
Das Auge möcht' ihn wieder nicht entfernen!

So steht der Mensch bei jedem Lebensschritte,
Und mag er noch so tüchtig sich versorgen
Mit Mantel, Hut und Stab und festen Sohlen,
Sein Gestern tritt entgegen stets dem Morgen,
Der noch nicht sein, sein Heut' steht in der Mitte,
Als hab' es sich von beiden abgestohlen! —

Sein Wille hat befohlen — ?! —
Er lügt! — Es sind die Glieder, die befehlen!
Sein Kopf, sein Herz, Gott weiß was sonst noch, reißen
Ihn hierher, dorthin! Das soll Wille heißen?! —
Gerechter Gott, wie wir dir Worte stehlen!
Wärst Du nicht unser Vormund, Stab und Leiter,
Wir kämen ja mit keinem Schritte weiter! —

Prahlhansen, kleine, wenn ihr's wagt zu wollen,
Lernt erst, womit die großen Hansen prahlen,
Daß sie: Gott sey uns Sündern gnädig! beten.
Wie leicht ist es mit Worten zu bezahlen,
Doch wenn herein der Prüfung Stunden rollen,
Wo, was wir mühsam uns zusammenkneten,
Das Wort, in's Fleisch soll treten;
Der Wille sich als That nun aus soll sprechen;
Was wir, mit Recht, als Menschenerbtheil preisen;
Die Allmacht, sich als solche soll beweisen:
Dann kann dem Besten auch der Muth gebrechen!
Der Gott in uns, dann fühlt er seine Schranken,
Und hat er keinen Stab, so muß er wanken! —

Doch wunderselig ist wohl der zu nennen,
Der, so wie hier der unschuldsvolle Knabe,
An Vatershand, in Mutterarmen weilet,
Und die dem Menschen angestammte Gabe:
Am Liebesstrahl den Willen zu entbrennen,
Noch ungetrübt genießt und ungetheilet!
Heran die Prüfung eilet;
Er sieht sie nicht! Sein reiner Blick erhoben
Zur Mutter bleibt, der Leben er entsogen,
Zur Liebe, die ihn treulich hat gepflogen.
Die dunkle Prüfung stürmt! Doch lichtumwoben
Zieht seinen rechten Pfad er auch im Dunkeln,
Weil Mutteraugen ihm wie Sterne funkeln! —

D'rum zeuch', und Gott mit Dir, mein junger Meister,
Der Mutter Thau that Deinen Keim begießen,
Jetzt laß Dich von der Hand des Vaters ziehen!
Der Meister muß der Liebe zwar entsprießen;
Doch, soll ein Herr er seyn der Erdengeister,
Muß Anfangs er der Liebe Schooß entfliehen!
Der jenem war verliehen
Dem ersten Meisterpaar, eh' vom Erkennen
Die Frucht es aß, statt der vom Baum des Lebens,
Den Meisterfrieden suchst Du hier vergebens;
Die ersten Meister einten, Du mußt trennen!
Dein Blick, statt Liebe wird ihm Zorn gespendet,
Erlischt, wenn er sich zur Verklärung wendet! —

Auch Deiner, treue Mutter, wird nicht weilen
Mehr auf dem Sohne, den Dein Schooß getragen;
Die Blüthe welkt, sobald die Frucht entsprossen!
Stirb, wie Du lebtest, heiter, sonder Zagen! —
Er muß zur Welt, ein Feuer dessen eilen,
Von dem Du hast die stille Gluth genossen,
Eh' sich Dein Schooß geschlossen,
Geschlossen hat, was Leben Dir gewonnen!
Die Meisterschaft that Gott dem Weibe spenden,
Sein höchstes Werk, den Menschen zu vollenden;
Vom Meister Mann wird immer nur begonnen.
Der Zorn kann die Verklärung nicht vollbringen,
Nur Milde schwebt zu ihm auf Schmerzensschwingen! —

D'rum, Mutter, scheide, stirb! Mit Dir sey Frieden! —
Ihr aber, die Ihr leset diese Zeilen
Und diese Mutter seht den Sohn umschlingen,
Zürnt nicht dem Schreiber, daß er hier verweilen,
Daß der er, die auch ihm ist abgeschieden,
Der Mütter treusten muß ein Opfer bringen!

Was jemals er erringen
Der Schwache kann, ihr Werk ist es gewesen:
Der Einzigen in Schauen, Lieb' und Schmerzen!
O, schlagen noch Euch treue Mutterherzen,
Euch Söhnen, Töchtern, welche dieses lesen;
Umklammert sie, daß nicht zu späte Quaalen
Euch rastlos scheuchen aus des Friedens Thalen!!! —

Im vierten Bilde ist schon angekommen
Der junge Meister Raphael d'Urbino
Zu dem, den Gott erkor, um ihn zu leiten,
Zum kunsterfahrnen Pietro Perugino,
Dem größten Maler damals jener frommen
Gebilde, die, aus den vergang'nen Zeiten,
Zu uns hinüberschreiten,
Wie Engel, die in unsrer wilden, tollen
Unzeit, wo Alles Sinn und Geist verwirret,
In klarer Einfalt spiegeln was nicht irret:
Was wir einst waren, künftig werden sollen,
Mit Gott! — Propheten waren jene Maler
Der alten Zeit; geht in Euch, neue Prahler! —

Herr Pietro sitzt vor dem Marienbilde,
Sein Handwerkszeug, er hält es in der Linken,
Die Rechte bietet er dem jungen Meister;
Sein Aug', als woll' es Lebensnahrung trinken,
Dringt in des Knaben Herz mit Ernst und Milde
Und ew'ges Bündniß schließen beider Geister! —
„Sey, schöner Knabe, dreister!"
So spricht sein Mund; doch fühlt sein Herz die Würde
Der Meisterschaam, die hoher Stolz zu nennen,
Dieweil durch sie die Meister ihn bekennen,
Den Gott in uns, und (weil er mit der Bürde
Des Stoffs behaftet noch) als Hierophanten
Ihn bergen vor dem Volke, dem verbannten! —

Indeß prophetisch so der Lehrer weilet
Auf dem, der, wird er Lehrling gleich genennet,
Da ist (der Lehrer ahnet's!) ihn zu lehren;
Seht sinnend den, von welchem sich jetzt trennet
Die schöne Kindheit, die, noch ungetheilet
Und ungetrübt, sich darf zum Lichte kehren;
Die Kindheit, die verehren
Der Weisen Könige und die zertreten
Von Knechten wird, die thörlich wollen schaffen
Aus Formen Gottes ihrer Schlechtheit Affen;
Die Kindheit, die vor Allen an darf beten!
Seht sie von unserm Meister sich jetzt trennen,
Seht wie ein Blitz ihn durchzuckt: — das Erkennen! —

Er trägt es, ach! schon unter'm linken Arme
Des Fluches Bild (das Gott erschuf in Wettern,
Als er verschwinden ließ die Furcht des Lebens),
Das Buch! Die Schürze ist's von Feigenblättern;
Dein Herz, es dürstet, daß es sich erwarme,
Und sucht die Frucht im Blätterkram vergebens!
Das ahnet schon voll Bebens
Des Knaben Herz, zu dem sein Haupt gesenket.
Sein Urtheil, welches lüget, will ihm sagen:
Er könne nicht des Meisters Blick ertragen;
Doch das Gefühl, das ewigwahre, denket:
(Das mit dem Paradiese ward geboren)
„Ach, hätt' ich nicht die Lebensfrucht verloren!"

Doch kaum daß er vom bangen Schmerz umwunden,
Seht, über seinem Haupte schon erscheinet
Des Vaters Hand, bereit um ihn zu trösten,
Und zeigt auf den, der Frucht und Blätter einet,
Und der, ein Kind, die Kindheit losgebunden
Und wieder hat verliehen uns Erlösten,

Und welcher, durch den größten
Der Schmerzen, hat uns ewiglich erfreuet!
Seht wie er hinblickt nach den ird'schen Fluren,
In denen, ob sie gleich den Fluch erfuhren
Wie wir, er immer doch den Keim erneuet;
Wie sie, durch Dornen, Blüthen, Frucht gewinnen,
Will uns durch Schmerz und Lust das Heil umspinnen!

Im Kleinen sich das Große vorbereitet!
So wie, zum Beispiel, auf dem alten Sessel,
Auf dem der theure Meister Peter sitzet:
Der Blätterschmuck, der, wenn auch durch die Fessel
Des Stuhls beengt, doch freudig aus sich breitet,
Und uns in Wellenform entgegenblitzet.
Des Stuhles Lehne stützet
Den Körper nur, doch was d'rauf eingeschlagen,
Das Blumenschnitzwerk wird im Raphaele,
Wenn auf es geht in seiner großen Seele,
Im Vatikan einst herrlich Früchte tragen;
Die Arabeskenwelt, die Euch entzündet,
Hat Gott vielleicht auf diesen Stuhl begründet! —

D'rum wenn auch Kleines nur wir malten, schrieben,
Der erste Funke war auch klein zu nennen
Der Sonne, welche, sich zu conterfeien,
Der erste Künstler schuf, von dem zu trennen
Die Kunst nicht ist, obgleich sie treulos blieben
Und also Magd geworden aus der Freien.
Sie dient, wie hier den Dreien,
Die Eines sind im Liebessinn, dem milden,
Die Magd dort hinten bringt den Wein getragen
Des Weines Wesen, kann die Magd es sagen?
Das gute Kind, kann sie es ein sich bilden:
Der Kelch, den sie den Dreien wird kredenzen,
Werd' in der Disputa ein Sternbild glänzen?!

Genug davon, bis daß gereift die Traube? —
Das fünfte Blatt zeigt uns die Wunderblume,
Die wir als Knospe schauten, aufgeschlossen!
Geweihet in der Künste Heiligthume,
Wo mit der Schönheit sich vermählt der Glaube,
Steht Raphael, umringt von den Genossen.
Die Kuppel dort am großen
Marmornen Thurm, sie ziert Florenz, die schöne.
Der Schönen schöne Zeit ist auch vergangen;
Doch über aller Zeiten Schranken prangen
Die ew'gen Namen ihrer Heldensöhne:
Cosmus, das Urbild hoher Volkesväter,
Und Dante, Michael, die Wunderthäter! —

Hier steht (zum schönen Jüngling schon gediehen)
Nun Raphael, indeß sich dar ihm stellen
Die ihm zum Ziele winkenden Gestalten.
Sich losgesprochen hat er zum Gesellen,
Die Lehrlingsschaft, er mußte ihr entfliehen,
Und an sich selber will er nun sich halten.
Frei liebt der Mensch zu walten;
Doch zieht ihn stets ein Meister nach dem andern!
Es läuft das Kind, doch nur im Gängelstuhle;
Der Lehrling, der entlaufen ist der Schule,
Will als Gesell, sein eigner Herr, dann wandern.
Altmeister, sprecht! Wie viel ist Euer eigen? —
Sie seh'n empor, verneigen sich und schweigen! —

Der Raphael war (wie wir schon es wissen)
Beim Peter zu Perugia geblieben,
Und ging als Lehrling treulich ihm zu Handen,
So daß (wie es im Malerbuch beschrieben)
Er ganz ihm nachzuahmen sich beflissen,
Und gleichsam war in seines Lehrers Banden.

Gereicht ihm das zur Schanden?
Kleinmeister ihr, die darum ihr ihn meistert,
Den Grossen, mögt ihr, statt zu lehren, lernen;
Erst werdet flügg', dann flieget zu den Sternen!
's ist Vogelleim, der Stolz, der euch bekleistert!
Wer nimmer Lehrling war, muß stets es bleiben;
Das glaubet dem, der reuig dieß muß schreiben! —

Doch wie der junge Schwan versucht die Schwingen
Und, wenn er sich gewachsen fühlt zum Schwimmen,
Die Mutterhenne läßt, und eilt zum Spiegel
Der reinen Fluth, wo Sonnenfunken glimmen
Und an ihn strahlt, was sterbend er soll singen,
Der leuchtenden Verklärung Pfand und Siegel;
So sprengte auch die Riegel
Der Knechtschaft bald der Meister, den wir preisen.
Vom Arno scholl hinüber ihm die Kunde,
Die schnell sich pflanzte fort von Mund zu Munde;
Von Vinci's Kraft, des vielgeübten Greisen,
Und von Buonarotti, dem Giganten
Hetruriens, wie ihn die Weisen nannten.

Wer Vinci's Wesen schauet und genießet,
Der preiset Gott, der in ihm hat vereinigt
Des Geistes Hoheit und des Körpers Schöne,
Wie die Lawine sich im Fels erst reinigt,
Sich schlängelt, dann als Quell, als Strom ergießet,
Griff Vinci Farbe, Form, Gedank' und Töne
Daß er sich selbst versöhne!
Sich selbst zum Kunstwerk adeln, war sein Wirken;
Belauschend das Geheimniß der Naturen,
Durchforscht' er Schritt vor Schritt der Gottheit Spuren;
D'rum sieht man ihn bescheiden sich bezirken,
Bis glorreich er die Caritas gewonnen,
Und aus im Nachtmahl strömt den Wonnebronnen! —

So viel vom Einen, welcher auserkoren
Vom Herren ward zum Heiland unserm Meister,
(Das heißt: zu dem, der in ihn warf den Funken,
Durch den er eine Fackel ward der Geister.)
Der Andre war ein Held aus Gott geboren
Und ew'gen Lebens übervoll und trunken!
Einst wird er seyn versunken
Dein Halbgott Moses, Deine Nacht zerstauben,
Die lebend schläft und fleht, sie nicht zu wecken,
Um nicht mit unsrer Schande sie zu schrecken,
Das Zwerggeschlecht wird Dein Gericht nicht glauben,
Ja selbst Dein Petersdom stürzt einst zusammen;
Doch, Buonarotti, Du wirst ewig flammen!

Und dieser, den (wie stolz und doch mit Wahrheit
Sein grauer Schüler schreibt in der Legenden)
Der Himmelsherr hat wollen zu der Erden
Ein Beispiel seinem Volk der Menschen senden:
Daß, wie unendlich ist des Schöpfers Klarheit,
Durch sie der Mensch unendlich könne werden;
Auch der empfand Beschwerden!
So schrieb er, eh' er schloß sein hohes Leben:
„Gelangt auf stürm'schem Meer, zerbrochnem Kahne,
Bin ich am Port, wo nun von jedem Wahne
Und Werk ich ernste Rechenschaft soll geben;
Ich, dem Monarch, Idol, die Kunst gewesen,
Die liebend meine Phantasey erlesen!"

„Ich sehe wohl anjetzt mit Kümmernissen,
Wie voll des Irrthums jegliches Verlangen;
Die eiteln Liebesscherze, sonst so heiter,
Was sind sie jetzo mir, der ich mit Bangen
Mich zweien Todten nahe: dem gewissen,
Und jenem andern, welcher mein Begleiter

Zu werden droht! — Nicht weiter
Malen noch bildhau'n, Eins nur will ich: Stille!
Die Seele heim zum ew'gen Amor schreitet,
Der ihr vom Kreuz die Arm' entgegenspreitet!" —
Er schrieb's und es geschah sein mächt'ger Wille!
Mit Vielen, deren Thaten nimmer starben,
Harrt er im heil'gen Kreuz des Tags der Garben!

Das war der allgewaltige Gigante,
Er, den die größten Künstler aller Zeiten
An Schöpferkraft noch nie gekonnt erreichen,
Er, welcher keine Schüler durfte leiten;
(Zu groß zum Muster, der zur Erd' verbannte
Erzengel, bleibt er stets ein einzig Zeichen!)
Und dieser selbst, erbleichen
Mußt' er, als nun sich ihm, dem Himmelsstürmer,
Das Weltgericht, vor dem die Heil'gen zittern,
Wie er es malte, naht', in Nachtgewittern!
Da bebte der Titan; indeß die Würmer
In ihren Maulwurfshaufen DEN verhöhnen,
Der richten muß und ewig nur will söhnen!

Doch wenn Lenardo, Michael, die Beiden
Unendlich fast, so dürfte Mancher fragen,
Wozu bedurft' es denn wohl noch des Dritten?
Der Künstler, der ein Christ, kann Antwort sagen:
Die Kraft und Zartheit sind der Gottheit Freuden,
Doch steht, die zwei verneinend, in der Mitten,
Die Lieb', um die wir bitten!
Wie wir versöhnt, wird Gott vereint, im Sohne,
So conterfei'n die Drei sein dreifach Leben.
Als Geist darf in der Zartheit Vinci schweben,
Allvaters Kraft ist Buonarotti's Krone,
Und, daß der Sohn der armen Menschheit bliebe,
Strahlt menschlich schön im Raphael die Liebe! —

—

Wir schreiten fort ('s geht langsam! Nicht, ihr Guten!
Allein durch Ew'ges im Galopp zu rennen
Ist jetzt Manier zwar, aber von der tollen!) —
Wir sagten vor, daß Raphael sich zu trennen
Von Pietro Perugino ließ gemuthen,
Dieweil zu ihm die Kunde war erschollen
Der geist- und seelenvollen
Gebilde, welche zu Florenz zu schauen.
Mit diesen war's, wie folget, nun bewendet:
Der Vinci hatte eben dort vollendet
Ein Bild, die Künstler sah'n es an mit Grauen;
Denn Jeder mußte schamroth es gestehen:
Solch' tiefes Leben hab' er nie gesehen! —

Ein Schlachtstück war's! Es stritten um die Fahnen
So in einander künstlich schön verschränket
Auf wilden Rossen reisige Geschwader,
Als ob ein Wesen, welches will und denket
Und aus dem Fleisch den Weg sich wolle bahnen,
Geklammert sey in jedem Nerv und Ader;
So voller Wuth und Hader
Die Rosse, kämpfend unter ihren Rittern,
Als ob einander sie mit den Gebissen,
Nein, mit den Feueraugen sich zerrissen,
Gleich denen Rossen Gottes, den Gewittern!
Wer's sah, der sprach: Bis hieher und nicht weiter! —
Nicht Michel Angelo, der Drachenstreiter!

Hin warf er auf ein Tuch von schwachen Leinen
Den Arno, wo die Florentiner-Mannen
Gelagert waren, sich im Strom zu baden,
Des Stromes Wellen, ob sie eilig rannen,
Doch ließen sie die Glieder wiederscheinen
Der Starken, die der Rüstung sich entladen,

Dehnend zum Quell der Gnaden,
Zur Sonn' empor die kampfesfreud'gen Glieder!
Da trommelt's, lärmt's; es naht der Feind! Sie raffen
Sich auf, ein Jeder stürzt sich in die Waffen,
Ein Strahl wirft Jeder seinen Gegner nieder! —
Brav, Michel Angelo, du hast gewonnen;
Vinci malt Blitze, Du den Sieg der Sonnen! —

Hier, zwischen beiden Wundern in der Mitte,
Steht Raphael, den starren Blick versenket
In Buonarotti's Bild, das Haupt geneiget
Auf seinen eignen Arm, den Fuß gelenket
Zum Geh'n und doch noch zögernd mit dem Schritte! —
Hat Dir sich das Medusenhaupt gezeiget,
Daß Held Du starrst? — Er schweiget! —
Glaubt Ihr, dieweil in's Bild sein Blick vergraben,
Daß auch sein Geist noch bei dem Bilde weilet?
Ihr irrt, der ist dem Blick schon vorgeeilet;
Das Grab des Blicks, den Geist kann es nicht haben!
Der Blick will vor dem Wunderchaos beben;
Dem Geist entrollt sich d'raus sein ewig Leben! —

Der Mensch, in seines Daseyns Irrgewinden,
Hat einen Punkt, (das wissen, die ihn kennen!)
Auf welchem durch sein Geist sich bricht zum Ziele!
Sein Silberblick ist der Moment zu nennen;
Wohl dem, der ungenützt ihn nicht läßt schwinden,
Die Meisten thun's, und so verderben Viele!
Im ernsten Kinderspiele
Der Kunst heißt's: Weiche! — Saft der Rosen nippen,
Mit Rosenblut die Zephyrschwingen schmücken
Sich Psyche will, doch was sie mit Entzücken
Einsaugt, sie fühlt es: das sind Eros Lippen!
Sie bebt, sein Pfeil, er soll den Tod ihr geben;
Er trifft, und auf darf zum Olymp sie schweben! —

So wandelt jetzt vor Raphaelens Seele —
Es wandelt? — Nein! Es fluthet, wogt und kreiselt
Das ganze Bildermeer, das er soll schaffen;
Die Disputa, von Gottes Geist umsäuselt;
Das Glanzturnier um Petrus Marterhöhle;
Die Hunnen, die vor Leo's Blick erschlaffen;
Der Engel goldne Waffen
Und Heliodor, Parnaß, Athenens Schule,
Bolsenas Lichttriumph; die Logenbilder,
Die glüh'nden, blüh'nden; Alles ringt in wilder,
Chaot'scher Wollust, daß es ihn erbuhle!
Madonna, Täufer, Galathee, Verklärung,
Sie ringen im Erstarrten nach Gebärung! —

Laß vom Erklären ab, Dominikaner!
Wir wissen es, daß herrlich Du kannst malen
Und predigen, was mehr noch ist zu ehren;
Doch, Bruder Barthel, Worte, Farben zahlen
Die Schuld des Geistes nicht, denn alle Aner,
Sie können nicht einmal das Alpha lehren
Und zum Omega kehren
Muß sich der Jüngling hier, der ein Erlöster!
Laßt ab von ihm, ihr, seine krit'schen Freunde,
Und lieber knie't als betende Gemeinde
Zum Hochamt hin, ihr härt'gen, leid'gen Tröster,
Und überlaßt das Amt des Rezensenten
Hier dem maulaffenden Capristudenten!

Ihr aber, zürnet nicht, Ihr Riesenschatten
Lenardo, Michael, daß sie zerrissen
Die beiden Wunderbilder sind, die großen,
Die Ihr, der Ewigkeit schon hier beflissen,
Mit Ewigkeit vermachtet auszustatten,
Als Euren Mosesstäben sie entflossen!

Wir, Raphael, genossen
(Die Welt durch ihn!) die Quellen Eures Lebens;
D'rum, Wunderthäter, die Ihr in der Wüsten
Wie Gott zu tränken uns Euch ließt gelüsten,
Seyd ausgesöhnt, der Stab schlug nicht vergebens!
Zerstör'n kann ein Thor die Freudenbronnen,
Doch nicht den Quell, aus welchem sie entronnen! —

Und nun, „o Morgenroth, das Brust und Wangen
Dem Schüler Gottes badet unverdrossen,"
Enthüll' ihm jetzt die schönsten der Najaden!
Noch „ist die Geisterwelt ihm nicht verschlossen,"
Sein Sinn ist aufgelebt, sie zu umfangen,
„Die öffnet früh im Morgenlicht den Laden,
Ihr Angesicht zu baden!
Der Mühlbach rauscht! Hinein, Gesell! Sie lächelt!" —
Erscheine, die im Flammenauge glänzet
Deß, der mit Felsentrümmern sich bekränzet,
Die ihm in den Ambrosialocken fächelt,
Des deutschen Diospaters Haupt entsprungen;
Erscheine, Jugend, dem, der dieß gesungen!

Denn seinem Mitgeschlecht, das früh ergrauet
(Ach, wie er selber!) ist durch sünd'ge Schwächen,
Soll er verkünden, wie zum Ziele schreitet
Der Jüngling, der die lichten Farben rächen
Am Dunkel wird; wie Gott ihn überthauet,
Die Brust ihm zum Erlösungswerk erweitet!
Die Schaar der Brüder gleitet
Ihm nach, beklommen; selbst Florenz, die schöne,
Sie weint um ihn, wie jene festen Thürme,
Die auf den Bergen dort, ein Spiel der Stürme,
Zertrümmert klagen die gesunk'nen Söhne!
Beweine Dich, Florenz, und Deine Kinder,
Und, Fuhrmann Schicksal, peitsche Deine Rinder!

Doch Raphael eilt über jene Berge
Zur Weltenherrin, welche er soll krönen
Und die mit ew'ger Lust ihn wird erfreuen;
Nach Rom, wo alle Zeiten sich versöhnen,
Die Zeit der Riesen und die Zeit — der Zwerge!
Nach Rom, wo alle Wunder Palmen streuen,
Um zu gebenedeien
Den Eros, welcher bindet und wird lösen!
Nach Rom, wo nicht nur bloß der Dome Stufen,
Wo Weltruinen „Hosianna!" rufen,
Wo Tubaklang verhallt in Glockentösen,
Der Vorwelt Marmorbilder sich verklären;
In Rom soll Sanzio seine Welt gebären! —

Sieh nicht so scheel Dich um, Du Rossezwinger,
Du zwingst sein Roß, doch zwingst Du auch den Helden?
Enteilen wird er Dir im Götterfluge! —
Weint nicht, Ihr Jünger, eure Namen melden
Wird er am Throne, Gottes starker Ringer;
D'rum kehr' ein Jeder heim zu seinem Pfluge
Und tretet nicht dem Zuge,
Nicht dem Triumphzug Eures Herrn entgegen!
Armer Ridolpho, magst Du fest ihn halten?
Sie zieh'n ihn fort, die himmlischen Gewalten!
Gieb, Malerpriester, ihm den letzten Segen;
Er, der in's scharfe treue Aug' Dir blicket —
(Es scharrt das Roß!) — bald ist Dein Freund entrücket!

Und bald — (die Zeit, sie mähet schnell die Garben
Der Ewigkeit!) — bald wird die Glocke läuten,
Wenn Deinen Freund und Meister sie begraben;
Doch Roma's Glocke ist's und er muß streiten!
Erlösen muß er die gebund'nen Farben,
Sie reinen, die, seit wir gesündigt haben,

Gebrochnes Licht nur gaben,
Seit sie aus Edens vollem Bundesbogen,
Sie, die in Paradieses Fluthen schwimmen
Und in den Suronsrosen glimmen,
Gelüstend auch zum Staub herunterzogen;
Doch wird der Held die Bogenwelt entfalten
Und so den Regenbogen neu gestalten!

Er fühlt's und was sein schönes Aug' befeuchtet —
Der Geist auf den Gewässern! — Thränen heißen,
Wir können s nicht; denn Thränen, die verfließen!
Und dieser Geist soll's auseinanderreißen
Das Chaos, soll aus ihm die Welt, die leuchtet,
Und ew'ge Lieb' aus ihr in uns ergießen;
Der Geist soll los uns schließen
(Der auf den Wassern dieses Auges schwebet)
Den Blick von Thränen, welche wir vergeuden
Um das Gespinnst der Stunde; die mit Freuden
Aus dieses Auges Wässern sich erhebet,
Die Lichtwelt, sie soll mit den reinen Zähren,
Den sel'gen, uns den Geist, den freud'gen, nähren!

Denn reine Thränen, es sind gläub'ge Fragen,
Wie hier der Held den betenden Genossen,
Mit stillem Blicke, fragt: „Werd' ich's vollbringen?" —
Der Priester hält ihn an sein Herz geschlossen,
(Das darf er auch bei Helden Gottes wagen!)
Doch fragt er auch, und beide, das Gelingen,
Sie können's nicht erringen!
Der Glaube pflanzt, die Gnade reift die Werke
Sie gingen auch und sä'ten aus in Zähren,
Die jubelnd kehrten heim mit ihren Aehren,
Die Väter, die der Herr gestählt mit Stärke,
D'rum, junger Triumphator, ziehe weiter,
Und scheide, Priester, Gott ist sein Begleiter! —

Zusammenraffe jetzo dich, Canzone;
Wir sind in Rom, wo alle Kinderspiele,
Die ernsten selbst, dem höchsten Ernste weichen!
Der Triumphator ist gelangt zum Ziele
Und knie't, in weiser Ehrfurcht, vor dem Throne,
Der, eines ewigen Triumphes Zeichen,
Die andern macht erbleichen! —
Canzone, Du kannst Dich dahin nicht wagen;
Von diesem Thron, vor dem sich Engel neigen,
Mußt, Kindlein, Du in stiller Demuth schweigen!
Doch darfst Du das getrost dem Thoren sagen:
Daß, wenn im Abendstrahl die Mücken schwirren,
Sie, wenn sie ihn zu fressen glauben — irren! —

Papst Julius der Zweite, so benennet
Ward der von unsers Herren Stellvertretern,
Durch welchen Gott ihn dachte, den Gedanken:
Ein Haus zu schaffen seinen treuen Betern,
In welchem, was die Sünde hat getrennet,
Das ew'ge Seyn und unsers Daseyns Schranken,
Sich in einander ranken
Und breiten sollten aus, den Fels zu decken,
In den gepflanzt er hat den Baum vom Leben.
Auf daß, wie sich er hat uns kund gegeben
Im Fleisch, um nicht durch Gottheit uns zu schrecken,
Wir auch in seinem Dom, dem ungeheuern,
Die Ewigkeit als Schönheit sollten feiern!

Und seines Hauses Vorhof auszuschmücken
Hat unser Herr gedacht, in seinem Knechte
Dem Julius es gnädig zu gewähren:
Daß Menschenkunst nach ihrem alten Rechte
Zu spiegeln Gottes Wollust und Entzücken,
(Wie Morgensterne thun und Märt'rerzähren!)

Auch ihn gedurft verklären
Den Vatikan, den Hof von seinem Hause;
Auf daß dort sey'n die alt' und neuen Wunder
Der Kunst, dem Glauben ein vereinter Zunder,
So wie vom Jordan sang das Stromgebrause
Zu Davids Harfenklang und Zions Flöten,
Und wie der Ostwind küßt die Morgenröthen

Daß nun der Dom sey regelrecht gegründet,
Hat Gott, durch seinen Knecht, den Papst, erwecket
Den wackern Architekten, den Bramante,
Und weil ein Bau nur wird durch's Maaß vollstrecket,
Hat im Bramant er einen Geist entzündet,
Der Grund und Maaß des Zeitlichen erkannte;
Wie Gottes Knecht, der Dante,
Das Senkblei hat des Ewigen besessen.
Doch wie der Herr in seinem Vorhof, Erde,
Des Himmels Pforten öffnet seiner Heerde,
Hat er's auch nicht im Vatikan vergessen,
Und uns durch Sanzio, seines Lichts Genossen,
Den Himmel in den Logen aufgeschlossen!

D'rum hat er dem Bramant' es eingegeben,
(Der, um den Bau des Riesendoms zu wagen,
Vom Julius nach Rom war hinberufen),
Daß er dem Papst den Sanzio vorgeschlagen,
Den Vatikan durch Bilder zu beleben,
Wie vor und nach ihm keine Meister schufen.
Der hier ihn vor die Stufen
Des Thrones führt, der mit der Stirn, der klaren,
Es ist, der die Musik der Formen kannte,
Der baueskund'ge Meister, Herr Bramante;
Ein reiner Mann! Will Gott ein Haus bewahren
Und auch ein Volk, dem giebt er als Begleiter:
(Und raubt auch, ach, sie!) — Maaßes kund'ge Leiter! —

Und der hier sitzet unter'm Baldachine,
Geschmückt mit Stola, Purpur und Tiare,
Erhoben seine rechte Hand zum Segen,
Es ist der Hierophant vom Sühnaltare,
Der heil'ge Vater selbst; mit milder Miene
Reicht er die Linke seinem Gast entgegen.
Er wird ihn treulich pflegen,
Der Fürst, der geistlich wird mit Recht genennet,
Dieweil dem Geist des Heil'gen und Profanen
Den rechten Weg er weiß zum Ziel zu bahnen;
Wie Jedermann zu Rom es anerkennet,
Der dumm nicht ist, wie viele Candidaten,
Und sah, was jene Geisterfürsten thaten!

D'rum knie't auch gern und willig vor ihm nieder
Der Meister, der, wenn Einer überhoben
Des Knieens wäre, wohl es wär' vor Vielen;
Und diese weise Demuth laßt uns loben,
Senkt doch der junge Adler sein Gefieder,
Bevor er nach der Sonne wagt zu zielen,
Nach der die Krähen — spielen! —
Ja, dieser wird's, das höchste Ziel, erreichen;
Der Papst, vor dem er knieend hingesenket,
Wenn er zur Disputa die Schritte lenket,
Er wird vor Gottes Herrlichkeit erbleichen,
Und knieend ehrt der weise Fürst der Beter
Das Bildniß einst, das Gottes Stellvertreter! —

Der andre Kirchenfürst — (den Blick, der fichtet,
Gespannt auf Raphael!) — den Papst zur Rechten,
Es ist ein Herr vom Medicäer Stamme;
Dem Kunstbefreundetsten von den Geschlechten,
Die in Italien wie Gott gerichtet,
Getragen haben seine Oriflamme

Dem Löwen vor und Namme!
Ein Sperber, hütend einen Diamanten,
Das war das Sinnbild, welches sich erkoren
Des Stammes edle Herr'n! Es ging verloren
Der Sperber, um den Edelstein entbrannten
Die Flammen; doch sie werden ihn verklären
Und Deinen Ruhm, erloschner Stamm, bewähren! —

Der Medicäer, den Ihr hier thut schauen,
Der zehnte Leo rief Perikles Zeiten
Für Rom herbei, jedoch in höhern Sphären,
Zu einem Brennpunkt wollt' er Rom bereiten
Und alle Herrlichkeit darin vereinen
Der Kunst, die, seit die Lust sie that gebären
Und Sehnsucht sie verklären,
Auf Christum hin hat und zurückgedeutet!
Es denkt der Mensch, allein der Herr, der lenket,
Der manche Sterne hat der Welt geschenket
Und dann zerstört und Sonnen d'raus bereitet!
Er warf auch Leo's Stern zu Roms Ruinen
Und brütet Sonnenstoff in ihm und ihnen! —

Dem Cardinale, der dem Papst zur Linken,
Steht's im geschloßnen Mund, gekniffnen Blicke,
Den tiefgefurchten Zügen eingepräget,
Daß er das Labyrinth der Weltgeschicke
Durchwallt hat, doch nicht irren konnt' noch sinken,
Weil er den Faden Gottes treu geheget.
Der weise Staatsmann wäget
Den Künstler und wird liebend ihn umschlingen;
Er, der vergebens, in der Völkerschaaren
Verworrenheit, gekämpft hat nach dem Klaren,
Dem Schönen, fühlt er, wird der Sieg gelingen
Also die weisen Drei dem Helden danken,
Der mit dem Erzfeind ziehn will in die Schranken!

Denn die der Herr beruft für ihn zu kämpfen,
(Die Helden nämlich, die er ausgesendet,
Nicht die Troßbuben, die er nur erlaubet!) —
Nur gegen Einen Feind sind sie gewendet,
Sie wollen nur die Macht des Einen dämpfen:
Des Teufels Macht, an welchen Niemand glaubet,
Den er schon hat geraubet;
Des klugen Teufels, den nicht gelten lassen
Die Dummen, aber den der Weise kennet,
Der in sich schaut und fühlt, was ihn zertrennet
Und warum er sich nicht als Ganzes fassen,
Nicht nah'n sich kann dem was er schaut, dem Wahren.
Kein Weiser, der den Teufel nicht erfahren!

Doch muß auch dieser nützen statt zu schaden;
Denn er ist's, gegen den der Herr erwecket
Die Helden, welche seines Thrones Flammen!
Gar Vieles ist's, was er durch sie vollstrecket!
Der eine fügt, ein Spender seiner Gnaden,
Das, was der Feind zerriß, auf's neu' zusammen,
Und, was er auf that dammen,
Das Unheil muß ein andrer Held zertrümmern!
Der Schwachen Blick bleibt bei den Trümmern stehen,
Der schärfere darf in die Tiefe sehen;
Dort sieht er dann die Edelsteine flimmern
Und preist, wenn auf Ruinen Jene weinen,
Den, der zertrümmernd durft' die Erde reinen! —

Doch wenn ein Fürst, ein Lehrer, Künstler, Krieger,
Befruchtend, regelnd, bildend, tilgend walten
Im Machtthum darf, zu dem ihn Gott berufen,
So giebt's doch Einen, höher noch zu halten:
Des argen Feindes sicherern Besieger,
Als Jene, die zerstörten oder schufen;

Der nämlich, der die Stufen
Des Throns umfaßt und kindlich an darf beten!
Denn mächt'ger ist als aller Feinde Waffen
Des Beters Schwert, das nimmer kann erschlaffen,
Des Beters, der für's Volk zu Gott darf treten
Und, ob der Erzfeind stürmt in Ungewittern,
Ihn, Halleluja! dennoch wird zersplittern! —

D'rum, junges Mönchlein, sey gebenedeiet,
Das dort in Demuth hinter jenem Kreise
Der Kirchenfürsten steht, das Haupt gesenket:
Das holde bleiche Haupt, nach Kinderweise
Einfältiglich, in dem sich conterfeiet
Der Gott, der sich als Kind uns hat geschenket!
Dein Haupt, mit Scheu gelenket
Auf Raphael, scheint vor ihm zu erbleichen,
Und doch wirst Du, wenn bald er liegt, umwunden
Von Todesangst, ihn lösen, der gebunden,
Ihn lösen durch des Kreuzes mächt'ges Zeichen!
Wenn seinem Blick wird die Verklärung schwinden,
Die er erlog, durch dich wird er sie finden! —

Nachdem wir nun, was in dem Saal, gemustert,
So blicken wir auch zu des Saales Pforten!
An einer thun zwei Deutsche Schildwach stehen.
(Zwar heißen Schweizer sie an manchen Orten,
Doch diese sind so ehrenfest verrustert,
Daß man, sie wären Deutsche, muß gestehen!)
So grimmig anzusehen,
Als ob sie Alles wollten kau'n und fressen!
Es ist nur Scherz, ihr Grimm sitzt nur im Magen!
Ist's nicht hoch Mittag, scheinen sie zu fragen,
Doch hat der liebe Gott sie nicht vergessen;
Denn wo was Gutes still er will gestalten,
Da läßt er doch die Deutschen Wache halten! —

Die Drei, die an der andern Pforte schwatzen,
Sind, wie es scheint, wohl nur Anachronismen
Vom letztverblichnen achtzehnten Jahrhundert,
Das mit Jacobinismen und Deismen
Und vielen andern dummen Teufelsfratzen
Von Afterkunst gar reich ward überplundert!
Der Weißkopf, der sich wundert,
Der Pfaff — mag Gott ihn noch illuminiren! —
Der Spitzkopf, ohne Brust und Leib, der fade
Und krampficht grinzt, als stäk' er auf dem Rade,
Thut sich als Ferney's Weisen produziren!
Der Bullkopf ist sein Söhnlein sonder Zweifel:
Robespierre! Sie waren! Machtlos ist der Teufel! —

Doch reine jetzt Dich vom gerechten Spotte,
Gesang, und fließe, wie die klare Welle
Des Euphrats, hin durch Paradiesesauen!
Entfleuch, o Dunkel, vor der ew'gen Helle!
Entfliehet, Frevler! Weich', profane Rotte!
Es will der Sänger, was ihn Gott ließ schauen,
Die Brüder zu erbauen
Verkünden; will der ew'gen Kunst zum Ruhme,
Was ihm, als er, ein Jüngling noch, gewandelt
In Wahrheit noch und noch nicht mißgehandelt,
Erschien: ein Cherubim vom Heiligthume!
Er will es singen, daß, mit Taubenschwingen
Der Trost, wie ihn die Brüder mög' umschlingen! —

Das achte Bildniß — (Herr, gebeut zu segnen!
Und, Herz, um Dich feurige Ross' und Wagen
Auf daß sie vor des Herren Blitz Dich decken!) —
Vom höchsten aller Bilder soll er sagen
Der Sang; doch soll er's, muß ihm Kraft begegnen,
Wie Petro, als in Fluthen er, mit Schrecken,
Versank, entgegenstrecken

Die Hand, Du Herr, gewollt, der auf den Wogen,
Wie in den Düften, Tönen, Strahlen schreitet,
Ja, der Du selbst, (was ist Dir groß und kleine!)
Daß Deine Pracht dem Menschensinn erscheine,
In Farben (Erd' und Thau, wie wir!) bereitet
Hast, wie in uns, den Altar! — Gönn' dem Liede
Zu leih'n dem Volk, was Du dem Sänger: — Friede!

Im Herz Europens, in dem deutschen Lande,
Liegt mitten (gleichsam in des Herzens Mitte!)
Ein Land, dem Sänger liegt es auch am Herzen!
Denn als zuerst er prüfte seine Schritte,
Die, noch gefesselt nicht vom Sündenbande
Und noch gehemmt nicht von verdienten Schmerzen,
Am Abgrund durften scherzen;
Als er im Muthe noch der Jugend prangen,
Sich freu'n noch durfte dessen, das gegeben
Dem Menschen ward zur Saat vom ew'gen Leben;
(Und auch zum Keim des Todes!) als Verlangen
Und Lust ihm noch die stolze Stirn bekränzet:
Hat Raphael ihm dort zuerst geglänzet!

Wie seinen Schritt aus dieses Landes Fluren
Er weg und zu dem Abgrund hat gewendet:
Es thäte Manchem Noth, das zu erzählen!
Doch hat der Herr uns so viel Noth gesendet,
(Wie Alle wir, und Jeder wohl erfuhren!)
Daß es nicht Noth, mit fremder Euch zu stählen!
Genug daß, die uns quälen,
Die Leiden alle sind verdiente Ruthen
Und daß doch manchmal wir den Trost erfahren,
So wie der Sänger, als, nach manchen Jahren,
Er, schuldbelastet, zu der Ilme Fluthen
Die dort im Lande tändelt, ist gekommen
Und Trost ihm ist begegnet der bekommen

Und weil denn doch des Sängers Freud' und Leiden,
Wenn seine Lust und Schmerz der allgemeine,
Aus Herz und Brust der Hörer wiederhallet;
So zürne d'rum auch Keiner oder Keine,
Wenn er von Euch nicht eher wollte scheiden
Als bis, was dort entgegen ihm gewallet
Mit Trost, sein Lied erschallet!
In Karl Augustens und Louisens Mitten,
(Von denen der, als Mann und Fürst ein Reiner,
Sie, Männin, fürstlich, mehr war's Keine, Keiner!)
Ist der Koloß mit Huld ihm vorgeschritten,
Der, dauernder als der von Rhodus Strande,
Auf deutschem Pindus strahlt durch Zeit und Lande! —

So und noch höher ist ihm einst erschienen
(Denn alles Hohe muß dem Höchsten weichen!)
Des Höchsten höchstes Bild, am Blumenhügel
Des Elbestroms: dem Jüngling Muth zu reichen,
Zu rufen ihm, dem Höchsten treu zu dienen.
(Der Jüngling floh und Gott ließ ihm die Zügel!
Allein der Gnade Flügel
Er rauscht ihm nach, er holt ihn ein, den Sünder!) —
Dies Bündniß thront in Dresdens schönen Auen;
Es kann in ihm, wer reines Herzens, schauen
Das Götterkind, den Höllenüberwinder!
In diesem Bild (die Hölle bebt's zu glauben!)
Erscheint, daß Gott der Menschheit nicht zu rauben!

Was dar es stellt, wollt Ihr es kritisch haben?
„Ein Weib, gleich einer Amme, trägt im Arme
Ein tolles Kind, ein Mädchen knie't zur Rechten,
Ein Greis zur Linken; und, daß Gott erbarme!
Wie steif drappirt, wie plump der Leib des Knaben!
Zwei Kinder unten, die den Arm verflechten

Und blicken nach dem schlechten,
Dem Knaben oben! Hinten (grau von Schimmel,
Schlecht motiviret, nebuleus verwunden!)
Der Wust, den Pfaffenunsinn hat erfunden:
Von Engelsköpfen, Wolken, Strahlgewimmel!" —
Wär' nicht von Raphael das Bild gemalet,
So hätte sens commun von ihm gekrahlet! —

Gebeut zu segnen, Herr, verbeut zu hassen! —
In diesem Bilde ist der Spruch verkläret:
Das Wort ward Fleisch! Weissagend hat gesungen
Den Spruch der Jünger, dem zu ruh'n gewähret
Im Schooß des Meisters ward; doch es zu fassen
Das Wort als Bild, noch Keinem war's gelungen,
Nur Sanzio hat's errungen!
Ihr seht's verkläret hier im Wunderbilde,
Das, was die Jungfrau trägt, die Heil'gen ehren,
Zu dem die Seraphim sich betend kehren;
Das Kind, das ungeheure, trotz'ge, wilde,
Für die es opferte sein göttlich Leben,
Hinstarrt's in seine Welt und macht sie beben! —

O pilgert hin zu diesem Wunderbilde,
Ihr, die Ihr eine Welt im Busen traget
Noch unversöhnt, und ach! sie strebt zu söhnen:
Ihr Künstler, wenn Ihr ob dem Ruf verzaget,
Der Anfangs, aus dem Flammenbusch Euch milde,
Ein Säuseln, scholl und jetzt, in Donnertönen
Euch scheinet zu verhöhnen;
Ihr, die geweiht zu ächten Kunstgenossen,
Dieweil in Demuth Ihr Euch selbst vernichtet;
Die Thränenaugen auf dieß Bild gerichtet,
Erblickt die Engelskinder Glanzumflossen,
Wie sie zum Herrn emporschau'n, sonder Grauen!
Ihr Kinder, Boten Gottes, lernt Vertrauen! —

Und, Fromme, die mit Kleinmuth Ihr dem Harme
Erliegt, der Demantfelsen könne fallen,
Dieweil die nächt'ge Windsbraut ihn poliret;
Zu Sanzio's Gnadenbilde müßt Ihr wallen
Und seh'n, der Ewigmutter in dem Arme:
Den, der den Fels, den ewigen, fundiret,
Der schuf, erlöst, regieret!
Und seht Ihr dann des Kindes Riesenglieder
Und fühlt sein Aug' in Euren Herzen wühlen,
Dann müßt Ihr doch, daß Magd die Windsbraut, fühlen!
Dann knie't, wie Barbara und Sixtus nieder,
Und wie Madonna sprecht in heil'ger Stille:
Ich bin des Herrn und es gescheh' sein Wille! —

Dieß Bildniß nicht, (nur Sanzio konnt' es malen!)
Blos wie in ihm es, er durch's Bild entstanden;
Das war's, was wir mit frommer Furcht und Scheue
Uns in der achten Tafel unterwanden:
Daß, in des Trugs und Hasses dunklen Thalen,
Sich Euer Herz, gleich wie die unsern, freue
Der lichten Lieb' und Treue,
Die immer kommt, wenn wir sie treu verlangen,
Und die noch stets, so viel wir mißgehandelt,
Dem Engel, welcher sich in Staub verwandelt,
Dem armen Menschen treu hat angehangen;
Wie unserm Raphael sie hat begegnet,
Vernehmt, und was wir sagen, sey gesegnet! —

„Da es," so schreibt er einfach und bescheiden
An seinen Freund, den Grafen Castiglione,
„Fast ganz gebricht an fräulichen Gestalten,
Die schön genug, daß ich der Frauen Krone,
An der mein Herz sich gerne möchte weiden,
Daraus, mir selbst genügend, könn' entfalten

Kann ich's nicht anders halten,
Als daß, so gut ich's kann, dem Ideale,
Das ich im Busen lange hab geheget,
Das mich zur Lust und süßen Schmerz beweget,
Ich treu das Bild der Mutterjungfrau male!"
So Raphael, doch wie es ward sein eigen,
Dem guten Grafen mußt' er das verschweigen! —

Ein Ideal, was will das Wort wohl sagen? —
Das „Al" ist der „Idee" nur angehänget,
Ein Nichts, wenn wir von der Idee es trennen!
Doch die Idee, die bald uns peitscht und dränget,
Kann Einer sie: von wannen kommst Du? fragen;
Kann Einer wohl sich ihren Herren nennen?
O lernten wir erkennen:
Daß wir das „Al" nur sind, das angehangen
Der Grundidee; daß alle Ideale,
Ob jeder Geck auch seine Kappe prahle,
In Einem sind; daß wir nur Eins verlangen:
Sein Ideal, ein Jeder ließ es schwinden,
In der Idee, der einz'gen, Ruh' zu finden!

Der Raphael dort vor den Lichtgestalten,
Glaubt Ihr, was ein er saugt mit trunknen Augen,
Das sey noch Form: Kind, Jungfrau, oder Engel? —
Der Geist, kann er aus Formen Leben saugen;
Unendliches, kann sich's begränzt entfalten;
Das Mangellose in dem Quell der Mängel
Der Lilie Duft im Stengel?
Von Gott besonnet wird der Mensch besonnen!
Das Gnadenseyn, ist das im Schein vorhanden? —
Den Heiden scheinet's, uns ist Christ erstanden!
Das Gnadenkind, die Königin der Wonnen;
Sind's Götzen? — Wort ward Fleisch; daß uns es bliebe
Ward's Blick! Wen's anblickt — o! — wird Bild der Liebe!

Wir schau'n; das heißt: wir sind, wir leben, lieben! —
Als Sanzio trat vor Buonarotti's Bilde,
Hat er zuerst geliebt, gelebt, geschauet;
Doch nur als Chaos noch: der reine, milde,
Der Schöpfungstag, an dem, von Lust getrieben,
Der Mensch sich schafft, war kaum ihm noch ergrauet!
Wird eine Welt erbauet,
So muß der Geist auf den Gewässern schweben;
Die Harmonie, sie muß, mit sanftem Zwingen,
Die starre Masse lösen und durchdringen;
Erst muß der Mond sich, Sonne dann erheben;
Stein, Pflanze, Thier des Lichtes sich erfreuen,
Das brechen soll der Mensch: es auszustreuen! —

So steigt auch jetzt, vor Sanzio dem Schönen,
Der Mond empor, verschleiert vor der Sonne,
Die aufging, ihm ihr ewig Licht zu spenden!
Es lächelt ihm die Schönheit als Madonne,
Und welcher kam, das Starre zu versöhnen,
(In dessen Namen, die sich zu ihm wenden,
Beginnen und — vollenden!)
Er blickt ihn an, der zu ihm sich gewendet!
Und — (o Du Gott des Blitzes und der Stärke,
Wie schnell erschaffst Du Deine Wunderwerke!)
Schon hat's der Staub, der Raphael, vollendet:
Das Bild, das uns Unsterblichkeit verkündet,
Sie ihm verbürgt — schon steht's als Welt gegründet!

Ihr Engel, jauchzt! — Wir lassen sie geboren,
(Sie können uns, Gottlob, nichts Neues lehren!)
Und wenden uns zum Alten mit dem Scheine.
Es wär' nicht übel, von ihm zu erfahren,
Was er so hämisch thut sich zu uns kehren,
Und was er wohl mit seinem Ochsen meint.

Der da, gehörnt und kleine,
Wie Hermeneutik liegt vor Offenbarung!
An diesem Ochsen wird's wohl Mancher kennen:
Daß sich der Alte thut Sankt Lukas nennen;
Doch giebt das unsrer Neugier wenig Nahrung!
Was will er mit dem Zeigefinger sagen?
Du Schutzpatron der Maler, laß Dich fragen!

Wenn Du uns willst der Schönheit Urbild zeigen,
Was zeigst Du unten hin nach ihrem Saume?
Zeig' auf ihr Haupt! — Still! Er beginnt zu sprechen:
„Du Menschenkind, erwach' vom schnöden Traume!
Das A und O, vor dem sich Engel neigen,
Willst Du zum Kranze wie die Binse brechen?
Du, voll der sünd'gen Schwächen!" —
Man strebt zum Höchsten! — „Mit dem Pinsel? Pinsel!
Erreicht der mehr als Deinen Fleck der Erde?" —
Doch Raphael? — „Durch den sprach Gott das Werde!" —
Dichtkunst, Musik — „Sind hoher Angst Gewinsel,
Und Farben, Thränen! Denn dem Raum zum Raube
Trauert das Schau'n, daß es erstarrt als Glaube!" —

Das ist Mystik, Du mußt uns das erklären!
„So mach' Dich, Thier, dem Thierischen verständlich!"
Der Lehrer spricht's und schweigt; der Ochs — versucht es:
„Ihr Herr'n, daß wir, wie wir so sind, sind endlich,
Bleibt uns gewiß — was uns will anders lehren,
Nennt unser Einer Unsinn und verflucht es!
Doch bleibt es was Verruchtes,
Daß, wenn man ernstlich hat im Pflug, im Stalle,
Durch Dung und Fraß, in sich der Welt genutzet,
Man manchmal doch mit Heu das Horn sich putzet
Und brüllt, (zum Scherz, versteht's!) so thun wir's Alle!
Kurzum, bald frißt man und bald kaut man wieder:
Natur und Kunst! — Lebt wohl, ihr Herren Brüder!" —

Er spricht's, und Ochs und Lukas — sie verschwinden! —
„Doch sind sie," fragt Ihr, „wirklich denn erschienen?" —
Wirklich? Das ist ein Wort, das schwer zu sagen!
Allein mit einer Antwort kann man dienen;
Wenn wir aus dieser erst heraus uns finden,
Bleibt's immer Zeit noch weiter nachzufragen!
Wenn Ihr den Kopf zerschlagen
Im edeln Rausch Euch habt, ein Nymphchen herzet
Und edel mordet, kriechet, stehlt, betrüget:
Ist wirklich das! — Und wenn ein Dichter lüget:
Ist's Lüge? — Weil was wirklich wir verscherzet,
Muß Scherz nun wirken? — Lassen wir's bewenden;
Die Zeit verfließt und der Gesang muß enden! —

Zu Rom begann das wahre Künstlerleben
Des Raphael. Man theilt's in drei Perioden,
Und spricht von seiner ersten, zweiten, dritten.
Die erste, sagt man, stecke noch im Boden
Des Perugia; dann hab' er sich erheben
Gelernt und sey, mit mächt'gen Riesentritten,
Zur zweiten fortgeschritten,
Und habe seinen Meister übersprungen,
Und Ausdruck, Haltung, Anordnung gewonnen;
Bis er sich Colorit, Effekt ersonnen,
Da sey die dritte, höchste ihm gelungen!
Erklär' uns das so recht gelehrt, Canzone! —
Sie zuckt die Achseln, seufzt und fleht: „Verschone!" —

Einfältig Ding! — Sie weiß es nicht, ihr Herren! —
Sie weint?! — Nur ruhig, kannst nicht Alles wissen!
Sie lacht mich aus und flüstert mir: „ich weiß es!" —
Was weißt Du? — „Was die Herrn, der Kunst beflissen
Von meinem lieben Buhlen Sanzio plärren!" —
Nun, hast Du was gelernet, so beweis' es,

Und was sie preisten, preis' es! —
„Erlaubt das mein Gewissen?" fragt sie leise!
Sie macht sich ridicül; sie spricht von Pflichten!
Du wirst uns, Kind, noch ganz zu Grunde richten!
„O bitte, bitte, laß mir meine Weise!"
So sey's, doch sey ein Veilchen nur manierlich:
Sie räuspert sich und so beginnt sie zierlich:

„Ich bin, man weiß es," spricht sie, „vielem Sprechen
Nicht eben feind; doch, soll ich was erzählen:
'Nen Lebenslauf, Tragödie und so ferner;
So mag ich mich auch noch so ängstlich quälen,
Ich kann mich immer meiner nicht entbrechen,
Ich bin und bleib' in Allem immer — Werner! —
Man hätt' es freilich gerner,
(Und streng genommen, könnte man's verlangen!)
Daß Einer könnte so wie Shakespeare, Dante,
Und der Homer und Sophokles verwandte
Hochmeister Deutschlands, eine Welt umfangen!
Allein, das Wunderthum, kann man sich's geben? —
Die Gnade giebt's, in der wir sind und leben! —

„Bis daß sie kommt, muß ich um's Ich mich treiben!
So kann ich Euch denn auch vom Raphaele
Nur das, was ich in ihm bin, dürftig sagen! —
Als ich Canzone anfing, Leib und Seele
Mir schuf, wollt' ich der Einfalt treu verbleiben.
„„Wohl war es gut,"" sprach ich, „„in alten Tagen!""
Und wollte auch es wagen
Einfältiglich, gleich jenen großen Alten
Zu seyn, die im Gewühl sich nie verlieren,
Das größte Werk durch einen Griff regieren!
Gerechter Gott, wie hab' ich Wort gehalten?
Wie ward ich wild, wie schweift' ich hin und wieder!" —
Jetzt kommt sie zur Erkenntniß, lieben Brüder! —

„Nicht daß ich just es sollte sehr bereuen!
Man kann doch immer nicht ein Gänschen bleiben!
Du weißt es, Väterchen, wer reist, muß weiter!
Doch was uns Beide so herum thut treiben,
Ich kann mich d'ran nicht recht von Herzen freuen! —
Die Einfalt, sagen sie, ist still und heiter
Und Gott ist ihr Begleiter!
Und ich?! — Nun, schlecht, das bin ich nie gewesen;
Was man so herzlich schlecht nennt! Meine Strophen
Metaphern, Bilder — sind es auch nur Zofen
Der Poesie; sie lassen doch sich lesen!
Als Raphaels Triumphzug ich besungen,
Ist mir sogar die Anordnung gelungen!“ —

„Doch jetzt, Papa, (ich fühl' es!) werd' ich schlechter;
Denn nun soll ich mein Irrwischleben enden
Und möchte doch umsonst gelebt nicht haben,
Sonst sah ich auch wohl Lober und Verächter,
Doch ließ ich sie so ganz auf sich bewenden;
Jetzt, eh' sie noch mich armes Lied begraben,
Möcht' ich mit meinen Gaben
Die theuern Herr'n Aesthetiker bestechen,
Und schrie'n sie: herrlich! gar und: unvergleichlich!
Das würde mich denn wohl belohnen reichlich!
Doch scheu' ich mich durch den Effekt zu schwächen:
So will es auch (wenn Großes ich dem Kleinen
Vergleiche) mit dem Raphael mir scheinen!“

„Als Raphael in Perugino's Zelle
Gemalt noch hat, mit kindlich reinem Streben,
Kannt' er noch nicht der Formen Band und Wesen;
Noch in der Knospe lag sein Künstlerleben,
Und Sonnenwärme sog's für Sonnenhelle,
Weil noch es war zur Blume nicht genesen!

Doch, wenn wir deshalb lesen:
(In schön geschriebnen Büchern, aber schlechten)
Daß Raphael den Peter nun copirte
Und diesem sklavisch nach nur buchstabirte,
So ist das Lug! Ein Held gleicht nicht den Knechten!
Die Schreiberzunftgenossen, die das schrieben,
Die kannten Künstlers Handwerk, nicht sein Lieben!" —

Gelassen, Kind! — „Kann man's bei denen bleiben,
Die nur, statt Bergluft, uns auf Alpentriften
Ihr Stickstoffgas (Hu, welch' ein Daktyl!) lassen? —
Ein Raphael, gesandt zum Friedenstiften,
Den alten Zwist von Seyn und Schein zu einen;
Wie fängt er an: mit Lieben oder Hassen? —
Der Künstler: Gott umfassen
In der Natur! Er will's schon in der Wiegen!
Darum umschlingt er früh schon einen Meister,
Daß er ihm spiegeln soll den Quell der Geister!
Und liebend muß er an ihn an sich schmiegen,
Und kann sich nicht von dessen Wesen trennen,
Der ihn zuerst ließ dunkel Gott erkennen!" —

„So ging's dem Raphael mit Peruginen!
Er ward wie der, jedoch im höhern Style,
Weil mächtiger in ihm die Gottheit brannte;
Doch die gebot: (ihn leitend zu dem Ziele)
Daß Vinci, Buonarotti ihm erschienen
Und Raphael, der Jüngling, sich ermannte
Und, was er sey, erkannte!
Da quollen ihm die wonnesüßen Schmerzen!
Er hat sie ausgehaucht in manchen Bildern,
Die ihn noch treu der holden Kindheit schildern
Und doch schon zeugen vom erwachten Herzen,
Das, weil sich Gott gewollt ihm offenbaren
An den sich schloß und ließ den Meister fahren!" —

„Von dem Moment (man nennet ihn die zweite
Periode Raphaels, als müsse beugen
Sich Ewiges vor dürft'gen Zeitenschranken!)
Von seinem ersten Kuß der Liebe zeugen
Zuerst das Bild, das er der Freundschaft weihte.
Es blieb (so ehrt der Herr die Lichtgedanken!)
Selbst bei der Erde Wanken·
Verschont, und ist noch in Florenz zu schauen.
Das Kind Johannes reicht dem Christuskinde
Ein Vögelchen; der kleine Heiland, milde
Gelehnt am Knie der reinsten der Jungfrauen,
Den Täufer scheint sein hoher Schmerz zu fragen:
Wirst du den Kelch der Marter auch ertragen? —

„Du Gärtnerin, der gottergebnen Demuth,
Der himmelsreinen Unschuld klarster Spiegel,
Wer ist wohl rein genug, Dich anzubeten?
Dich, Magd des Herrn, auf kränzereichem Hügel!
Zu Dir empor mit unnennbarer Wehmuth,
Blickt, thronend auf den freud'gen Blumenbeeten,
Der Herr der Morgenröthen,
Das Gnadenkind, geschmiegt in Deinen Armen,
Vor welchem knieend scheint aus seinen Augen
Der kleine Täufer ew'ge Lust zu saugen.
Er fleht ihn seiner Welt sich zu erbarmen,
Und leise neigt zu ihm, im duft'gen Schleier,
Dein Haupt sich, Königin der Blumenfeier!"

Ganz hübsch geschwärmet, Kind, doch wir verletzen
Die Gattung ja, d'rum denk' einmal zu enden,
Lyrisch-didaktisch-epische Canzone!
Und kurz und gut laß es dabei bewenden;
Denn, ehrlich zu gesteh'n, dich fortzusetzen
In Deinem, nimm's nicht übel, schwülst'gen Tone

Wird einem Musensohne,
Der mehr zu thun hat, auf die Dauer sauer,
Und auch der Leser will von solchen Bissen,
Woran er lang' erst kauen soll, nichts wissen.
Ein Ding, wie Du, ist ja nicht auf die Dauer,
Du sollst ja nur den Mittagsschlaf vertreiben,
Still, Poesie, und laß den Schreiber schreiben.

Das End' vom Liede simpel zu erzählen,
Was jene schon zu lang' hat ausgesponnen,
Dem Raphael ist's besser nicht ergangen,
Wie uns, als wir das hohe Licht gewonnen,
Er kam mit seiner guten frommen Seelen
Nach Rom, um unbewußt und unbefangen
Dem Schönen nachzuhangen:
Daß Gott das schöne sey, ihr Herrn, am Rande
Versteht sich das, — und ihm entgegenschreiten
Sah er die Wunder alt und neuer Zeiten,
Die Menschheit angeknüpft an tausend Bande,
Entsetzt sah er — der nur von Einem wußte,
Daß er an Vieles jetzt sich klammern mußte.

Doch blieb er treu, ein solches thut uns zeigen
Die Disputa — wo von dem Chor der Beter
Umsäumet — und gekränzt vom lichten Kranze
Verklärter Märtyrer und Wunderthäter,
Und von der Seraphinen freud'gem Reigen
Und von der Cherubinen Wirbeltanze
Umschlungen, flammt im Glanze
Der Ewigkeit der Dreiklang, den die Sphären
Durch Harmonie, die Teufel in Gewittern,
Der Mensch, der mehr als Alle zwar mit Zittern,
Doch Dank, Versöhner, auch darf hoffend ehren,
Und Dank, Beginner, gläubig darf genießen,
Darf, Dank, Vollender, liebend in ihn fließen

Und Julius der Papst sank betend nieder,
Als er es aufgerollt im Wunderbildniß
Des Frohnleichnams Mysterium erblickte,
Nicht also jene Herren aus der Wildniß
Der Kennerschaft mit Heu an Hörnern, wieder
Stets kauend, wo ein Jeder, wann sich's schickte,
So lang' am Höchsten zwickte,
Bis er's in seiner Krippe könnte packen,
Sie sah'n auch hier, wie immer sie's gehalten,
Statt ew'gen Lebens, Steifheit in den Falten,
Doch Julius rief: das Bild sollt ihr nicht zwacken,
Was jene pinselten, er riß es runter
Und sprach zum Raphael: Jetzt male munter!

Nicht zweimal ließ sich das der Jüngling sagen,
Prometheus Sanzio, zu den Gefilden
Parnassus flog er, Musen und Poeten
Ließ er in wonnig reizenden Gebilden
Zu jenen, die der Reue heil'ge Klagen
Im Anschau'n hauchen aus und stillen Beten,
Zu den Gereinten treten,
Das reine Leben, das nicht darf bereuen,
Pindar, Anakreon, Petrark', die linde
Laura und Dante, Gott im Blick, der blinde
Homer und Moses, weß sie sich erfreuen;
Es sind die Grazien, die bekränzt den Reinen,
Verschleiert uns Gefallenen erscheinen.

Ach aber den Apoll mit einer Geigen
Blöckten die Kenner, ohne d'rauf zu achten
Stieg Raphael von Stuf' zu Stufe weiter:
Sein Pinsel wühlend auf der Vorwelt Schachten.
Er ließ aus ihnen die Gestalten steigen
Der Weisen, welche zieh'nd die Himmesleiter

Des Denkens, Vorbereiter
Vom Glauben waren, und vom sel'gen Schauen,
Pythagoras versenkt in Göttersprüche,
Der Liebesheld Sokrat, der königliche
Zoroaster, Archimed, die Welt zu bauen
Gebückt, und zeigend auf der Weisheit Quelle,
Der hohe Platon an des Tempels Schwelle.

In diesem Bilderdrei, das schön vereinigt
Die Feuersäulen, die der Herr gegeben
Uns Wallern hat in dunklen wüsten Thalen,
Des Denkens Kraft, der Dichtung ahnend Leben,
Des Glaubens Schau'n — die Brautnacht, wo gereinigt
Sich Geist und Herz umarmt in süßen Qualen,
Will Meister Sanzio malen,
Und die ihn füllt, die heil'ge Kraft erweisen;
D'rum läßt er in Athenens Propyläen
Getrennt die Denker und vereinzelt stehen,
Geselltер wallt auf des Parnasses Gleisen
Des Dichterchor, ein Phalanx ruht verschlungen
Zum Kranz die Schaar, die das Gebet errungen.

Das will uns auch das Frauenkleeblatt sagen,
Das in demselben Saal vom Vatikane
Als Opfergluth des Hochaltares rauchet,
Wo einzeln steh'n des Denkens Veterane,
Sieht man Philosophie herüberragen,
Ihr Kleid in Wasser, Feuer, Luft getauchet,
Von Gottheit angehauchet
Schwebt Poesis in Unschuld und in Treue
Gehüllt, geflügelt ob der Dichter Reigen
Und muß, sie kann nicht anders, dorthin zeigen,
Wo blutroth aber hoffend thront der Reue
Glorreiche Tochter und das Schwert der Schönen
Gezückt ist — die gesandt ward — zu versöhnen.

Anmerkungen.

Zur zweiten und vierten Strophe.

Raphael Sanzio ward geboren zu Urbino im Jahre 1483 am Charfreitage um 3 Uhr Nachts, nach italienischer Zeitrechnung, d. h. 3½ Stunde nach Sonnenuntergang und starb zu Rom 1520 am Charfreitag, also 37 Jahre alt. Sein letztes unvollendet gebliebenes Meisterstück war bekanntlich die Transfiguration oder Verklärung. —

Zur dreizehnten Strophe.

Vasari meldet in seiner sehr lesenswerthen Lebensbeschreibung Raphaels, daß dessen Vater Giovanni de Santi geheißen, und wiewohl kein ausgezeichneter Maler, doch geschickt, seinen Sohn auf den rechten Weg zu leiten, überhaupt persona costumata e gentile gewesen sey. Raphaels Mutter hat (ebenfalls nach Vasaris Bericht) dieses ihr einziges Kind, nicht nach der schon damals herrschend gewesenen Gewohnheit auf das Land in die Kost gegeben, und ihn dort von einer Amme aufsäugen lassen, sondern ihn selbst gesäugt, ihn auf's Zärtlichste geliebt, und sich, da er noch als Knabe von Urbino nach Perugia zu seinem ersten Meister, dem berühmten Maler Pietro Perugino, gereist ist, nicht sonder viele Thränen von ihm getrennt.

Zur fünfundzwanzigsten und hundertachten Strophe.

Dieser Pietro Perugino legte eigentlich den Grundstein der Schule, die man in der Folge die Römische nannte, obschon sie wenig geborne Römer aufzuweisen hat. Sein Ruhm war so ausgebreitet, daß er aus den entferntesten Gegenden Künstler herbeizog, die sich in seiner Schule zu bilden wünschten, unter denen Raphael und Andreas Luigi diejenigen waren, die mit erhabenstem Geiste den Weg einer freien Nachahmung dieses großen Meisters einschlugen. Was die dreiundvierzigste, und noch mehr, die hundertachte Strophe gegen jene „schöngeschriebnen aber schlechten" Kunstgeschichten und Künstlerlexika einwendet, die den Raphael einer sklavischen Nachahmung oder Nachbuchstabirerei des Perugino beschuldigen, gilt von jenen Fachwerkschmieden und Handwerkern, die immer von Banden und Fesseln der Schule des Perugino sprechen, ohne die höhere Weise der Composition Raphaels, nachdem er die Cartons von Michael Angelo und Leonardo da Vinci gesehn, eben auf den liebenden Meisterfleiß desselben in der Schule des Perugino dynamisch zu gründen.

Zur fünfundvierzigsten und sechsundvierzigsten Strophe.

Leonardo da Vinci (nach der authentischesten Angabe des Consigliere D. Venanzio de Pagave, geboren 1444, gestorben 1519) erhielt als der große Saal der Rathsversammlung in dem Pallaste della signoria zu

Florenz ausgebaut war, von dem Gonfaloniere Pietro Soderini den Auftrag, ihn gemeinschaftlich mit dem großen Michael Angelo Buonarotti (geb. 1474, gest. 1564) mit historischen Darstellungen auszuzieren. Hier war es, wo er wetteifernd mit dem Michael Angelo jenen herrlichen in der zweiundfunfzigsten Strophe geschilderten Karton malte, auf welchem die Geschichte des Niccolo Piccinio, Anführers der Truppen des Herzogs Philipp von Mailand vorgestellt war. Es war dieser Karton eine der ausgezeichnetsten Arbeiten des Leonardo. Vorzüglich bewundert man darauf (wie der Dichter andeutet) jenen Haufen Bewaffneter zu Pferde, die um eine Fahne stritten, eine Gruppe, wovon eine alte Zeichnung in dem Hause Rucellai, ein Kupferstich sich in der Etruria pittrice Tab. XXIX. befindet. Dieses Non plus ultra Leonardo's suchte Michelangelo durch jenen großen in der dreiundfunfzigsten Strophe geschilderten Karton zu übertreffen, den man als sein erstes Werk der Malerei von weitem Umfange, vielleicht als jenes betrachten sollte, worin er seine freieste Höhe, entfernt von Ueberladung und eigenwilligen Uebertreibungen, erreicht hat. Er stellte eine Scene aus dem Pisanischen Kriege dar, und ließ seinem leidenschaftlichen Hange, seine tiefe Einsicht in den Zusammenhang, das Spiel und die Schwingungen der Sehnen und Muskeln durch Figuren in gewaltsamen Stellungen glänzend an den Tag zu legen, freien Spielraum. Ein Haufen Krieger badet im Arno, als vom Lager her zu den Waffen gerufen wird. Mit dem verworrensten Ungestüm stürzen sie aus dem Flusse, um sich anzukleiden und zu waffnen. Vasari bemerkt unter der großen Mannichfaltigkeit heftiger Stellungen besonders jenen Soldaten (der nebst mehreren aus diesem Karton genommenen Figuren von M. A. Raimondi von Agn. Veneziano und Andern in Kupfer gestochen, von Poussin in dem Bilde von der heiligen Taufe nachgeahmt worden ist), der nicht in seine Kleider kommen kann, und sich mit unglaublicher Anstrengung bemüht, es dahin zu bringen. Benvenuto Cellini, der nach diesem Karton Studien gemacht hat, spricht von demselben, wie von jenem des Leonardo, mit großer Wärme. „Es war das erste Werk," sagt er, „in welchem Michelangelo sein erstaunliches Talent zeigte; er hatte ihn in die Wette mit Leonardo da Vinci gemalt. Es hingen diese Kartone einer in dem Palaste der Medicis, einer in dem Saale des Papstes, und so lange sie ausgestellt blieben, waren sie die Schule der Welt." Beide Kartons sind, wie die achtundfunfzigste Strophe betrauert — untergegangen.

Zur siebenundvierzigsten Strophe.

Hiermit ist das von Vasari aufbewahrte Sonett Buonarotti's gemeint, das dieser in seiner Spannung mit dem Architekten Ligorio kurz vor seinem Tode gemacht, und das Werner in einer Anmerkung zur Vorrede der Mutter der Makkabäer Seite IX. und X. sammt einer Ankündigung dieser Canzone und des Hymnus über das allerheiligste Altarssacrament dem Publikum bereits mitgetheilt hat.

Zur achtundvierzigsten Strophe.

Er harrt im heil'gen Kreuz des Tags der Garben. In dem von Werner hinterlassenen, während seines Aufenthalts in Italien, Frankreich und der Schweiz geführten Tagebuche, findet sich unter der Rubrik Florenz die Erklärung dieses Verses. Das Grabmal Michael Angelo's befindet sich nämlich in der Kirche Santa Croce, unter dem Grabmale des großen Mathematikers Galiläo Galiläi, neben dem Grabmal Aretins.

Zur hundertzwölften Strophe.

Statt über Raphaels Kunstperioden, und Erklärung einzelner Anspielungen auf dessen Leben und Zeitgeschichte Noten zu häufen, empfehlen wir schließlich das vom Dichter benutzte Buch: Descrizzioni delle immagini depinte da Raffaello d'Urbino nel Vaticano, e di quelle alla Farnesina di G. P. Bellori colla vita di Raffaello dal Vasari. Roma 1821.

Werner's Klage

um seinen hochseligen Oberhirten und Wohlthäter*).

(Im Jahre 1820.)

Canzone.

Zur Gruft ist unser Vater schon getragen,
Auch die drei Trauertage sind vollendet
Der heil'gen Opfer für den hohen Todten;
Ich habe, was des Priesters, Ihm gespendet,
Jetzt darf ich Mensch den mir Geschied'nen klagen,
Und (was Er lebend strenge mir verboten,
Als noch ihm Stürme drohten),
Des Lobes Segel darf ich kühn entfalten!
Zum Felsenhort, wo des Gesetzes Wellen,
Die düstern, sich zerschellen,
Zog Er, wo Liebe klar und frei darf walten;
Darum gehorch' ich Ihm, hauch' in Gesängen
Ich aus, was, schwieg' ich, mir das Herz muß sprengen!

---

*) Blos für auswärtige Leser wird bemerkt, daß unter diesem Titel der am 30. Juni d. J. (dem Gedächtnißtage des heil. Apostels Paulus) früh gegen 2 Uhr, nach mehrtägiger höchst schmerzlicher Krankheit und nach empfangenen heiligen Sacramenten, zwar im 91. Jahre seines Alters, aber noch viel zu früh, selig in dem Herrn entschlafene Hochwürdigste und hochgeborne Fürst-Erzbischof Sigismund Anton zu Wien, aus dem Hause der Grafen Hohenwart zu Gerlachstein, verstanden ist.

Es ist nicht Schmeichelei, was ich verkünde,
Die Schmeichelei, sie leckt, mit feiler Zunge,
Nur die Lebendigen und nicht die Leichen,
Ihr Fittig ist zu schwach zum hohen Schwunge;
Zu schau'n, wie Herz am Herzen sich entzünde,
Die Altarsflamme kann sie nicht erreichen.
D'rum du, der nur vergleichen
Das Höchste dem kann, was dich brennt und kitzelt,
Profaner Pöbel, dir sey Preis gegeben
Mein Dichten, Lehren, Leben,
Nur dieß mein Hochlied laß mir unbewitzelt,
Das Den, den niemals hat dein Blick erreichet,
Den hohen Vater singt, der mir erbleichet! —

Du herrlichstes der Völker, das ich kenne,
Du Wienervolk, auch du hast Ihn verloren,
Dir treuem braucht man Treue nicht zu lehren;
Du, das ich mir zum theuersten erkoren,
Das, ob mein Schicksal auch von dir mich trenne,
Mein Herz, gewohnt den Schmerzenkelch zu leeren,
Stets liebend wird verehren;
Ich habe dir ein schönes Lied gedichtet*)
Zu deines sel'gen Bischofs Angedenken,
Auf daß du mögest lenken
Durch Ihn den Blick zu DEM, der wägt und richtet!
Doch dieses Lied hat nichts mit dir zu schaffen,
Den eignen Schmerz soll es zusammenraffen!

Was geht es mich an, daß Er deine Kinder,
So milde fast, wie Jesus rief die Kleinen,

---

*) Der Verfasser hatte nämlich, gleich nach des Hochseligen Tode, ein anderes die allgemeine Volkstrauer über diesen Verlust bezeichnendes Lied gedichtet und drucken lassen. (Wien bei Wallishausser.)

Gefirmt noch hat, als schon ihm winkt die Krone;
Bin ich d'rum minder unstät, stillt's mein Weinen,
Mein trostentblößtes, daß der Ueberwinder,
Von mir sich trennend, flog zu Gottes Throne,
Als thät Er's mir zum Hohne? —
Zwar seh' ich noch in des Pallastes Hallen,
Im reinsten Silberhaar, das je erblicket,
Mit Linnen nur geschmücket,
Ihn segnend sitzen, Kindlein Ihn umwallen,
Den Kindlichsten; könnt' ich es, würd' ich's malen
Jetzt kann ich brüten nur ob meinen Qualen!

Zwar geh' ich oft Nachmittags noch spazieren
Mit ihm, dem blühend rothen Engelsgreise,
Wir lagern hin uns auf der bloßen Aue,
Und himmlisch fein scherzt Er nach Seiner Weise,
O Keinen sah ich so viel Feinheit zieren!
Und Er versteht mein Herz, wenn ich in's blaue
Himmlische Aug' Ihm schaue! —
Schau', geh' ich? — Nein, ich schaute, bin gegangen
Mit Ihm! Zur Gruft ging Er, den Strahl des großen
Huldvollsten Aug's geschlossen!
Und meine Angst, mein unaussprechlich Bangen
Nach Ihm! Kann es den Vater mir erwecken,
Mich oft Verwais'ten noch Verwaisung schrecken? —

Doch — gab Er mir nicht Seinen letzten Segen,
Den letzten, den Er irgend Wem auf Erden
Ertheilet hat, mir gab Er ihn — den letzten! —
Als Er schon in des Todeskampfs Beschwerden,
Ein wundbedeckter Lazarus, gelegen,
Naht' ich — die Thränen sich einander hetzten,
Die mir die Wange netzten!
Ich flüsterte: „Kein Segen wird dem Sohne?" —

Er schwieg, doch, — o noch bis zum Grab, dem dunkeln,
Wird dieß Bild vor mir funkeln! —
Doch hob Er beide Hände, wie zum Throne,
Um — nicht mehr sah Er mich — mein Haupt zu halten,
Ich sah das Kreuz Ihn über mich gestalten!!! —

„Ei nun, Er ist gegangen heim zum Frieden,
In hochbetagten, ehrenreichen Jahren,
Warum Ihm denn die Ruhe nicht vergönnen?“ —
Habt ihr, die so mich tröstet, das erfahren,
Was ich erfuhr? — Ein stilles Loos beschieden
Ward euch, ihr Guten; wie begreifen können
Sollt ihr mein unstät Rennen?! —
O glücklich Jeder, der das nicht begreifet
Und nicht versteht, wie dem wohl sey zu Muthe,
Dem, naß vom Herzensblute,
Der Menschheit letztes Band nun ab sich streifet! —
Was wohl Er that mir, ließe sich verwinden,
Was wohl Er war mir, wo soll das ich finden?! —

„Im Himmel ist nicht Frei'n, noch Freien lassen!“
So sprach die Wahrheit; daß sie wahr geredet
Auch darin, lange zagt' ich es zu glauben!
Doch als der Herr mein letzt' Asyl befehdet,
Als an des Meisters Sterbebett erblassen
Ich Ihn sah, und dem Tod' es mußt' erlauben
Den Liebsten mir zu rauben,
Da ward es klar mir, daß es Etwas giebet,
Das nicht Geschlecht, nicht Schönheit oder Jugend,
Noch Erdenlust und Tugend,
Daß man dieß Etwas nur, sonst gar nichts liebet,
Daß jenseits uns vom Freien will befreien,
Der Alle will durch Jeden benedeien! —

Es schläft ein Keim in unseres Herzens Nächten,
Der, wenn das Herz zum Leben ist erwachet,
Im Schlummer oft gestört durch bunte Schimmer;
Dann, wenn das Herz sich stolz und kühn gemachet,
Träumt jener Keim in's Leben sich zu flechten,
Umklammernd Etwas, wie er wähnt, für immer;
Bald wird der Traum zu Trümmer!
Das arme Herz, verlassen steht's hienieden;
Zwar will es an der Pflicht sich auf noch richten,
Doch — kann die Pflicht beschwichten?!
Die Pflicht nicht, nur die Gnade führt zum Frieden!
Das fühlt mein Herz, wenn von ihm fortgetrieben
Der letzte Meister ist, dann lernt es lieben! —

Doch, ach, armselig ist wohl der zu heißen,
Der dasteht, schon vom wilden Wahn entwöhnet,
Wo kindisch er sein Traumbild Liebe nannte;
Der knechtisch dann auch hat der Pflicht gefröhnet,
Und einsieht, daß sie nicht einmal kann gleißen,
Wie jener Traum, den sein Erwachen bannte;
Da steht der Uebermannte,
Im Dunkeln, von Gelüst und Pflicht zerrissen!
Die vielen Meister sind ihm all' verschwunden,
Den letzten hat gefunden
Er! Der auch flieht, nur eig'nen Heils beflissen!
Ganz elend ist er dann! Der Weg zur Liebe
Ist lang, am Ziel noch lauern graufe Triebe! —

Mein Sigismund, darf ich wohl jetzt es wagen,
Was niemals ich, so lang' Du lebtest, wagte,
Wiewohl Du huldvoll selbst mich so genennet,
Darf, was mein Mund nicht, nur mein Blick Dir sagte,
Ich, nun Dein großes Herz hat ausgeschlagen,
Gesteh'n, daß mein's Dich „reinsten Freund" genennet? —

Du hast mich ja erkennet,
Als noch Dein Blick vom Erdschein war geblendet,
Du Einz'ger, der mir reines Mitleid schenkte! —
Weil man Dein Kleid versenkte,
Wird Deine Huld mir minder d'rum gespendet? —
Ist nicht Dein Jesus Licht und Auferstehen?? —
Wird mein ER seyn, Dich, IHN mein Glaube
sehen??? —

Oelzweige, sanft umflechtet
Diesen doppelten Leichenkranz, den falben!
Zwar klein seyd ihr, doch Jesus liebt die Kleinen,
ER nannte sie die Seinen,
Mit Freudenöl will ER die Demuth salben!
Wer (Gott verhüt's!) theilt meines Herzens Wunde,
Fleh' mit mir: Bitte für uns, Sigismunde!

Clemens Maria Hoffbauer *).

General-Vicar des Ordens zum heiligsten Erlöser.

In zwei Gesängen.

(1820.)

Erster Gesang.

„Wohin willst du hin denn gehen,
Ohne deinen Sohn, o Vater!
Wohin, heil'ger Priester, schnelle
Wandern sonder Ministranten?
Hab' am Altarsdienst und Pflege,
Ich es jemals mangeln lassen,
Daß du jetzt, von mir dich trennend,
Bess're Diener suchst und Andre?"
Also zum Nachfolger Petri,

*) Wiewohl dieses Gedicht einiger geschichtlichen Erläuterungen zu bedürfen scheint, so sind solche doch absichtlich weggelassen, um irgend einem der Vertrauten und Verehrer des, am 15. März 1820 im 69. Jahre seines Alters selig verstorbenen, Hoffbauers, dieses, im höchsten Betracht, großen Mannes, Veranlassung zu geben, dessen wahrhaft merkwürdiges und von göttlichen Fügungen und heiligen Arbeiten rastlos durchrütteltes Leben, nachdenkenden Lesern, als ein treues Bild darzustellen, von dem, was eine menschliche, seltene Meisternatur, der Leitung des göttlichen Meisters ergeben, vermag.

Zu dem Märtyrer und Papsten
Xystus, auf dem Todeswege
Ihm begegnend, sprach der wackre
Sanct Laurentius, obwohl Thränen
Ihm entflossen, dennoch wacker.
Zum Leviten sich bestellet
Hatte den der heil'ge Vater
Xystus, dem er so geredet
Als er hinging nun zur Marter.
Xystus aber ihm entgegnet:
„Sohn, ich dich ja nicht verlasse,
Denn es bleiben größ're Kämpfe
Dir zu thun für Christi Namen,
Du bist jung und annoch kräftig,
Ich bin alt, wiewohl die Gnade
Lang' verlieh mir Jugendstärke,
Und mich jetzt auch noch erstarket.
Du nimm hin den letzten Segen,
Wisse, daß nach dreien Tagen,
Mein Levit, du folgen werdest
Deinem Priester, der zum Anschau'n
Dessen, Der gekreuzigt, gehet.
Wenn du Etwas solltest haben
Noch an Silber, Gold, Juwelen,
So vertheile das den Armen."
Als er das gesprochen, trennten
Beide sich mit nassen Wangen.
Der Levite, dem Befehle
Treu, vertheilte d'rauf der Armuth
Was sich fand an Kirchenschätzen,
Und dem Priester ward die Palme
Durch den Martertod gegeben.
Wie hierauf ward vom Tyrannen
Sanct Laurentius auch gefesselt,

Dann auf glühendem Roste, langsam
Durch den Martertod zum ew'gen
Leben kam, nach dreien Tagen,
Daß erfüllt des Priesters Segen
Am Leviten, Alles saget
Uns die heilige Legende,
Auf daß keiner trostlos zage,
Denn der Herr, zu dem wir beten,
Ist getreu und hilft in Nöthen!

* * *

Als der, welchen wir im Stillen
Feiern, doch aus Herzensgrunde,
Als der Meister, den dieß Lied auch
Seinem Schüler nur gesungen,
Preiset, denn man lobt den Bildner
Rühmt sein Werk man, sein gelung'nes, —
Als der alte Herr und Bischof,
Stifter des Erlöserbundes,
Herr Liguori, ging zum Frieden
Hochbetagt und hoch an Ruhme,
Zu Neapel (welches sicher,
Von der Wuth Vesuvs befruchtet,
Ruht im Meer, der Liebe Spiegel),
Als Liguori starb, sein junger
Schüler warst du noch, du lieber
Meister Clemens, Großer, Guter,
Treuer, Herrlicher und Milder!
Mocht's dir da nicht auch gemuthen,
Daß du, wie Lorenz zum Xystus,
Sprachst zu des Erlöserbundes
Kinderliebvollem Stifter:
„Warum hin zum ew'gen Ruhme,
Ohne den Leviten, Priester?

Aber der, wiewohl verdunkelt
Schon sein Aug', das angeblitzet
Hatt', als einst mit heil'gem Munde
Er Marien pries, ihr Lichtstrahl,
Er, der weise Meister wußte,
Daß, o Clemens, seinen Riesen,
Dich gesellet, der geblutet
Hat am Kreuze, Jesus Christus.
Dessen war der Meister kundig,
Und dich segnend starb er friedlich! —

Stets sprachst du mit hohem Unmuth:
„Narren lobet man und Kinder,"
Wenn des Christen höchste Tugend,
Wenn die Demuth deiner Lieben
Ward, mit Gift der eitlen Ruhmsucht,
Durch ein lobend Wort vergiftet.
D'rum hab' nie mich's unterwunden
Ich, der hier dein ält'ster Diener,
Daß ich dich, den ich bewundert
Als der Demuth ächtes Siegel,
Hätte je durch Lob verwundet.
Aber jetzt, mein hingeschied'ner,
Hoher Herr, jetzt bin gebunden
Ich nicht mehr durch dein verbietend
Wort, durch Jesum nur, der huldvoll
Ew'gen Preis gebeut der Liebe. —
Also auf, du Gottes Ruhm, du,
Mein Ruhm nicht, du mein Psalterium,
Du hast oft zwar mißerklungen,
Doch Gott gab mir dich, o Cither,
Auf, um dem Erlöserbunde,
Trost, dir Clemens, Preis zu singen!
Ob du gleich, aus tieferm Grundsatz,

Lächeltest des Musenspieles,
Und mit Recht! Wem Sphärenmusik
Tönt, dem nied're Tonkunst widert!
Doch nicht wag' es nied're Dumpfheit
Zu verlästern Sang und Dichtung,
Nur der Adler, nicht der Guckuk
Darf der Nachtigall gebieten,
Daß ihr Hochgesang verstumme,
Um zum Höchsten sich zu schwingen;
Denn auch ohne Lied wird ruhmwerth
Thun — wie, Clemens, dein's, zum Liede! —
Lebenslang hast du gerungen,
Lebenslang hast du gesieget,
Liebesleben (das ist kundig
Liebenden) heißt Ringen, Siegen,
In und mit und durch Gott muthig,
Wie du, Meister, rangst und siegtest!
Darum, den beklemmten Busen
Lüftend, preis' ich laut, dich Sieger! —

Deine Herkunft, sie war dunkel,
Wenn man sprechen wollte niedrig.
Als von dir die treue Mutter,
Welche geistreich, fromm und liebend,
Dir in's Herz gepflanzt, was wurzelnd
Zwar die Hölle sah mit Grinsen,
Aber immer tief doch unter
Dir dem Sieger, als zum Himmel
Dir die Mutter schied, da wurd' es
Klar dir schon, was Menschenkinder
Jagt und peitscht, es sey was Dunkles.
D'rum, vom Menschentroß geschieden
Zogst du, ob dich gleich die bunten
Schwimmer lockten, ein Einsiedel,

Fort schon noch in rüst'ger Jugend,
Doch ein König schon der Triebe!
Wissend, Ziel vom Menschenthume
Sey der Triebe Herrschaft, ihnen
Dient das Thier, der Mensch, der Dulder,
Herrschet, Nichts muß, Alles will er;
Wissend, daß nur wird gefunden,
Ferne von des Scheins Gebilden,
In des Herzens Heiligthume,
Was das Herz bedarf zu wissen;
Wissend endlich, daß, wenn um uns
Alles still, vom königlichen
Throne der allmächt'ge Spruch kommt,
Der: „Ich bin" spricht, und „du wirst seyn!" —
Das, o Clemens, dir bewußt war,
D'rum zogst du in Waldesstille,
Gott aus dem lebend'gen Buche,
Wie Bernhardus, zu studieren.

Erde, unser Aller Mutter,
Rief dir: Gern dir dien' ich, Kindlein:
Steine schrie'n, mit Hohn und Unmuth:
Wir sind Herzen ohne Christus!
Grün der Wiesen, Schmelz der Fluren
Lispelten: wir glüh'n vom Lichte!
Ich auch, Giftschwamm schrie und Unkraut,
Doch das Licht hab' ich vergiftet!
Hülfe! jammerten die Blumen,
Denn das Unkraut uns erstickt!
Nur die Rose sang mit Hulden:
Ist die Farbe, die mich zieret,
Nicht wie Jesu Seitenwunden
Blut und Wasser schön entrieselt?
Willig trug Er Seine blut'ge

Dornenkrone, darum lieb' ich
Dornen auch, die mich verwunden,
Und mir doch die Krone schirmen.
Tragt das Unkraut auch, ihr Guten,
Lächelt an das auf euch gift'ge,
Labt den Haß mit süßem Dufte,
So veredelt ihr das Wilde.
Hat nicht Jesus auch geblutet,
Um das Wilde zu entwilden? —
So die Königin im Purpur,
Rose, sang im königlichen
Schmucke, denn der Kön'ge Schmuck ist
Milde, die auf Jesum hinweist.
Und der Weinstock jauchzt: Sein Blut bin
Ich, durch Ihn, den Hohenpriester! —
Gnäd'ger Regen troff herunter,
Alles Wachsthum zu erquicken.
Gottes Bund mit euch verkünd' ich!
Klang's im Regenbogenschimmer. —
Unkraut endlich ging zu Grunde,
Blumen früher noch vergingen,
Doch das Unkraut wird zum Unflath,
Blumenglanz zieht zu Gestirnen,
Und sich in den Thränenfluthen
Treuer Quellen tröstend spiegelt.
Fragen die, von Sehnsucht trunken:
Werden wir in's Meer noch quillen?
Dann die Blumensternlein rufen:
Wir ja leuchten, daß ihr fließet! —
Und nun die aus fester Wurzel
Schießen, riesenstark gen Himmel,
Als sey er die heil'ge Kuppel,
Sie die Säulen einer Kirche,
Die mit tausend schön gewund'nen

Knäufen, herrlich sind staffiret,
Und die Berge, mit dem muntern
Waldesgrün auf ihren Spitzen,
Zwischen sie scheint's, wie durch bunte
Kirchenfenster, roth, gelb, lichtblau,
Und die alten Eichen unten,
Mit den hundertjähr'gen Wipfeln,
Und der, wenn auch manch Jahrhundert
Hat der hohe Baum stolzieret,
Ihn am Ende doch im Sturme
Packt und wirft zu Boden nieder,
Der bescheid'ne Saat befruchtet,
Sie erquickend, und der Blitzstrahl;
Erd', Gestein, Flur, Unkraut, Blumen,
Quellen, Berge, Wurzeln, Wipfel,
Grün, roth, gelb, blau, die verbundnen
Farben, Blitze — Homilien
Sind s, sie pred'gen Reu und Buße,
Muth in Gott, zu dem verirrten
Sünder, daß ihn nicht der Fluch trifft!

Erde schrei't: zur Erde wirst du!
Steine murmeln: von der Gruft sich
Wälzt den schweren Stein der Sieger,
Der erstand! — Erlöster, muthig! —
Gerne wir zur Weide dienen,
Duften Wiesen: dien' auch du dann,
Ja wir preisen noch die Sichel,
Die uns mähet. — Sünder, dulde! —
Nur sobald der Keim erstirbet,
Sprießt der Halm, so ruft das Fruchtfeld,
Tödtest du die sünd'gen Triebe,
Wird dir bald erblüh'n die Tugend! —
Dann das falsche Unkraut wimmert:

Uns, die Freuden dir gewuchert,
Willst du meiden? — Und der Giftschwamm
Heult: Ich mache wonnetrunken! —
Meide sie, o Mensch, o Lichtsohn,
Singt die Rose dann, mein Duft quillt
Dir, wenn auch mein Dorn dich ritzet,
Pflücke, König, mich, mein Bruder! —
Ihren Purpur färbt, was ich bin,
Jubilirt der segenstrunkne
Weinstock, werd' ich consecriret,
Bin ich Sein Blut, schlürf' es, Durst'ger! —
Und es fähret in des finst'ren
Wilden Sünders nachtumwund'ne
Seele jetzt der erste Lichtstrahl,
Seines Unmuths starre Kruste
Schmilzt, — die erste Thräne fließt! —
Aber kaum ist sie entsprudelt,
Schüchtern — o schon sich ergießen
Ew'gen Regens Gnadenfluthen,
Alle Quellen rascher fließen! —
Mitzuweinen, daß der Buße
Thränenstrom nur nicht versiege!
Und aus goldgesäumter, dunkler
Wolk' der Regenbogen lispelt:
Hassest du? — Wie könnt' ich's, rufet
Der Erfrischte, könnt' ich lieben! —
Und vergibst du deinen Schuldnern?
Also fragen die Gestirne. —
Ja! — so weint der Sünder bußvoll,
O könnt' ich Vergebung finden! —
Gloria dem Versöhnungsblute,
Friede gutem Menschenwillen,
Der Vergebung hat gefunden!
Klingt es aus den Sterngefilden.

Der Begnadigte blickt um sich,
Abgewälzt sind die Gebirge
Ihm vom Herzen, jene stummen,
Ferne schrei'n sie: klimme, klimme!
Und so wie vom Kirchenthurme
Glocken, rauscht's aus Eichenwipfeln,
Bete, rauscht es, sprieße, wurzle!
Und der Eichbaum, der zersplittert,
Aechzt: entflieh' dem Uebermuthe!
Stolz, so ruft der Blitz, muß sinken,
Ist ja Lucifer gesunken! —
Und die Au', vom Blitz erfrischet,
Mahnt den Büßer: dulde muthig!
Alles predigt die Geschichte:
Von des Uebermuthes Sturze,
Von der Demuth mächt'gem Schilde! —

Alles das hast du erkundet,
Um es uns in's Herz zu blitzen;
Das hat, mit Natur im Bunde,
Clemens, dich gelehrt im Stillen,
Welcher sprach im Flammenbusche! —

Als nun bald darauf vertrieben
Mönche, Nonnen, And're wurden
Die das Liebenswürd'ge liebten,
Traf das auch (was wohl kein Wunder)
Dich den frommen Eremiten;
Doch, ob viele wurden untreu
Dem, der ob dem kind'schen Spiele
Lächelt, wenn der Sohn der Stunde
Wähnt ein ewig Werk zu hindern,
Und im Zwergeleingelüste
Kampf der Allmacht will entbieten, —

Obgleich untreu Viele wurden,
Doch nicht du, du Jesusdiener!
Untreu nicht, doch schmerzumschlungen
Zogst du damals hin und wieder,
Gott im Herzen, dennoch mußt' ät,
Oft aus Deutschland nach Italien,
Und zurück oft sehnsuchtstrunken,
Voll der einz'gen, nicht geringen
Sorge, daß den Weg dir kunde
Gott, am besten Ihm zu dienen.

Viel der Wege gibt's hier unten,
Doch nur Einer führt zum Ziele;
Alle Wege zieh'n gewunden
Zu dem Einen hin, — durch Klippen;
Doch an jeder Klippe Schlunde
Zischet Höll', selbst noch am Gipfel! —
Leicht erklimmt den, wer noch jung ist,
Greise Büßer müssen schwitzen,
Glücklich, wer in früher Jugend,
Wehe dem, der nie ihn findet! —
Ein Weg ist's, ein schmaler, krummer
Weg, den alle müssen ziehen,
Männer, Frauen, Weise, Dumme;
Doch hat von uns Menschenkindern
Jedes seinen eig'nen Fußsteig,
Der nur ihn, und nur ihn hinführt,
Und den suchen wir mit Unruh!
Zögen wir nicht stets im Zickzack,
Hätt' ihn jeder bald gefunden!
Ach wir Kindischen und Schlimmen! —
Diesen Fußsteig dir zu suchen,
Zogst du, Clemens, junger Pilgram,
Schnurgerade, ein Gesunder,

Rüst'ger, Reiner und Gedieg'ner,
Zogst allein, jedoch im Schutze
Heil'ger Engel, wie Tobias,
Stets zum Fels, an dessen Fuße
Donner fruchtlos droh'n, immitten
Aller Trübsal zog's dich, muntrer
Held, dich Jacob, Gottes Ringer!
Nicht umsonst mit Gott du rungest,
Leiden muß Gewalt der Himmel,
D'rum hast du's von Gott erzwungen,
Hinzuneigen dich zum Frieden!

Gott trieb durch das, was hier unten
Schicksal heißt, und uns macht wimmern,
Unterdeß von oben fluthet
Auf uns Blinde Segenslichtstrom,
Gott trieb dich nach Wien, in muth'ger
Ahnung endlich hier zu finden.
Ihn, den dornenvollen Fußpfad,
Zu dem Weg, der nimmer irret.
Gott gab dir in Wien den Bruder;
Denn, der Vater wird der Liebe
Unter Brüdern nur gefunden! —
Ein armsel'ger Jüngling, Hiebel,
(Arm und selig steht im Bunde!)
Schrieb an's Thorweg einer Kirche,
Daß er Schreiberdienste suche.
Und du lasest es, und blitzend
Macht es deinem Herzen kundig
Gott: „Mein Bruder, es ist dieser!"
Und bald hattet ihr umschlungen
Euch, um euch zu lieben immer,
Lebens=, leidens=, liebeslust'ge,
Gottesfreud'ge Höllensieger! —

Du mit ihm die Liebeskunde,
Die Theologie, studiertest,
Die des Wissens reiner Ursprung,
Weil aus Liebe quillt das Wissen,
Die der weisen Antwort Kunst ist,
Wenn Philosophie, das Kindlein
Der Vernunft, oft ungeduldig
Zerrt an seinen Fragenwindeln.
Kann es anders? Ach es mundet
Uns einmal die Frucht, die Lichtfrucht,
Zwar wir wurden dadurch dunkel,
Doch ergötzen uns die Flimmer! —
Die Theologie, die kundig
Ist des Maaßes, zwingt die dringen
Will, die Angst der Creaturen,
Nach Erlösung, wenn fürwitzig
Sie im Ungrund will den Urgrund,
Will durch Schein das Urseyn finden.
Solcher Creaturenunruh,
(Auch im Wissenschaftsgebiete
Stets nur nach Erlösung durstig,)
Wir verleihen ihr drei Titel,
Je nachdem sie hin zum Urbronn
Flieget, schreitet oder schwimmet.
Poesis fliegt keck zum Urlicht,
Doch von Wachs sind ihre Schwingen,
Sie muß, wo das Alleluja
Tönet, stürzen oder hinknie'n!
Schreitet gleich Mathesis ruhig,
Doch nicht Ew'ges messen Schritte.
Aus die bleibeschwerten Schuhe
Zieht sie, wenn's im Dornbusch blitzet!
Schwimmend trennt Physik die Fluthen,
Doch erblicket Land sie nimmer,

Will sie zieh'n in's Land der Wunder,
Muß sie schrei'n: Herr hilf, ich sinke! —
Solcher Sehnsucht Angst und Unbill,
Mag sie fliegen, schreiten, schwimmen,
Ist im Mißbrauch nur ein Unrecht,
Herrlich ist ihr Zweck und billig.
Dunkel wohnt in uns Bewußtseyn,
Daß wir Gottes Ebenbildniß,
D'rum zu schaffen uns die Lust kommt,
Und wir schaffen, wenn wir dichten,
Griffel, Meißel, Pinsel, Grundblei,
Harfe, Scepter, Schwert beschwingend!
Die Gott durch des Himmels Rundung
Zieht, wir messen Sternenlinien;
Klüfte, Stürme, Wogen, Gluthen,
Blitze — zwingen: Ziffer, Zirkel!
Wie Gott dreht das All, das durch Ihn,
Dreh'n auch wir manch Theilchen niedlich.
Der Natur Gebeinhaus putzen
Wir, die wir geopfert sinnreich.
Löblich, daß wir stets die Ruhe
Opfern, — Opfer zeugt den Frieden!
Doch kein löblich Thun ist unser,
Alles Gute kommt vom Himmel!
Darum wird die Dichtkunst Unsinn,
Mit der Meßkunst steht es mißlich,
Und Naturkunst wühlt im Unrath,
Wenn die Kunst es je vergisset,
Daß sie göttlicher Natur ist,
Und, das Maaß sie überschwillend,
Demuth tauscht mit Uebermuthe! —
Wieder dann in's Maaß sie zwinget,
Jene dreigeeinte trutz'ge
Schöpferlust der Menschenkinder,

Eins nur, die lebend'ge Kunde:
Daß im Thränenthal hienieden
Die Erlösung, die wir suchen,
Schaffenslüstern, keck und kindisch,
Daß sie da schon, doch gefunden
Werde nur von Selbstvernichtung;
Daß durch die der Mensch sich umschafft,
Sey ihm das auch Anfangs bitter;
Daß er umgeschaffen ruhig
Findet, was erschafft: — den Frieden;
Daß das All im Menschen durch ihn,
Doch nicht ohn' ihn, schafft die Liebe,
Die als Gnad' aus Jesu Wunden
(Durch die wir des Vaters Kinder)
Allen zwar der Geist, doch fruchtbar
Ewig schenkt nur — den Zerknirschten! —
Diese Kunde, nicht im Buchstab',
Doch im Geist liegt — der Geschichte,
Der Geschichte, die bewußt sich
Ihres Ursprungs, ihres Zieles;
Der bewußt ist, was bedurfte
Aller Völker trostlos Ringen,
Ringend, ob bewußt, bewußtlos,
Schuldig, schuldlos, wahrhaft, irrend,
Immer nur nach Jesu Blute!
Sie, der Wissenschaften tiefste,
Die, wenn alle stolpern, muthig
Klimmet, festen, sichern Schrittes,
Die, wenn alle wanken, wurzelt
In der Herzen tiefstem Innern,
Die, wenn All' erliegen, und nun
Auch die Herzen ausgewimmert
Bald schon haben, noch im Sturme
Sie ersteigt dann, das Panier noch

Auf sie pflanzend des Triumphes;
Die Geschichte, hieroglyphisch
Eingeätzt dem Wesenrunde,
Die Geschichte der Geschichten,
Die in allen Weltnaturen
Wasser, Blut und Geist uns spiegelt,
(Welche drei auf Erden unten
Zeugen, wie die drei im Himmel;) —
Sie triebst, Clemens, mit dem muntern
Bruder du — Theologiam!

Der gesetz- und maaßeskund'ge
Sanct Ambrosius war Lichtstern,
Daß, ob Viel' verführt auch wurden,
Bald durch des Unglaubens Irrwisch,
Bald durch Aberglaubens Unzucht,
(Faules Holz, im Dunkeln blitzt es!)
Clemens, Hiebel, ihr Verbund'ne,
Bliebt in schöner Glaubensmitte! —

Doch lang' läßt der Herr nicht ruhen
Seines Glaubens Paladine.
„Auf!" riefst du, „der Geist, er ruft mich!
Und dir folgte Bruder Hiebel.
So zogt ihr nach Rom, der guten
Stadt, die (seit zerstört der Richter
Hat Jerusalem, die bundlos,)
Aller Städte wohl hienieden
Ist und auch der Besten Grundstadt,
Weil der Thron dort wunderlieblich
Strahlt vom alt und neuen Bunde!
Vieles Schöne dort noch schimmert,
Altes, Neues, aber fruchtlos
Lockt es euch, Verbund'ne, lichten

Strahlt aus Jesu heil'gen Wunden
Eurer Herzen ew'ger Himmel,
Als was aufgeht und geht unter,
Als der Zeiten ird'sche Flittern.
Zeiten welken, Ew'ges wurzelt;
Doch auch schon die Zeit regieret
Liebe, die der Wesen Mutter! —

Zu der Zeit als du nur Pilgram,
Noch nicht Glied des Priesterthumes,
Kamst nach Rom, war neu fundiret
Dorten des Erlöserbundes
Orden, den du solltest zieren! —
„Komm," riefst du, „laß auf uns suchen
Dieses Bundes Haus!" — Dein stiller
Bruder kam. Des Hauses Stufen,
Jesus überschritt sie mit euch!
D'rinnen standet ihr, und Kunde
Gab man euch der neuen Stiftung,
Die im Namen war verbunden
Des Erlösers Jesu Christi.
Wie der Heiland war der Bruder
Aller Armen, und den Kindlein
Alles: Kindlein, Vater, Mutter,
Wie Er Armuth, Kindheit liebte.
Denn den Armen hat Er huldvoll
Kund gethan Sein Evangelium,
Das des ew'gen Reichthums Urbronn,
Und gesprochen hat er milde:
„Laßt die Kleinen kommen zu mir,
Denn das Himmelreich ist ihre!"
So auch, die von Ihm berufen
Ach, von unserm guten Hirten
Waren, des Erlöserthumes

Glori menschlich nachzubilden,
Und die auf euch nahmen truglos,
Clemens, Hiebel, fromme Pilger! —

Durch der Demuth Sonnenfluren
Rieseln vier des Paradieses
Ströme, welche man hier unten,
Wo sie dürftig nur entquillen,
Heißt Gelübde, denn gebunden
Ist hienieden noch die Liebe!
Armuth heißt der aus fünf Wunden
Rinnt und bricht den Damm des Schicksals,
Keuschheit das Crystallgefluthe,
D'rin des Lammes Braut sich spiegelt;
Der Gehorsam wogt im Dunkel
Durch des Zweifels Felsen sicher;
Alle drei führt zum Triumphe
Des Beharrens heil'ger Lichtstrom!
Alle, durch der heitern Jugend,
Durch des düstern Elends Triften,
Leiteten, nicht sonder Wunder,
Des Erlösers Missionarien! —
„Bleibet," also sprachen huldvoll
Sie zu euch, ihr beiden Pilgrams,
„Bleibet bei uns, ihr seyd jung noch,
Und mit uns allhier da will es
Abend werden. Brot des Kummers
Würzet uns der Thau des Himmels;
Helft den Kranken, ihr Gesunde,
Denn reich ist die Ernte, Schnitter!"
Clemens, da schlug deine Stunde,
D'rum sprachst du, schnell wie kein Blitz nicht:
„Wohl! Ich bleibe, wirke, dulde!"
Da besann sich Bruder Hiebel,

Sich in dir besonnend ruhig,
Seine Thränen wollten fließen,
Bald besonntest du sie, Guter,
D'rum, nach wenigem Besinnen,
Sprach auch er: „ich werde Dulder!“
So der Sonne Lichtpaniere
Folgt der Mond; die Flur befruchtet
Sie, die dieser mild erquicket! —

Zweiter Gesang.

Bis hierher hast du geklungen,
Schwach zwar, meine kühne Zither,
Doch unedel nicht den jungen
Knappen; singe jetzt den Ritter!
Wie, der reinen Magd zum Ruhme,
Er die Hallen alle sieben
Durchschritt und zum Kampf, dem blut'gen
Rief den Urfeind, sein Besieger! —

Uns Geweihten ist es kundig,
Daß man zieht zur ew'gen Minne
Donnerschwangerm Heiligthume,
Durch die dornenvollen sieben
Hallen; in der letzten duftet,
Bei des ew'gen Todes Schierling,
Auch des ew'gen Lebens Blume.
Beide duften wunderlieblich,
Und so gleichen die zwei bunten
Blumen sich, die in der tiefsten
Jener heil'gen Sieben funkeln,
Daß, (o weh' dem, der hier irret,

Besser ihm, daß nimmer würde
Er geboren, der Ischariot!)
Also gleichen (sag' ich dunkel
Weil ich's hell zu sagen zittre),
Also gleichet sich dort unten
Der zwei duft'gen Blumen Zwiespalt,
Daß auch selbst das schärfste Gluthaug'
Nie die zwei hat unterschieden.
Noch kein Heiliger hat Kunde
Uns gegeben, die befried'gend;
Wie die zwei, die in der untern
Siebenten der Hallen, lieblich,
Ganz einander gleich sich, duften,
Wie das Heilkraut und das Giftkraut,
(Heil und Gift, auf ewig furchtbar,
Je nachdem man eins genießet,
Jenes, dieß, uns Priestern, uns nur
Spendend) wie, die so verschieden,
Zu erkennen sind im Dunkel!
Beide locken wunderlieblich! —
Betet, wacht! ich muß verstummen,
Doch versteht mich — wer ein Priester! —
Aber sollten darum furchtsam
Wir Geweihten, (ob wir zittern
Gleich) zurückeschau'n vom Pfluge,
Dem einmal mit Gott ergriffnen;
Oder, so wie Sclaven, muthlos
Fliehen gar, wir Königlichen?! —
Freilich ist die Schlacht, die blut'ge,
Gegen unser Wagstück Spiel nur;
Freilich, wär' es Helden kundig,
Was wir wagen, sie erblichen;
Freilich ist des Herren Urtheil,
Ach, ein Abgrund undurchdringlich,

Ueber welchen wir Berufnen
Zieh'n, auf schlaffem Haarseil, schwindligt.
Freilich Viele sind berufen,
Aber auserwählt, ach, wie viel?! —
Und wie viel in Höllengluthen
Glüh'n von uns Berufnen Vielen?! —
Freilich trotzt auch Höllenbrunsten
Gottes Zeichen unvertilgbar,
Die Geweihten, ob verfluchet
Auch sie werden, dennoch nimmer
Weicht von ihnen Gottes Urkund'!
Wird sie, Brüder, dort uns zieren
Auch noch, des Erlösers blut'ge
Dornenkron', um die wir spielen,
Wenn wir spielten d'rum — mit Unglück?!!! —
Allergräßlichstes! Verschließe
Dich, denn noch geschah der Wurf nicht!
Ach, noch athmen wir ja friedlich,
Wir noch Glücklichen, uns duften,
Strömen, blüh'n noch süße Lichter!
Muthig, theure Brüder, muthig!
Muth ziemt uns gesalbten Ringern,
Gottes Abgrund, sey er grundlos,
Ihn durchdringt der Gnade Fittig!
Thun ein göttlich Allmachtswunder
Täglich nicht wir Consekrirer?! —
Der zum Göttlichsten uns Ruf gab,
Läßt Er Treu' und Demuth sinken? —
Muth, Gesalbte, bei dem Blute,
Das wir täglich opfern, bitt' ich's,
Ich, der muthlos euch ermuthigt!
Laßt uns jammern: Gott sey mit uns! —
Nun könnt' ich mich, Pöbel, zu dir
Wenden noch und dir, du nied'rer,

Könnt' ich manches jetzt in's plumpe
Herz, wohl tief genug noch, blitzen;
Dir, der du uns treubefund'nen
Priestern, die wir, dir zu Liebe,
Uns bis an die Höllengluthen
Wagen, Spott für Dank noch bietest,
Ganz vergessend, daß das Blut nur
Jesu, welches dir auch fließet,
Pöbel, unser Thun entschuldigt,
Daß wir dir, dem niedern, dienen! —
Aber den gerechten Unmuth
Hemmt mir über dich das Mitleid,
Und es will mich schier bedunken,
Wenn mich schmerzet die Verbildung,
Die dich Rasenden umrungen
Annoch hält, nach Gottes Willen,
Dir zur wohlverdienten Zuchtruth,
Daß sich bald genug wird diese
Lösen, wie das wohl sich kund gibt
Allen, die nicht sehend blind sind;
Daß du dann, was du voll Wuth noch,
Voll ohnmächtiger, bewitzelst,
Wirst zermalmet an noch rufen,
Ob es hold dir bald Zerknirschtem
Nahe; was des Priesterthumes,
Das du lästerst, Last und Zier ist,
(Last der Angst und Zier der Ruhe!)
Was wir opfern und zu bilden,
Wenn auch schwach, in uns versuchen,
Ach, das Opfer reiner Liebe! —
Denn Gottlob, das, was du dumpfer
Pöbel höhnest, der verbildet,
Hat sich wieder eingefunden,
Und nicht wieder mehr vergiftet,

Durch die Zeit, die lang' war Ungeil,
Wird, was Priester macht zu Priestern,
Was du, Pöbel, nicht vermuthest!
Mißgebildeter und Blinder.
Noch ist wegen deiner Stumpfheit,
Dir das wohl nicht zu entziffern!
Und wir wollen ferner ruhig
Deine Wuth und unsre Pflichten,
Diese thun und jene dulden,
Beides heiter, beides willig,
So wie jener sel'ge, gute
Vater Clemens, that und litte,
Den, wiewohl er dich geduldet,
Ich für dich nicht, Pöbel, singe.
Was die schlechten und die guten
Priester anbetrifft, wir bieten
Beide Preis sie deinem Unfug!
Sind wir schlecht, nun so verdienen
Wir ja dein Besudeln, Schmutz'ger,
Trifft's doch nicht, so schlau du zielest,
Was, auch wenn wir schlecht, durch uns thut;
Sind wir gut, so ist es billig,
Daß dein Tadel, der uns ruhmwerth,
Weil er kommt von dir, Geringer,
Leucht' an unserm Priesterschmucke.
Mit uns also kann dein Wille,
Wenn du welchen hast, sich tummeln!
Nur das Volk, das große, biedre,
Laß dir, Pöbel, nicht gemuthen,
Daß du etwa wollest wieder
Hin es gaukeln in den dunkeln
Morast, wo du flackerst, Irrwisch!
Denn das hohe, das gesunde
Volk, (gelobt sey Jesus Christus!)

Denn auf's Neue sich errungen
(Unserm Clemens Dank, dem Milden!)
Neu an Christum sich geschlungen,
Nach dem lang' es mußte ringen,
Hat das Volk, das treue, mann're,
Starke, läßt nicht fahren Christum! —
Und in Ihm sey, wenn auch unwerth
Noch der Achtung, auch geliebet,
Du, den Pöbel ich nur ungern
Nannte, du, mein auch geliebter,
Wenn gleich noch verirrter Bruder!
Lieb' uns doch, wie wir dich lieben;
Ach, wär' dir die Liebe kund nur,
Alles ließest du und liebtest!
Komm an's Herz mir, nicht um Unsert-
Deinetwegen, lerne lieben! —

Und nun, hochgesinnte Jugend,
Auch ein treues Wort zu dir noch,
Von dem theuren Priesterthume,
Unsers Vaters Clemens Zierde! —
In zwei kriegerische Truppen
Seh' ich, Jugend, dich geschieden,
Jeder Trupp voll edlen Unmuths,
Haßt das Niedrige, das Nicht'ge,
Jeder Krieger trägt im Brustschild
Seinen Wahlspruch: Sterben, Siegen!
Dieser Wahlspruch ist auch unser,
Euch, noch nicht Geweihten! bieten
Wir Geweihten d'rum den Gruß an,
Handschlag, und was sonst ist Sitte
Sich zu bieten Lieb' und Gutes,
Unter ehrenhaften Rittern,
Die, wenn auch verschied'ner Zunge,

Zum gelobten Lande ziehen.
Wollen euch dabei auch kund thun,
Wie nach Courtoisie geziemet,
Daß wir eurem, unsrem Spruche,
Dem: vom Streben und vom Siege,
Treu sind, sollten wir auch blutig
Durch euch, oder mit euch sinken,
Aendern wird das nimmer unsern
Wahlspruch, als der Herr uns hilfet!
Euer Heer, das ich gemustert,
In zwei Truppen sprach ich, zieht es,
Ein Trupp ist uns Priestern unhold,
Und wird nächstens uns bekriegen,
Und der and're Trupp ist zu sehr
Fast nach Priesterthumschaft gierig;
Beiden, das was ihnen nutzvoll,
Pred'gen darf ich, und ich will es. —
Aber predigen ganz kurz nur
In zwei Worten will ich dießmal,
Jeder von den rüst'gen Truppen
Der die gegen, der die mit uns.
Drum, du Trupp, der auf uns unwirrsch,
Weil wir, sagst du, viel erfinden,
Du erfindest, wir nur fanden,
Dir: Gefundnes suche, rieth ich!
Und du Trupp, der will das Uns're,
Wähnst du, daß nur beten Priester?
Nein, das Gold muß aus den Gruben!
Also: betend arbeit', bitt' ich,
Und nachdem ich das gekundet
Euch, ihr Trupps zur Rechten, Linken,
Will ich denen, die schon Lunte
Riechen, noch zwei Fabeln bieten.
Eine meldet, daß, wenn hundert

Jahre hat ein Hahn stolzieret,
Leget er im Keller unten
Sich ein Ei, worauf er sitzet,
Und, ist das gebrütet, purzelt
Gleich heraus ein Basilisk,
Welcher Alles mit dem Gluthblick,
Auch den Herrn Papa vergiftet.
Nun ist das wohl sattsam kundig,
Daß so wie ein Hahn stolziert hat,
Jenes achtzehnte Jahrhundert,
Welches scharrend auf dem Miste,
Prunkend scharrend nur nach Futter,
Oft Demanten und Rubinen
Zwar entdeckt hat durch den Zufall,
Doch sie immer nur bekritzelt
Und bekräht hat und besudelt,
Wie ein Hahn, der weiter nichts kann,
Höchstens kollern, wenn er Puter; —
Aber wer mir angestiegen
Käme damit, daß die Jugend
Jetz'ger Zeit der Basilisk sey,
Des Kratzfußes rüst'ge Brut nur,
Der — ich würd' an ihm zum Ritter! —
Item gibt vom Adler Kundschaft
Uns der heil'ge Augustinus,
Daß der alte Aar sein Junges
Packt im Neste mit der spitz gen
Klaue, und alsdann es schnurgrad'
In die Sonne hält am Mittag;
Wann das Adlerchen dann zucket
Auch nur etwas mit den Wimpern,
Wirft s der Alte fort, — 's ist unächt!!
Aber wer in's Ohr mir wispern
Wollte, daß ein frommer, junger,

Künft'ger Höllenüberwinder
Immer nur die Augen furchtsam,
(Als sey Furcht was Priesterliches)
Schließen müßte; wer das Dunkle
Preisen wollte mir als Lichtweg; —
Solch ein Wisper kommt mir unrecht! —
Doch man hüllen muß in Bilder,
Was noch reif nicht ist zum Spruche,
Und die jetz'ge Zeit gewißlich
Ist doch fast noch gar zu unreif;
D'rum auch ich manch' Bildlein pinsle,
Und in derbes Erz es drucke,
Oft versteh'n recht gut mich Viele,
Thun doch als ob's nicht verstanden! —
Ja die Zeit ist eng, jetzt schicken
Muß sich Jeder und sich ducken;
Auch den Bildner sammt den Bildchen,
Alle zieht herab der Strudel,
Schwimmt wer durch, ist d'rum er sicher! —

Heil euch, ihr habt überwunden,
Priester Clemens, Priester Hiebel!
Betet für uns! Eingedrucket
Ist auch uns das heil'ge Signum,
Ob hinauf wir, ob hinunter
Zieh'n, uns Priestern bleibt es immer,
Betet, ihr zwei Sel'gen, furchtlos!
Wir — wir beten auch und — zittern! —

Rasch jetzt fort, mein Lied, uns nutzet
Zaudern nichts! Die Zeit sie dringet;
Rasch dir Helden Clemens muß ich,
Dir dem Raschern nach mich schwingen!
Aber deiner Thaten Fluthen

Wälzen sich um mich im Wirbel,
Wie kann Armer ich sie kund thun,
Wenn der Anblick schon mich schwindeln
Macht, des Gnadenüberflusses,
Der dich trug, gewalt'ger Schwimmer!
Wie soll dir mich nach ich tummeln,
Wie es enden, wie beginnen?!

Geistliche Uebungen für drei Tage.

Erster Tag. Abend.

Zweck dieser Uebungen.

Durch seine Flüglein beide,
Die Unschuld und die Freude,
Deckt Gott den Schlummer zu
Doch daß die nächt'gen Schatten
Das Wachen nicht ermatten,
So führt sein Trost die Furcht zur Ruh.

Vorbereitungsgebet.

Gieb Deinen Frieden uns, o Herr der Stärke,
Im Frieden nur gedeihen Deine Werke;
Daß wir im schweren Kampfe nicht ermüden,
Schenk' uns den Frieden!

Gieb Frieden, daß Jerusalem, die treue,
Die umgestürzte, wieder sich erneue,
Daß Deine Kirche nicht zerrissen werde
Vom Geist der Erde.

Gieb, wie den Vätern, die für Dich gefallen,
Auch uns den Frieden, die im Kampf noch wallen;
Gieb Hoffnung, daß des Glaubens Palmenkrone
Den Kämpfer lohne.

Sie gingen auch und sä'ten aus die Thränen,
Die Heiligen, der Liebe leidend Sehnen;
Doch jubelnd zogen heim mit vollen Garben,
Die für Dich starben!

D'rum laß in Frieden, Herr, den Streit erliegen,
Und Du, Maria, hilf den Tod besiegen,
Und führ' uns hin, wo Christi Dornen glänzen
Liebe zu kränzen!

Ziel des Menschen.

Wir fleh'n Dich an, komm', heil'ger Geist,
Herab zu Deinen Knechten,
Laß, eh' die Gnadenzeit verfleußt,
Uns mit uns selber rechten;
Denn eilend fleucht die bange Zeit,
Um in der langen Ewigkeit
Uns Arme zu verflechten.

Wer, eh' der Baum gefallen ist,
Der, wie er fiel, bleibt liegen,

Benützet hat des Lebens Frist,
Sich selber zu bekriegen;
Wer mit der kurzen Zeit so ringt,
Daß er die Ewigkeit bezwingt,
Dem wird Gott helfen siegen.

Wer, weil der Tag noch heiter lacht,
Den Tag verschläft im Lachen,
Wird, wenn sein kurzer Tag vollbracht,
In ew'ger Nacht erwachen.
Der Tag, wenn Alles wird im Feu'r
Vergeh'n, der wird das Lachen theu'r,
Wird es zu Schanden machen!

D'rum wähl', o Mensch, und ernst bedenk'
Dein Daseyn, Ziel und Ende,
Und mit gewalt'gem Ernste lenk'
Die Lust, daß sie behende
Zu dem sich, was allein thut Noth,
Zum Blitz, der lang' vergebens droht,
Doch endlich einschlägt, wende.

Du, Gottes Wärme, Licht und Blitz,
Du heil'ger Geist von oben,
Zu Schanden mach' der Hölle Witz,
Die schon uns hat umwoben;
Komm warnend, wärmend, tröstend, klar,
Zu Deiner armen Christenschaar,
Daß wir Dich ewig loben.

Zweiter Tag. Morgen.

Die sieben Todsünden.

Hoffarth.

Ich fühle sieben Teufel in mir brausen,
Die mir im tiefsten Herzensdunkel hausen;
Ihr Häuptling will, mich Gott gleich aufzuspreizen,
Mich Frechen reizen.

Geiz.

Und weil der Gottheit Bild am Himmelsrunde
Durch die Metalle strahlt im Erdenschlunde,
D'rum läßt der zweit' an Strahlen, welche starben,
Mich saugend darben.

Unkeuschheit.

Doch wieder auf reißt mich des dritten Wüthen,
Peitscht mich, wie Sonnengluth, durch alle Blüthen,
Versöhnung will ich im Entzwei'n erwühlen,
Den Durst zu kühlen!

Neid.

Und immer dürst' ich mehr — da läßt mich schauen
Der vierte Teufel Quellentanz auf Auen,
Und Rosen, die im Sonnenglanz erröthen! —
Könnt' ich sie tödten!

Völlerei.

Wenn der Gedanke d'ran mich macht verzweifeln,
Dann blöckt mich an der fünfte von den Teufeln:
„Komm! laß uns Vieh seyn und beim Soff und Fressen
'S Denken vergessen!"

Zorn.

Und bin ich Vieh, dann grins't der sechste: — „Höhnen
Will Jesus dich, du mußt dich selbst versöhnen!" —
Dann ras' ich auf, um im Vermaledeien
Mich zu befreien! —

Trägheit.

Und tauml' ich dann auf's Neue machtlos nieder,
So gähnt der siebente der Höllenbrüder:
„Komm schlafen!" — So mich stets im Kreise trieben
Die bösen Sieben!

Gericht der Verstockung.

a) Verblendung des Ungerechten.

„Es giebt keinen Gott!
Es giebt keinen Teufel!"
So ras't der Verruchte
Mit frevelndem Muth.
„Mein Seyn ist mein Blut,
Ich hab', was ich suchte;
Denn, kommen mir Zweifel
So glaub' ich dem Spott!

Für mich ist die Welt,
Stets ist sie mir offen,
Ich brauche nur Lügen,
So wird sie mir hold
Ich stehle mir Gold,
Sie muß mich vergnügen,
Doch hab' ich mein Hoffen
Auf mich nur gestellt.

Auch lieb' ich nur mich
Heut' schwelg' ich auf Rosen,
Und morde dann morgen,
So wie mir's behagt.
Der Dümmling verzagt,
Doch ich bin geborgen,
Der Donner mag tosen;
Mein Gott das bin ich!"

b.) Erstarrung des Selbstgerechten.

„Mein Gott ist die Pflicht!
Die bändigt die Triebe."
So frevelt der Unsinn
Sich selber gerecht.
„Was macht mich zum Knecht?
Nur das, was ich nicht bin;
Dahin führt mich Liebe,
D'rum ist sie ja schlecht.

Die Welt ist ein Schaum,
Viel wollt' ich ihr geben,
Doch hab' ich's getroffen? —
Jetzt steh' ich allein! —
Wo wind' ich mich ein? —
Betrug ist das Hoffen,
Atomentanz Leben,
Unsterblichkeit Traum! —

So glaub' ich an mich! —
Doch Glauben ziemt Narren,
Mir ist ja das Wissen
Von Manchem geglückt. —
Doch macht's mich verrückt,

Das Höchste zu missen! —
Nun — mag ich erstarren,
Mein Gott das bin ich!" —

Die sieben Worte am Kreuz.

„Vater, vergieb! denn was sie thun, sie wissen
Es nicht." — So barg, nur ihres Heils beflissen,
Sich Jesus, deren Thun, die schlau berathen
Die Missethaten.

„Noch heut' bist du mit mir im Paradiese,"
Sprach er zum Schächer. — Diese Worte, diese
Beflügelnden — auf uns sank ihr Gefieder
Vergebens nieder! —

„Sieh, das ist dein Sohn!" sprach er zu Marien,
Zur treu'sten Mutter, die wir Sünder fliehen.
Die Siegerin von unserm Ueberwinder,
Die flieh'n?! — Wir Kinder! —

„Mein Gott! mein Gott! was hast du mich verlassen!"
Sprach der für uns Gestorb'ne, den wir hassen!
„Warum verließet ihr mich?" wird er fragen,
Wenn wir verzagen.

„Mich dürstet!" hat er einst am Kreuz gerufen,
Doch auf dem Thron, zu welchem sieben Stufen
Hinführen, frägt er, wenn uns dürstet immer:
„Und nach mir nimmer?" —

„Es ist vollbracht!" — Nicht Alles, du Getreuer!
Vollbracht wird nimmer ja das ew'ge Feuer!

Was Du vollbracht — der Hölle wird's zum Raube! —
O rett' uns Glaube! —

„Vater!“ (so starb er, ach!) „in Deine Hände
Befehl' ich meinen Geist!“ — Ein schönes Ende! —
Ob starke Geister, sterbend, ihren Seelen
Wohl auch befehlen?! —

Tod des Sünders.

Wenn schon die Todtenkerze
In Sünders Händen brennt,
Zum Zeichen, daß mit Schmerze
Bald Leib und Seel' sich trennt;
Wenn treue Lieben weinen,
Der Priester tritt heran,
Und doch kein Trost erscheinen
Und Keiner helfen kann;

Wenn Alle dann entweichen,
Sich trennet jeder Bund,
Die Lippen schon erbleichen,
Kaum lallen kann der Mund;
Bleibt den gebrochnen Augen
Des Sünders Eins doch treu,
Deß, den in bitt'rer Laugen
Gereint nicht hat die Reu'!

Wenn Alles weicht — die Sünden,
Die bleiben treu ihm dann,
Und wie die Nattern winden
Sie sich an's Herz ihm an,

Ihm greift mit kalten Krallen
In's Herz der Sündenlohn,
Er, dem er zu gefallen
Verhöhnte Gottes Sohn!

Jetzt ist zu spät dein Grämen,
Raunt ihm die Sündenzeit,
Mußt, Sünder! mit mich nehmen
Zur grausen Ewigkeit!
„Kann denn kein Teufel retten?“
Fluch't jetzt der Sündenknecht,
„O lögt ihr, Zentnerkletten,
Daß wer dort oben rächt!“

Es will sich Gnade nahen;
Der Priester spricht: Bereu'!
Will Hölle dich auch fahen,
Noch ist dir Jesus treu!
„Was ist das, Reue?“ röchelt
Der Sterbende und lacht,
Lacht, wie er schon zerknöchelt
Durch's Rad nun wird zerkracht.

Noch einmal zuckt er grinsend —
Gott Vater, wohn' uns bei!
Der Priester spricht's, der blinsend
Bekreuzt sich, vom Geschrei
Der Andern unterbrochen,
Sie schrei'n: er stirbt! — Ja wohl!
Euch hat der Tod gesprochen
Wie man Gott fürchten soll.

Zweiter Tag. Abend.

Die sieben Gnadengaben.

Die Gabe der Weisheit.

Gott heil'ger Geist! Du, dem mit Feuerzungen
Am Pfingstfest hat die Kirche Lob gesungen,
Gieb Weisheit uns, daß wir das Ziel nicht fehlen:
Liebe zu wählen.

Des Verstandes.

Gieb uns Verstand, den göttlichen von oben,
Der, wenn von wilder Wogen Wuth umwoben
Der Kahn, ihn, wie wenn sanft die Welle gleitet,
Zum Hafen leitet.

Des Rathes.

Gieb uns des Rathes richterliche Wage,
Daß, wenn von Wahl des gleichen Gut's die Frage,
Wir wählen das, was unserm Sinn zuwider,
Wir Kreuzesbrüder.

Der Stärke.

Gieb Stärke, daß der Hölle Blitz und Krachen
Wir oben auf dem Felsen kühn verlachen,
Den ihre Pforten, ach, die tausendfält'gen,
Nicht überwält'gen.

Der Wissenschaft.

Gieb Wissenschaft zu wissen, daß das Wissen
Von dem Gewissen nicht kann abgerissen,
Daß es im Liebesbrennpunkt schon auf Erden
Vereint muß werden.

Der Gottseligkeit.

Ob Freuden auch, die nicht'gen und gemeinen,
Als Seligkeiten oft uns hier erscheinen,
Laß, daß uns Gottes Seligkeit beschieden,
Die Lust befrieden.

Der Furcht des Herrn.

Und, daß den Anfang wir ans Ende bringen,
So gieb' uns, heil'ger Geist, vor allen Dingen,
Der Weisheit Anfang: Furcht des Herrn! Das Ende
Dann Du vollende! —

Die zwei Fahnen und das Weltgericht.

Zwei Feldherrn steh'n sich gegenüber,
Sie führen mit einander Streit,
Und Jeder, rufend: „Komm, mein Lieber,
Folg' meiner Fahn'!" mir Handgeld beut.
Der, kurzen Schmerz und ew'ge Wonne,
Der, kurze Lust und ew'ge Pein;
Doch Gut' und Bösen scheint die Sonne —
Hier auf der Welt kommt's überein! —

Doch der Tag, er naht im Stillen
Der die Welt mit Feu'r wird füllen,
Wo der Zorn wird überquillen.

Wenn nun der Tag heran mit Brausen
Fleucht, wo Gerichtsposaunen sausen,
Vor dem die Heil'gen selbst faßt Grausen!

Wenn in die Gräber „macht auf!“ es erschallt,
Und nun der Jesus, der dann nicht mehr schonet,
Kommt, ein Gewaltiger, mit Blitzen gekrönet.

Und das Buch nun wird getragen,
Das schwere, ob welchem die Himmel ein Zagen
Zerreißt, — ach, das Buch, d'raus der Richter wird fragen!

Wie die Windsbraut die Blätter vom Baum rafft, mit Heulen und Pfeifen,
Wird Alle, die dann in Erd' und Meer zum Weltgericht reifen,
Wird Gier sie, gerichtet zu werden, ergreifen!

Vom Osten, vom Süden, vom Westen und Norden
Im Hui sind zusammen getrieben sie worden
Vor den Richterstuhl deß, den die Sünder ermorden!

„Bedeckt uns, ihr Sterne, fallt über uns, ihr Hügel!“ —
So schrei'n dann die Frevler, doch schwinget den Flügel
Die Strafe! — Sie starren! — Aufspringen des Richtbuches Siegel! —

Ein Blitz noch raubt allen Gedanken und Worten und Thaten die Hülle —
Dann — eine entsetzliche Stille! — — —
— — — — — — —

Und — unabänderlich spricht — den nie zu verändernden Spruch — der auf ewig richtende — ewige, göttliche Wille! —

Und der Gottlosen Mächtigkeit,
Und der Gottlosen Fröhlichkeit,

Ach! auch der Gottlosen Erlösbarkeit,
Und auch der Guten Traurigkeit,
Die Buße-, Vergebungs-Thränenzeit
Ist dahin — zerrieselt — verschwunden — als wäre sie niemals gewesen — im grundlosen Meer — der Ewigkeit. —

Die sieben Schmerzen Mariä.

Maria, welcher hat das Schwerdt der Schmerzen
Geweissagt Simeon im treuen Herzen;
Hilf uns von dem der Fall und Auferstehen,
Erbarmen flehen.

Maria, die Du mit dem Kindlein fliehen
Und weinend mußtest nach Egypten ziehen
Maria hilf! die Hölle will den Glauben
Uns oft, ach, rauben!

Maria, die den Sohn, der Dir entschwunden,
Mit Schmerz gesucht, im Tempel hast gefunden,
Laß uns in Gottes Kirch' auch unsrer Sünden
Vergebung finden!

Maria, mußte Jammer Dich nicht tödten,
Als Du den Sohn, voll blut'gem Schweiß, in Nöthen
Des Todes, schleppen sahst das Kreuz der Schmerzen? —
O gieb uns Herzen! —

Und als am Kreuz er hing, schon halb gebrochen
Die Augen, Händ' und Füße schon durchstochen,
Und sprach: „Das ist dein Sohn!" — O das war bitter,
Mutter der Mütter!

Er starb; der Seit' entfloß vom Lanzenstoße
Wasser und Blut, todt lag er Dir im Schooße,
Dir Thränenlosen! — Unsre Thränen fließen,
Doch, heißt das büßen? —

Geduldig dennoch folgest du zum Grabe
Dem Sohn, und sprichst: „Nimm Gott zurück die Gabe!“
Da knie'n die Engel, des Dreiein'gen Krone
Wird dir zum Lohne!

Ewige Verdammniß.

„Einen Tropfen Wasser meinem Gaumen,
Welcher seit Millionen Jahren schmachtet!“ —
Also fleht der ewiglich Verdammte,
Und in Ewigkeit tönt's wieder: schmachte!

„Einen Tropfen Trost nur meiner Seele,
Die mein ewiglich mit Recht verdammtes
Herz, verwesend ewig, hält umklammert!“ —
Nein, du hast des Heils Moment versäumt! —

„Aber,“ spricht der Rache strenger Cherub,
„Liebe Gott, dann schwing' dich auf zum Himmel.“
Da stürzt der Verdammte sich in Abgrund!
Lieben — könnt' er's, — will er ewig nicht! —

Dritter Tag. Morgen.

Die sieben heiligen Sakramente.

T a u f e.

Der Mensch tritt durch das Thor der Sakramente;
Vom Fluch, der ihn vom Einzig-Guten trennte,
Gewaschen haben ihn die Gnadenfluthen
Des Einzig Guten.

F i r m u n g.

Den Menschen salbet dann der Hierophante
Mit Oele, das die Kämpfer stets ermannte,
Er salbt ihn dort, wo wird für alle Wunden
Balsam gefunden.

H e i l i g e s A l t a r s s a k r a m e n t.

Dann, daß er Theil an der Gemeinschaft habe
Welcher das Brod des Lebens wird zu Labe,
Zur höchsten wird der sieben Gottheitstufen
Der Mensch gerufen.

B u ß e.

Das Wort ihn rief, das Licht nun Fleisch ist worden,
Und Speise für den armen Menschenorden,
Es wird, ihn tröstend, sinkt er trostlos nieder,
Dann Wort auch wieder.

L e t z t e O e l u n g.

So naht der Mensch, geleitet von der Hore,
Vom Licht zur Gluth, von Gluth zum Licht, dem Thore,
Wo, wenn er kampfgeölt sich durchgeschlagen,
Ihn wägen Waagen.

Priesterweihe.

Das ist der Ausgang aus des Tempels Hallen;
Doch drinnen sieht man sieben Schaaren wallen,
Die des dreiein'gen Weinstocks sieben Blüthen
Mit Blitzen hüten.

Ehe.

Und, wie dem Weinstock stets entsprießen Reben,
So bilden andre Schaaren ab sein Leben,
Die mit den Trauben, die von ihm sie pflücken,
Den Torus schmücken.

Buße.

a) Trostlosigkeit.

Ich bin von Sünden ganz umfangen,
Und ich weiß weder aus noch ein,
Ich möchte gern zu Gott gelangen,
Und kann am Sünd'gen nur mich freu'n,
Und doch macht mir die Sünde Pein;
D'rum weiß ich weder aus noch ein'

Der Stolz, die Fleischeslust, die Weide
Der Augen, ach ich hab' sie gern,
Doch fühl' ich es mit bitterm Leide,
Sie nagen mir am Herzenskern:
Die Sünd' will ich und selig seyn,
Ach! ich weiß weder aus noch ein!

Oft will, in bitt'ren Reuethränen,
Ich alle Sünd' auf immer flieh'n!
Doch wieder gleich fühl' ich das Sehnen
Zur Sünde mich zum Abgrund zieh'n.

Wer wird mich von mir selbst befrei'n,
Denn ich weiß weder aus noch ein! —

Ist Christus nicht für uns gestorben,
Hat Christus durch sein theures Blut
Uns Sündern nicht das Heil erworben,
Ist er denn nicht uns Sündern gut? —
Er ging, uns Sünder zu befrei'n,
Vom Vater aus, zum Vater ein!

„Du wirst mit mir im Paradiese,"
Sprach er zum Schächer, „heut' noch seyn;"
Doch der, daß Gott ihm das erwiese,
Trug freudig auch des Todes Pein! —
Doch freudig sünd'gen, träg bereu'n,
Ach! das führt weder aus noch ein! —

b) Selbstanklage.

Wir haben dich verlassen
Um schnöden Sündenlohn,
Und müssen selbst uns hassen,
Daß wir mit bösem Hohn
Dir, der du uns geliebet,
Dir, der die Schuld vergiebet,
Dir, Heiland, sind entfloh'n.

Wir, Deines Himmels Erben,
Haben das Erb' verpraßt;
Wir rannten in's Verderben,
Dieweil wir Dich gehaßt.
Was half uns, ach, das Wandern
Von einer Gier zur andern,
Haben wir Lust gefaßt? —

Wir stolperten, wie Blinde,
Nicht wissend, was wir thun,
Von Sünde fort zur Sünde,
Und sonder Rast noch Ruh'n!
Bis wir den Taumelbecher
Geleert, wie trunkne Zecher!
Sind wir gesättigt nun?! —

c) Reue.

Fließt, o fließt in Strömen hernieder,
Thränen der Reue und büßenden Schuld!
Tage der Unschuld, ach, kehrtet ihr wieder! —
Fließet in Strömen, ihr Thränen, hernieder,
Ob sich erbarme der Vater der Huld.

Wie mich die Schaaren von Jahren verklagen,
Allzusehr hab' ich gesündigt, o Gott!
Was werd' ich Zitternder, Zagender sagen,
Wenn nun der große Gerichtstag wird tagen?! —
Allzusehr hab' ich gesündigt, o Gott! —

Viele verklagen — nur Einer kann richten!
Dieß Wort ist Balsam dem morschen Gebein!
Weil es noch Zeit ist zum Einz'gen zu flüchten,
Der jetzt noch lächelt und bald kommt zu richten,
Ach, laßt die Zeit nicht verloren uns seyn! —

Viele verklagen, Du, Einz'ger! kannst richten,
O zu Dir, Einziger, wollen wir flüchten,
Ach, laß die Zeit nicht verloren uns seyn! —

Die sieben Bitten.

Darf, Vater unser, der Du bist im Himmel,
Ich, in der heil'gen Herzen Lustgewimmel,
Die streitend, leidend, siegend für Dich schlagen,
Auch unser sagen? —

Und da Dein Engelchor: geheiligt werde
Dein Name, singet ewig, darf ich Erde
Wohl hier schon solcher Schaar durch solch' ein Treiben
Mich einverleiben? —

Doch warum schlägt mein Herz? — Daß zu uns komme
Dein Reich! Darum umschlingt mich ja die fromme
Kirche! D'rum wag' ich's! Mich kann man besiegen,
Kann sie erliegen? —

Dein Will' gescheh' im Himmel und auf Erden!
Dieses wir Christen und wir Engel werden
Durch Dich, o Lieb' allmächtig und einträchtig,
Wir üben prächtig!

Gieb heut' uns (und ist denn für Dich nicht heute
Die Ewigkeit?) gieb uns des Sieges Beute,
Uns unser täglich Brod! — Was wär' genießen,
Als Dich, den Süßen? —

Vergieb uns uns're Schuld, wie wir vergeben
Auch unsern Schuldigern! Das ist ja Leben,
Daß, was Du that'st durch Deinen Sohn uns senden,
Wir Allen spenden.

Führ' uns nicht in Versuchung! Nicht das Leiden,
Das Uebel nur hilf uns, o Herr, vermeiden.
Erlös' uns von dem Uebel: von der Sünde.
Erleucht' uns Blinde!

Der verlorene Sohn.

Gieb, Vater, mir heraus mein Erbe,
So spricht der ungerathne Sohn.
„Ist dein nicht Alles, wenn ich sterbe,
Ist alles Meine dein nicht schon?
O Sohn! um dessen Herz ich werbe!"
Doch trotz'ger hebt der an zu droh'n:
Mein Erb', ich hasse diesen Ort! —
Der Vater giebt's — der Sohn zieht fort

Zur fernen Welt ist er gezogen,
Hat's heiße Vaterherz gehaßt,
Hat Buhlschaft mit der Welt gepflogen,
Sein Erbtheil hat er schnöd' verpraßt,
Allein die Welt hat ihn betrogen,
Wie Jeden, den die Kalte faßt,
Hat mit den Schweinen ihn gepaart
Bei Trebern und ihn ausgenarrt.

Da steht der Sohn, der sich verloren,
Und sieht die blauen Berge fern,
Das Vaterhaus, wo er geboren,
Aus dem ihn trieb sein Unglücksstern,
Liegt hinter'n Bergen fern; durchbohren
Will ihm der Schmerz des Herzens Kern,
Erst starrt er thränenlos — der Schmerz
Lüftet durch Thränen dann sein Herz!

„Die Diener in des Vaters Hause,
Die haben," seufzt er, „zuviel Brod,
Indeß ich, in der Schweinenklause,
Verschmachte hier in herber Noth,
Und gierig an den Trebern schmause
Zu retten mich vom Hungerstod! —

Nein, von der Schmach will auf ich steh'n
Und heim zu meinem Vater geh'n.

Ich hab' gesündigt, will ich sagen,
Vater, am Himmel und an Dir,
Nicht werth den Namen Sohn zu tragen,
Will ich Dein Knecht seyn, gönn' es mir!"
Und auf zum Vater thut er jagen,
Der harret sein noch immer schier,
Und als noch weit entfernt der Sohn,
Sieht ihn der treue Vater schon!

Und vom Erbarmen ganz durchdrungen
Läuft er, und an die treue Brust
Drückt er, den wieder er errungen,
Den Sohn, mit unnennbarer Lust,
Und küssend hält er ihn umschlungen!
„Vater," ruft dieser schuldbewußt,
„Am Himmel sündigt' ich und Dir,
Der Name Sohn gebührt nicht mir!"

Da sprach der Vater zu den Knechten:
„Schnell bringt sein erstes Kleid heran,
Bekleidet ihn, gebt seiner Rechten
Den Ring, zieht Schuh den Füßen an,
Und daß wir stärken den Geschwächten,
Schlachtet mein bestes Kalb ihm dann;
Denn todt war er, jetzt lebt mein Sohn,
Verloren und ist funden schon!" —

So kehr' auch ich, o Liebe, wieder
Und ewig, Jesus, bleib' ich Dein,
Du spreitest um mich Dein Gefieder
Und hüllest mütterlich mich ein,

Du wärmest meine müden Glieder
Und wiegst mich wie ein Kindelein;
Doch bis ich ganz in Dir zerrinn',
Nimm nur die Thränen mir nicht hin!

Dritter Tag. Abend.

Die sieben Tugenden.

Demuth.

Wie sich die Sonne senket in die Wogen,
Wiewohl ihr Glanz durchfliegt den Himmelsbogen,
Wird von der Demuth Sonnenstrahl gekrönet,
Wen Schmerz versöhnet.

Freigebigkeit.

Ist diese Sonne schon im Menschen kräftig,
Sind sieben bald zu seinem Heil geschäftig;
Die zweite lehret ihn die Strahlen senden
Und Allen spenden.

Keuschheit.

Es giebt der dritten Glanz, statt nächt'ger Schatten,
Der Blumenkönigin den Strahl zum Gatten,
Der Lilie, die nur in ihm zu baden,
Er eingeladen.

Liebe.

Doch wunderherrlich, majestätisch, prächtig,
Und über allen Abgrundsmächten mächtig,
Lehrt uns der vierten wärmendes Zerfließen
Die Welt umschließen.

Mäßigkeit.

Die fünfte Sonne thut dem Monde gleichen
Im sanften, stillen, ruhigen Erbleichen;
Doch wird die Seele auch von ihr verkläret
Und treu genähret.

Geduld.

Es herrschet ob empörtem Weltenmeere
Die sechste, die des Welterlösers Ehre,
Befriedend hält den heiligen fünf Wunden
Sie uns verbunden.

Eifer.

Die Gluth der siebenten, (daß nicht in Schäumen
Das Aussä'n wir der Ewigkeit versäumen,)
Muß uns — sie gieb uns Herr! — durch deine Dornen
Zu dir hinspornen!

Friede.

Wenn der Sünder hat gewonnen
Reue, Demuth und Geduld,
Und was er mit Gott begonnen,
Hat vollbracht mit Gottes Huld,
Wenn in treuer Thränen Bronnen
Rein gewaschen ist die Schuld;
Dann, noch vor vollbrachtem Lauf,
Thut des Friedens Thor sich auf!

Mit dem Frieden schwebt die Liebe
Nieder in das stille Herz.

Es erstirbt die falsche Liebe,
Es erstarren Quaal wie Scherz.
Ob das Herz auch, ob es liebe
Fragend, fühle leisen Schmerz,
Friede flüstert: Liebe liebt,
Liebe, die die Schmerzen giebt.

Liebe, die du mich zum Bilde
Deiner Gottheit hast gemacht,
Liebe, die du mich so milde
Hast behütet und bewacht,
Liebe, die der Lust Gefilde
Hat geschmückt mit Segenspracht,
Liebe, dir ergeb' ich mich,
Dein zu bleiben ewiglich!

Und wenn von den bleichen Wangen
Mir die letzte Thräne fleußt,
Sich vor irdischem Verlangen
Schon das Herz erstarrend schleußt,
Aber des Gewissens Bangen
Angst mir noch in's Herze geußt;
Tröpfle Trost dann, Liebe du,
Dem gebroch'nen Herzen zu! —

O du Mutter süßer Schmerzen!
O du Mutter ew'ger Lust!
O du Glanz der Himmelskerzen!
O du Heil der wunden Brust!
O Maria, der die Herzen,
Die gebrochnen sind bewußt,
Wenn sie in der letzten Pein
Brechen — wirst Du Mutter seyn? —

Ave Maria.

Gegrüßet sey, Maria, voller Gnaden,
Es ruhte, Stern des Meers, das Schuldbeladen,
Der, der dich schuf in Deinem Tabernakel,
Das sonder Makel.

Der Herr ist mit Dir, die gebenedeiet
Unter den Weibern, uns vom Fluch befreiet,
Der Eva Fluch das Ave hat bezwungen,
Das Dir erklungen.

Gebenedeit die Frucht von Deinem Leibe,
Jesus! — Das Wort, daß ew'ge Frucht es treibe,
Kam, Fleisch von Deinem Fleisch', Sündern zum Frommen,
Hinabgeschwommen.

O darum bitte für uns arme Sünder,
Die sterbend Dir vermacht der Liebentzünder,
Daß jetzt und in der Stund' von unserm Sterben,
Wir Heil erwerben.

Tod des Gerechten.

Das helle Glöcklein klinget
Beim Todtenkerzenschein,
Der Priester naht und bringet
Das heil'ge Oel herein,
Die Lieben knie'n und klagen
Im tiefsten Herzensgrund;
Die bösen Geister zagen
Und flieh'n zum Höllenschlund.

Denn der sie überwunden,
Der Sieger, liegt gekrönt,
Der Kampf ist hingeschwunden,
Die Sünd' ist ausgesöhnt;
Maria steht und fächelt
Ihm sanfte Kühlung zu,
Und der Erlöser lächelt
Und ladet ihn zur Ruh'!

Und wie der Heiland winket,
Ertönt ein Jubelton,
Der sterbend scheinet, trinket,
Am Lebensborne schon.
Der an der Grabesstätte
Des Lazarus geweint,
Jetzt an des Kranken Bette,
Ihm sichtbar nur, erscheint.

Er säuselt: „weil gedämpfet
Du dich durch schönen Schmerz,
Und treulich hast gekämpfet,
Nimm deines Jesu Herz!“
Den Sterbenden durchdringet
Des Paradieses Glanz,
Um ihn und Jesum schlinget
Sich freud'ger Engel Tanz.

Noch einmal schlägt die Augen
Er auf und ruft: vollbracht!
Und schließt sie, einzusaugen
Auf ewig Liebespracht!
Er stirbt! so schrei'n die Treuen,
Doch durch den Himmel hin
Tönt's vom Dreiein'gen: „Freuen
Soll er sich, denn Ich bin!!“ —

Das Ende des Gerechten
Hat unser Geist geseh'n!
O Herr, laß deinen Knechten
Es auch also gescheh'n!
Wir Sünder hoffen, glauben,
Daß Du die Liebe bist;
Dein sind wir, wer kann rauben,
Herr, was Dein eigen ist! —

Gloria.

Ehre sey Gott, dem Vater und dem Sohne,
Und auch dem heil'gen Tröstergeist vom Throne,
So wie er war von Anfang jetzt und allzeit
In Ewigkeit!

Ehre sey Gott dem Vater und dem Sohne,
Und auch dem heil'gen Geist! — Von seinem Throne
Hat unsern Anfang, welcher niemals endet,
Er uns gesendet.

Ehre sey Gott dem Vater und dem Sohne,
Und heil'gen Geist! — Daß stets in uns er throne,
Das flehen wir von ihm in seinem Namen,
O spräch' er Amen!

Ewige Seligkeit.

Es ist vollbracht, die Thräne versieget,
Gewaschen im Blute des Lammes die Schuld!

Es glänzet, es duftet, es klinget, es schmieget
Sich an, an die Herzen, des Einigen Huld!
Von Herzen zu Herzen der Seligen fließet
Ein süßes Genießen der einigen Lust,
Die Alle in Einem Vereine umschließet,
Und ewig entfleußt der dreieinigen Brust! —

Was Freude hienieden wir Hoffenden nennen:
Wenn Braut nun und Bräut'gam die Treue vereint,
Die Wonne der Mutter, den Säugling zu kennen,
Der endlich nach freudigem Schmerz ihr erscheint,
Die Hochlust des Helden, die Menschheit zu retten,
Die Hoffnung des Heil'gen, die Hostie zu weih'n,
Der Glaube des Märtyrers, sprengend die Ketten,
Sind gegen der Seligen Liebe nur Pein.

Kein Aug' kann es schauen, kein Ohr es durchdringen,
Kein Mund kann es kosten, es fühlen kein Herz;
Die Heiligen selber, so lang' sie noch ringen
Hienieden mit gläubigem, hoffendem Schmerz,
Wenn auch sie zu kühlen hienieden, im Schwülen,
Der Heiland die Liebe der Heil'gen umwand,
Kann hier der Entzückungen höchste nicht fühlen
Wie dort ist entzückend der Seligen Band! —

Wie's immer im Schimmer vom söhnenden Bronnen:
Du liebst mich, Er liebt dich, wir lieben uns, tönt,
Einander durchwandeln die wonnigen Sonnen,
Im Scheine der einen dreiein'gen versöhnt! —
Ach! wer wird hienieden vom Andern verstanden,
Auch wenn uns vereinet, was Lieben uns scheint?!
Wenn reuende Treuen einander dort fanden,
Die wissen es ewig, wie Liebe vereint! —

D'rum wollen, o Jesu, wir williglich büßen
Und freudig es dulden dein sanftestes Joch;
Du wirst uns're Schulden durch Buße versüßen,
Du liebest die Sünder, Du liebest sie doch!
Den Keim, den die Thränen befeuchten, behüte,
Laß mit Dir, du Leuchtender, auf ihn ersteh'n!
Laß dort auch, was kindisch als Liebe hier blühte,
Uns finden: Die Lieben laß wieder uns seh'n!

Vierter Tag. Morgen.

Glaube, Hoffnung und Liebe.

Abraham.

„Zeuch aus," so sprach der Herr, „aus deinem Lande,
Aus deiner Freundschaft sollt hinaus du wandern,
Aus Vaters Hause, dem du thu'st entstammen,
Und ziehen sollt du hin zu einem andern
Lande, dich mehren gleich dem Meeressande,
Und herrlich machen will ich deinen Namen,
Zum großen Völkersamen."
Ich that also, d'rauf kam der Herr gefahren,
Sprach: „Abraham, zünd' an des Opfers Flamme,
Schlacht' mir den einz'gen Sohn zum Opferlamme." —
Ich wollt' es thun, wollt' auch mein Herz erstarren,
Da rief Er, der mehr Gnäd'ge als Gerechte:
„Du glaubst, ich segn' in dir die Weltgeschlechte!"

David.

Den Goliath schlug ich, ein Hirtenknäblein,
Ward d'rauf zum König, Sänger und Propheten
Und Ahnherrn meines Herrn, vom Herrn ernennet;
Mit Furcht und Zittern konnt' ich oft nur beten,

Doch wie den Löwen jagt mein Schäferstäblein,
Und, wie vom Saul den bösen Geist getrennet
Mein Psalm, der ewig brennet,
So ließ mich Hoffnung nicht zu Schanden werden,
Sie hat mir oft gesalbt mit Freudenöle
Und in des Herrn Gezelt geführt die Seele,
Die müde von des Throns, der Schuld Beschwerden.
Jetzt blüht, an trüber Hoffnung klarem Ziele
Die Harfe; Thron und Schmerz sind Kinderspiele.

Petrus.

„Simon Johannis, liebst mich?“ also sinnig
Frug Er, ich sprach: Du weißt, daß ich Dich liebe,
„So weide meine Lämmer!“ sprach der Süße,
Der mir nun ewig spricht im Liebestriebe.
Und zweimal fragend Er, und noch mehr innig:
„Simon Johannis, liebst mich mehr als diese?“
Auf uns Apostel wiese.
Und als, du weißt es, Herr! im Thränenquillen
Ich zweimal sprach, noch zweimal Er erwidert:
„Weid' meine Lämmer!“ da ward ich befiedert
Mit Löwensinn mein Papstthum auszufüllen! —
Der Magdalenens Liebe nur that loben,
Hat meine sich zum Kirchenfels erhoben!

Alle Drei.

D'rum sprechen, Menschenvolk, in einem Chore
Wir Patriarchen und Propheten oben,
Und wir Apostel, seine Liebesboten:
Du sollt, was noch sein Schleier hält umwoben,
Bis einst er auf dir thut die Sternenthore,
Demüthig glauben, wie er dir geboten.
Nicht weil die Blitze drohten
Auf Sinai, sondern weil das Verschonen

Der Gnade, die sein Richtschwert hat umsponnen,
Allein von Golgatha kann seyn entronnen,
An dessen fünfgeröhrtem Bronn wir thronen. —
Was hält des Menschen Zwiespalt wohl verbunden,
Den nicht Versöhnungsglaube hat umwunden? —

Auch wissen wohl wir Heil'gen, wie zu Muthe
Dem Sünder ist; denn, als in Thränenfluthen
Wir wallten noch, da ward uns dessen Kunde,
Daß oft der Mensch verläßt den Einzigguten,
Und daß sogar des Herren Strafenruthe
Nicht bändigt ihn, sobald die böse Stunde
Ihn spornt zum Höllenschlunde.
Doch das den Sünder machet zum Verruchten,
Daß dem er, der die Höll' hat überwunden,
Nicht zutraut, daß er ihn auch losgebunden!
D'rum betet, denn er sucht auch die Verfluchten!
Hättet ihr Sünden gleich dem Meeresstaube,
Gebt der Verzweiflung Hoffnung nicht zum Raube!

Doch daß ihr in des Sündenweltmeers Brausen
Und einst beim Klange der Gerichtsposaunen,
Wenn Hölle dann wird zischen euch zu rauben,
Daß ihr alsdann verbleibet sonder Staunen,
Dann, wo der Glaube nicht mehr in euch hausen,
Die Hoffnung nicht mehr Trost euch wird erlauben
Und aller Trost zerstauben;
Daß dann das einzig Treue euch mag bleiben,
Thut's Noth, daß in der Zeit euch schon vereine,
Was ewig uns berauscht mit Freudenweine.
Der Liebe lasset d'rum euch einverleiben! —
Jetzt aber laßt uns treu zusammen treten,
Was Streiter, Dulder, Sieger eint, zu beten!

———

Credo.

Die Kirche.

Ich glaub' an Gott den Vater
Und den allmächt'gen Schöpfer
Des Himmels und der Erde,
Und auch an Jesum Christum,
An seinen eingebornen
Sohn, unsern lieben Herrn,

Die heiligen Jungfrauen.

Ich weiß es, daß die Liebe
Sich in der Reinheit spiegelt,
So ist sie mir erschienen;
Was Liebe schuf, die Triebe
Wählten, vom Wort beflügelt,
Zum Bräutigam den Herrn!

Kirche.

Vom heil'gen Geist empfangen,
Geboren aus Marien,
Der reinesten Jungfrauen,
Unter Pontius Pilatus
Geschah's, daß er gelitten,
Gekreuzigt und gestorben.

Die heiligen Märtyrer.

Ich weiß es, daß die Liebe,
Die sich im Schmerz erwiesen,
Den Ocean ergießet
Der glüh'nden Kreuzestriebe.
Mit ihr hab' ich gelitten,
Für sie bin ich gestorben.

Kirche.

Begraben, abgestiegen
Zur Hölle und am dritten
Tage ist auferstanden
Von Todten, aufgefahren
Gen Himmel, sitzt zur Rechten
Des Vaters, des Allmächt'gen;

Die heiligen Kirchenlehrer.

Ich weiß es, daß die Liebe
Gefahren ist zur Tiefe,
Und sich gen Himmel schwinget.
Ich bin ihr nachgefahren,
Schwang dann mit starker Rechten
Das Banner des Allmächt'gen.

Kirche.

Von dannen wiederkehren
Er wird, um die Lebend'gen
Zu richten und die Todten.
Ich glaube an den heil'gen
Geist und die allgemeine
Kirche, die christlich heil'ge,

Die heiligen Apostel.

Ich weiß es, daß die Liebe
Im heil'gen Zorne blitzet;
Mit ihr richt' ich die Todten.
Feu'r strafet die Unheil'gen,
Gluth läutert das Gemeine,
Licht lohnt, wie mich, das Heil'ge.

Kirche.

Der Heiligen Gemeinschaft,
Und Ablaß auch der Sünden,
Und auch das Auferstehen
Des Fleisches und ein ew'ges
Leben, das glaub' ich Alles,
So wahr mir Gott hilft, Amen.

Die heiligen Patriarchen und Propheten.

Ich weiß es, daß die Liebe
Erbarmet sich der Sünden;
Ich hab' das Auferstehen
In unserm Fleisch' und ew'ges
Leben geweissagt Alles,
D'rum kann ich sagen: Amen.

Die Gemeinschaft der Heiligen.

Ich schaue, daß die Liebe
Der Demuth treu verblieben,
Nach der ring' ich d'rum immer.
Vereinend Aller Triebe,
Wird aller Lichten Lieben
Für alle Düstern Schimmer.

Die Himmelskönigin Maria.

Ich innen bin in Liebe,
Dreieinig spricht sie: „blieben
Bin Treuen treu ich immer."
Pein reinigt eure Triebe,
Ewiglich lichtes Lieben
Erringt's euch hier im Schimmer!

Te Deum.

Dich, Gott, Dich loben wir,
Dich, Herr, bekennen wir.

Dich, Vater, der von Ewigkeit,
Alle Welt verehrt Deine Göttlichkeit.

Dir aller Engel Himmelsschaar,
Die Pracht und Macht, die Dein Altar,

Dir, Cherubim und Seraphim
Huld'gen mit ew'ger Jubelstimm':

Heilig, heilig, heilig ist Gott,
Heilig der Herr Gott Sabaoth.

Himmel und Erd' sind voll und erfreut
Ob Deiner Majestät Herrlichkeit.

Dich der Apostel herrlich Chor
Dich die Propheten hochgeborn,

Dich lobt die Schaar der Märtyrer,
Dein glänzend glüh'ndes Kriegesheer,

Dich auf dem ganzen Erdenkreis
Bekennt der heil'gen Kirche Preis,

Weil sie Dein Vaterseyn versteht,
Preis't sie Dein' unendliche Majestät,

Sammt Deinem wahren, einz'gen Sohn,
Und dem Trostgeist, dem heil'gen, der Liebe Lohn.

Du, Ehrenkönig, Jesu Christ,
Des Vaters ew'ger Sohn Du bist,

Hast nicht, uns Menschen zu befrei'n,
Verschmäht den Schooß der Jungfrau rein,

That'st, nach zerbrochnem Todespfeil,
Den Gläub'gen auf des Himmels Heil,

Wo Du zur Rechten Gottes thronst,
Und in des Vaters Glori wohnst,

Und Kund' hat unser Glaub' empfah'n,
Daß einst, als Richter, Du wirst nah'n.

D'rum fleh'n wir: Deinen Knechten bei
Steh', die Dein kostbar Blut macht frei,

Und führ' mit Deinen Heil'gen all'
Zur ew'gen Freud' uns allzumal.

Laß Dein erlöstes Volk uns seyn,
Und segne, Herr, das Erbe Dein,

Regier's und mach' es hocherfreut
Von nun an bis in Ewigkeit.

Wir Tag vor Tag Dich benedei'n,
Uns deines Namens lobend freu'n,

Hier thränenvoll im Zeitenstreit,
Dort selig über alle Zeit.

Mach' würdig, Herr, uns diesen Tag,
Bewahr' uns vor der Sünden Schmach;

Erbarm' Dich, unser Hort und Herr,
Erbarm' Dich unsrer Noth, o Herr!

Laß Dein Erbarmen, Herr, ob uns seyn,
Denn auf Dich nur hoffen wir ganz allein;

Zu Dir, Herr, unsre Hoffnung spricht:
Zu Schanden werd' ich ewig nicht.

Amen.

Amen! Es soll geschehen,
Was Glaubensaugen sehen,
Was Hoffnungspalmen wehen!
Die sprach: „Sey Licht!" zum Flehen,
„Vollbracht'" in Kreuzeswehen,
Die Liebe spricht: es „soll gescheh'n!"

Nachwort

zu dem Büchlein:

Geistliche Uebungen für drei Tage.

Durch die Hitze des Tages und den weiten Gang abgemattet, ermüdeter noch durch das fruchtlose Suchen auf labyrinthischen Wegen, sonder Befriedigung und sonder Ziel, hat ein freud- und leidloser Wandersmann eben den Gipfel einer Anhöhe erstiegen, als ihm, von der Abendsonne vergoldet, vom Hügel gegenüber ein ansehnliches Tempelgebäude in's Auge strahlt. Ohne eben zu wissen, warum, von diesem Anblick erfreuet, eilt er hinzu, da breiten schon vor ihm die zahlreichen Stufen sich aus, die, von hohen Gestalten mit Palmen und Kronen und Engelschwingen umringt, zur Vorhalle hinauf streben, und wie von höherer Macht gezogen, schreitet er die festlichen Stufen hinan. Da wird ihm seltsam zu Muthe, wie ihm seit Jahren nicht gewesen, ein freundlicher Himmelsbote, den er noch nicht kennet, der Geistesfriede, schwebt vor ihm her, und einem Vorbereitungsgebete zu höherer Betrachtung ist sein Gang vergleichbar. Schon hat er die ernste Halle erreicht, die mit mildem, von oben hereinfallendem Abendlichte ihn umfängt, und still nachsinnend bleibt er stehen; denn es dünkt ihm, daß wohl hier sein Ziel, das Ziel des Menschen, das Ziel der Wanderung und des Strebens seyn könne; aber möchte er auch deßhalb über die Stufen nicht mehr herab steigen, so will er doch nicht weiter eindringen in die kaum halbgeöffnete Pforte, hinter welcher nächtliche Schauer und bange Geheimnisse seiner zu warten scheinen.

Da bricht die Nacht herein und lagert sich über Thal und Höhen, und wie es auch den Wanderer zu ängstigen und anzuspornen beginnt, daß er die Tempelstufen wieder hinab eile, so schreckt ihn doch die dichte Finsterniß in der Tiefe, unentschlossen und halb schlummernd bleibt er in der Halle stehen, welche die verworrene tausendfältige Außenwelt von der geheimnißreichen Innenwelt scheidet. Aber dem Morgengewölk Bahn machend, brauset der Ostwind heran, mächtig erfaßt er die Pforten, und ihre Flügel auseinandertheilend, drängt er den ängstlich Erwachenden hinein in den gefürchteten Eingang. Hinter ihm schließet die Pforte sich, der Boden scheint unter seinen Füßen zu weichen, es ist ihm, als sinke er in eine gräuliche Tiefe hinab, von sieben Ungethümen bewohnt, den sieben Todsünden, die im tiefen Dunkel seines verwahrlosten Herzens verderbend schalten und walten. Mit wilder Ohnmacht ringt er, um aus dem Abgrunde sich herauf zu winden, in den ihn die giftigen Sieben nur immer tiefer hinabstoßen, so hoch ihn ihr Häuptling, der Stolz, auch zu erheben trügerisch betheuert. Herabstoßen wollen sie ihn in des Abgrundes tiefste Tiefen, über welchen das furchtbare Gericht der Verstockung waltet; mit den Uebrigen im Bunde will die Hoffart ihn zwingen, zu lästern und zu läugnen, wie die Verblendung des Ungerechten lästert, der das Licht hasset, oder wie die Erstarrung des Selbstgerechten lästert, der liebeleer in sich erstirbt. Da wogen aus hoher Ferne wunderbare Töne hernieder, Töne des tiefinnersten Schmerzes, der hochgewaltigsten Liebe, der allversöhnenden Kraft, einzig allein fähig, den schneidenden Mißton des Elends und des Todes wieder auszugleichen und hinüberzuführen in die harmonischen Klänge des Lebens und der Liebe; die sieben Worte am Kreuz ertönen, vor welchen die sieben Ungethüme in ihr ödes Nichts versinken. Und wieder emporgehoben fühlt er sich, in die Höhe gezogen zu Dem, Der erhöhet von der Erden Alle an sich zieht, nur steht er schwindelnd noch am Rande des bodenlosen Abgrundes, den Tod des Sünders in großer Furcht bedenkend.

Doch von der belebenden Worte Kraft ermuthigt, müht er voll Sehnsucht sich, dem Dunkel zu entfliehen und einen Pfad zum Rufenden zu finden; und leitet ihn auch ein schwacher Lichtschein nur, so leitet er ihn doch sicher. Da steht er denn am zweiten Abend dieser Wanderung wieder in einer Halle, und mit sieben himmlischen Strahlen, den sieben Gnadengaben, strömt plötzlich ein überklares Licht zu ihm hernieder. Ach, da ergeht es ihm, wie einem, dem große Schätze geschenkt werden, und der die Kraft nicht besitzt, sie hinweg und mit sich fort zu tragen; er kann die Lichtesfülle nicht fassen und doch möchte er ihre Quelle finden. Und wie er den Blick hinauf wendet, stellt sich ein hohes Bogenfenster ihm dar; hoch oben, der Thurmgewölbung nah, scheint es eine ferne Aussicht anzubieten. Der Wandersmann klimmt die steile Treppe hinan; schon steht er im Fenster, da breitet die unermeßliche Landschaft ringsum vor seinen Blicken sich aus, der Schauplatz der beiden Fahnen und des Weltgerichts. Auf hohen Felsenzinnen, wie des Adlers Wohnung, ruht Jerusalems Veste, weit in der Ebene breiten sich Babels Mauern aus, ihre Söldner sind zahllos und kühn, sie wollen nicht rasten, bis sie die hohe Siegesfahne auf Sion erbeutet und zertrümmert hätten, und die sie vertheidigen, sind gering an der Zahl, aber ihr Feldherr ist mächtig und der Sieg ist sein. Da schweben, in stets erneuertem Kampfe, die Jahrhunderte hin, am fernsten Horizont ruht die dunkle Wetterwolke noch; wenn sie heranzieht, und der Blitz vom Aufgang bis zum Niedergang leuchtet, wer wird dann bestehen? Schaudernd wendet der Pilger sein Auge davon ab, und die Schrecken des Todes umflattern ihn wieder, ihm ist, als ziehe die Wolke schon langsam herauf. Untergegangen ist die Sonne und in Dunkel die weite Landschaft verhüllt, da schwebt ein holdfreundlicher Abendstern am Himmelssaum herauf, und sieben Strahlen, Schwertern gleich, sendet er in das öde Thal herab; der Pilger sieht getrost hinauf, der sieben Schmerzen Mariä eingedenk; aber da birgt auch den Stern ein schwarzes Nachtgewölk, Stürme heulen durch die lichtleere Oede, aus den untersten Tiefen dringen trostlose Klagen hervor, Haß und Verwesung regen da unten die gräßlichen Fittige, und um sein Haupt schwirrt es mit höllischem Hohne: ewige Verdammniß.

Der Wandersmann erbebt und sein Herz will erstarren. Wer hilft, seufzt er, daß der Abgrund den Pilger nicht verschlinge? Ich habe die Worte vom Kreuze gehört, ich habe eine Fülle des Lichtes gesehen, ich sah die Mutter leiden, aber es ist Nacht um mich und die Hoffnung ist hinweggezogen. Siehe, da tritt der dritte Morgen in's goldene Thor, und vielfärbiges Licht quillt vom Aufgang herüber. Der Wanderer wendet sich dem Lichtstrom entgegen, in ein hohes Gewölbe gelangt er, von sieben Fenstern aus klarem Edelgestein erhellt, und durch die Fenster dringen die hülfreichen Ströme des Einen, ewigen Lichtes, der sieben heiligen Sacramente getheilte, doch einige Farbenstrahlen. Der Strahlen mittelster, der Buße und Demuth Hoffnungsgrün, zündet Frühlingswärme in seinem Herzen an, und droht auch Trostlosigkeit den Frühling auf immer wieder zu scheuchen, so schmilzt das Starre doch alsbald im thauenden Sturme der Selbstanklage, bis des Lebens Wellen, von Wehmuth und Reue wieder ganz entfesselt, trost- und hülfreich fließen. Der Wanderer empfindet nun, wie es der christliche Dichter meinet, da er singt:

„Fließet, o fließet in Strömen hernieder,
Thränen der Reue und büßenden Schuld!
Tage der Unschuld, ach kehrtet ihr wieder!
Fließet in Strömen, ihr Thränen hernieder,
Ob sich erbarme der Vater der Huld!“

Und wie er mit dem Thränenblick hinaus sieht, zur flammend emporsteigenden Morgensonne, da schwimmt eine Siebenzahl lichtsaugender Purpurwolken dem Lichtquell entgegen, und mit den sieben Bitten wendet der verlorne Sohn sich zum Vater wieder. Und die

Gnade des Vaters greift ihm mächtig unter die Arme, daß er im Tempelgebäude höher und höher hinanschreiter, bis er am Abend des dritten Tages die dritte Halle erreicht. Sieben himmlische Gestalten, Hand in Hand geschlungen, die sieben Tugenden, tragen, Säulen gleich, die krystallhelle Decke, auf welcher der heilige Friede ruht. Seinen silbernen Lilienstab neigt er zur Krystalldecke nieder, da ertönet sie mit überaus süßem, herzerfreuendem Klingen, wie der Friedensgruß, der im Ave Maria der Erde erscholl, und kündet zugleich das Scheiden des Tages an. Sanft und hehr, an den wonnigen Tod des Gerechten mahnend, verglimmet das Abendroth, und der Sommernacht heilige Stille wölbt sich über die Erde, wie das hochherrliche Gloria allumfassend das Menschenherz umschwebt. Da steigen auch der Sterne festliche Reihen am Himmelsbogen herauf und schimmern durch das Krystallgewölbe zum Pilgrim herab, und leuchten ihm innige unauslöschliche Sehnsucht nach ewiger Seligkeit in's Herz.

Der Wanderer ruht getrost unter des Friedens Fittig, den Morgen des vierten Tages erwartend. Und ob auch die Sterne erbleichen, und tiefer die Nacht herein zu dunkeln scheint, so wankt doch sein Glaube nicht an den verborgenen Quell des Lichtes, wie Abraham nicht wankte in der Versuchungsnacht. Und bald auch am duftigen Morgenroth erleuchtet sich seine Hoffnung, wie David hoffend dem nahenden Erlöser entgegen sah. Und an der aufgehenden Sonne Flammenantlitz entbrennet hell ihm die Liebe, wie Petrus in Liebe zum Herrn und Meister entflammte. Da wird ihm noch eine andere Pforte aufgethan, und in dem großen und mächtig hohen Dome steht er, zu welchem auch die Stufen von außen her und die Vorhalle führten. Da hallet die Stimme der Ewigkeit, die durch die Zeiten tönt, das erhabene Credo durch den Dom, und der himmlischen, ewig jungen, bräutlichen Mutter, der Kirche, die hier thronet, gehöret die wundersame Stimme: welcher die heiligen Jungfrauen, die Märtyrer und Lehrer, die Apostel, die Patriarchen und Propheten aus nachbarlichen Lichteshöhen antworten. Die Gemeinschaft der Heiligen umschwebt in allverschlungener Liebe den Ort der Erbarmung, huldigend ihrer Königin, welche der Erbarmung zur himmlischen Pforte gedient.

Und von den Streitern unter Sions Fahne, welche hier im mittlern Raume des Domes wohnen und kämpfen, schwebet im herzerhebenden Tedeum der Gesang des Lobes, des Dankes und Flehens hinan zu Dem, Der Herr ist über Leben, Tod und Auferstehung; wie himmelan sprossende Cedern wachsen die Töne des Hymnus hinan, um durch die Wolken zum Himmel der Himmel zu dringen. Da öffnet der Himmel den Glaubensaugen sich, und die Stimmen von oben rufen: Amen! Was Glaubensaugen sehen, Amen! es soll geschehen!

Der beseligte Wandersmann hat sein Ziel erreicht, er ist dem Abgrund entgangen, er hat die Tiefen und Höhen des Tempels durchwandert, nun bleibt er auf den heiligen Zinnen stehen, über welchen des Retters Fahne weht. Die heilige Kirche ist sein Heiligthum und sein Heil; das Kreuz seines Meisters seine Waffe, der Tod des Gerechten sein Streben. — Wer wird nicht mit ihm wandern wollen? Aber das Tempelgebäude ist ein geistiges Gebäude, und wie der gefeierte, hochverdiente, priesterliche Dichter die dreitägige Wanderschaft durch selbes zeichnet, geschieht nach treuer, aber ernster Wegweiserart, die nicht weitläufig schwatzen, und nur dahin geleiten, wo es ihnen selber am behaglichsten ist, sondern rüstig vorangeh'n, und die harte Mühe, auch die harte Wahrheit nicht sparen. — Da wenden freilich manche wieder um, und mögen den Weg zum Lichte und zum Frieden nicht wandern, wie Jene einstens, die da sprachen: Das sind harte Reden, wer kann sie verstehen? —

Disputa.

Eucharistia

oder

das allerheiligste Sakrament des Altars.

Ein Meßhymnus.

Nach des Raphael-Sanzio d'Urbino in den Stanzen des Vatikans zu Rom befindlichem Freskogemälde, genannt:
La Disputa del Sacramento.

Das Gebet vor der Messe.

Aufgerollt ist des geweihten
Frohnleichnams Mysterium,
Das in allen Ewigkeiten
Strahlt, ein Evangelium,
Von der Schaar der Benedeiten
Adorirt im Heiligthum!

Den Gott auf den Fels begründet
Und ihn hat gerecht gemacht,
Der in dem Gott hat entzündet
Seines Reiches klare Pracht:
Raphael hat es verkündet,
Was der Herr hat vollenbracht! —

Säh' ein Heil'ger, sonder Makel,
Mit des Sanges Kraft gestählt,
Dies gemalte Tabernakel,
Wo sich Gott dem Blick vermählt,
Könnt' er singen das Mirakel
Solcher Sänger auserwählt.

Doch kann ich der schwache, bange,
Schuldbewußte Sündensohn,
Mit entweihtem Leierklange
Treten zu dem ew'gen Thron,
Wie die Väter vom Gesange:
Dante, David, Orion?

Alles darf der Glaube wagen,
Alles kann die Liebe schau'n;
Hin, wo Seraphinen zagen
Und den Cherub faßt ein Grau'n,
Will der Gnade Flügel tragen,
Und der Sünder soll vertrau'n!

Darum bet' ich an im Staub
Laß es, Herr, durch mich gescheh'n,
Laß dem Tode nicht zum Raube
Mich in die Verwesung geh'n,
Bis das Bild, an das ich glaube,
Ich im Volk mach' aufersteh'n!

Glocken, rufet die Gemeine,
Alle ruft zum Vatikan,
Keinen schließ' ich aus und Keine,
Nahe Gläub'ger und Profan,
Denn des Herren Kraft ist meine,
Und das Hochamt heb' ich an!

Ecclesia triumphans
oder
Der Himmel.

Der Messe erster Theil.

Introitus.

Jesus Christus, Fürst vom Frieden,
Opferlamm vom Hochaltar,
Hoher Priester uns beschieden,
Ewig-Vater, wunderbar,
Kraft und Rath der Thränenmüden,
Nah' Dich Deiner Streiterschaar! —

Hört! wie sich der Donner flüchtet,
Wenn der Morgen dämmert schon,
Murmelt's: „Sünde wird gerichtet!"
Und wie ferner Flötenton
Schwirrt es: „Sünde wird vernichtet!
Du bist Vater, ich bin Sohn!" —

Und, Hallelujah, es trennet
Sich das düstre Wolkenzelt,
Seht, Hallelujah, es brennet
Auf die Liebesstrahlenwelt,
Hallelujah, es erkennet
Dich mein Blick, o Siegesheld!

In dem Meer von Strahlen schwimmet,
In dem Meer von Engeln brennt,
In dem Meer von Gottheit glimmet
Er, den keine Zunge nennt:
Jehovah, nicht mehr ergrimmet,
Und des Bundes Testament.

Von Verklärung rings umflossen
Nahst Du, Christus, Mensch, wie wir,
Von Dreieinklang übergossen
Christus, Mensch, wie wir, wie wir,
Uns naht, Seines Seyns Genossen,
Gott, wie wir, wie wir, wie wir! —

Wie in monderhellten Nächten
Auf Albano's Blüthengold,
In der Luna Silberflechten
Alba Diamanten rollt,
Wenn der Seele, der geschwächten,
Gottes Kraft wird wieder hold;

Und wie wenn in reinen Seelen,
Oder solchen, die gereint,
Unschuld von den sünd'gen Fehlen
Durch den Schmerz gereint erscheint;
Der den Gletscher aus muß höhlen,
Bis der Staubbach Perlen weint:

Also nahst Du, würd' ich sagen,
Doch was ist der Sonne Zier,
Was der ersten Liebe Zagen,
Was der Unschuld Lichtrevier
Gegen Dich! — Wer darf es wagen
Dich zu malen, Der — wie wir?! —

Dank, versöhnte, benedeite
Mutter Du, Dreieinigkeit,
Die den Raphael erfreute,
Daß durch Dich er uns erneut,
Uns, die gestern nicht, nur heute,
Uns durch Dich, die ewig: Dank!

O Lamm Gottes, das die Sünden
Tilget, doch den Sünder nicht,
Laß mich Dich dem Volk verkünden,
Das der Sünden Nacht umflicht,
Mich, den Sünder, laß entzünden
Dein die Sünde sühnend Licht! —

Mettenglöcklein, nun ertönet,
Du Gemeine, bete stumm!
Du, der nach Verdienst mich höhnet,
Sieh, Profan, zum Heiligthum!
Gläub'ge, hoffet; denn der söhnet,
Spricht das Offertorium!

Offertorium und Kyrie.

„Vater, meinen Leib, den schönen,
Nimm als Brot des Opfers hin;
Nimm, als Opferwein, zu söhnen
Schuld, mein Blut, das reine hin;
Nimm, den Heilaltar zu krönen,
Deinen heil'gen Priester hin!"

Christus säuselt's! „Sein Leib!" klingt es
Aus der Engel Jubelchor;
„Hosianna, Sein Blut!" singt es
In der Väter Siegerchor;
„Sein Leib, Sein Blut, uns? — Gelingt es?" —
Zagt der Gläub'gen Streiterchor!

Blickt auch ihr mit freud'gem Zittern
Brüder, Sündenvolk, empor!

Ob den Wolken und Gewittern
Strahlet Der, der uns erkor,
Sprüht, sein Richtschwert zu zersplittern,
Seines Blutes Blitz hervor!

Seht's Ihn mit erhab'nen Händen,
Weich, wie lind zerlaßner Schnee,
Aus den Nägelmaalen spenden!
Fühlt der Reue süßes Weh'!
Fleht: „Vollbringer, hilf vollenden!“
Singt: „Eleison, Kyrie!“

Seht wie Hermons Thau umfließet
Strahlgelocket Sein Gesicht,
Aller Schönheit Quell ergießet
Seiner Stirne mildes Licht,
Und Sein Blick —!— Wer den genießet,
Hölle, dir den Stachel bricht! —

Naht, ihr kühnsten der Dämonen,
Die ihr stolz euch selbst genügt!
Mag Apollo mächtig thronen
Welcher Allmacht herrlich lügt;
Welteneinklang sey Dionen
Liebelechzend angeschmiegt.

Allen Erdstolz wohl bekriegen
Mag Juno Ludvisis Pracht,
Wohl Velletris Pallas siegen
Auch in der Gigantenschlacht,
Wie Laokoon erliegen,
Höher habt ihr's nicht gebracht!

Von den zwei Colossenrittern
Sey selbst Roms Triumph verlacht,

Niobe, im Schmerz, dem bittern,
Hoher Schönheit nur bedacht,
Sie versteinert, die verwittern,
Er nur — (bebt ihr?) — spricht: „Vollbracht!“

Tiefer zwar als ihr noch sinken
Kann ich, wenn mir Er gebricht;
Aber euren Lustkelch trinken,
Wenn mir Seiner Stirne Licht,
Seines Blicks Entzücken winken,
Das, Dämonen, kann ich nicht!

Sinken kann ich, nicht erliegen!
Christus lebt, ich sterbe nicht!
Schönheit, Liebe kannst du lügen,
Hölle, Seine Gnade nicht!
Fleuch, du sollst mich nicht mehr trügen,
Meinen Jesum laß ich nicht! —

O wie soll ich Dich umschlingen,
Dich, der mich zuerst geliebt,
Höllenketten mich umfingen,
Deine Huld hat sie zerstiebt! —
Väter, Brüder, noch gilt's Ringen,
Helft! — Er lächelt, Er vergiebt! —

Lächle so, wenn wir ermüden
Und uns Lebensmuth gebricht,
So, wenn einst uns um die müden
Augen Tod den Schleier flicht;
Dich als Richter zu ermüden
Lächle so beim Weltgericht! —

Wie dort Deines Körpers Glieder
Schön gefüget, klar und rein,

Wie Dein Lichtgewand hernieder
Leuchtet, durch der Himmel Reih'n,
Laß uns deine Glieder wieder
Und in Demuth leuchtend seyn!

Und, o Heiland, der mich söhnet,
(Mich, der Dich so frech verhöhnt,
Dich mit Dornen hat gekrönet!) —
Gieb, daß dieß Lied, das Dir tönt,
Daß dem Volk es, das Dich höhnet,
Bis in's Mark der Seele dröhnt! —

Orgel, deine tiefsten Klänge
Leihe jetzt dem Bußgesang,
Und, Gemeine, nicht bedränge
Den Profan, der höhnend bang:
Ob sein Hohn es wohl erränge,
Was den Gläub'gen Reu' errang?! —

Confiteor und Gloria.

Wie ein Springquell anzuschauen,
Der, verklärt vom Mondenglanz,
Ueber den azurnen Auen,
Auf sich schwingt zum Sphärentanz;
Also, unter'm Wolkengrauen,
Strahlt vom Altar die Monstranz!

Kühner darf der Springquell streben,
Weil der Wellen Freudigkeit,
Durch des Mondes Strahlenleben,
Wird zum Sonnenglanz erneut;
Also wem als Brot gegeben
Des Frohnleichnams Herrlichkeit.

Doch, eh' Luna darf erscheinen
In des Springquells Wogenchor,
Muß die Nacht erst Sterne weinen,
Weil der Quell den Tag verlor!
Ave, Königin der Reinen,
Sprich für uns: Confiteor! —

Im Pluvial von Duft floriret,
Sie, geneigt dort vor dem Sohn,
Der das Hochamt celebriret,
Priester Er, Sie Diacon! —
Und der Himmel ministriret,
Und die Hölle zittert schon! —

„Ich," spricht Sie, „bekenn'," („bekenne!"
Schwirrt Sie, Sünder, uns in's Herz!)
„Dir Herr, welchen Sohn ich nenne,
Dir bekenn' ich's, nicht mit Schmerz,
Seit ich blühend in Dir brenne,
Schmelz' in mir des Schmerzens Erz!

Doch bekenn' ich Dir mit linder
Wehmuth, Deine Mutterbraut:
Daß, die Höllenüberwinder
Du mir hast am Kreuz vertraut,
Deine Brüder, meine Kinder
Haben nicht auf Dich geschaut!

Freilich Fleisch von Deinem Fleische,
Aber — im Gewand von Staub! —
Laß sie, Fleisch von meinem Fleische
Werden nicht der Höllen Raub!"
Mirjam haucht's; — aus Logos Fleische
Sprüht Ihr Liebe, wäuft uns Glaub'! —

Und ein Blitz zuckt in den Himmeln,
Ahnung vom Mysterium!
Engelsblüthenköpfchen wimmeln
Wirbeltanz um's Heiligthum,
Helden sich im Lichtmeer tümmeln;
Nur Maria — schlürft es — stumm! —

Und ein Zeichen wird erfunden,
Wie der Logos, kindlich, klar:
Aus den heiligen fünf Wunden
Wölbt sich, über'm Sühnaltar,
Wo die Schatten schier verschwunden,
Iris Bogen wunderbar!

In des Bundesbogens Schwingen
Sieht man fünf Aeonen glüh'n,
Seine Wunden sind's, mit Schwingen,
Die wie Saronsrosen blüh'n;
Die Gebete, sie beschwingen,
Daß zum Sünder hin sie zieh'n! —

Als der Herr der Seraphinen,
Die Legion der Cherubim
An nun schauen das, was ihnen
Ahnend aufging, klar in Ihm,
Preisen Den nun, Dem sie dienen,
Sie mit heil'gem Ungestüm!

„Gloria!" so singt im Kleide
Ew'ger Unschuld Michael,
Liebumwoben, nach der Freude
Ave winkend, Gabriel,
Hoffend, eingeschmiegt in Beide
Unser Leitsmann Raphael!

Michael, du Fürst der Schaaren,
Dessen Nam' ist: Wer wie Gott?
Der an rauchenden Altaren
Steht, den Drachen macht zum Spott!
Friedensfürst, woll' uns bewahren
Für des Erzfeinds arger Rott'!

Gabriel, du Gottes Stärke,
Wenn die Noth am höchsten ist,
Der du vom Erlösungswerke
Höchster heil'ger Herold bist,
Blitz' dein Ave, daß es merke
Pseudochrist und Antichrist!

Raphael, der von den Sieben,
Die vor Gottes Klarheit steh'n,
Treu gewärtig uns bist blieben,
Mach' uns Blinde endlich sehn;
Heilkraft Gottes, lehr' uns lieben,
Wer nicht liebt, muß untergeh'n!

Doch dem Opferlamm zur Linken
Sehet, (wo die Sphären dreh'n
Freud'ger, die Sein Herzblut trinken,
Die drei Thronenengel steh'n
Die am Altar niedersinken
Daß Gebete aufwärts geh'n!

Diese glüh'n, die Hochgerechten,
Uns vor der Dreieinigkeit,
In der Zeit noch zu verfechten;
Sie zerschmettern einst die Zeit
Spendend allen Weltgeschlechten:
Leben, Tod, in Ewigkeit!

Ihr Gewand hat unsre Floren
Ihres Blüthenschmucks entlaubt,
Hat den Edelstein Auroren,
Iris ihren Reiz geraubt;
Auch dem Sünder ist's erkoren,
Der entsagt, bereut und glaubt!

Nächst am Lichtmeer schwebt der Demuth
Schutzgeist, still zu Gott geneigt,
Und der Engel süßer Wehmuth,
Der die Freude nicht verschweigt,
Der gewalt'ge Auferstehmuth
Dann, der kühn zum Ziele zeigt!

Engel Demuth, welche rungen,
Wissen: gar nichts wird vollbracht;
Darum lagen wir umschlungen
Lange von des Todes Nacht,
Dir allein ist es gelungen,
Daß du Leben uns gebracht!

Doch ein liebelähmend Leben
Wärst du, Demuth, ganz allein,
D'rum ward zum Gespons gegeben
Dir der Wehmuth Gnadenschein,
Lächelnd in der Thräne Leben
Wäscht er Aug' und Herz uns rein!

Dann entrollst die starken Flügel,
Reiß'st uns fort von Fleisch und Blut,
Brichst der Hölle mächt'ge Zügel,
Machst gewaltig Alles gut,
Schwingst uns auf zum Heileshügel,
Hoher Auferstehungsmuth!

Jene, diese Drei erscheinen,
Aber hinter'm Sakrament,
Wo Gewühl der goldnen, reinen
Reih'n um's Tabernakel brennt,
Glüh'n die Sieben der Gemeinen,
Die kein sterblich Aug' erkennt.

Und die Drei zur Rechten, Linken
(Heil dir, Sanzio, dem's gelang!)
Alle Hierarchieen trinken
Lammesblut bei'm Sphärenklang,
Wie sie, leichtumschwebend, blinken,
Tönet ihr Choralgesang:

„Gloria Gott in den Höhen,
Fried' auf Erden! Menschenkind,
Fleuch des bösen Willens Wehen,
Bleib dem Guten treu gesinnt,
Dein Gelüst muß untergehen,
Daß die Lust dir ewig rinnt!

Lob Dir, die gebenedeiet,
Von den Himmeln adorirt,
Ewig schaffend' sich erfreuet
Und dem Logos emanirt,
Und den ew'gen Geist erneuet,
Liebe, sey glorifizirt!"

„Dank," so singt der Fürst der Schaaren,
„Daß Du Gott zu seyn gewollt,
Dank Dir, singt der offenbaren
Mirjam hat den Sohn gesollt,
Lamm, Dir Dank, das auf Altaren
Ewig sich ein Opfer zollt!"

Zu des Gloria Jubelchören
Nun das Miserere dröhnt,
Nicht wie wir's hienieden hören, –
Wenn die Sünde klagend tönt,
Nein, wie Harfenklang der Sphären,
Wenn ihn säuselnd Gott verschönt.

Der Du trägst der Welten Sünden,
Ach laß Deiner Gnaden Schein,
Der Du trägst der Welten Sünden,
Auch Dein Menschenvolk erfreu'n,
Der bei'm Vater tilgt die Sünden,
Laß Gebet Erhörung seyn.

Also singet mein Begleiter
Raphael, die Schaar am Thron,
Welche der Gebete Leiter,
Leuchtet diamantner schon,
Und der Logos lächelt heiter,
Und die Mutter schlürft den Sohn.

Höchster, Herr und allein heilig,
Intonirt der Himmel, Herr,
Heilig Vater, Christus heilig,
Heilig Geist, wie der und der,
Gott sey gnädig, weil Du heilig,
Vater, Sohn und Geist sey Ehr'!

Und Maria saugt das Amen,
Donnernd um's Mysterium
Drehen die sich, deren Namen
Myrias, im Kreis herum,
All' in einer Sonne Flammen,
Nur Maria schlürft sie stumm.

Dank Dir, ruf' auch ich, Dein Sänger,
Daß es mir bis jetzt gelang,
Mir durch Dich, doch bang und bänger
Stockt des Sünders schwacher Sang,
Der erringen soll (mißläng' er!)
Andern, was er nie errang!

Nun statt Orgel Cymbeln klinget,
Die Gemeine betet schon,
Hoffe, Freund Profan, es ringet
Mit dem Unmuth schon dein Hohn,
Denn heran, ihr Gläub'gen, dringet
Des Triumphes Prozession!

Procession, Credo und Evangelium.

Mutterkirche, die begründet
Hat der Herr mit Seinem Blut,
Was wir Söhne auch gesündet,
Du bleibst wahrhaft, treu und gut;
Der ich ewig bin verbündet
Mutter, gieb dem Sohne Muth.

Nicht in Deinem Schooß geboren,
Aber Deines Meisters Sohn,
Hat er sich von ihm verloren,
Hat zur Fremde hingefloh'n,
Sich ein ander Erb' erkoren,
Statt der Unlust — Wollust, Hohn!

So mit Trebern stets gefüttert
Und vor Hunger doch erstarrt,
Unter'm Haufen, der nur wittert,
Was im Koth er aufgescharrt,
Ob er schamroth oft gezittert,
Und doch stets von Gier genarrt.

Dann hat ihn (der laut dieß beichtet,
Weil es laut von ihm geschah),
Seines Vaters Blitz erleuchtet,
Daß Dein Thor Ecclesia
Er mit Thränen hat befeuchtet,
Doch noch tönt kein Hephatah!

Aber weil er noch im lichten,
Heitern Erdreviere weilt,
Dem (das Grab wird sie vernichten!)
Ward die Hoffnung zugetheilt,
Laß ihn Brüdern es berichten,
Wie die Heilzeit schnell enteilt!

Wählet, tönt's im Chorgesange
Aus der ew'gen Säulen Reih'n,
Die Du, Arche, durch die bange
Sündfluth trugst zum Port hinein,
Kurze Reu' und Wollust, lange
Ew'ge, wählet, Freud' und Pein!

Ueber Alle ragt der Täufer,
(Keiner, den das Weib gebar,
Gleichet ihm, des Herren Täufer)
Im Gewand von Ziegenhaar
Sitzt Johann der Thränentäufer
Links dem Herrn am Richtaltar.

In der Linken hält erhaben
Er des Glaubens Siegerstab,
Welcher hat den Tod begraben
Und den Tod der Hölle gab,
Wolken ihn verschleiert haben,
Aber Wolken schwimmen ab.

Und mit mild erhab'ner Rechten
Zeigt er nach dem Heiland hin,
Er, der allen Sündenknechten
Winkt zum ew'gen Sanhedrin;
Hört den Fürsten der Gerechten,
Mitwelt, Sünder, Sünderin!

„Siehe Gottes Lamm unschuldig,
Welches der Welt Sünde trägt,
Sünder, Seines Blutes schuldig,
Büßt, die Axt ist angelegt
An den dürren Baum, wer schuldig,
Wehe, wenn sie niederschlägt!"

Als der Herold spricht, gewittert
Gott, der ernst durchzuckt die Luft,
Und der Fels der Kirche zittert,
Der Verleugnung sich bewußt,
Schuld'ge Demuth, sie erschüttert
Selbst Mariens reine Brust.

Herr, spricht sie, ich bin nicht würdig,
Daß Du eingingst in mein Haus!
Dein Haus sind wir, sind's nicht würdig!
Tönt's in allen Himmeln aus.
Würdig einst und jetzt unwürdig,
Ewig heult der Hölle Graus.

Aber, lispelt jetzt die Reine,
Nur ein Wörtlein hauch' Dein Mund
Und die Seele, welche Deine,
Die Erkrankte wird gesund,
Preise Deinen Herren, meine
Seele, mach' den Heiler kund!

Spricht's und Sein Blut träuft, wie Tauben-
Fittich, säuselt's: Glaub' an Ihn!
Sein Geist ist es! Unschuld rauben
Kannst du Hölle, doch nicht Ihn!
Glauben rettet, schwer ist Glauben:
Aber Glauben kommt durch Ihn!

Glauben? weint zum Morgengrauen
Christi Streiterschaar empor,
Zwischen Furcht noch und Vertrauen
Ringend, ob der Strahl hervor-
Breche? Keinen Glauben, Schauen,
Triumphirt sein Sonnenchor!

Seht die Zwölfe, die entronnen
Sind der Trübsal und der Quaal,
Die des Lammes Blut gewonnen,
Waschend ihrer Sünden Maal,
Seht sie, das sind Christi Sonnen,
Angefacht in seinem Strahl.

Wie des Bundesbogens Farben
Gelb und lichtblau, roth und grün,
Schauet, die im Herren starben,
Oder hoffend doch auf Ihn,
Aus der Thränensaat die Garben
Schwingend zu der Erndte zieh'n.

Auf den klaren Wolken thronen
Rechts und links am Strahlenthron
Sehet, welche Gott belohnen
That mit der Verheißung Lohn,
Seht die Patriarchen wohnen,
Welche hofften auf den Sohn!

Zwischen ihren bunten Reigen
Leuchten, wie von Gott getrennt,
Der Apostel und Blutzeugen
Erste durch das Firmament
Aller Gloriirten, zeigen
Auf das ew'ge Testament.

Petrum seht, der uns die Thüren
Oeffnet, Adam, der sie schloß,
Seht Johannem sich verlieren
In der ew'gen Liebe Schooß,
Und den David hört psalmiren,
Daß Messias ihm entsproß.

Seht ihn, der zuerst dem Glauben
Blutend, auf zum Himmel sah,
Stephanum und der die Trauben
Trug zum Vorbild, Josua,
(Wer kann uns den Weinstock rauben!)
Sitzen rechts am Throne da!

Links am Lebensquelle winken
Seht der Ritter Zier und Ehr',
Seht Georgens Rüstung blinken
Und Lorenz den Märtyrer,
Das Gesetz in Moses Linken,
Ihn belastet es nicht mehr.

Seht Jacobus, der betrachtend
Sich in seli'ges Schau'n versenkt.
Abram, nicht den Sohn mehr schlachtend,
Wie er nach der Prüfung denkt,
Paulum, sonst den Herrn verachtend,
Jetzt zum Rüstzeug uns geschenkt.

Arme Brüder, Gottverächter,
Wider'n Stachel leckt ihr nicht,
Betet, dort des Thrones Wächter
Sitzen einstens zu Gericht!
Richter, ihr, der Weltgeschlechter,
Bittet für uns Kraft und Licht!

Glaubet, daß, und bis ihr schauet
Tönt's vom Felsen nun herab,
Auf den Gott die Kirch' erbauet
Und ihm hat den Hirtenstab
Und das Schlüsselpaar vertrauet,
Welches bindet, löst das Grab.

In der Treue Blau gekleidet
In des Glaubens Lichtgewand
Sitzet, der die Heerde weidet,
Buch und Schlüssel in der Hand;
Rechts, wo sich die Wolke scheidet,
Unverrückt auf Gott gespannt.

Rein, das war ich nicht von Sünden,
Spricht dein Bischof, Christenheit;
Aber der Verleugnung Sünden
Hab' ich bitterlich bereut,
Weil ich hab' erkannt, was Sünden,
Ward ich Trost der Sündlichkeit.

Zagen sollt ihr, nicht verzagen,
Sollt bereu'n und besserthun,
Aber thun, das heißt entsagen,
Bessers wird die Gnade thun,
Glauben, Kindlein, und nicht fragen
Sollt ihr, ruhen nicht, und thun.

Leget ab des Fleisches Lüsten
Und der eitlen Hoffart Schmach,
Denn nicht darf der Staub sich brüsten
Und dem Jauchzen folgt das Ach,
Sauget an der Demuth Brüsten,
Kindlein, lallt mein Credo nach.

Noth thut's, weil die Nachtgewalten,
(Sprich mir's nach, Du Menschenkind!)
Noch mein freches Auge spalten,
Darum muß ich, sündenblind,
Mich am Stab des Glaubens halten,
Bis mir Demuth Licht gewinnt.

Sprecht: ich glaub' an Dich, der mächtig
Gott und Herr und Vater ist,
Schöpfer deß, was schön und prächtig,
Himmels und der Erden bist,
An den Sohn, mit Dir einträchtig,
Unsern Herren Jesum Christ;

Der vom heil'gen Geist erzeuget,
Den Mariens Schooß gebar,
Den Pilatus hat gebeuget,
Der dann ward gekreuzigt gar,
Und als er sein Haupt geneiget,
Starb und dann begraben war.

Der zu Höllen ist gefahren
Und am dritten Tag erstand,
Auffuhr zu den Himmelsschaaren,
Sitzend jetzt zur rechten Hand
Gottes, der zu offenbaren
Sich als Vater Ihn gesandt.

Welcher einst wird wiederkehren,
Richtend das, was lebt und todt,
Gleichfalls glaub' und will ich ehren
Seinen Geist, wie Er's gebot,
Und der heil'gen Kirche Lehren,
Denn zu glauben thut mir Noth.

D'rum glaub' ich die Lichtgemeine,
In ihr Nachlaß meiner Schuld,
Daß vereinte Kraft sey meine;
Also glaub' ich mit Geduld,
Aufersteh'n im Fleisch einst reine,
Und des ew'gen Lebens Huld.

Sprich das Amen, Weibessaamen,
Der der Schlangen Haupt zerdrückt;
Der mich hat, als Wogen kamen
Und ich sank, der Fluth entrückt;
Ohne Dich, Herr, und Dein Amen
Schauen nicht, nicht Glauben glückt.

Doch Dein Blick mir's offenbaret,
Und ich weiß, Du krönst die Reu',
Volk dort unten noch geschaaret.
Hör' es, Volk, und Dich erfreu',
Ich Fels, benedeit, bewahret,
Bleibe, schrei Höll', Gott ist treu!

Als der Urpapst also lehret,
Starrend stets zu Gott hinan,
Sieht der uns mit Schuld beschweret,
Ihn, der Urmensch, staunend an,
Zwar er hat uns Tod bescheret,
Aber dennoch: welch ein Mann!

Riesenhaft, doch schön gestaltet,
Nackt, so wie ihn Gottes Hand
Schuf, wenn alt auch, nicht veraltet,
Sitzt zu Petrum er gewandt,
Recht, als ob er sich's entfaltet,
Was er noch nicht recht verstand!

Diospater, der zum Bilde
Ihn erschuf von seiner Pracht,
Jehovah sieht auf ihn milde,
Wieder hat er gut gemacht
Den, der noch durch die Gefilde
Edens blickt zur alten Nacht!

Ward, spricht Adam, um die Kniee
Seinen nerv'gen Arm gespannt,
Ich zur Arbeit, Schweiß und Mühe
Nicht vom Paradies verbannt,
Ich, der ich zuerst und frühe
Meinen Gott wie mich gekannt?

Hab' ich nicht vom Baum gegessen,
Welcher trug des Todes Frucht?
Strafe ward der Schuld vermessen,
Und mein Saame ward verflucht;
Hat der Herr denn das vergessen,
Daß er gnädig heim ihn sucht?!

Doch der ewig so wie heute
Wandelt, und vergißt sich nicht,
Der vom Limbus mich befreite,
Ja, er hält, was er verspricht.
Gottes, mein Sohn, der Geweihte
Spricht zum Tode: werde Licht!

Licht ist Liebe, schreibt Johannes
In das Buch des Lebens dort,
Links des ersterschaffnen Mannes,
In Verzückung schreibt er fort:
Wort ward Fleisch, doch er gewann es,
Daß auch sein Fleisch ward das Wort.

Denn er lag in Christi Schooße,
Denn er schlief an Christi Brust,
Christi lieblichster Genosse,
Christi einz'ge Erdenlust,
Wie dem Fleisch das Wort entsprosse,
Nur Johannes hat's gewußt.

Ihr, der Fleischeslüste Fröhner,
Ich war auch in's Fleisch gebannt,
Hab', ein sünd'ger Lustverschöner,
Oft, was Fleisch ist, Licht genannt,
Aber Fleisch bleibt Fleisch, der Söhner
Hat mir's schmerzhaft eingebrannt.

Wagt es Liebe nicht zu nennen,
Wenn für's Fleisch Ihr sk'avisch brennt
Und Euch nicht vom Fleische trennen,
Ueber's Fleisch nicht schwingen könnt,
Mücken sich am Licht verbrennen,
Adlers Blick am Strahl entbrennt!

Wenn das Fleisch Ihr habt besieget
Und es unter Euch gebracht,
Und den Geist, der ihm erlieget,
Seiner Ketten frei gemacht,
Daß an Gott er frei sich schmieget,
Dann hofft, daß auch Lieb' erwacht!

Mir ist sie noch nicht gelungen,
Sey es, weil mein Uebermuth
Zwar gebeugt, doch nicht bezwungen,
Sey es, weil die Fleischeswuth,
Hab' ich gleich mit ihr gerungen,
Mir verpestet Blick und Blut.

Doch muß ich es hinterbringen,
(Christus steh' dem Sünder bei!)
Lüge war's, was ich zu singen
Wagte, daß es Liebe sey,
Macht von meiner Hölle Schlingen.
Euch von mir Verführte frei.

Geist an Fleisch sich freilich schließet,
Wie im heil'gen Sakrament,
Aber das, was Gott entfließet,
Das ist nicht das Element,
Gottes Fleisch selbst, wer's genießet
Geistlos, dem die Seel' es brennt.

Das noch muß ich Euch noch fragen,
Mücken, denen Lampenschein,
Wenn Instinkt Euch hingetragen,
Dünkt ein Paradies zu seyn,
Was wird erst der Adler wagen,
Blickt zur Sonne er hinein?

Also, die Ihr Heil'ge schändet,
Brüder, Mücken, ach bereut,
Einzuseh'n, daß Ihr verblendet,
Brüder, das wär' sehr gescheut;
Sonne, die mir Strahlen spendet,
Auch uns Mücken hin sie streut!

Adler, schön ist Euer Ringen,
Doch zur Sonne dringt's nicht ein,
Aber ihr mit Taubenschwingen,
Seelen, schwanenweiß und rein,
Mag's zu baden Euch gelingen
In dem klaren, freud'gen Schein!

Wonach ich noch bitter weine,
Fleht's mir, denn schon winkt mein Grab,
Aber dünket Euch nicht reine,
Wascht auch Euch die Schwingen ab,
Wenn sie nicht im Sonnenscheine
Stäubt doch immer Staub herab.

Alle blickt zum Sitz der Wonnen
Und zum Sanct Johannes hin,
Welchem, was uns Gott gewonnen,
Mehr als Allen gab Gewinn,
Uns auch floß der Strahlenbronnen,
Doch wir floh'n zur Lampe hin!

Seht sein zartes Haupt umsponnen,
Von des blonden Haar's Gewühl,
Seinen Blick wie ganz zerronnen
In der Liebe Hochgefühl.
Schönster, laß in Dir mich sonnen,
Denn der Nachtsturm weht zu kühl!

O wie sich die Rosenlippe
Schamhaft süß zusammenschließt,
Als ob Christi Blut sie nippe,
Wie sein Köpfchen niederfließt,
Wie durch's goldne Haargestrüppe
Frieden seine Stirn umsprießt.

Wie die blühend linde Wange
Leicht zum weichen Kinne schleicht,
Wie vom sanften Liebeszwange
Sich der Hals, der klare, beugt,
Alles feurig nicht noch bange
Selig sich zu Jesu neigt.

Ob er züchtig gleich verhüllet,
Ich am Liliennacken schau',
Daß die milden Glieder füllet
Schön gewundner Wellenbau,
Der zur zarten Sohle quillet,
Durch der Wolken Silbergrau!

Ueber'm feinen Nasenbuge
Blickt er in sich schmachtend hin
Im geheimen Liebeszuge,
Eingeschmieget jeden Sinn,
Wenn ich länger an ihn luge,
Ich in Wehmuth noch zerrinn'.

Der in's Lammes Blut getauchte
Mantel, wie er ihn umringt,
Die von Hoffnung angehauchte
Tunica sich an ihn schlingt,
Wie sein Buch, als ob es rauchte,
Seiner Liebe Brand durchdringt.

O für Reue muß ich sterben,
Blick' ich länger noch auf Ihn,
Buße kann den Himmel erben,
Der Versöhner hat verzieh'n,
Aber Unschuld neu erwerben,
Das kann Niemand, hin ist hin!

O bewacht die Unschuld immer,
Den Juwel von Gottes Kron',
Glücklich, wem im Irrlichtsflimmer
Unschuld noch nicht ist entfloh'n,
Wer sie floh, der ruht hier nimmer,
Hier nicht, glaubt's dem Sündensohn.

Und Ihr Alle, die die Liebe
Je gekannt und mißgekannt,
Ihr, die Ihr von sünd'ger Liebe
Und von seliger entbrannt;
Seht Johannes, das ist Liebe,
Wem von Euch ist er verwandt?

Ja Johannes Unschuld liegen
Konntest du in Gottes Schooß,
Dich verwegen an ihn schmiegen,
Gott ist Liebe, Unschuld groß;
Kann die Liebe überfliegen,
Rauben ihr ihr Blitzgeschoß.

D'rum ist schön zwar der Versöhner,
Der der Dreiheit Liebe theilt,
Doch ist Sanct Johannes schöner,
Der so ganz in Liebe weilt,
So wie Christi Hand die Stöhner
Mit des Glaubens Balsam heilt.

Hört nun, was er hat geschrieben,
Er, der dort von Liebe stumm,
Heller als der Sterne Lieben
Preist das Liebsmysterium;
Sankt Johann, vom Geist getrieben,
Schreibt im Evangelium.

Aber erst, o Gott der Stärke,
Mach' mir Herz und Lippen rein,
Du, der Jesaias Werke
Grub den Flammengriffel ein,
Daß mein deutsches Mitvolk merke,
Daß ich darf Dein Herold seyn.

Durch den Herren Christum Amen
Herr gebeut zu segnen nun!
Also sprach ich: Gottes Namen
Mög' in deinem Herzen ruh'n,
Daß es Allen, welche kamen,
Deine Lippe kund darf thun.

Also mir die Heil'gen winken,
D'rum, zwar nur Ostiarius,
Weil der Diacon versinken
Muß in Lieb' Oceanus,
Verkünd' ich's Euch, kommt zu trinken
Aus der Gottheit Ueberfluß!

Also predigt, lasset brennen
Statt der Fackeln, Herzen an,
Also predigt, laßt das Rennen,
Hört in Andacht, Weib und Mann,
Also der die Lieb' erkennen
Durfte, predigt Sankt Johann.

Mein Fleisch, das ist wahrhaft Speise,
Wahrhaft ist ein Trank mein Blut,
Jesus sprach zum Weltenkreise
Wer mein Fleisch ißt und mein Blut
Trinket, bleibt auf gleiche Weise
Wie des Lebens Vater thut

Senden mich, und ich nur lebe
Vaterswillen dort und hier,
So wenn ich zur Speis' mich gebe
Und zum Tranke, bleibt in mir,
Ich in ihm, auf daß er lebe
Meinetwillen für und für.

Dieß Brod ist vom Himmel kommen,
Nicht wie Eurer Väter Schaar
Manna aß und ist genommen
Durch den Tod. Dieß Brod fürwahr,
Wer es ißt, dem wird es frommen,
Daß er lebe immerdar.

Jetzt die Botschaft ist vollendet
Heil'ger Schaar! Sie ruft herab,
Das, was Du dem Volk gespendet,
Waschet Eure Sünden ab.
Credo, schreit zu Gott gewendet,
Donnernd Kephas nun herab.

Adam jauchzt: Gott sprach: es werde
Licht, es ward Licht! Tod ist fort!
Sankt Johannes schreibt: Ich werde
Fleisch, sprach Gott, und Fleisch ward Wort;
David liest entzückt dieß Werde,
So psaltirt des Sanges Hort:

Der mit Fett des Weizens speiset,
Mit des Felsens Honig tränkt,
Hallelujah ihm erweiset,
Gottes Jacobs jubelnd denkt,
Aller Aug', Herr, Dich umkreiset,
Der zur Nothzeit Speise schenkt.

Auf hast Du die Hand geschlossen,
Alles Fleisch mit Segen füllst,
Am Altar, dem ewig großen,
Mich mit Jugend neu durchquillst;
Deine Sach' Du nicht verstoßen
Und Dein Volk erretten willst.

Meine Stärke, Gott, so klagt es,
Was verstößest Du mich dann,
Daß der Urfeind dein geplagtes
Volk so frech betrüben kann.
Sprich ein Wort herab, so tagt es,
Deine Wahrheit send' heran!

Du hast, Herr, zum heil'gen Hügel
Mich in Dein Gezelt geführt,
Wo die Jugend sonder Zügel
Ewig am Altar florirt,
Gieb auch meiner Harfe Flügel,
Daß sie Dich mit Ruhme ziert.

Darum, Seele meiner Seele,
Traure nicht, Du Streiterschaar,
Hoff' auf Gott und Ihn erwähle,
Ihn mach' preisend offenbar,
Ich bekannte meine Fehle,
Da ward mir Sein Antlitz klar!

Ewig wasch' ich meine Hände
In der Reingewaschnen Reih'n,
Und zu Dir ich, Herr, mich wende,
Klammernd Deinen Altar ein,
Daß er mir ein Loblied spende,
Deine Wunder auszuschrei'n!

Hab' ich jemals, Herr, geliebet
Deines Hauses Herrlichkeit,
Laß, Herr, der die Schuld vergiebet,
Meines Lebens Freudigkeit,
Laß mein Volk nicht seyn betrübet
Durch der Hölle List und Streit!

Sieh, wie Blutdurst in den Blicken,
In den Händen Missethat,
Deine Streiter zu berücken,
Sie mit Giftgeschenken naht,
Laß Dein Zion nicht erdrücken,
Gieb es nicht in ihren Rath!

Nicht in Unschuld hat gewandelt
Unser Fuß und stets gewankt,
Herr, wir haben mißgehandelt,
Doch Du heilest, die erkrankt,
Zebaoth, in Fleisch verwandelt,
Darum, Zion, Kirche, dankt!

Also singt, nein, in ihm singet
Gott, in den sich David senkt,
Als sein Seherblick durchdringet,
Was Johannes uns geschenkt,
Psalmen nicht die Harfe klinget,
Doch die Seele Psalmen denkt!

Wie sein Silberhaar hernieder
Aus dem Purpursammet fleußt,
Wie der Krone Goldgefieder
An den Hirtenhut sich schleußt,
Sich, vom Thron der hohen Lieder,
Der gesalbte Bart ergeußt!

Wie vom puren Gold die Krone,
Ist auch Goldstück der Talar,
Welcher Davids Treu' zum Lohne
Schmücket seiner Brust Altar,
Doch das Grün der Erdenzone,
Küsset seiner Kniee Paar!

Ja, bring' Dank ihm, Mutter Erde,
Denn es Keinem noch gelang,
Nachzusprechen Gott das Werde,
Wie es Davids Sang erschwang,
Der umschlang das Lamm der Heerde,
Leviathan niederrang!

Ihr, die ihr durch Klanggeklimper
Frisches Leben nicht erringt,
Wollt ihr wissen, Brüder, Stümper,
Wie ein hohes Lied gelingt,
Blickt zu Davids Silberwimper,
Die in's Buch des Lebens dringt!

Reinigt erst den Blick vom Tande,
Und wenn er erprüft und rein,
Schießt ihn durch der Wolken Rande
In des Fleisches Wort hinein,
Dann löst auf die Harfenbande,
Euer Wort wird Fleisch dann seyn!

Völkerhirten, die vergebens,
Wenn der Wolf die Heerde neckt,
Selber voll des innern Bebens,
Nicht mit Eurem Stab ihn schreckt,
David schöpft im Quell des Lebens,
Was den Feind daniederstreckt!

Hirte, Söhne, Sänger, König,
Hör' mich an von Deinem Thron,
Ich soll minder noch als wenig
Singen Deinen Menschensohn,
Doch der Satan frägt mich höhnig:
Ist Gesang der Sünden Lohn?

Deine Kraft, Du Schleuderschwinger
Und den Höllengoliath
Stürzt dieß Liedlein, wird ein Ringer,
Der der Schlangen Kopf zertrat,
Ihn, der Dein und mein Vollbringer,
Fleh' ihn, ich erlieg' der That!

David schweigt, doch Zions Heere
Spiegeln seine Seligkeit,
Die, daß ewig sie sich mehre,
Jeder ewig Allen leiht.
Vater, Sohn und Geist sey Ehre
Anfangs, nun, in Ewigkeit.

Also strahlt die Schaar, die klare,
Zu dem Psalm Antiphona:
Ewig sing' ich am Altare,
Ewig jung, Hallelujah!
Helfend, Herr, Dich offenbare,
Himmel, Erd' in Dir sind da!

Leise schwirrt vom Thron das Amen,
Selig lächelt Stephanus,
Derer, die aus Trübsal kamen,
Und durch ihres Bluts Erguß
Fruchtbar netzten Christi Samen
Erster Primicerius.

Der Viole schönes Leben
Währt nur eine Frühlingsnacht,
Doch ist ihr es frei gegeben,
Daß sie duftend kund ihn macht,
Durch das Schwarz der Nacht darf streben
Ihres Blutes Purpurpracht.

D'rum ist mit Violenscheine
Der Viole Kleid beglückt,
Welche durch die Nacht der Steine
Ward zur Sonn' emporgerückt,
Eh' hat von Millionen Keine,
Kirche, Deinen Lenz geschmückt!

Auf der violetten Seite
Glänzt von der Dalmatica
Lichtes güldenes Geschmeide
Und ein Flammensternbild da,
Wo der Jüngling, den ich neide,
Stets den Himmel offen sah!

Doch was ihn am schönsten zieret,
Ist der Demuth Herrlichkeit;
Der das Siegerheer regieret,
Knappe war er einst im Streit,
Aber Gott glorifiziret
Selige Mühseligkeit!

Zwar ich weiß es, wem's verliehen
Ward, das Heil, ein Christ zu seyn,
Daß wir Christen Alle glühen,
Christo unser Blut zu weih'n,
Doch des kleinen Dienstes Mühen
Sind es, die wir Alle scheu'n!

Jeder möchte sich geberden,
Als trüg' er den Himmelsthron,
Papst ein Jeder seyn auf Erden,
Aber Keiner Diacon,
Doch aus kleinen Dornen werden
Muß die mächt'ge Marterkron'.

Möge Keiner groß sich dunken,
Weil er nur das Große liebt,
Sonnen werden nur aus Funken,
Und der kleinsten Pflicht geübt,
Weil die Seele gottestrunken
Christus seine Palme giebt.

Ihr Vergessenen und Stillen,
Die ihr, säh's auch Niemand nicht,
Stündlich brechend Euren Willen,
Seinen übt, ob's Herz auch bricht,
Zagt nicht, Er wird das erfüllen,
Was ein Herz gebrochen spricht.

Zu Euch neiget seine Rechte
Sanft der Protomärtyrer,
Nicht zum eitlen Weltgeschlechte,
Welches glitzernd, aber leer,
Das gedunsene, geschwächte,
Wie ein Irrwisch rauscht daher.

Die mit aufgeblas'nem Hirne
Ihr das Mark dem Herzen raubt
Und gleich einem Knauel Zwirne,
Gottheit abzuwickeln glaubt,
Schaut dort Stephans Felsenstirne,
Ist das eines Dümmlings Haupt?

Und doch senkt er seine Blicke,
Schließt der Augen Himmelreich,
Als ob sich's für ihn nicht schicke,
Daß sie so von Strahlen reich,
Schamhaft zieht er sich zurücke,
Schön und selig doch zugleich.

Lächelnd möcht' er sich erniedern
Zu des Tempels tiefstem Grund,
Wenig Härchen nur befiedern
Seines Scheitels Tempelrund,
Siegesfürst, mach' meinen Brüdern,
Wie man Sieger werde, kund!

Als ich, spricht zu Israels Richter,
Der zur Sonne sprach: Steh' da!
(Dem gehorcht sie, der Vernichter
Seyn soll eines Canaa.)
Auf Euch Streiter zeigend, spricht er:
Horcht auf Ihn wie Josua!

Als ich war im Menschenorden,
Spricht der Heil'ge lächelnd nun,
Wo die Armen sich ermorden,
Die nicht wissen was sie thun,
Ist's oft sauer mir geworden,
Viel Zeit hatt' ich nicht zum Ruh'n.

Weil ich Gott zum Theil erwählet,
Der sein Theil mich hat erwählt,
Ward das Haar, das er gezählet,
Mir als Kind schon abgeschält,
Und die Krone mir vermählet,
Die durch Dornen ward gestählt.

Ihm gab ich mein Theil und Erbe,
Jenen Kelch der ird'schen Lust,
Ihn erwählt' ich mir zum Erbe,
Und sein Theil ward meine Brust,
Wieder gab er mir mein Erbe,
Wie uns Sel'gen das bewußt.

Schon in meinen Knabenjahren
Mußt' ich als Ostiarius
Treu die Schlüssel aufbewahren,
Läuten zu des Herrn Genuß,
Treiben fort, die werthlos waren,
Und oft that ich's mit Verdruß.

Nachts mußt' ich am Betsaal wachen,
Daß dem Hochamt nichts gebrach,
Rein die Meßgeräthe machen:
Ward ich schläfrig dann und schwach,
Dacht' ich, Gott will von den Sachen
Rechenschaft, so blieb' ich wach.

D'rauf durft' ich zum Volk mich kehren,
Ihm als Lektor künden an,
Was vom Herrn, den wir verehren,
Die Propheten kund gethan,
Und auch das den Kindlein lehren,
Wo wir ewig lernen d'ran!

Wirst du, sprach der Herr, verwalten
Treulich meines Wortes Pflicht,
So sollt du mit meinen alten
Knechten haben Theil am Licht,
Und der Herr hat Wort gehalten
Mir, hielt ich's auch oft ihm nicht.

Endend d'rauf die Sabbathsfeier,
Wo dem alten Testament,
Das ein treuer Conterfeier
Ist vom ew'gen Sakrament,
Ab ich nahm den heil'gen Schleier,
Ward ich Exorcist ernennt.

Wem gequält von Nachtlegionen
Ward des Körpers Herrlichkeit,
(Die bestimmt im Licht zu thronen,
Lüftet sie des Staubes Kleid.)
Ihm verjagend die Dämonen,
Gab Gott durch mich Freudigkeit.

Doch nur legt' ich auf die Hände,
Wem das Taufbad schon gescheh'n,
Oder dem, der, daß er's fände,
Rang schon als Catechumen,
Auch mußt' zu des Altars Spende
Ich den Gläub'gen Platz erseh'n.

Denn wie dort der klare Knabe,
Dem ich hold vor vielen bin,
Immer zu der Himmelshabe
Weiset seiner Brüder Sinn,
Deutet jede Gnadengabe
Immer zum Frohnleichnam hin.

Darum ist auch abgetrennet,
Wer das hohe Ziel verkennt,
Dennoch Jedem, der ernennet
Ward zum Knecht vom Sakrament,
In die Seele das gebrennet,
Was der Tod nicht von ihm trennt.

Jedem aller sieben Grade
Ist sie, die die Seele reint,
Ist vereinigt Gottes Gnade,
Die den Menschen Gott vereint,
Wenn er nicht, die Höllenpfade
Wallend, ewig Gott verneint.

Ja sogar dem Sohn von heute,
Aller eignen Gnade leer,
Spendet er an's hocherfreute
Volk, der ew'gen Gnade Meer,
Macht ihm Gnade leicht die Beute,
Die den Himmeln ist zu schwer.

Schwer war auch die Riesentraube,
Spricht zu Stephano gewandt
Josua, zu deren Raube
Hin ich zog in's Bundesland,
Schier erlag ich, Jacobs Glaube
Half, ich trug das Bundespfand.

Ewig wird die Traube glänzen,
Spricht nun der, den Demuth schmückt,
Den verheißnen Kelch zu kränzen
Hat Dir, Held, durch den geglückt,
Der, am Altar zu kredenzen,
Mich, den Schwachen, hat entzückt.

O wie pocht's in meinem Herzen,
Als ich nun der Gläub'gen Schaar
Leuchten mit den heil'gen Kerzen
Durfte zu dem Speisaltar,
Wo der Mensch, nach würd'gen Schmerzen,
Gott genießet wunderbar.

Leuchten durft' ich, wenn die Leuchte
Gottes ward dem Volke kund,
Leuchten, wenn das thränenfeuchte
Auge und der gier'ge Mund
Das vom Priester dargereichte
Heilpfand trug zum Herzensgrund.

Auch durft' ich beim heil'gen Mahle,
Das ist Acolythenamt,
Wein und Wasser zum Pokale
Reichen, der von Gott entflammt
Mit dem ew'gen Gnadenstrahle
Selig machet und verdammt.

Alles das hat hohe Deutung
Und erlernt sich nicht in Eil',
In der Sakramentbereitung
Dient auch der geringste Theil
Einem reinen Sinn zur Leitung,
Zu des Geistes ew'gem Heil!

Beide Fläschlein, das voll frischen
Wassers, das voll Traubensaft,
Bilden ab an Gottes Tischen
Seines wahren Leibes Kraft,
Die, thut sie mit uns sich mischen,
Aus dem Schmerzquell Lustwein schafft.

Gleich den Kerzen, die zusammen
Glüh'n, ist Christi myst'scher Leib
Seinen Gläub'gen, welche stammen
Aus der Kirche, seinem Weib,
Und den Erdenkreis durchflammen,
Daß er Heilesfrüchte treib'.

So hatt' endlich ich die kleinen
Orden all' nach langem Fleh'n,
Langsam lässet Gott die Seinen
Stets von Stuf' zu Stufe geh'n,
Doch ein Blitz ist sein Erscheinen,
Wenn wir deß uns nicht verseh'n.

Höher stieg mein höchstes Streben
Nicht, als Acolyth zu seyn,
Dessen Amt, der Licht und Leben
Hat gesetzt zum Orden ein,
Froh hatt' ich mich d'rein ergeben,
Ihm nur kleinen Dienst zu weih'n.

Mancher that das Demuth nennen,
Immer mußt' ich lachen dann,
Wenn man nichts ist, das erkennen,
Ist denn da noch Tugend d'ran?
Möcht' ein Rabe weiß sich brennen,
Wird er darum denn ein Schwan?

Als der Heil'ge spricht, verschönet
Seine Scheitel Thronenlicht,
Und die Himmel her ertönet:
Hosianna, als er spricht,
D'rob entzückt, daß Gott ihn krönet,
Er, entzückt auch, ahnet's nicht!

Mir, o Herr, dieß Freudenleben,
Flüstert er mit süßer Scham
O hör' auf, mich zu erheben,
Sonst wird meine Wonne Gram,
Daß ich gar nichts Dir kann geben,
Von dem ich so viel bekam.

Hast Du nicht die Zwölf beseelet,
Deiner heil'gen Jünger Schaar,
Daß sie mich, der oft gefehlet,
Mich, der der Geringste war,
Mich zum Diacon erwählet,
Und zum Diener vom Altar.

War, als sie mich vor sich treten
Ließen, und nun tief bewegt
Ueber mich den Geist erflehten,
Der in alle Wahrheit trägt,
Er nicht schon in den Gebeten,
Die Sein Fittich aufgeregt.

Der Apostel Hände ruhten
Auf mir. Nimm den heil'gen Geist,
Beteten die Treuen, Guten,
Nimm ihn, der uns unterweist,
Und ich fühlt' ihn in mir fluthen,
Der mich ewig nun durchkreist.

Ha, da durft' ich den Dämonen
Stark, ich Ohnmacht, widersteh'n,
Und wo Glory umfließt die Thronen,
Auf des Altars Stufen geh'n,
Die Patena d'rin zu wohnen,
Du sankst, vor dem Volk erhöh'n.

Durfte — o mit welchen Weisen
Preis' ich Menschenherrlichkeit,
Deine Knechte, Witwen, Waisen
Nicht nur in der Zeitlichkeit,
Nein, mit ew'gem Leben speisen,
Ich der Sohn der Nichtigkeit!

Wieder in die schäm'ge Hülle
Sinkt der Fürst der Märtyrer,
Seine Schaaren feiern stille,
Doch vom Fels der Kirche her
Tönt's: Ihm ward der Gnaden Fülle,
Denn in Demuth stark war er.

Und auf's Marterschwert gebeuget,
Links vom Thron, am Wolkenrand,
Sitzt vor Stephano verneiget,
Der der Heiden Hort genannt,
Hat ein Rüstzeug Gott bezeuget,
Und die Götzen hat verbannt

Also rufet der getreten
Ist zu unsrer Väter Reih'n,
Und sie hat gelehret beten,
Und geweiht zu benedei'n;
Paulus ruft: Dein Schamerröthen,
Stephan, schweigt, doch ich muß schrei'n!

Ich war's und der Ewiggute
Schenket doch mir Seine Huld,
Ich war's, der mit frechem Muthe,
Voll unheil'ger Ungeduld,
Dich verfolgt, an Deinem Blute
Bin ich Reingewaschner Schuld.

Darum muß ich offenbaren,
Was in Demuth Du verhehlt,
Hört es an, ihr Kämpferschaaren
Mit des Glaubens Kreuz gestählt,
Wie der Erstling Gott bewahren
Thät, der Zeugen auserwählt.

Stephanus, vom heil'gen Geiste
Voll, dem Volke thät Bericht,
Wie der Herr, was er verheißte,
Hat getreulich ausgericht,
Und wir sahn's, sein Antlitz gleißte
Wie ein Engelsangesicht!

Und er that dem Volk es kunden,
Wie der Herr es hat geführt,
Seine Feind' hat überwunden,
Wie nur ihm die Ehr' gebührt,
Und doch treulos ward erfunden
Stets das Volk und ungerührt.

Und der Jüngling, der sonst scheuer
Als ein Lämmlein sich gebückt,
Ward nun schnell zum Zornesfeuer,
Denn dem Herren galt's, entrückt,
Warp ein wilder, ungeheuer
Leu, für Gott, und sprach entzückt:

Ihr an Herzen und an Ohren
Unbeschnittene, verlacht,
Denen gleich, die Euch geboren
Stets des heil'gen Geistes Macht,
Die Propheten euch erkoren,
Habt ihr sie nicht umgebracht?

Was weissagend Alle sangen,
Des Gerechten Zukunft war,
Den ihr habt an's Kreuz gehangen,
Ihn, Verräther, Mörderschaar,
Ihr habt das Gesetz empfangen,
Doch ihr habt's gebrochen gar!

Sprach's: wir hörten's wutherblindet
Und mit Zähneknirschen an,
Himmelwärts vom Geist entzündet
Seine Flammenaugen sah'n,
Sah'n, der ewig mir verbündet,
Herrlichkeit des Herren nah'n!

Sieh, ich seh' des Himmels Pforten
Offen und des Menschen Sohn,,
Rief er, mild mir lächle dorten
Rechter Hand von Gottes Thron!
Aber wir, ob diesen Worten,
Grimm'ger, schrie'n ihn an mit Hohn!

Und das Volk im wilden Reigen
Stieß hinaus ihn zu der Stadt,
Falsche Zeugen stürmten, zeigen
Kann ich's, auch in ihrem Rath
War ich, Saulus, noch nicht schweigen
Will ich, Gott wusch ab die That!

Und sie schleuderten mit Steinen
Gegen ihn im wilden Lauf;
Nimm, Herr Jesu, sprach er, meinen
Geist, den Deinen, nimm ihn auf!
Blut floß ihm vom Haupt, dem reinen,
Wilder tobt des Volkes Hauf.

Aber Stephan knie'te nieder
Und noch einmal laut er spricht:
Diese Sünde meiner Brüder,
Herr, behalte ihnen nicht!
So schloß er die Augenlider
Und entschlief im ew'gen Licht.

Paulus schweiget und die Krone
Stephanos strahlt wunderbar,
Aber aus der Sphärenzone,
Oben an des Lamms Altar
Schwimmt herab im Harfentone
Dieses Lied zur Streiterschaar:

„Demuth kann die Kron' erringen,
Und dem Stolze folgt die Schmach,
Demuth muß den Stolz bezwingen,
Denn der alte Höllendrach'
Listig eingeschmiegt in Schlingen,
Daß er Frucht des Todes brach.

Stolz will immer vorwärts dringen,
Und so reizt er auf die Rach',
Aus sich selbst heraus auch bringen
Will er's, und ist doch zu schwach.
Der Erkenntniß soll's gelingen,
Was Empfängniß nur vermag.

Aber auf der Demuth Schwingen
Und der Reue goldnem Ach,
Nah'n wir, Engel, euch und singen
Lieb' und Gnade wieder wach,
Darum streb' vor allen Dingen,
Menschenvolk, der Demuth nach!"

Wie die Töne nun verschweben,
Dringt mir in das tiefste Herz
Ein gewaltiglich Erbeben;
Ein gerechter bittrer Schmerz,
Daß mein ganzes freches Leben
Trieb mit Demuth Heuchelscherz.

Ew'ge Liebe, die getragen
Hat am Kreuze Knechtsgestalt,
Mach' den Dünkel mir verzagen,
Der in Netzen tausendfalt
Sich um's Herz mir hat geschlagen,
Krampfigt es zusammenballt.

Zeig' mir, Herr, am Sühnaltare,
Herr, zu dem ich Zuflucht nahm,
Meine schlechtverpraßten Jahre,
Die von Dir ich, Herr, bekam,
Die durch Schuld ergrauten Haare,
Und mein Dünkel werde Schaam!

Werth nicht bin ich's zu vollbringen
Dieses Lied, o Herr der Macht,
Doch soll es durch Dich gelingen,
Und mein Stolz wird nun entfacht,
Dann sey's, nieder ihn zu ringen,
Der Vernichtung dargebracht! —

Jetzo zu des Tremulanten
Dröhnen töne, Tibia!
Betet an, ihr Gottverwandten!
Steh' Profan, mir, Bruder, nah,
An uns spricht, die Gottverkannten,
Nun Sanct Pauls Epistola!

Lightning Source UK Ltd.
Milton Keynes UK
UKHW030640290421
382834UK00006B/461